# 甘地自传

## 我追求真理的历程

〔印度〕甘地 著　吴佳琪 译

# GANDHI

北京理工大学出版社
BEIJING INSTITUTE OF TECHNOLOGY PRESS

版权专有 侵权必究

**图书在版编目（CIP）数据**

甘地自传：我追求真理的历程 /（印）甘地著；吴佳琪译. —北京：北京理工大学出版社，2020.6
ISBN 978-7-5682-8187-4

Ⅰ.①甘… Ⅱ.①甘… ②吴… Ⅲ.①甘地（Gandhi, Mohandas Karamchand 1869-1948）—自传 Ⅳ.①K833.517=5

中国版本图书馆CIP数据核字（2020）第030909号

出版发行 / 北京理工大学出版社有限责任公司
社　　址 / 北京市海淀区中关村南大街5号
邮　　编 / 100081
电　　话 / （010）68914775（总编室）
　　　　　（010）82562903（教材售后服务热线）
　　　　　（010）68948351（其他图书服务热线）
网　　址 / http://www.bitpress.com.cn
经　　销 / 全国各地新华书店
印　　刷 / 三河市冠宏印刷装订有限公司
开　　本 / 880毫米×1230毫米　1/32
印　　张 / 14.25　　　　　　　　　　　责任编辑 / 李慧智
字　　数 / 357千字　　　　　　　　　　文案编辑 / 李慧智
版　　次 / 2020年6月第1版　2020年6月第1次印刷　责任校对 / 刘亚男
定　　价 / 199.00元（全4册）　　　　　　　责任印制 / 施胜娟

图书出现印装质量问题，请拨打售后服务热线，本社负责调换

# 目 录

**第一部分** ················································· **001**

第1章　我的家族 ·········································· 003

第2章　童年 ·············································· 005

第3章　童婚 ·············································· 007

第4章　扮演丈夫的角色 ···································· 010

第5章　中学时期 ·········································· 012

第6章　一个悲剧（上） ···································· 016

第7章　一个悲剧（下） ···································· 019

第8章　偷窃与赎罪 ········································ 023

第9章　父亲之死与我的双重耻辱 ···························· 025

第10章　宗教一瞥 ········································· 028

第11章　准备赴英 ········································· 032

第12章　被剥夺种姓 ······································· 036

第13章　终于抵达伦敦 ····································· 038

第14章　我的选择 ········································· 041

第15章　扮演英国绅士 ····································· 044

第16章　变化 ············································· 047

第17章　饮食实验 ········································· 050

第18章 羞怯——我的保护罩 …………………… 053
第19章 谎言之祸 …………………… 056
第20章 初识宗教 …………………… 060
第21章 天佑弱者 …………………… 063
第22章 纳拉扬·亨昌德罗 …………………… 065
第23章 盛大的巴黎博览会 …………………… 068
第24章 取得律师资格 …………………… 070
第25章 我的无助 …………………… 072

## 第二部分 …………………… 075

第26章 赖昌德巴伊兄弟 …………………… 077
第27章 开始生活 …………………… 080
第28章 第一宗案子 …………………… 083
第29章 首次受挫 …………………… 085
第30章 去南非的筹备 …………………… 088
第31章 抵达纳塔尔 …………………… 091
第32章 一些经验 …………………… 093
第33章 比勒陀利亚之路 …………………… 097
第34章 重重困难 …………………… 100
第35章 初到比勒陀利亚 …………………… 105
第36章 接触基督教 …………………… 108
第37章 寻求与印度同胞的联系 …………………… 111
第38章 做"苦力"的感觉 …………………… 114

第39章　案件准备 ········································· 117

第40章　宗教狂热 ········································· 120

第41章　谋事在人，成事在天 ······························· 123

第42章　定居纳塔尔 ······································· 125

第43章　纳塔尔印度人大会 ································· 129

第44章　种族歧视 ········································· 132

第45章　巴拉松达姆 ······································· 135

第46章　三英镑税金 ······································· 137

第47章　宗教比较研究 ····································· 140

第48章　一家之主 ········································· 143

第49章　返乡 ············································· 146

第50章　在印度 ··········································· 148

第51章　两种激情 ········································· 151

第52章　孟买会议 ········································· 154

第53章　浦那和马德拉斯 ··································· 157

第54章　"尽快回来" ······································· 160

## 第三部分 ················································ 163

第55章　暴风雨前兆 ······································· 165

第56章　风暴 ············································· 167

第57章　考验 ············································· 170

第58章　暴风雨后的宁静 ··································· 174

第59章　儿童教育 ········································· 177

第60章　服务精神 ····················································· 179

第61章　禁欲（上） ·················································· 182

第62章　禁欲（下） ·················································· 184

第63章　简朴生活 ····················································· 188

第64章　布尔战争 ····················································· 190

第65章　卫生改革和饥荒救济 ······································ 193

第66章　拒绝收礼物 ·················································· 194

第67章　重返印度 ····················································· 197

第68章　文书和随从 ·················································· 200

第69章　国大党会议 ·················································· 202

第70章　寇松勋爵的招待会 ········································· 204

第71章　和戈可哈尔同住一月（上） ···························· 206

第72章　和戈可哈尔同住一月（中） ···························· 208

第73章　和戈可哈尔同住一月（下） ···························· 211

第74章　在贝拿勒斯 ·················································· 213

第75章　定居孟买 ····················································· 217

第76章　信仰的考验 ·················································· 219

第77章　再赴南非 ····················································· 222


## 第四部分 ···························································· 225

第78章　"空爱一场"？ ·············································· 227

第79章　来自亚洲的独裁者 ········································· 229

第80章　承受侮辱 ····················································· 231

| 章节 | 标题 | 页码 |
|---|---|---|
| 第81章 | 牺牲精神苏醒 | 233 |
| 第82章 | 反省的结果 | 235 |
| 第83章 | 为推行素食主义所做的牺牲 | 237 |
| 第84章 | 土疗法及水疗法试验 | 239 |
| 第85章 | 一个警告 | 241 |
| 第86章 | 与权力的斗争 | 244 |
| 第87章 | 神圣的回忆与忏悔 | 246 |
| 第88章 | 与欧洲人的密切接触（上） | 248 |
| 第89章 | 与欧洲人的密切接触（下） | 251 |
| 第90章 | 《印度舆论》 | 253 |
| 第91章 | 苦力区还是贫民窟？ | 256 |
| 第92章 | 黑死病（上） | 258 |
| 第93章 | 黑死病（下） | 260 |
| 第94章 | 火烧苦力区 | 262 |
| 第95章 | 一本书的魔力 | 264 |
| 第96章 | 凤凰村 | 267 |
| 第97章 | 第一夜 | 268 |
| 第98章 | 波拉克的加入 | 270 |
| 第99章 | 为神所护佑者 | 273 |
| 第100章 | 家事问题 | 276 |
| 第101章 | 祖鲁"叛乱" | 278 |
| 第102章 | 心灵的追寻 | 280 |
| 第103章 | "非暴力主义"运动的诞生 | 283 |

| 第104章 | 更多营养学实验 | 284 |
| 第105章 | 嘉斯杜白的勇气 | 286 |
| 第106章 | 国内"非暴力主义" | 289 |
| 第107章 | 自我克制 | 291 |
| 第108章 | 断食 | 293 |
| 第109章 | 成为校长 | 296 |
| 第110章 | 文化教育 | 298 |
| 第111章 | 精神教育 | 300 |
| 第112章 | 害群之马 | 302 |
| 第113章 | 禁食赎罪 | 304 |
| 第114章 | 去见戈可哈尔 | 306 |
| 第115章 | 我在战争中的角色 | 308 |
| 第116章 | 精神困境 | 310 |
| 第117章 | 小规模"非暴力主义"运动 | 312 |
| 第118章 | 戈可哈尔的慈善机构 | 315 |
| 第119章 | 治疗胸膜炎 | 317 |
| 第120章 | 回国 | 319 |
| 第121章 | 律师职业的回忆 | 320 |
| 第122章 | 欺诈行为 | 323 |
| 第123章 | 与客户成为同事 | 324 |
| 第124章 | 如何保全客户 | 326 |

## 第五部分 ......329

- 第125章 初次体验 ......331
- 第126章 与戈可哈尔在浦那重逢 ......333
- 第127章 是威胁吗？ ......335
- 第128章 圣提尼克坦 ......338
- 第129章 三等车乘客的悲哀 ......340
- 第130章 争取加入印度公仆协会 ......342
- 第131章 昆巴国会 ......343
- 第132章 恒河吊桥 ......347
- 第133章 建立修行院 ......350
- 第134章 砧板之上 ......352
- 第135章 废除契约移民 ......355
- 第136章 靛青的污迹 ......358
- 第137章 温和的比哈尔邦 ......361
- 第138章 面对"非暴力主义" ......364
- 第139章 撤销控诉 ......367
- 第140章 工作方法 ......369
- 第141章 同伴 ......371
- 第142章 深入农村 ......374
- 第143章 一个好州长 ......376
- 第144章 接触劳工 ......377
- 第145章 修行院一瞥 ......379
- 第146章 禁食 ......381

第147章 凯达"非暴力主义"运动 …… 385

第148章 "洋葱贼" …… 386

第149章 凯达"非暴力主义"运动的结束 …… 389

第150章 团结的激情 …… 390

第151章 招募新兵 …… 393

第152章 死亡之门 …… 399

第153章 劳莱特法案与我的困境 …… 402

第154章 联合罢工 …… 405

第155章 难忘的一周（上） …… 408

第156章 难忘的一周（下） …… 412

第157章 "喜马拉雅山般的大错" …… 415

第158章 《新生活》和《印度青年》 …… 417

第159章 在旁遮普 …… 420

第160章 基拉法特反对护牛？ …… 422

第161章 阿姆利则国大党国会 …… 426

第162章 国大党国会入会仪式 …… 429

第163章 土布诞生 …… 431

第164章 手工纺织的发展 …… 433

第165章 一次有益的对话 …… 436

第166章 大势所趋 …… 438

第167章 那格浦尔 …… 442

第168章 告别 …… 443

# 第一部分

# 第1章 我的家族

姓氏"甘地"属于班尼亚种姓,祖上似乎是杂货商。但自我祖父起,我的家族三代都有人担任过卡提亚华各邦的首相。我的祖父乌塔昌德·甘地,又被称为奥塔·甘地,是一个原则至上的人。政治阴谋迫使他离开了曾经担任过首相的波尔班达,去往居朱纳卡德寻求政治庇护。在那儿,他以左手向行政长官行礼致敬,旁人发现了他这一大不敬的举动,并要求他给出解释,而他是这样作答的:"我的右手已经立誓效忠波尔班达了。"

奥塔·甘地丧妻之后另行再娶,他的第一任妻子诞育了四个儿子,再娶的妻子也为他生育了两个儿子。回想我的童年时代,好像从未感觉到祖父的六个儿子并非一母所生。排行第五的是卡朗昌德·甘地,也被叫作卡巴·甘地,老六是杜尔希达斯·甘地,这两兄弟先后担任过波尔班达的总理。卡巴·甘地就是我的父亲,他曾是皇家法庭成员,虽然皇家法庭现在已经退出了历史舞台,但在当时,它是解决宗教首领和族人之间争议的重要机构。在担任拉奇科特首相一段时间后,他又担任了樊康纳的首相,他去世时还在领取拉奇科特颁发的抚恤金。

卡巴·甘地有过四段婚姻,每一任妻子都不幸早亡。他的前两任妻子分别留下了一个女儿,而他的最后一任妻子普特丽白为他生了一个女儿和三个儿子,我是幼子。

我的父亲深爱着他的氏族,他诚实、勇敢,并且慷慨,只是脾气有些毛躁。从某种意义上说，他可能有些沉迷女色，因为他第四次结婚的时候已经年过四十。不过，他非常廉洁，无论在家中还是外界都以严格公正闻名。而且众所周知，他对于本邦忠心耿耿。曾经有一位权势很大的助理政治监督官对拉奇科特的一位王公贵族出言不逊，他便挺身而出加以维护。助理监督官非常气愤，勒令父亲道歉，他却拒不道歉，并因此被拘留了几个小时。助理监督官意识到他绝不会妥协时，只好下令释放了他。

我的父亲从未有过任何积聚财富的雄心壮志，他留下的财产也只有寥寥之数。

除了生活中积攒的经验之外，他没有受过太多教育，充其量只有古遮拉特语的五年级水平。他对于历史和地理都一窍不通，但是他丰富的实践经验令他能够解决最复杂的问题，并管理成百上千的人。他没有受过什么专门的宗教训练，但和许许多多的印度教徒一样，他经常去寺庙拜祭，并聆听宗教讲道，从而有了宗教文化。在他最后的日子里，应一位博学的婆罗门世交之请，他开始阅读《薄伽梵歌》，并在每天祝祷时大声唱诵其中的段落。

在我的母亲身上，最令我记忆深刻的就是她圣徒的形象。她是一个全身心深信宗教的人。如果没有做日常祈祷，她绝不会动手吃饭。每天去哈维立的毗湿奴神庙参拜也是她日常生活的必行之事。在我的印象中，她从未错过"查土摩"禁食。她会许下最重的誓愿，而且绝不反悔，哪怕疾病也无法使得她违背誓言。我记得有一次，她在履行"昌德罗衍那"禁食誓愿时生病了，但是她坚决不肯让疾病干扰到自己的禁食。连续禁食两三次于她而言完全不成问题，查土摩禁食期间的每日一餐也早已成为她的习惯。有一次查土摩期间，她每隔一天就要禁食一天，但却并不因此而满足，于是在另一次查土摩时，她立誓不见太阳就不进水米。那些日子，我们这些孩子们会站在外面盯着天空，期待太阳出现并去通知母亲。但大家都知道，雨季时太阳出现并非易事。我记得有时太阳突然冒头，我们便急忙跑去告诉母亲，她便会冲出屋门亲眼确认，但通常那时，出没无常的太阳便已经消失了，她本该享受食物的机会也就随之失去了。"没关系"，她通常会高兴地说："这是神的旨意，今天我不应该吃饭。"然后便回去继续做家务了。

我的母亲常识丰富，对于国家的各种事务了如指掌，王室贵妇也对她的聪慧赞不绝口。可能是儿童的特权，我通常得以和她同去参加这些会面，因此我仍记得她和王公的寡母之间许多活跃热烈的谈话。

1869年10月2日，我在波尔班达出生，也就是苏达玛普里，并在那里度过了我的童年。我还记得自己被送入学校，为了乘法表绞尽脑汁。其实对于那些日子，我印象最深刻的是和其他男孩一起变着法子戏弄老师。这说明我的智商并无任何过人之处，记忆力也并不太好。

# 第2章　童年

父亲为就职皇家法庭，离开波尔班达去往拉奇科特时，我大概是七岁。在那里上小学的日子仍然历历在目，我甚至记得曾教过我的老师的姓名和其他细节。但就像在波尔班达时那样，在这里我的学习成绩也是一般，只是一个中等生。后来我转学去了郊区的学校，随后又进入了中学，那时我已经十二岁了。在那段短短的时间里，我记得自己从未撒过谎，无论是对老师或是同学都一样。那时的我比较内向，常常独来独往，每日与书本和功课做伴。我习惯上课时分才去学校，一下课就跑回家——真的是跑着回家，以免要和人搭话。我很害怕，生怕别人会嘲笑我。

值得一提的是，在我中学的第一年发生了一件事。这件事情发生在期中考试的时候。督学齐尔斯来学校参观视察，让我们拼写五个词。其中一个词是"Kettle"，我拼错了。老师用靴尖轻轻踢我，想让我抄隔壁同学石板上的答案，可是我不解其意。我的脑子里完全没有这一概念，因为在我心目中，老师一直是监督我们不许作弊的。结果，除我以外的所有人都拼对了所有的词，只有我这个傻瓜出了错。老师后来试图让我意识到自己当时的做法有多愚蠢，但是毫无作用。我永远也学不会"抄袭艺术"。

然而这件事并没有减少我对老师的尊重。我天生便会对前辈与长者的缺点视而不见。即便后来我知道这位老师还有很多其他的不足之处，但我对他的尊重依然如一。因为我知道，要执行长辈的命令，而不必审视他们的行为。

在同一时期，还有另外两件事也令我记忆犹新。那时，我不喜欢阅读除了教科书之外的书籍。我得先完成每天的功课，因为我不喜欢被老师责备，也不喜欢欺骗他们。可是，我做作业时并不用心。在课程作业都无法保质保量完成的情况下，我更不可能去进行课外阅读了。不知为什么父亲买的一本书吸引了我的注意，那是一本讲述斯罗梵纳如何对他的父母尽孝的书。我饶有兴趣地读起了这本书。就在这时，巡回表演的江湖艺人来到了我家，在他们的表演中我看到了这样一幕，斯罗梵纳将失明的双亲一肩挑起，带他们去朝圣。这本书和这个场景在我心里留下了不可磨灭的印象，我对自己说："这是我今后的榜样。"我至今清晰地记得，斯罗梵纳死去时，他的双亲是如何恸哭不已的。那痛彻心扉的曲调直入人心，我曾用父亲给我买的六角风琴演奏过这支曲子。

有一个类似的事件和另一场戏有关。那时，父亲允许我去看某个戏剧公司的戏，这出名叫《哈立斯昌德罗》的戏捕获了我的心。我觉得这是我永远都看不腻的一出戏。但是我什么时候才可以获准再去看一次呢？它萦绕在我心头，我不得不自己演练《哈立斯昌德罗》之中的剧情。我曾经无数次扪心自问："为什么我们不能都像哈立斯昌德罗一样诚实？"哈立斯昌德罗为了追随真理而不畏艰险的行为激励了我。我对他的故事深信不疑，想到这些我时常会眼含泪光。如今，我的理智告诉我哈立斯昌德罗并不是一个真实存在的历史人物，但于我而言，斯罗梵纳和哈立斯昌德罗都是真实存在的，而且我相信，哪怕是今时今日，我重新看到他们的故事，仍然会感动不已。

# 第3章 童婚

我很不愿意写这一章，因为我知道在这一章的叙述中，我将一次次忍受痛苦。可是，我既然宣称自己是真理的信徒，我便不能回避这些问题。因此，将我十三岁的婚姻记录下来是我不能摆脱的责任。当我看到在自己羽翼之下自由生活的十三岁的孩子，我便会联想到我自己的婚姻，然后忍不住自怜自伤，同时庆幸他们逃脱了我的命运。对于这种荒谬的早婚习俗，我认为毫无道德依据。

读者们千万不要误会，我确实结婚了，而不是订婚。因为卡提亚华有两种不同的仪式，订婚和结婚。订婚是男孩和女孩的父母初步承诺双方订立婚约，这种订婚并非不可解除。如果男孩去世，女孩无须守寡。这纯粹是父母之间的约定，子女们对此毫不关心，甚至对此毫不知情。我好像订过三次婚，虽然我之前一无所知，不过后来有人告诉我，之前和我订婚的两个女孩都相继去世了，因此我推断自己定过三次婚。然而，我模糊记得第三次订婚发生在我七岁那年，但我不记得谁告诉过我这件事。在这一章，我将会谈论给我留下清晰记忆的结婚之事。

我们兄弟三个，大哥已经成家了。长辈们决定让比我大两三岁的二哥，比我大一岁左右的表哥和我同时成婚。这样做并非为我们谋福利，更不是我们自己的意愿，而是完全出于自身的便利和经济考量。

印度教徒的结婚流程非常烦琐。新娘和新郎的父母往往会在婚礼的筹备之中投入大量的人力物力。他们往往花费数月的时间裁制衣服，准备饰品，安排晚宴，并且每个人都想在菜式的数量和种类上胜过别人。女人们不管自己是否有唱歌的天赋，都要唱到喉咙嘶哑，甚至病倒为止，扰得邻居不得安宁。可是，邻居们都会默默忍受这样的喧嚣，以及残羹剩饭造成的脏乱，因为他们知道自己终有一天也会这样做。

我的长辈认为，把这些麻烦事放在一起进行会更好，这样既可以节省开支，也可以撑大场面。用三次婚礼的钱去办一次婚礼，当然可以办得风风光光。我的父亲和叔叔都已年老，我们是家里最后三个尚未成家的孩子，他们可能想在生命的最后时光里纵情欢喜一场吧。出于这些考虑，我们三个的婚礼在一天举行。正如我之前说的那样，他们花费数月时间来为之准备。

通过这些准备工作，我们才意识到即将发生的事情。于我而言，结婚不过是穿上华服，享受美食，跟随迎亲队伍，带回一个可以陪我玩耍的陌生女孩罢了。情欲的到来是后来才发生的事。为了遮羞，我想只在下文中描述那些值得一提的必要细节，其余的以后再写，况且有些事情和我写下这些文字的初衷基本上毫无关系。

我的哥哥和我都被从拉奇科特带去波尔班达。婚礼开始前，还有一些颇有趣味的细节，比如在我们的全身涂满姜黄膏，但在此处便不做赘述了。

我的父亲虽然是一个首相，但仍然是一个仆人，因为受到王公的器重,更是加重了这一身份。王公直至最后一刻才肯让他回家,为他派遣了特训的车马,这样可以将他的路程缩短两天。波尔班达和拉奇科特相距120英里①,坐普通马车需要五天。我的父亲花费了三天时间便赶了回来,只是他回来时全身裹满了绷带——因为马车在第三天时翻倒了。父亲身受重伤让所有人都对即将到来的婚礼兴致大减,但是婚礼还是要如期进行。选定的婚期怎么能更改呢?但是,稚气未脱的我对即将到来的婚礼充满了期待,对父亲的伤势并未感到多少难过。

我很孝顺父母,但是也同样沉湎于肉体的欢愉。我还未学到对父母尽孝需要牺牲一切幸福和快乐。然而,仿佛是对我寻欢作乐的惩罚一般,一件使我终身痛悔的事情发生了。这件事我会在下文中提到。圣人尼斯古兰纳的歌中唱道:"克己灭欲,方为正道;欲望不息,终究无用。"每次我听到或唱起这首歌,那痛苦的记忆就会袭上我的心头,让我羞愧不已。

尽管伤得很重,我的父亲仍然强颜欢笑地参加了婚礼,并且一切礼节都没有落下。即便今天,我的眼前依然可以浮现出他在婚礼的每一个进程所坐的位置。我从未想过有一天我会因为他让我过早结婚而指责他,因为那天所发生的一切在我看来都是正确、合理而令人愉悦的。我那时渴望结婚,我父亲在那天所做的一切都无可挑剔,那些事情至今鲜活地存在于我的脑海之中。我如今依然记得那些画面,我们如何坐在婚礼台上,我们如何行"七步礼"②,我们如何互喂对方吃甜食,又是如何开始了新生活。噢!当然还有新婚之夜。两个懵懂的孩童就这样不知不觉地投身于生活的海洋。我的

---

① 1英里=1 609米。——译者注
② 七步礼(Saptapadi):新郎和新娘携手北向行走七步。接下来由祭司洒水来赐福新娘,同时,新娘的父母和舅舅给新人赐福。最后祭司会请星辰做见证人,来保证婚姻的永恒(Saptarshimandala)。——译者注

嫂嫂详细教导了我新婚之夜的注意事项，我不知道是谁向我的妻子讲解了那些知识。我从来没问过她，现在也不想去问。读者们可能想象的到，我们会因过于紧张而无法面对彼此。的确，我们那时非常害羞。我要怎么和她说话，又该说些什么呢？嫂嫂的教导也并不是事无巨细。其实在这桩事情上，实在无须过多教授，前人留下的经验足以使之后所有的教导变得多余。我们逐渐熟悉了彼此，然后开始随意地聊天。我们年纪相同，但我立即行使起丈夫的权利了。

## 第4章 扮演丈夫的角色

在我结婚的时候，发行了一种花费一派斯或一个派就能买到的小册子（我现在已经记不清是多少钱了）。小册之中会讨论爱情、节俭、童婚和其他话题。每次我看到这些话题时，就会逐字逐句阅读，而且会忘记我不喜欢的内容，而实践我喜欢的内容。这些小册子中写道，一生对妻子忠贞不二是丈夫的职责，这在我心头留下了烙印。而且，我天生热爱真理，因此对妻子不忠根本是不可能发生的事情。更何况，在那个年纪，也根本没有机会对她不忠。

可是，忠贞教育也有不利的影响。"如果我承诺忠于妻子，她同样也应该承诺忠于我。"我对自己说。这个想法让我成为一个善妒的丈夫。我轻易地把她的义务转换成我要求她忠贞的权利。为了保障我的权利，我需要时刻保持警惕。其实我没有一丝一毫的理由来怀疑我妻子的忠诚，但是猜忌是无须理由的。我监视她的一举一动，没我的同意她哪儿也不能去。这为我们之间的争吵埋下了种子。这样的限制其实相当于一种变相的监禁，嘉斯杜白并不是一个能忍受这种事的女孩，她想来去自由。我管得愈紧，她往外跑得愈勤，也导致我愈加生气。于是，我们这对小夫妻经常冷战。现在一回想，其实嘉斯杜白不顾我的限制，出门游玩并没有错。一个天真的女孩怎么能够接受限制，而不去寺庙拜佛或是造访友人呢？如果我有权对她施加限制，难道她就没有权利来限制我吗？如今我已经懂得了这一切，可是当时的我一心只想树立起丈夫的权威！

读者们千万不要因此就认定我们的生活是痛苦不堪的。我之所以对她如此苛刻，完全是出于疼爱。我想将自己的妻子打造成一个理想的妻子。我雄心勃勃地想让她过一种纯粹的人生，学到我所学到的东西，并将她的生活和想法与我同步。

我不知道嘉斯杜白是否也有这样的雄心。她没有读过书，但是拥有着天生的质朴、独立、坚韧，而且沉默寡言，至少在我面前是这样。她并不为自己的无知感到焦虑，在我的印象中，我的学习热情也从未促使她萌生学习知识的想法。因此，我觉得自己的雄心壮志是一厢情愿。我把所有的激情都给了她一个人，自然也希望得到她的回应。可是就算全无回报，我也并不会无法释怀，因为至少我爱着她。

我必须承认，我非常喜欢她。哪怕在学校，我也一直想着她，我总是盼着夜幕降临，好再次与她相见。我一刻也不想与她分离，于是每天都要和她谈天说地直到深夜。如果不是我心中一直有熊熊燃烧的责任感，那么我整个人都会被这炙热的爱情吞噬。无论怎样，我每天早上都必须完成学校的功课，于我而言撒谎是一个完全不存在的选项，于是这让我得以从新婚的温柔乡中挣脱出来。

正如我前面提到过的，嘉斯杜白目不识丁。我很想教她识字，但是爱欲让我无暇顾及。教学是违背她的意愿的，而且教学时间只能安排在晚上。当着长辈的面，我都不好意思看她，更别说和她交谈了。当时的卡提亚华有一个特殊的深闺制度，无用而又野蛮的深闺制度。这种制度至今仍有残余。总之，各种条件都不利于教学。我必须承认，在我年轻时指导嘉斯杜白的大部分努力都是无用功。当我从情欲的迷梦中苏醒之后，又已经投身公共事业，没有太多的私人时间。我也请过家教来教授她，但都以失败告终了。如今，嘉斯杜白仅仅能拼写出简单的词语，认识一点儿古遮拉特字。我深信不疑，如果我对她的爱情不被情欲所沾染，她现在一定是一位富有学识的女士。因为我坚信，帮助她克服厌学心理并不是不可能，毕竟纯爱能战胜一切困难。

　　一件事情或多或少地帮我摆脱了情欲的控制，这值得记叙一笔。无数的事例向我证实，神会拯救动机单纯的人。尽管这种童婚习俗异常残酷，可是印度社会还有另一种习俗，从某种意义上减轻了童婚带来的伤害。那就是父母不允许童婚夫妻长时间待在一起。童妇有一大半时间是在娘家度过的，我们当时也是这样。我们婚后的前五年里（13~18岁），我们真正生活在一起的时间不超过三年。我们在一起还不满半年，她的父母就叫她回家了。当时我特别讨厌这种行为，但是这种做法其实拯救了我们两个人。十八岁的时候我去了英国，我们分开了很长一段时间，这有利于我们各自的身心成长。从英国回来之后，我们也很少有机会在一起相处半年，因为我得在拉奇科特和孟买之间奔波。随后我又应邀去了南非，彻底摆脱了对情欲的渴求。

# 第5章　中学时期

　　前文我已说过，我结婚时还是一名中学生。我们三兄弟就读于同一所学校。大哥在高年级，和我同时结婚的二哥只比我高一届。结婚使得我们的学业都耽误了一年，可是我的二哥情况更糟些，因为他直接选择了辍学。天知道当时有多少年轻人和他的境遇相同。印度教社会发展到如今，学习和婚姻共存的现象才变得普遍起来。

我选择了继续学业，我在中学时有几分聪明，也幸得老师的宠爱。学习成绩表和品德表每年都会送到家长手中，我从来没有什么不良记录，甚至在二年级之后还得了奖。而且，在五年级和六年级我分别得到了四卢比和十卢比的奖学金。不过我知道，我之所以得到奖学金，其实运气成分远大于我自身的优秀。这个奖学金并不是面向所有人的，而是只颁发给来自卡提亚华索拉兹地区的学生。而在那时，一个四五十人的班级，没有几个满足条件的。

在我的印象中，我并不是一个才华出众的人。每次我获得奖项或是奖学金时，自己都感到非常诧异。但我对于自己的品行要求非常严格，甚至到了吹毛求疵的地步——一个小小的过错都会使得我伤心不已。无论是我认为应受责罚，或是在老师看来应该受到责罚，我都会羞愧难当。我记得自己在一年级或二年级时曾受过一次体罚。其实，我并不在意惩罚本身，我在意的是别人对我的看法。别人把那次体罚看成是我罪有应得，这让我羞愧万分，于是我哭得十分凄惨。我上七年级时又发生了一次这样的事件。当时的校长是度罗伯济·叶杜吉·齐米，他很受学生的欢迎，因为他是一位纪律严明且重视教学方法的老师。他将足球和板球列为高年级的必修，但这两门课程我都不喜欢。在它们被列为必修课之前，我从未参加过任何板球或者足球之类的运动。我忽视了体育，而羞怯是造成这种行为的原因之一。那时我还有一个错误的观念，即体育与教育完全无关。现在我知道，忽视体育是错误的，体育锻炼应该和学习知识同等重要。

但是，我必须要说，虽然我没有刻意锻炼，但是我的身体一点也不差。因为我曾读到过在室外长时间散步的好处，并欣然接受了这一建议，养成了散步的习惯，至今仍然保持。散步的习惯使得我拥有了强健的体格。

我不想参加体育课程的原因是我希望照顾父亲。一下课，我就会赶回家照顾受伤的父亲，可是强制的体育活动阻碍了我对父亲尽孝。我请求齐米校长免除我上体育课，以便我可以及时回家照顾父亲，但是他听不进去。一个星期六，上午上完课后我便回到家中，本想下午4点回学校上体育课。可是，我没有手表，那天的天色也看不出时间，我赶到学校时体育课已经结束了。第二天，齐米校长检查名册，发现我前一天缺席，便问我缺席的原因。我据实相告，但他完全不相信我，并罚我交一个或者两个安纳的罚款（我记不清具体金额了）。

我被人认为在说谎！这让我万分痛苦。我要如何自证清白呢？完全没有办法。我失声痛哭，同时意识到诚实者也应该谨慎行事。这是我在学校犯下的第一个，也是最后一个无心之失。我模模糊糊记得自己最后被免于处罚。我的父亲致信校长，表达了他希望我放学后回家的意愿之后，我便被免除体育课了。

然而，尽管我没有因忽视运动而不如别人，却因为忽视了另一件事而至今遭受处罚。我不知道从哪里学到了这样的观点，写一手好字并不是教育的必要部分，我一直秉持这样的观点直到去了英国。后来，尤其是当我去了南非时，我看到在那里土生土长的律师和年轻人都能写一手漂亮的字，我不禁为自己当年的行为追悔莫及。我认为，字迹不佳应被视为教育的缺失。我也努力想要提高自己的书法，但为时已晚。年轻时的疏失已无法弥补。希望我的教训能告诫每一个年轻男女，让他们知晓书法是教育的必要部分。现在我认为在学习书法之前，应该先教孩子学习绘画。学习绘画是为了锻炼孩子们的观察能力，孩子们学会观察不同的事物（例如花、鸟等）之后，再让他学习书法。这样，他就会把观察事物的方法带到书法中，必然会写出漂亮的字。

  我的学生时代还有两件值得记录的事情。为了结婚，我耽误了一年学业，老师希望我能通过跳级来弥补损失的时间，而跳级通常是给勤奋学生的特权。我三年级只读了六个月，考试之后便跳到了四年级。四年级大多数课程都用英语授课，我听得一头雾水。新开的几何课不是我的强项，用英语授课更是使它难上加难。老师的教学水平很高，但是我完全跟不上。我常常气馁，想要回到三年级，觉得自己把两年的学业压缩到一年学完有点眼高手低。可是回到三年级不仅会令我蒙羞，更会使得我的老师颜面扫地，因为他正是看中我勤奋好学，才推荐我跳级的。为了保全自己和老师的面子，我不得不留在四年级。我不断努力追赶，学到欧几里得第十三原理时，我突然茅塞顿开，发现几何课程其实并不难，因为它是一门只需要简单地运用推理能力的课程。从那时起，几何对我来说就成了一门简单有趣的课程。

  然而，梵文却是一项更加艰巨的任务。几何学无须死记硬背，但是梵文的所有知识点都必须记在心里。这也是四年级才开始上的一门课程。升入六年级的时候，我已经觉得心灰意冷。我觉得梵文老师就像一个严苛的监工，他总是逼迫学生读书。当时，在梵文老师和波斯文老师之间存在着竞争关系。波斯文老师比较宽容，学生们私下也会讨论，说波斯文容易学，老师也很好，会为学生考虑。"容易"这两个字诱惑着我，于是，有一天我坐进了波斯文的课堂。梵文老师痛心疾首地把我叫到他旁边，说道："你怎么能忘记自己是一个毗湿奴派信徒的儿子呢？你不想学习自己宗教的语言吗？如果你在学习上有困难，为什么不直接来找我呢？我希望尽我最大的能力教授你们梵文，当你们的学习渐入佳境的时候，你们会从中找寻到乐趣的。你不应该灰心失望。来吧，回到梵文课上来吧！"

他的善意令我觉得无地自容。我不能拒绝老师的关爱，便回到了梵文课堂。如今，我非常感激克立斯纳商卡·潘提亚老师，因为要不是那时我学了一点梵文，是绝不可能对我们的圣书产生兴趣的。事实上，让我深感遗憾的是没有多学一些梵文，因为后来我才意识到，每一个信奉印度教的人，无论是男是女，都应当好好学习梵文。

现在我认为，在所有的印度高等教育课程中，除了必然要学习的当地语言之外，还应该为印地文、梵文、波斯文、阿拉伯文和英文留有一席之地。不要被这长长的名单所吓坏，如果我们的教育更加系统化，学生们也无须通过外语教学来学习课程，我敢肯定学习这些语言不会是一件令人厌烦的任务，而是一种快乐。学会了一种语言的科学知识，就会使得学习其他语言相对容易了。

实际上，印地文、古遮拉特文和梵文可以被认为是一种语言，波斯文和阿拉伯文也可以被认为是一种语言。尽管波斯文属于雅利安语系，阿拉伯文属于闪语系，但波斯文和阿拉伯文之间有着密切的关系，因为两者都是通过伊斯兰教的崛起而获得全面发展的。我没有把乌尔都文视为一种独特的语言，因为它采用了印地文的语法，它的词汇主要是波斯文和阿拉伯文。要想学好乌尔都文，必须得学习波斯文和阿拉伯文，这道理类似于，要想学好古遮拉特文、印地文、孟加拉文或者马拉提文，就一定要学习梵文一样。

# 第6章 一个悲剧（上）

在高中时代我为数不多的朋友之中，有两个人曾先后成为我的知己。第一段友谊并未持续太久,尽管我从未抛弃我的朋友,他却因我与另一个人过于亲密而远离了我。第二段友谊对我而言是人生的一个悲剧。在当时,我带着改革者的精神和他成为朋友。

我的这个朋友起初是我二哥的朋友,他们是同班同学。我虽然知道他的缺点,但依然认为他是一个忠诚可交的朋友。我的母亲,我的长兄和我的妻子都提醒我交友要谨慎。面对妻子的警告我可以置若罔闻,但我不敢违逆母亲和长兄的意愿。不过,我还是替朋友辩解:"我知道他身上有你们说的那些问题,但是你们不清楚他的优点。他并不会把我引入歧途,因为我与他交往就是要帮他改过自新。我相信,只要他做出改变,他会非常出色。请你们不要为我担心。"

母亲和长兄对我的解释并不满意,但是他们还是让我放手去做了。

后来,我发现自己大错特错了。改革者是无法与他想要改变的对象交心的。真正的友谊需要有灵魂上的契合,而这在世界上十分罕见。只有性情相似者之间,才会有真正的、不朽的友谊。朋友之间是互相作用的关系,因此,不可能留有多少改进的空间。我如今认为,所有带有排斥性的亲密关系都应该避免,因为相较于美德而言,人更容易沾染恶习。想与神为伍者,要么保持独身,要么拥抱世界。这种想法也许并不正确,但我试图以朋友的名义改变他确实失败了。

在我初次遇见这位朋友的时候,一场"改革"的浪潮正在席卷拉奇科特。他告诉我,许多老师都在偷偷喝酒吃肉,还指名道姓地说出了许多拉奇科特的知名人士,甚至还有许多高中生也在这样做。

听闻这些,我感到既诧异也痛心。我向我的朋友询问这一切发生的缘由,他是这样作答的:"我们印度民族之所以弱小,是因为我们不吃肉。英国人之所以能统治我们,是因为他们是肉食者。我体格强壮而且擅长跑步，这都是因为吃肉的关系。肉食者不会有脓肿，也不会有肿瘤，就算偶尔得了这些病，也会很快痊愈。我们的老师和那些杰出的知名人士并不是因为愚蠢才去吃肉，他们知道肉会给他们带来诸多好处。你也应该试试看，没有什么比尝试更棒的了，试试看吧，看看它会给你带来什么样的力量。"

这些关于吃肉的宣传并不是一次完成的，我的朋友用冗长而详尽的论点来反复劝说。我的二哥已经被说服，也开始支持他的观点。在哥哥和这位朋友的身边，我显得愈加瘦弱。他们身体结实，强壮，也更勇敢。这个朋友的运动技能让我非常着迷，他既能非常轻松地完成长跑，也非常擅长跳高和跳远，遭受再重的体罚都不以为意。他经常向我展示这些能力，正如人们看到他人拥有自己所缺乏的特质时总会叹服倾倒一样，我被他展示出来的能力深深吸引。随之而来的就是萌生出能够像他一样的强烈渴望。要知道，我几乎无法做跳跃或跑步这样的运动。为什么我不能和他一样强健呢？

不仅如此，我还非常胆怯，我害怕盗贼、鬼魂和蛇，晚上不敢出门。我害怕黑暗，所以无法在夜里入睡，因为我会想象鬼魂、盗贼和蛇从四面八方向我而来。因此，我睡觉时必须有光亮。我怎么能把这些告诉我的妻子呢？她已不再是孩童，而是步入青春期的少女了。而且我知道她比我更勇敢，我也因此感到羞愧。她不怕蛇，也不怕鬼魂，她晚上也敢出门逛街。我的朋友知道我的这些弱点，他告诉我，他敢直接用手去抓活蛇，可以直接与盗贼交锋，从不相信鬼魂的存在。而这一切，当然都是吃肉的结果。

古遮拉特诗人纳玛德的一首打油诗在学校广为流传：

> 看呀，那强大的英国人；
> 统治着弱小的印度人；
> 因为天天都吃肉；

他们的个子有五尺高。

这一切都影响了我，击败了我。我开始觉得吃肉是一件好事，它会令我强壮果敢，如果全国上下都开始吃肉，便可以打败英国殖民者。

因此，我便选了一个日子，准备开始吃肉。这件事必须严格保密，因为我的家族是毗湿奴派信徒，尤其是我的父母，他们格外虔诚。他们会定期前去哈维立神庙参拜，家里甚至有自己的神庙。古遮拉特邦耆那教势力强劲，其影响无处不在。古遮拉特邦的耆那教徒与毗湿奴教徒极其反对及厌恶食肉，这种情况在印度的其他邦或是印度以外的其他国家都是不存在的。这是我生长的地方的传统。我非常孝敬我的父母，我知道，如果我吃肉的事被他们知道的话，会吓坏他们的。再加上，对真理的热爱令我更加谨慎。我明明知道，如果开始吃肉，我必须瞒骗父母，但我顾不得了，因为那时我满脑子都是关于"改革"的事。我的初衷并不是为了满足口腹之欲，我也并不知道它是如此美味的食物。于我而言，我只是希望自己和同胞都能成为坚强、勇敢的人，从而齐心协力打败英国，解放印度。我还没有听过"自治"这个词，但是我知道自由的意义。"改革"的狂热使我变得盲目，在确信可以保密的情况下，我说服自己：隐瞒父母并不是对真理的背离。

## 第7章 一个悲剧（下）

那一天终于到来了，我的心情很复杂。一方面，我保持着对改革的热情对做出如此重大的改变感到新奇；另一方面，我为自己像小偷一样躲躲藏藏而感到羞耻。这两种感受交织在一起，难分高低。我们在河边找了一个僻静的地方，就是在那里，我生平第一次看到了肉。除了肉以外，我们还买了面包，但是这两样食物于我而言都味同嚼蜡。山羊肉硬得像皮革一样，让人难以下咽，我觉得有点反胃，便没有再继续吃。

那个晚上我辗转反侧，饱受梦魇的折磨。每次昏昏沉沉快要睡着的时候，我总感觉有一只山羊在我肚子里咩咩叫，于是我便会懊悔地惊醒。我为了让心里好过一些，我不断地安慰自己，我吃肉是出于一种责任。

我的朋友不是一个轻易放弃的人，他开始用肉类烹饪各种美味佳肴，只看外观便令人食指大动。吃饭的地点也从僻静的河边变成了有着精美桌椅的政府餐厅，餐品和场地都是我的朋友和那里的大厨一起安排的。

这种诱惑非常见效，我克服了对面包的厌恶，抛弃了对山羊的同情，成为荤菜的拥护者。不过，在大概一年的时间里，我也不过只吃了五六次荤菜。政府餐厅并不是每天开放，而且如果要经常准备昂贵且可口的荤菜并非易事。我并没有什么钱可以用于支持这场"改革"，因此，每次都是我的朋友想方设法地解决资金问题。我不知道他是怎么办到的，但是凭着想要将我变成肉食者的坚定决心，他确实办到了。他的招数毕竟有限，所以这种聚餐只能有寥寥数次，而且间隔很长。

每当我有机会去参加这种秘密的聚餐时，肯定就吃不下家里的饭了。我的母亲自然会像往常一样叫我吃饭，如果我拒绝，她会询问原因。我通常会说："我今天没什么胃口，有点消化不良。"编造出这样的借口欺骗自己的母亲，让我极其懊悔。我同样清楚地知道，如果父母发现我竟然开始吃肉，会有多么震惊。想到这些，我的心便如被虫咬般难受。

因此，我对自己说："尽管吃肉对我来说是必不可少的，同时在这个国家推行饮食改革也是必行之事，但隐瞒、欺骗父母是更糟糕的事。在他们有生之年，我绝不再吃肉。等他们离开人世，我才能自由、公开地吃肉，但是在那之前我绝不会再犯。"

我把我的决定告诉了朋友，从那之后我就再也没有吃过一口肉。我的父母也从不知道他们的两个儿子曾经成为过肉食者。

本着不能瞒骗父母的纯粹执念，我放弃了肉食，但我并没有放弃我的朋友。我想改造他的热望后来成了我的灾难，但我在当时还全然不知。

那个朋友还差点引得我误入歧途，做出对妻子不忠的事来，幸亏在最后关头我逃脱了。他曾经带我去了妓院，跟我交代了注意事项后就让我进去了。他已经把一切都安排妥当，连钱都先付了。我已经踏足虎穴，在我瞠目结舌，不知所措的时候，无尽慈悲的神将我从恶欲中拯救了出来。我坐在一个女人的床上，我们俩靠得很近，但我的舌头像打了结一般，一句话也说不出来。她自然对我失去了耐心，用了很多难听的侮辱性语言把我赶了出去。我觉得自己男人的尊严受到了损伤，简直无地自容。可是自那以后，我没有一天不感念神恩，因为他在关键时刻拯救了我。这样类似的事情还发生过四次，我基本上都凭借好运而非个人的努力躲了过去。从严格的道德角度来看，上述事件都算道德缺失，因为虽然没有造成既成事实，但确实表现出了肉欲的渴求。可是，从一般标准来看，一个人既然没有做出邪恶的行为，便是已经得到了救赎。我得到的救赎就是这一种。有些时候，仿佛冥冥之中有天意，令一个人从犯罪的边缘逃脱，这对于他本人和身边的人来说都是恩赐。当这个人幡然醒悟的时候，就会感激神恩拯救了自己。我们知道，有时候一个人无论如何去抗拒，都无法不屈从诱惑；但我们也知道，神力终可以将其拯救。这一切缘何而起？人有几分自由，又有几分被境遇造就？意志能改变多少，命运又如何插手？这一切都是未知，而且将永远成为未知。

言归正传，让我来继续讲述这个故事。尽管发生了这样的事，我也并未将这位朋友的恶行尽收眼底，于是为自己酿下了许多苦果。直到我真正发现他的所作所为实在让人难以忍受，才真正看清了他，不过那是后话了。

有件在同一时期发生的事，我必须现在就讲。与这位朋友的交往毫无疑问地为我和妻子的关系带来了裂痕。作为丈夫，我对妻子忠心耿耿，但也容易嫉妒。他在旁煽风点火，挑拨我怀疑妻子，而他所说的话是否真实我却从未疑心过。受他的挑唆，我给妻子带来了许多痛苦，至今我都无法原谅自己犯下的错误。也许只有笃信印度教的妻子才能这样百般容忍，这也是为什么我认为女性是宽容的化身。如果仆人受到冤枉，可以辞职不干；如果儿子被无端怀疑，可以离家自立；如果朋友遇到这种情形，可以毅然断交。可是妻子呢？如果她疑心自己的丈夫，只能缄默不语，但如果被丈夫疑心，那便会无路可走了。印度教的信女不能去法院提出离婚，法律也并不会拯救她。我曾经将我的妻子逼迫到那样绝望的境地，这一点我永远无法忘记，更无法释怀。

只有在我真正彻底地懂得"非暴力主义"①之后，怀疑所带来的祸患才被消弭。随后我悟到了禁欲之美，并意识到妻子并非丈夫的奴隶，而是他的伴侣和帮手，他喜怒哀乐的分担者。她们和自己的丈夫一样，都享有自由选择的权利。每当我回想那段充满怀疑与猜忌的黑暗时期，就对自己的愚蠢、贪婪和残酷厌恶不已，并悲叹

---

① 非暴力主义：由甘地提出，是20世纪上半叶印度特定的历史条件和文化背景下的产物，是一种社会政治哲学。甘地试图用它来解决社会政治的各种矛盾与纷争，解决人与人、团体与团体、民族与民族之间的争端与冲突。——译者注

于自己对朋友的盲目信任。

# 第8章　偷窃与赎罪

在我吃肉和之前的一段时间,也就是我结婚前后那段时间里,我还犯下了其他错误。

我和一个亲戚喜欢上了抽烟,但并不是因为我们看到了吸烟的任何好处,或是醉心于香烟的味道,我们只是单纯地觉得吞云吐雾很有意思。我叔叔会抽烟,当我们看到他抽烟时,就觉得应该效仿他。可是我们没有钱,只能偷偷地捡叔叔抽剩的烟头。

然而烟头并不常有,而且也吸不出多少烟来。无奈之下,我们开始偷仆人的零用钱去买印度土烟。可是买来的烟藏在哪里才能避开长辈呢?这让我们伤透了脑筋。就这样,我们靠着偷钱买烟撑过了几个礼拜,后来听说某种植物的茎有许多孔可以当烟抽,所以就转用那种方法了。

不过,那些都不能满足我们,我们开始渴求自由。没有长辈允许就什么都不能做,这种生活简直无法忍受。最后,实在受不了这种生活的我们,竟然决定要自杀!

但是怎么自杀呢?从哪才能得到毒药呢?我们听说曼陀罗的种子有毒,便去林子里搜寻,果然找到了。夜晚是自杀的吉时,于是我们晚上去了克达济神庙,给殿内的灯添了酥油,参拜一番后开始寻找僻静的角落。可是,真要服毒的时刻,我们却失去了勇气。如果自杀没有马上成功怎么办?了结自己的生命又有什么好处呢?不自由真的有那么难以忍受吗?这些问题搞得我们犹豫不决,不过我们还是吞下了一两颗曼陀罗种子。我们不敢多吃,因为我们都害怕死亡。最后我们决定去罗摩吉神庙平静一下心绪,打消自杀的念头。

我意识到,产生自杀的想法很简单,但是做起来却很难。从那以后,我每次听到有人以自杀威胁别人,我的心里都毫无波澜。

自杀的念头终于使我俩戒除了抽烟和为了抽烟而去偷仆人零用钱的恶习。

我长大后,从未有过抽烟的欲望,并一直认为吸烟这一行为有些不文明,污染环境,而且对健康有害。我不理解为什么抽烟这种行为会风靡全世界。外出旅行的时候,我无法坐在满是抽烟者的车厢里,因为我害怕自己会被呛死。

偷钱买烟的时候,我才十二三岁,或者更小。十五岁的时候,我犯了一次更严重的偷窃错误——我从那个吃肉的兄长的臂箍上偷了一点金子。他的臂箍是纯金打造的,弄下来一小块并不难。

当时,他欠了一笔大概25卢比的债。为了帮他还债,我才出此下策,可是我愈来愈无法承受这一切。我发誓永远不再偷东西,也决意向父亲坦白一切,但是我不敢开口。我不怕挨打,其实在我的印象中父亲从未对我们动过手,我只是害怕自己的坦白会给他带来痛苦。可是,我必须要冒这个风险,如果我不将犯下的错误和盘托出,便无法干干净净地做人。

我最终决定把我的忏悔写下来交给父亲,然后求乞他的宽恕。于是,我把自己的所作所为写在一张字条上,亲手交给了父亲。在这张字条上,我不仅承认了自己的错误,表达了希望父亲责罚我的想法,还请求他不要为我犯下的错误而自责。当然,我也保证了自己永不再犯类似的错误。

我颤抖着将字条交给父亲,他当时得了瘘病正卧床休养,虽然那"床"只是一块木板而已。我颤抖着将字条递给他,然后在床板的对面坐下。

父亲坐起身来阅读字条,看完之后,大颗大颗的眼泪从他脸上滚落下来,打湿了那张纸。他闭上眼睛沉思了一会儿,然后把纸条撕碎,又躺回了床上。看到父亲如此痛苦,我也哭了出来。如果我是一个画家,我现在还可以将那个场景还原出来,因为它给我留下的印象实在是太深刻了。

爱的泪珠洗净了我的心,冲刷了我犯下的罪孽。只有经历过这种爱的人才能懂得。正如赞美诗所言:"只有被爱之箭射中过的人,才知道它的力量。"

于我而言,这是"非暴力主义"的直观教学。在当时我只感受到父爱,现在才知道那便是纯粹的"非暴力主义"。当这种非暴力主义真正包罗万象的时候,它将会改变万事万物,因为它拥有无穷无尽的力量。

这种崇高的宽恕并不是我父亲的天性。我原以为他会愤怒地训斥我,并自拍其额,但他却如此平静地面对这件事。我相信,他这样做是因为我彻底的悔过。对所有罪恶的坦白交代,加上一个永不再犯的誓言,忏悔的对象便会相信我们诚心悔过。我知道我的坦白获得了父亲的绝对信任,也激发了父亲对我的爱。

# 第9章 父亲之死与我的双重耻辱

我现在要讲的事情发生在我十六岁的时候。我在前文中已经提到过,父亲患有瘘病,以致卧床不起。主要是由母亲,家中的老仆和我照顾着他。我负责护理他,给他包扎伤口,喂他吃药,并把所需的药品调配妥当。每晚我都给他按摩腿部,直到他让我停手,或是睡去为止。我喜欢为父亲做这些事,在我的印象中,我好像从未怠慢过这些工作。除了日常必须要做的事外,我把所有的时间都花费在了读书和护理父亲上。只有父亲允许,或是他身体状况较好的时候,我才会在晚上出门散步。

在那段时间,我的妻子怀孕了。我如今看来,这种情况对我而言意味着双重耻辱。首先,我并没有克制自己,作为一个仍是学生身份的人,我本不应如此;其次,肉欲战胜了我曾经最为珍视的东西——对父母的孝心与责任。要知道,我自幼便崇敬孝顺父母的斯罗梵纳。每天晚上,当我勤勤恳恳地为父亲按摩腿部时,我的心思早就飘回了卧室。在那个时候,无论从宗教、医学或是常识来说,发生性行为都是不应该的。然而,每次我完成照顾父亲的职责后,总是非常高兴地和他道晚安,然后便直奔卧室了。

父亲的病情每况愈下。阿育吠陀医生试了他们所有的油膏,伊斯兰教医生开了所有的膏药,就连当地的江湖医生也用了所有的秘方,然而父亲的病情始终没有好转。一位英国的外科医生也为父亲做了专业治疗,他认为唯一的治疗手段便是给父亲做外科手术。但是家庭医生表示反对,他认为父亲如此高龄已经不适合动手术了。这位家庭医生医术高超也很有名,于是他的建议被采纳了。我们放弃了手术,为手术而购置的许多药品也束之高阁。我现在怀疑,如果当时家庭医生允许父亲动手术的话,他的病说不定就会痊愈,况且手术的主刀医生在孟买也是极有名的。但是,神明另有安排。当死亡已经逼近,谁又能确定怎样救治才是正确之举?父亲从孟买回来时,带回了所有的手术器材,而这些东西已经毫无用处。他已经绝望了,不想再活下去。他的身体愈来愈虚弱,最后连大小便都不得不被要求在床上进行。但直至他生命的最后关头,他都坚持要下床便溺,因为毗湿奴教信徒对于外表洁净的规矩信守不移。

外部洁净固然重要，但西方医学已经证明，包括洗澡在内的一切生活所需活动都可以在床上完成，只要确保干净卫生，不会给病人带来丝毫不适，且可以将床保持一尘不染的状态。我认为这样的洁净是与毗湿奴派的教义相符合的。不过，父亲坚持下床的行为令我震惊，我对他除了敬佩别无他想。

可怕的夜晚降临了。我隐隐约约记得那时候叔叔听说父亲病重，已经赶来了拉奇科特。他们兄弟情深，叔叔会整天整天地坐在父亲的病床边，并在赶我们去睡觉之后坚持睡在父亲床畔。虽然父亲生命垂危，但是没有人想到厄运会在那一夜发生。

大概十点半到十一点左右，我正在给父亲按摩，叔叔要来替代我，我便高高兴兴地直奔卧室。那时，我可怜的妻子已经睡熟了。我回去了她怎么还睡得了觉呢？我弄醒了她！可是，刚过了五六分钟，便有仆人来敲门。我带着惊恐起身，仆人对我说道："快起床，你的父亲情况很糟。"我当然知道他病得很重，所以不由得在心里猜想他所谓"病重"的意思。于是，我跳下床问："怎么了？跟我说实话！""你的父亲过世了。"

一切都结束了！我紧握双手，感到深深的羞愧与痛苦。我冲进父亲的房间，我知道，如果我没有被肉欲冲昏了头脑，在父亲离开人世的时候我应该陪在他身畔。我会为他按摩，他会安然地死在我的怀里，而不是像现在这样的离开。如今是叔叔得此殊荣，他对兄长如此敬爱，才能够送父亲走完最后一程。父亲感觉到自己即将离开人世，叫人拿来了纸笔，写下了这样几个字"准备最后的仪式"。接着，他摘下手臂上的符箓和罗勒珠穿成的项链抛到一边，之后便去世了。

我在前面的章节中提到的耻辱，就是在父亲命悬一线的时刻，我还放纵情欲而不肯入眠。这个污点是我无法消去或忘怀的，我总是会想，尽管我对父母的孝心是无限的，也甘愿为他们奉献一切，但在那时，我的思想却被情欲牢牢抓住，犯下了不可饶恕的罪过。从那以后，我总是将自己视为一个好色的丈夫，尽管我对妻子十分忠诚。我花了很长时间才从情欲的桎梏中解脱出来，在克服它之前，通过了许多磨难。

在我结束这双重耻辱的一章之前，我想说我妻子生下来的那个孩子只活了三四天就夭折了。这本就是可以预见的结果。希望其他的已婚人士能警惕于我的前车之鉴。

# 第10章　宗教一瞥

从六七岁到十六岁，我都在学校学习除了宗教以外的各门功课。老师们本不刻意去教授的东西，我还是在从周边的事物中不断学习着。我所说的"宗教"一词具有最广泛的含义，即自我实现或自我认识。

出生于一个毗湿奴派的家庭，我经常会前往哈维立神庙。但它从未吸引过我，我不喜欢它金碧辉煌的外表，也不喜欢气派隆重的参拜仪式。而且，我还听说有人在那里行为不轨，这样一来，我对它更没兴趣了，也更不可能从哈维立神庙得到什么启示了。

没有从哈维立神庙得到的东西，我却从我的保姆兰芭那里得到了。兰芭是我家的一位老仆，她对我的百般疼爱我至今记忆犹新。我曾提过，我害怕鬼魂精怪。兰芭告诉我要克服恐惧，只要反复念诵"罗摩罗摩"就可以了。不管方法是否管用，我都要尝试一下，因为我十分信任她，于是小小的我开始念诵"罗摩罗摩"来克服恐惧。当然，这种做法并未持续很长时间，但在我的心中撒下了信仰的种子。正是由于兰芭当年对我的教导,我至今仍将念诵"罗摩罗摩"作为驱除心魔的好办法。

与此同时,我有个笃信《罗摩衍那》的堂哥让我和二弟去学习《罗摩护》。我们用心地学习,并规定自己每天早上沐浴后都要背诵。我们在波尔班达的时候每天都如此练习,但是到了拉奇科特之后便慢慢将它遗忘了。其实,我之前的行为并非出于信仰,而是想向人夸耀自己的发音十分标准。

然而,在父亲面前读《罗摩衍那》的情形令我印象深刻。父亲在波尔班达养病的时候,每晚都会听人朗读《罗摩衍那》。那位朗读者名叫罗塔·莫卡罗治,来自比列斯瓦尔,是罗摩虔诚的信徒。听说他治好了自己的麻风病,没有用一点药物,而是将在比列斯瓦尔神庙内供奉过大天帝以后舍弃的比尔花叶敷在患处,并一直反复念诵"罗摩罗摩"。据说,他的信仰消除了他的病痛。这也许是真的,也许不是,但无论怎样,我们对这个故事深信不疑。事实上,罗塔·莫卡罗治开始诵读《罗摩衍那》的时候,他确实已经摆脱了麻风病的困扰。他会用悦耳动听的嗓音唱对句和四句体的颂诗,并解释其中的真义。他是如此全身心地沉醉其中,使得听众也仿佛被带入了情境。我那时大概十三岁,他的诵读令我如痴如醉。这为我对《罗摩衍那》的热爱奠定了基础。如今,我将杜拉希达斯(Tulasidas)的《罗摩衍那》视为所有灵修文学中最伟大的著作。

几个月之后,我们搬到了拉奇科特,就再也听不到念诵《罗摩衍那》了。但是每逢"叶迦达希"日①的时候,会有《薄伽梵歌》的念诵。有时候我也会去参加,但是念诵者的表现完全无法打动我。不过,我如今认为《薄伽梵歌》是一本可以唤起宗教热情的

---

① 叶迦达希(Ekadashi):指的是满月后的第十一天和新月后的第十一天,为印度教的断食日。——译者注

书。我读过古遮拉特文的版本,并觉得非常感兴趣。但是当我在21天的禁食时听到潘迪特·马丹·穆罕·马拉维亚①诵读的选段时,我真为自己在童年时没有听到而感到遗憾;像他这样虔诚地念诵,想必我小时候听到便会喜爱《薄伽梵歌》了。在那个年纪受到的影响会深深根植于一个人的本心之中,我未能在幼年时听到更多这样优秀的念诵,是我终身的憾事。

但是,在拉奇科特,我早早接受了印度教的分支教派和姊妹教派。因为我的父母既会去哈维立神庙朝拜,也会去湿婆天神庙和罗摩神庙朝拜。他们要么亲自带我们去,要么遣人将我们送去。耆那教的僧侣也会常常过来拜访父亲,与他谈论有关宗教和世俗的问题,甚至会接受我们这些非耆那教徒的食物。

除此之外,父亲还有伊斯兰教和拜火教的朋友,他们会和他谈论自己的信仰,而父亲会带着敬意饶有兴趣地聆听。作为他的护理者,他们谈话时我常常在场。在这些事件的影响之下,我形成了对一切宗教信仰都包容的态度。

不过,基督教是个例外,我当时对它怀有厌恶之情。可是,这种厌恶是有原因的。当时,基督教传教士常常站在中学附近的一个转角处,滔滔不绝地侮辱印度教和他们信奉的神明。我觉得这种行为令人难以忍受。我试着站在那儿听过一次,那一次的经历就足以使我对其避而远之。那时,我听说一个著名的印度教徒皈依了基督教,当时闹得沸沸扬扬。他受洗之后,就开始吃牛肉、喝酒,出门就穿西服、戴礼帽。这些事令我无法忍受,我觉得如果要强迫人去吃牛肉,喝酒,改变自己的穿着,那它就不配被称为一种宗教。我还听说,那位新晋基督教徒已经开始抨击他祖辈的宗教、习俗以及

---

① 译注:潘迪特,原文为"Pandit",又作"pundit"。对具有专业知识的智者、教育程度高或是学识渊博者的称呼,尤指婆罗门学者、印度教各领域专家、精神领袖或宗教领袖。——译者注

国家。这一切都使得我对基督教厌恶不已。

虽然我学到了如何包容不同的宗教,但并不意味着我信奉神明。在那时,我偶然发现了父亲藏品中的《摩奴法典》,其中创世之类的事情并未给我留下深刻印象,反而让我更倾向于无神论。

我有一个堂兄,他现在还健在,我一直很敬佩他的智慧。我带着疑惑去找他,他无法为我解惑时便这样回答我:"当你长大以后,你会自己寻得问题的答案。以你现在的年纪本不应该考虑这些。"我有些闷闷不乐,没有继续追问。在我看来,《摩奴法典》中关于饮食的章节,与日常生活中的做法背道而驰,但当我提出类似的疑问时,得到了同样的回答。于是,我安慰自己:"等你更聪明了,读了更多书之后,就会懂得了。"

《摩奴法典》并未教给我"非暴力主义",我在上文谈到过我曾经吃肉的事,《摩奴法典》似乎对此是持支持态度的。我当时认为,杀死蛇虫之类的生命是非常合乎道德标准的。我还记得那时自己曾经弄死过虫子和其他昆虫,并认为那是我的责任所在。

但有一个信念深植于我的内心:道德是一切的基础,真理又是一切道德的本质。追求真理成了我唯一的目标。真理的范围在不断扩张,而我对于它的认识也逐日宽泛。

有一段以古遮拉特语写就的类似诗歌抓住了我的心,它教导人应以德报怨,这也成了我后来的行事准则。我认为诗歌中最美的几句这样写道:

> 饮水之恩,应美餐以馈;
> 鞠躬致礼,当热情相待;
> 人赠我一分,我回以千金;
> 救命之恩情,需舍身相报。
> 每受恩惠必十倍酬人,

这是智者之所言所行。

高尚者知万众均为一体，

以德报怨方为人间正道。

## 第11章 准备赴英

　　1887年我通过了入学考试，当时有两个考点，分别是阿赫梅达巴和孟买。这个国家的普遍贫困使得卡提亚华的学生们偏向于选择更近、更便宜的考点。我的家庭条件使得我做出了同样的选择。这是我首次独身一人从拉奇科特去往阿赫梅达巴。

　　长辈们希望我毕业后去大学继续深造。八万纳伽和孟买都有大学，我最终选择就读于八万纳伽的萨玛尔达斯学院，因为那边的消费水平更低。我入学之后，却发现自己如坠云雾、一片茫然。一切对我来说都太难了，我跟不上教授的授课，更别说对什么感兴趣了。但那并不是他们的错，因为那个学校的教授水平是一流的，是我自己不开窍。第一学期结束之后，我便回家了。

　　马福济·达维是一位机警而学识渊博的婆罗门，也是我们家的老朋友和顾问。父亲去世之后，他与我们也并未减少来往。我放假回家的时候，他正好来我家造访，在和母亲和哥哥聊天的时候，问起了我的学业。得知我在萨玛尔达斯学院读书后，他说："时代已经变了。如果你们得不到良好的教育，没有谁能继承你们父亲的事业。既然这个孩子还在求学，你们应该将传承事业的希望寄托在他的身上。他拿到学士学位需要花四五年的时间，但毕业之后他充其量只能做一份60卢比的工作，绝不可能成为首相。如果像我的儿子一样学法律,那么所需要花费的时间会更长,到时候会有一大批律师竞争首相职位。我认为你们最好把他送到英国去求学,我儿子科华尔朗说,在英国学法律非常容易,三年就可以学成回国了,费用也不会超过四五千卢比。想想吧,一个刚刚从英国回来的律师,该是多么新派的事啊!到时候,他只需开口一提,便可以获得首相之位了。我强烈建议你们今年就把穆罕达斯送去英国,科华尔朗在那边已经结交了许多朋友,他会介绍他们认识,穆罕达斯在那边就可以过得轻松一些。"

我们尊称达维为乔什吉[①],他转向我,十分自信地问道:"你难道不更想去英国读书吗?"对我来说,这真是一桩喜事,因为我正为自己的学习问题烦恼。因此我欣然接受了乔什吉的建议,并希望能越早去越好。不过,迅速通过考试并非易事,为什么不让我去学医呢?

哥哥打断了我的话:"父亲本来就不喜欢学医。他说我们毗湿奴派不应该解剖尸体。父亲还是希望你学法律。"

乔什吉插话说:"我不像甘地吉那么排斥学医,我们的圣典中也并没有反对学医的字句。但是医学学位并不能令你成为首相,而我希望你可以做首相,或者取得更高的成就。只有这样你才能保护和照顾这个大家庭。时代瞬息万变,谋生日渐艰难,做律师是最好的选择。"然后他又转向母亲说道:"我得走了,请仔细考虑一下我说的话,下次再来的时候,我希望听到你们在为送他去英国而做准备。如果需要什么帮助记得告诉我。"

乔什吉走了,我开始天马行空地想了。

我的哥哥想了很多实际问题:怎么弄到送我出国的费用呢?让我这个年纪的人孤身出国合适吗?

---

[①] 按照印地语习惯,在人名后面加 ji(吉)以表尊重。——译者注

母亲心乱如麻，她不想与我分开，于是想出这样一个托词："叔叔是现在家中年纪最大的长辈，首先要征求他的意见。如果他同意，我们再继续商量这件事。"

哥哥却另有主张，他对我说："我们在波尔班达还有一定的威望，现在的行政长官是莱利（Lely）先生，他对我们家评价很高，与叔叔的关系也很好，他可能会推荐你申请政府资助，让你赴英留学。"

我觉得这些主意都很对，于是准备动身前往波尔班达。那个年代还没有铁路，去波尔班达要坐五天的牛车。就像我上文中说过的，我胆子很小，但在那个时候，我的怯懦和想去英国的欲望相比完全不值一提了，我全身心地为了去英国求学而努力。我雇了一辆牛车去度罗基，然后从度罗基骑骆驼去波尔班达，这样可以节省一天的路程。这也是我第一次骑骆驼。

到了波尔班达，我拜见了叔叔，并将一切都告诉了他。他思考了一下，便说道："我不确定去英国生活会不会影响人的宗教信仰，从我自己的所见所闻来看，我是有疑虑的，因为那些留学回来的律师生活做派完全和欧洲人一样，他们饮食没有忌口，嘴里永远叼着雪茄，穿得也像英国人一样不伦不类。这些都和我们的家族传统相悖。我很快就要去朝圣了，而且我也活不了几年了。我这个半只脚踏进坟墓的人怎么敢答应你远渡重洋去英国读书呢？不过，我也不会阻拦你，其实最重要的还是得到你母亲的允许。如果她同意你去，那么我会祝你诸事顺遂！转告你的母亲，我不会干涉她的决定，你如果决定去，我会祝福你。"

"您已经为我做得够多了，"我说道，"我会尽力劝服母亲的。但是您可以向莱利先生推荐我吗？"

"我怎么能这样做呢？"叔叔说，"但是他是一个好人，你可以约他见面，将你的身世告诉他。他肯定会见你，说不定还会愿意帮你。"

我说不出叔叔没有为我写推荐信的原因,我隐约觉得他并不想促成我去英国求学的事,因为他觉得,出国有违宗教信仰。

我给莱利先生写了信,他让我去他的住处见他。他上楼梯时看到了我,简短地说道:"大学毕业之后再来见我,现在我什么都帮不了你。"说完,他便急匆匆地上了楼。我为了与他会面做了精心准备,仔细斟酌了几句场面话,对他深深鞠躬行礼,用双手致敬。然而全是白费工夫!

无奈之下,我想到了妻子的金银首饰,还想到了我的哥哥。他是我最信赖的人,他非常慷慨大方,并且疼爱我不逊于自己的儿子。

从波尔班达回到拉奇科特之后,我讲述了发生的一切。我询问乔什吉的意见,他当然建议我去英国求学,哪怕是借钱也要去。我建议变卖妻子的首饰,大概可以筹到两三千卢比。哥哥也答应一定会帮我筹措资金。

但是母亲仍然持反对意见。她已经详细问过别人,有人告诉她年轻人去英国后会迷失自我,会开始吃肉、饮酒,甚至没有酒活不下去。"这一切让我怎么能放心呢?"她问道。而我这样回答:"您不信任我吗?我不会欺骗您,我发誓我不会沾染那些恶习。如果真的这么危险,乔什吉会让我去吗?"

"我信任你。但是你远在异国他乡,我又怎么放心得下?我很茫然,不知道该何去何从。我得去问一下哲人贝卡吉。"她说道。

哲人贝卡吉原本属于莫德·班尼亚种姓,但现在成了耆那教的僧侣。和乔什吉一样,他也是一位家庭顾问。他的建议帮了我的忙,因为他说:"我会让这个男孩庄严地许下三个誓愿,然后他就可以离开了。"在他的监誓下,我许下了不会饮酒、不近女色以及不食肉类的三个誓愿。母亲终于同意我去英国读书的事了。

我的中学为我举行了欢送会,对于拉奇科特的年轻人来说,去英国求学是一件很不寻常的事。我写了几句感谢词,但是结结巴巴念不出口。我记得自己起身读感谢词的时候,头晕脑涨,身体也不住地颤抖。

带着长辈们的祝福,我动身前往孟买。这是我第一次从拉奇科特去往孟买,哥哥陪着我一同前往。但是好事多磨,到了孟买我们又遇到了许多困难。

## 第12章　被剥夺种姓

得到了母亲的许可和祝福,我兴高采烈地出发去孟买,离开了妻子和刚出生几个月的婴儿。可是到了孟买之后,朋友们告诉我哥哥印度洋六七月份风浪太大,而这又是我第一次出海航行,所以最好等到十一月再出发。还有人说,有一艘轮船刚刚遭遇强风而沉没了。他们的话让我的哥哥忧心忡忡,他决意不让我冒险起航。于是他将我托付给孟买的一个朋友,自己先行赶回拉奇科特继续工作。他将我的旅费交由我姐夫保管,并交代一些朋友照顾我。

在孟买的每分每秒都格外难熬,我日日盼望着去英国。

与此同时,我要出国的事令与我同一种姓的其他人开始不安。到目前为止,还没有一个莫德·班尼亚种姓的人去过英国。如果我胆敢做出这样的举动,那么必须给大家一个合理的说法!他们召开了班尼亚种姓国会,并传唤我到场。我便去了。忽然间我拥有了连自己都不知道哪里来的勇气,我毫无畏惧地,毫不犹豫地来到了他们面前。我们氏族的族长是我的远亲,以前与我父亲关系很好,这时却厉声训斥我:"在我们本族的观念里,你去英国的行为是不合适的。我们的宗教禁止航海出国,而且我们听说去了那边以后不违背宗教教义便无法生活,因为必须要和欧洲人同饮共食!"

我回答道:"我认为去英国完全不违背我们的宗教,我只是去那里深造,而且我已经向母亲郑重承诺过,不会做那三件你们最担忧的事。我相信我的诺言可以保得我平安。"

"但是我们要告诉你,"他重申道:"一旦去了英国,是不可能保持我们的宗教信仰的。你知道我和你父亲的关系,你应该听我的劝告。"

"我知道您和父亲的关系,"我说:"您也是我的长辈,但是在这件事上我不会妥协。我无法改变去英国的决心。我父亲的朋友和顾问,是一位博学的婆罗门,他极力支持我去英国求学,而且我的母亲和哥哥也同意我去英国。"

"你这是要违抗种姓的命令吗?"

"我真的无能为力。我认为种姓不应该干涉这件事。"

他被激怒了,开始责骂我,但我继续无动于衷。于是他颁布了族长令:"从今日起,这孩子将被驱逐出本种姓。任何帮助他的人,或是去码头为其送行的人,都将被处以一卢比四安那罚金。"

这一命令其实对我来说全无影响,我向族长告别,离开了会议厅。但我不知道哥哥对此是什么态度。幸好他仍然坚持己见,并写信向我保证,无论族长说了什么,他依然同意我去英国读书。

这起事件让我更急于起航。如果他们对我哥哥施压,那该如何是好?毕竟许多事无法预料。正当我为自己的处境犯愁时,我听说一位朱纳卡德的律师要去英国参加律师资格授予仪式,而他计划9月4日出海。我去见了哥哥的朋友们,他们也认为我不应该错过这样一次机会。时间不等人,我即刻发电报向哥哥请示,他同意了。可是,当我向姐夫索要哥哥之前存放的旅费时竟遭到了拒绝,他搬出了族长的命令,并说他承受不起那些处罚。我只好去找另一个朋友,请他帮忙借给我所需的旅费和其他杂费,并保证我的哥哥会偿还这笔钱。那位朋友不但好心地答应了我的请求,还鼓励了我一番,令我十分感激。拿到钱后我立刻付了船资,然后开始为此次航行做准备。有个朋友有过航行的经验,他帮我准备好了衣服和杂物。有些衣服我很喜欢,有些则完全不喜欢。比如领结,虽然后来我非常喜欢戴,但在当时却对它厌恶不已。还有一件当时在我看来很不得体的短夹克。但是这些和去英国的渴望相比就显得微不足道了。我还带了丰富的食物,足够应付船上的生活。朋友为我预订了与那位律师安巴克莱·马兹慕达先生同一间舱房的铺位,并将我引荐给他。马兹慕达先生是一个成熟、有经历的人,而我那时不过十八岁,一片懵懂。马兹慕达先生让我的朋友们放下心来,不必担心我。

9月4日,我终于从孟买起航了。

# 第13章 终于抵达伦敦

我一点也没有晕船,但随着日子一天天过去,我开始感到烦躁不安,甚至和侍者说话都不好意思。我不习惯说英语,但除了马兹慕达先生之外,二等舱的其他旅客都是英国人。我无法和他们交流,因为我听不懂他们在说什么,而且就算听懂了也回答不上来。每说一句英语,我得先在脑子里组织好语言。我不会用刀叉,更不敢询问菜单上哪些是素食,所以我从来不去餐厅用餐,而是在舱房里吃自己带来的点心和水果。马兹慕达先生没有这些苦恼,他和大家都很聊得来。我整日躲在舱房里，只有甲板上人不多时才敢露面，而马兹慕达先生却经常在甲板上任意闲逛。他一直劝我要与其他乘客交流，并对我说做律师需要口才，还以自己的从业经验现身说法。他建议我抓住一切机会练习英语，不要害怕出错，因为外国人说外语时难免犯错。但是我怎么也无法克服羞怯。

一位年长的英国旅客对我很友好，他主动拉着我说话。他问我吃了什么，以前做什么，要去哪里，为什么如此害羞等问题，还建议我去餐厅吃饭。他委婉地指出我坚决不吃肉的做法不妥。在我们经过红海时，他友好地劝我："到目前为止你这样做无可厚非，但是到了比斯开湾之后，你就该改改主意了。英国那么冷，不吃肉的话根本无法在那里生活。"

"但我听说在那里生活的人可以不吃肉。"我说。

"放心吧，那肯定是假的，"他说，"据我所知，在英国生活的人没有不吃肉的。你看，尽管我喝酒，却从未劝过你饮酒，不是吗？可是我认为你应该吃肉，因为不吃肉根本活不下去。"

"感谢你的好意，但我已经郑重地向母亲承诺不吃肉食，所以我根本不会去考虑这个问题。如果不吃肉在英国无法生活下去，那我宁愿选择回印度。"

我们驶入比斯开湾的时候，我并没有感到自己需要肉或者酒。有人建议我领取一份素食者的证明，我便请那位英国朋友帮忙。他很高兴地帮助了我，我也将那份证明珍藏了许久。后来我才发现即使肉食者也可以得到这样的证明，它对我而言便失去了意义。如果连我自己的誓言都不能遵守，那么拥有一张证明又有何用呢？

在我的印象中，我们是在星期六抵达南安普顿的。我在船上一直穿的是黑色西装，特意在上岸时换上了朋友送我的那套白色法兰绒西装，因为我觉得踏上英国的土地时，白色会显得体面一些。那时是九月末，我发现自己是唯一一个穿这种衣服的人。看到许多人把自己的行李，包括钥匙都交给格林德莱公司的代理人办理托运，我也这样做了。

我带了四封介绍信，分别是给皮·捷·梅赫达医生、达巴特朗·苏克拉先生、兰吉特辛吉王子和达达巴伊·奥罗吉的。在船上时有人建议我们去住伦敦的维多利亚旅馆，马兹慕达先生和我便听从了他的建议。作为唯一一个穿白衣服的人，我已经感觉羞愧难当了，到了旅馆之后，我更是气愤不已，因为第二天是星期天，格林德莱公司不会将我的行李送来，我只能继续穿着这身白衣服。

我在南安普顿给梅赫达医生发了电报，他在当天晚上八点左右便来探访我。他热情地问候我，对我仍穿着法兰绒衣服报以一笑。在谈话的时候，我顺手拿起了他的礼帽，想看看面料有多么光滑。不想在抚摸礼帽的时候，我竟毛手毛脚地把礼帽的绒毛弄乱了。梅赫达医生看到我的举动有点生气，他制止了我，但为时已晚。这件事为我敲响了警钟，它是我学习的第一堂欧洲礼仪课。梅赫达医生风趣地向我讲解了许多注意事项。"不要碰其他人的东西"，他说道，"不要像印度人初次见面那样问问题，不要大声喧哗，与人谈话时不要像在印度时那样一口一个'先生'，在这里只有仆人和下属对主人才这样称呼。"他叮嘱了我许多诸如此类的细节，并告诉我住在旅馆费用太高，可以租住在当地人家里。不过，我们打算星期一再商量此事。

马兹慕达先生和我都觉得住旅馆既不舒服，也太过昂贵。他在船上认识了一个来自马耳他的信德乘客，因为他对伦敦很熟悉，便主动提出帮我们找房子，我们自然同意了。星期一我们一拿到行李，便结清了账单退房，去往那位信德朋友帮我们租的房间。我还记得旅馆的账单是3欧元，这个价格当时令我非常震惊。而且付了这么昂贵的费用，我却一直在饿肚子！我往往发现一样东西不合胃口，便会换其他东西，最后便要付双份的钱。事实上，在这段时间里，我还是靠着从孟买带来的食物生活。

搬入新居之后，我还是很不自在。我不断地想家乡和祖国，母亲对我的爱一直令我怀念。一到晚上，我就忍不住哭泣，对家人的深切思念使我夜不能眠。我的痛苦无处倾诉，而且即使向别人诉说，又有什么用呢？没有什么可以安慰我，这里的人，这里的生活方式，甚至他们的住所，对我来说都是那么陌生。我对于英国礼节一窍不通，必须时刻注意。因为我立誓吃素，所以不便之处变得更多，哪怕是可以吃的食物，也变得淡而无味。我发现自己陷入了进退两难的境地，既受不了英国的生活，又绝不能回印度。于是，我暗暗对自己说：既然来了，就必须完成三年的学业。

# 第14章  我的选择

梅赫达医生周一去维多利亚旅馆找我的时候，发现我们已经离开了。他要了我们的新地址，并找到了我们的住处。因为愚蠢，我在船上染上了癣病。船上洗衣和洗澡用的是海水，而肥皂是不溶于海水的。然而我却偏要用肥皂，以为用肥皂才能显示自己有文化，结果我非但没洗干净皮肤，反而让它变得油腻不堪，最后得了癣病。梅赫达医生帮我看了一下，告诉我可以用醋酸治疗。我还记得醋酸带来的烧灼感，让我痛得大叫。梅赫达医生看了我的房间和住客后摇头表示反对。"这个地方不行，"他说，"我们来英国与其说是为了学习，不如说是为了体验英国的生活和习俗。为了达到这个目的，你应该和英国家庭一起生活。在这之前，我觉得你最好跟别人学习一下。我带你去吧。"

我感激地接受了他的建议，搬到了他朋友的住所。那位朋友心地善良，而且对我关怀备至。他把我当成自己的弟弟一般，教我英国的礼仪和习俗，并使我习惯用英语交流。可是，我的饮食成了最大的问题。我不喜欢寡淡无味的白水煮菜，但女房东不知道还能为我准备什么。我们早餐吃燕麦粥，可以吃得很饱，但是午餐和晚餐我却总是饿肚子。朋友一直劝我吃肉，但我总是重复自己的誓言，然后便保持沉默。每天的午餐和晚餐都有菠菜、面包和果酱。我的食欲很好，胃口也很大，但是却不好意思多要，因为感觉吃下三片面包已是极限，再多要似乎不大合适。还有一个吃不饱的原因，那便是午餐和晚餐都没有牛奶。有一次，我的朋友看不下去了，说道："如果你是我的亲弟弟，我会让你马上打包走人。你对母亲发了誓又怎样？她既没有文化，又不了解这里的情况，这种誓言根本做不得数。从法律上讲你的承诺根本不成立，你的坚持也完全是迷信。我告诉你，你这样固执是自讨苦吃，对你没有任何好处。你也说过，你曾经吃过肉，也喜欢吃。你在那个完全没有必要吃肉的时候吃肉，在这个必须吃肉的时候却不肯吃了，这又是何必！"

然而，我还是不为所动。

我的朋友日日劝我，但我一直坚持对母亲的誓言。他越与我争辩，我便越不愿妥协。我每天都祈祷神明保佑，神明也确实庇佑我。我其实对于神明并无概念，是信念一直支撑着我，而这信念的种子是由那位善良的保姆兰芭播下的。

有一天，朋友开始给我读边沁的《效用论》，书中的语言实在太过晦涩，我绞尽脑汁也无法理解。他便开始向我解释。我说道："请原谅我吧，我不懂这些深奥的理论。我承认吃肉是必要的，但我绝不能违背我的誓言。我无法辩驳，我也知道自己争不过你。请你把我当成一个固执己见的傻瓜，不要再管我了。我感激你对我的爱护，也知道你是为了我好，但是我也无能为力。誓言就是誓言，是不能被打破的。"

那个朋友惊讶地看着我，合上书本说道："好吧，我不再和你争论了。"我很高兴，他也确实不再提起这事，却仍然为我担心。他抽烟、喝酒，却从未劝过我做那些事，反而要我不要沾染这类东西。他只是担心我的身体，怕我因为不吃肉而变得虚弱，在英国过得不好。

我跟着那位朋友学习了一个月。那位朋友的家在里士满，每周最多去伦敦一两次。梅赫达医生和达巴特朗·苏克拉先生便决定让我与其他家庭同住。苏克拉先生在西肯新敦偶然找到一户英裔印度人家，便把我安置在那里。房东是一位年迈的寡妇，我对她说了我的誓言，老太太答应要好好照顾我，我便搬去她家里住了。但是，在这里我每天也不得不忍饥挨饿。我已经写信要家里给我寄一些甜点和其他食物，却还没有寄到。这里的一切食物都如此寡淡无味。每天那位老太太都会问我食物是否可口，可是她又能怎么办呢？我还是像以前一样害羞，吃完别人给的食物便不敢再多要了。老太太有两个女儿，她们总是多拿一两片面包给我。但是她们并不知道，给我一整条面包也不一定能填饱我的肚子。

虽然正规的学习还没有开始，但我至少已经安顿下来。多亏苏克拉先生提醒，我才开始读报纸。在印度我从没有读过报纸，但在这里，我养成了定期读报的好习惯。我时常花费一个小时来翻阅《每日新闻》《每日电讯》和《保尔·玛尔公报》。看完报纸后，我开始四处游逛，想找一家素食餐厅，我听房东太太说城里有这样的餐厅。我每天都小跑十到十二英里，去找一家便宜的餐馆把面包吃个够，但那仅仅是为了果腹而已，并不能让我真正满足。有一次闲逛的时候，我在法林顿街偶然发现了一家素食餐厅。一看到这间餐厅，我便满心喜悦，仿佛孩子得到了他心心念念的玩具。进去之前，我看到门口的玻璃窗下陈列着待售的书，其中有萨尔特的《素食论》。我花了一先令买了这本书,便径直进入了餐厅。这是我到英国吃得最满意的一餐,一定是神明保佑的。

我从头到尾认真翻阅了萨尔特的书,并留下了深刻的印象。自我读这本书的那天起,我便选择了成为一个素食主义者。我由衷地感谢自己曾在母亲面前立下的誓言,是它令我一直以来为了追求真理和信守誓言而放弃吃肉。在那段时间里,我曾希望每一个印度人都成为食肉者,盼望着自己有一天也可以公开、自由地吃肉,并使这种行为得到推广。但是现在我选择成为素食主义者,并将传播素食主义作为终生的使命。

# 第15章　扮演英国绅士

我对素食主义的信仰与日俱增,而萨尔特的书激起了我研究饮食的兴趣。我到处搜罗关于素食主义的书,其中包括霍华德·威廉斯的《饮食伦理学》。这是一部"人类饮食文献的传记史",书中举证说明,从古至今的所有哲人和先知,上至毕达哥拉斯和耶稣,下至当代的人,都是素食者。安娜·金世福医生的《饮食善方》也是一本引人入胜的书。同样地,阿林森医生关于健康与卫生的著作也很有帮助。他提倡一种基于病人饮食规律的治疗体系。作为一名素食者,他给病人开的处方也是严格的素食。阅读这些文献之后,我将饮食实验作为生活的一个重要部分。当时做这些实验是出于对健康的考虑,后来宗教便成为至高无上的动机了。

与此同时,我的朋友一直为我担心。出于对我的关爱,他生怕我坚持不吃肉造成体质虚弱,被人视为异类,难以融入英国社会。

当他知道我开始研究素食主义的著作时,越发担忧了。他担心这些研究会让我的思维混乱,令我在实验上耗费时间,从而无心工作,成为一个怪人。于是他做了最后一次试图改变我的尝试。有一天,他邀我去看戏,开演之前他请我到贺尔朋餐厅吃饭。那个餐厅富丽堂皇,自从离开维多利亚旅馆,这是我第一次去如此奢华的饭店。在维多利亚旅馆入住的经历对我全无帮助,因为我在那里时一直处于懵懵懂懂的状况。我的朋友特意带我来这家餐厅,因为他料到我会不好意思提出任何问题。在那里用餐的人很多,朋友和我在一张餐桌上对面而坐。第一道送上来的是汤。我看不出它的原料,又不敢问朋友,便叫来了侍者进行询问。我的朋友看到我这一举动,就隔着桌子严肃地问发生了什么事。我犹犹豫豫地告诉他,我想确认这汤是否是素食。"你的所作所为在这个文明社会太不得体了!"他激动地说,"如果你没法守规矩的话,那请你离开吧。我们各自吃饭,然后在外面碰面。"我听了之后很高兴,便出去了。附近本有一家素食餐厅,可惜那晚没有开业,我便没有吃晚餐。后来,我陪着朋友进了剧院,他对于之前发生的事只字不提,我当然也不会说什么了。

那是我们最后一次友好的争吵,但这丝毫不会动摇我们的关系。我了解并感激朋友出于爱护为我所做的一切,尽管我们在思想和行动上有分歧,我对他却更多了几分尊敬。

我决定让他放下心来,我向他保证不会再做不得体的事了。我会变现得举止优雅,用其他方面的成就来弥补我的素食主义,以融入这个文明的社会。为了成为一个英国绅士,我完成了许多不可能的任务。

我以前穿的是从孟买带来的衣服,但感觉不太适合英国社会,于是我在陆海军商店买了新衣服,并花19先令的巨资购买了一顶礼帽。不仅如此,我还在伦敦的时尚中心街区——邦德街花10英镑买了一套晚礼服，又让我那善良高尚的哥哥给我寄了一条双层的金表链。直接系上已经打好的领结是不体面的，所以我又学会了打领带的技巧。在印度，照镜子是一件奢侈的事情，因为只有家庭理发师来给我刮胡子时才有机会照一照。而在这里，我每天都在一面巨大的镜子前花费十分钟打领带、梳头发，按照正确的方式整理仪容。我的发质比较硬，打理起来很花费时间，每天都要用刷子来对付。每次戴上或摘下帽子时，我的手就会不自觉地整理发型，更不用说和文雅人在一起的时候，还需要时不时用手做一些其他礼貌性的动作。

我觉得上述的种种行为还不足以彰显我的绅士风度，我又将注意力转移到其他细节。有人告诉我，要成为绅士必须学跳舞、法语和演说。法语不仅是邻国的语言，也是欧洲大陆的通用语言，我很想周游欧洲大陆，于是我报名学法语。我决定开始上舞蹈课，并交了3英镑作为一个学期的培训班费用。三个星期里我大概上了六节课，但还是无法跟着节奏做出动作。我跟不上钢琴的演奏，因此无法合上拍子。该怎么办呢？有这样一则寓言，一个隐士养了一只猫来防老鼠，养了一头牛以便给猫提供牛奶，又雇了一个人照顾奶牛，并如此这般推演下去。我的野心也像那个隐士一样不断膨胀。为了培养对西方音乐的兴趣，我认为自己应该学小提琴，所以我花3英镑买了一把小提琴，交了一些学费。另外，我找了第三个老师来教我演说，并付了他一几尼的费用。他推荐培尔的《标准演说家》作为教科书，我购买了，也学起了毕特的演说。

正是培尔先生的书为我敲响了警钟，令我醒悟过来。

我对自己说，我并不想一辈子在英国生活，那么何必要学演说呢？而跳舞又怎么能使我成为一个绅士呢？如果要学小提琴，我在印度也可以学。我是一个学生，应该专心读书，取得律师的资格。如果我的人格令我成为一个绅士，那再好不过了，否则我便应该放弃这种野心。

我满脑子都是这样的想法，于是写信给演说老师，向他道歉说自己不会再去上课了。其实我不过上了两三节课而已。我写了同样的信给舞蹈老师，并去找了小提琴老师，希望她能替我卖掉小提琴，无论价格多少都可以。她对我很友善，因此我告诉了她自己醒悟的过程，她也很支持我的决定。

这种狂热状态大概持续了三个月，而我对衣饰上的一丝不苟则延续了好几年。自那以后，我便一心扑在自己的学业上。

# 第16章 变化

不要认为我尝试学跳舞和小提琴之类的技能是我人生中放纵的一段时光。你们可以看到，我在花费这些钱的时候也是经过了一番思考的。那段狂热期，我也进行了一定的自我反省。我把自己花的每一分钱都记在账上，所有的开销都精打细算，哪怕是很小的数目，比如公车费、邮费或买报纸的费用，都会记下来，并在每晚睡前结算清楚。我一直保持着这个习惯。正是因为我保持着这样的好习惯，我日后管理高达几十万卢比的公共资金，却能够在开支方面一直节俭；我领导的多次运动中，不会有负债，反而总有盈余。希望每一个年轻人都能从我这里学得一点经验，养成收支记账的习惯，终会像我一样收获颇丰。

由于我严密地关注自己的生活方式，才更看得出节约的必要。于是，我决定将自己的开销减少一半。从账目上看，我有许多钱花在了车费上。由于我寄宿在别人家，于是我每周都要交一笔费用，不时还要邀请他们外出吃饭，或是参加他们的聚会。这些都加大了交通费用的支出，尤其是和女性朋友共同外出时，按照习俗男士应负担所有的开销。而且，外出就餐也意味着额外的费用，因为即使没有在家中用餐，也不能从每周账单中扣除费用。在我看来，上述费用本可以节省下来，我的钱包便是被这些虚伪的礼节榨干的。

因此，我决定不再和家庭同住，而是自己租房住。这样一来我可以随着工作变动而搬迁，从而积攒更多的经验。我选的住处距离工作地点只有半小时的步行距离，这样可以省下车费。在此之前，无论去哪里我都要坐车，散步需要另找时间。新的安排兼顾了散步和节约，不但可以省下车费，还保证了我每天步行八到十英里。正是因为这种散步的习惯，使得我在英国留学期间几乎没生过病，身体还相当强壮。

就这样，我租了一个一室一厅的套间。这是第二阶段，第三阶段稍后讲述。

这些改变为我省下了一半的开支，但是我该如何利用时间呢？我知道法学考试不需要读太多的书，因此并不觉得时间紧迫。可是糟糕的英语一直困扰着我。莱利先生（后为弗雷德里克爵士）当时说的"大学毕业之后再来见我"的话还在我脑中回响。我想，我不仅要被授予律师资格，还要获得学位才好。我打听了一下牛津大学和剑桥大学的课程，还咨询了一些朋友，发现如果我选这两所学校之一就读，意味着花费更多的开销，且在英国待更长的时间。有个朋友建议说，如果我真的想挑战一下高难度的考试，那么应该去参加伦敦大学的入学考试。那意味着我要做大量的准备，大大丰富知识储备，但不必花费高昂的费用。我欣然接受了他的建议，但是看到教学大纲时，我被吓住了——拉丁语和一门现代外语是必修课！我怎么学得会拉丁语呢？可是这位朋友却强烈建议我学习，他说："拉丁语对律师来说非常有价值，因为拉丁语有助于对法律书籍的理解。一篇罗马法的论文便是用拉丁语写的，而且学好拉丁语也会帮助你学好英语。"我觉得他说得很对，便决定学习拉丁语，不管它有多难。我之前已经开始学法语了，那应该算一门现代外语吧。我参加了一个私人的入学考试培训班。考试每六个月举行一次，我只有五个月时间可供支配。这对我来说几乎是一个不可能完成的任务。然而，我既然渴望成为英国绅士，就必须刻苦学习。我安排了一个很精细的时间表，但我的智力和记忆力有限，无法在规定时间里除了学习其他科目外，还能兼顾学习拉丁语和法语。于是，我的拉丁语考试没有通过。我感到很遗憾，但并没有灰心丧气。我已经懂了一些拉丁语，而且我觉得自己的法语另考一次成绩会好得多。此外，我还想选一门新的理科课程。我学过化学了，本应有趣的课，却因为缺少实验而缺乏吸引力。在印度，化学是一门必修科目，所以我在入学考试中选择了化学。然而这一次，我选择了热光学。听说这门科目比较简单，后来我发现确实如此。

为了准备下一次考试，我又努力缩减了生活开支。在我看来，我的生活方式与我家人的俭朴生活并不相符。想到我那辛苦工作的哥哥，我心里就很难受，他自己节衣缩食，可每次我提出需要金钱资助时他都慷慨解囊。我发现，大多数每个月花费8到15英镑的学生都是奖学金得主。我身边许多人生活都非常俭朴，我遇到过很多日子比我更加清苦的穷学生。有一个学生住在贫民窟里，那里一个星期只需要付两先令房租，他靠着从罗哈特廉价的可可屋里购买可可和面包维生，每餐饭只花两个便士。我虽然不必像他那样俭省，但我觉得自己可以把套间换成便宜的单间，然后自己在家做饭。这样每个月就可以再省下四五英镑。此外，我还读了一些关于简单生活的书。于是，我退了之前租的套间，改租了单间，买了个炉子，开始在家自己做早餐。不到二十分钟，我就可以做好早饭，因为只需要煮一下燕麦粥，再烧些开水冲泡可可即可。我中午在外面吃饭,晚上回家吃面包和可可茶。这样一来,我可以把每天的开销控制在一先令三便士左右。这也是我学习很紧张的一段时间,简朴的生活为我节约了时间,我通过了考试。

读者不要认为这样的生活方式使我的人生枯燥乏味,相反,这种变化使我的内心和外在和谐一致,也更符合我家庭的经济状况。我活得更加真实,我的内心拥有了无尽的快乐。

## 第17章　饮食实验

当我更深入地审视自己内心的时候,我开始意识到从内到外改变自己的必要性。当我下定决心开始改变自己的生活方式并控制自己的开销时,又甚至是在那之前,我便已经开始调节饮食了。秉持素食主义的作者对这一问题曾进行过深入细致的研究,并从宗教、科学、实践和医学方面都做出了辩驳。从伦理的角度来说,他们得出了这样的结论:人类凌驾于低等动物之上,但并不意味着前者应当捕食后者,而是应该保护低级动物,并且像人类之间的互助一样彼此帮助。他们还道出了一个真理:人类进食不是为了享乐,而是为了生存。于是,他们中的一部分人提出了不吃肉类,也不吃蛋奶的建议,并且亲身做了示范。从科学的观点出发,人类的生理结构表明,人并不需要烹饪食物,直接以果实为食即可。人类没有牙齿的时候只能靠母乳为生,出牙后便开始吃固体食物。从医学观点来说,他们不建议吃任何香料和调味品。从经济观点出发,素食是最便宜的。这些观点影响了我,我在素食餐厅也遇见了各式各样的素食者。英国有一个素食者协会,他们创办了自己的周刊。我订阅了周刊，加入了协会，并很快加入了执行委员会。在那里，我结识了素食主义界的支柱性人物，并开始了自己的饮食实验。

我不再吃家里捎来的甜点和调味品了。我的思路发生了一百八十度转变，对调味品的喜爱逐渐消失了。现在，我喜欢吃平淡无味、不添加任何调味品的水煮菠菜，正如之前在里士满吃到的那样。这样的体验告诉我，真正控制味觉的不是舌头，而是头脑。

当然，经济考量对我来说总是存在的。当时有这么一种观点，认为茶和咖啡是对人体有害的，可可才是健康食品。当我确信一个人应该只吃对身体有益的食物时，便放弃了茶和咖啡，而选择了可可。

我那时常去的餐厅分为两个区域，一个区域是给富人准备的，提供各式菜色任客人自由选择，每顿饭大概要花费一两个先令。另一个区域提供的是六便士的套餐，包括三道菜和一片面包。在厉行节俭的日子里，我通常在第二个区域吃饭。

与主实验同时进行的还有很多小实验。例如有时候我会不吃淀粉类食物，有时候只吃面包和水果，有时又只吃奶酪、牛奶和鸡蛋。关于最后这个实验我要说几句，虽然它只持续了不到半个月的时间。主张无淀粉质食物的改革者对鸡蛋评价很高，认为鸡蛋并非肉类，吃鸡蛋对生命也并没有伤害。我相信了这种说法，并不顾誓言开始吃鸡蛋。庆幸的是，我很快醒悟过来，知道自己不能歪曲誓言。母亲监督我起誓时便已做过解释，我知道在她心目中鸡蛋也是肉类的一种。当我意识到这一点时，便立刻停止了吃鸡蛋的行为，并放弃了其他类似的实验。

在这个争议背后，有一点值得一提。在英国我听过有三种关于荤食的定义。第一种认为荤食只表示禽鸟和兽类的肉。接受这一定义的素食者不吃鸟兽的肉，只吃鱼，当然也吃鸡蛋了。第二种定义是荤食指所有生物的肉，鱼自然也属于生物的一种，但是鸡蛋是可以吃的。第三种定义是所有的生物及他们所有的产出，包括鸡蛋和牛奶。如果我接受了第一种定义，我不仅可以吃鸡蛋，还可以吃鱼。但我相信，母亲的定义是我应当遵循的，我如果要谨遵发下的誓愿，就不能吃鸡蛋。因此，我这样做了。但是这件事做起来很难，因为调查显示，即使在素食餐厅里，很多食物都含有鸡蛋。这意味着我必须了解菜品的成分，否则难免会经历尴尬地询问菜里是否含有鸡蛋的过程。我知道许多布丁和蛋糕都是用鸡蛋做的，我不得不舍弃这些，我的食物变得简单了。这次的简单化令我有些恼火，因为我不得不放弃了几道喜欢的菜。困难和恼火终会过去，严格遵守誓言让我品味出一种更加健康、美妙而持久的内在滋味。

然而，真正的考验还在后头。那是对另一个誓言的考验。可是，谁敢伤害被神所庇佑的人呢？

在这里我不妨说一下自己对誓言解释的一些看法。为誓言如何解释而起的冲突在世界各地都不鲜见。无论誓词多么明确，总有人想办法扭曲它的内容以达到目的。这种人在社会各个阶层都有，无论贫富贵贱。自私令他们盲目，他们利用模棱两可的中间立场欺骗自己，并企图欺骗世界和神明。有一条金科玉律非常适合应对这种情况，那就是要诚心接受监誓方对于誓词所做的解释。另一种办法是当双方各执一词时，接受弱者一方的解释。拒绝这两条规则便会引发冲突和罪恶，而这些都源于不诚实。追求真理的人易于同意遵循那条金科玉律，因为他不需要寻求复杂的解释建议。按照这个逻辑，对我来说，我母亲对于肉食的理解是唯一的真理，而不是我更广泛的阅历或者引以为傲的更渊博的知识告诉我的其他解释。

我在英国做的实验是从经济和卫生的角度出发的，关于这一问题的宗教考量直到我去南非时才加以思考。我在南非进行了艰苦的实验，在下文中会谈到。然而，这一切的种子都是在英国播下的。

一个皈依者对他的新宗教往往充满热情，这种热情甚至远远超过本就信奉那宗教的人。素食主义在当时的英国是一种新的信仰，对我来说也是如此。因为上文中提到过，我曾经是一个坚定的食肉派，但后来却自发转变为一个素食主义者。我满怀对素食主义的热情，决定在我居住的区域——贝斯瓦特地区成立一个素食俱乐部。我邀请同样居住在那儿的埃德温·安诺德爵士担任副主席，《素食者》的编辑奥德菲尔德博士担任主席，我自己则任秘书。俱乐部起初办得很顺利，但不过几个月便关门了，因为我按照自己定期搬家的习惯，离开了贝斯瓦特。可是，这次短暂的经历使我得到了一些组织和管理方面的锻炼。

# 第18章 羞怯——我的保护罩

我被选为素食者协会执行委员会的委员时，决心要参加每一次会议。但是每每参会，我总是感觉舌头打结。奥德菲尔德博士曾问过我："你跟我谈话完全没问题，但是为什么在委员会会议上你从不开口呢？难道你是一只雄蜂？"我欣赏他对我的揶揄，蜜蜂总是在奔忙，而雄蜂则是彻头彻尾的懒虫。当其他人在会上高谈阔论时，我却总是坐在一旁默不作声。并不是我不想开口讲话，而是我不知道该如何表达自己。在我看来，其他成员都比我更有见地。而且每当我鼓起勇气想要发言时，话题便已经转换了。这样的情况持续了很久。

有一次，协会内部出现了严重的分歧，我觉得自己继续不闻不问是不对的，继续保持沉默是怯懦的表现。分歧是这样引起的：协会的主席希尔斯先生是泰晤士钢铁厂的老板，他是一个清教徒；协会的存在基本上仰仗于他的资助,委员会中的许多成员也或多或少受过他的恩惠。知名的素食主义者阿林森医生也是委员会成员,他是新节育运动的倡导者,并在工人阶级中宣传节育方法。希尔斯先生认为他所宣传的方法断了道德根基,而素食者协会的宗旨不仅是改变饮食结构,也要涉及道德改革,像阿林森医生这样持反清教观点的人不能再被留在协会中。因此,希尔斯先生提出开除阿林森会籍的建议。这一议题引起了我的密切关注,我认为阿林森医生关于人工节育方法的观点是存在风险的,希尔斯先生作为一名清教徒,有权利反对他的观点。我也非常敬佩希尔斯先生,并感念他的慷慨支持。然而,只因为阿林森医生不愿将清教徒的道德标准视为协会宗旨,便要将他开除会籍,这种做法是很不恰当的。希尔斯先生希望将反清教徒者开除会籍是他个人的观点,与协会公开宣称的宗旨毫不相干。素食者协会成立的初衷仅是为了推广素食主义,而不涉及任何道德标准。我认为只要是素食者,都有资格成为协会一员,无关他其他道德观点

委员会中有一些人与我持相同观点,但我觉得自己有必要表态,然而我不知道该怎么做。我不敢公开发言,所以决定将自己的想法写下来,然后带着写好的意见去参加会议。可是,我连将这份意见读出来的勇气都没有,主席不得不让他人代读。阿林森医生最终失败了,在这类对立的分歧中,我第一仗便战败了,但我认为自己的理由是正确的。我依稀记得,这件事发生之后我便辞去了委员会委员的职位。

我在英国居住期间,一直保持着这种羞怯。甚至当我进行社交拜访的时候,如果在场人数超过六个,我也会紧张得说不出话来。

我有次和马兹慕达先生一起去了文特诺,住在一个素食者家里。《饮食伦理学》的作者霍华德也住在那里的海滨胜地。我们和他碰了面,他邀请我们去一个会上做推广素食主义的讲演。我认为

讲演时念稿并不是错事，很多人都这样做，以便能简洁连贯地表达自己的想法。临场发挥对于我来说是不可能的。因此，我准备了一篇演讲稿，在会上我站起来准备读稿，但发现自己做不到。我眼前一片模糊，浑身发抖，尽管这篇演讲稿连一页纸都不到。马兹慕达先生只好代我发言，他的讲演当然很精彩，听众都报以热烈的掌声。我羞愧难当，为自己的无能感到难过。

我最后一次试图在英国公开讲话是在我离开英国准备回印度的前夕，但这一次我也毫不例外地让自己成为笑柄。我邀请我的素食者朋友们去上文中提过的贺尔朋餐厅用晚餐。我问自己："在素食餐厅可以吃到素食是理所应当的，但难道在非素食餐厅就不可以了吗？"于是我和贺尔朋餐厅的经理安排了一顿严格的素食晚餐。素食者都为这个新实验欢呼雀跃。晚餐本就是为了享受，但西方已经将其发展成了一门艺术，他们用祝词、音乐和演讲来助兴。我举办的小型晚餐会上也不乏此举。晚餐会必须要有演讲，轮到我的时候，我起身准备发言。我精心准备了一段只有几句话的发言，但只说了第一句就说不下去了。我读过艾迪逊演讲的故事，知道他首次在下议院发言的时候，说了三次"我想"，但说不出后面的内容。有人便站起身揶揄他："这位先生想了三遍，却什么都没想出来。"我本想用这则轶事来做一次幽默的演讲，但是讲了开头之后便一片空白了。"感谢你们应邀前来参加晚餐会。"我生硬地说完便坐了下来。

直到去了南非，我羞怯的毛病才得到了缓解，但也并不是彻底克服。我无法即兴发言，每当我不得不面对陌生的听众时，我便会犹豫，并尽量避免讲话。时至今日，我仍然不能也不愿和许多朋友聚众闲谈。

我必须说，除了偶尔让我沦为笑柄之外，我天生的羞怯并未给我带来什么损失。恰恰相反，还为我带来了好处。我对于发言的犹豫曾经令我烦恼,现在却成了乐事。它为我带来的最大好处是使得我字斟句酌,令我养成了克制自己思想的习惯。我现在简直想为自己颁发一张证书,因为我的舌尖或笔下从不会冒出任何一个草率的词。在我的印象中,无论是演讲或是写作,我都没有说错话或用错词的情况,我也因此避免了许多麻烦或是时间上的浪费。沉默对于信奉真理的人而言是精神训练的一部分,这是我的经验之谈。有意或无意地夸大、压制或修改真理是人类天生的弱点,而为了克服它,沉默是必要的。沉默寡言的人很少会发表未经考虑的言论,因为他会推敲每一个字。在我们身边很多人迫不及待地想说话,每一个会议的主席都会被递纸条要求发言的人弄得异常烦恼。无论给发言者多长时间,他总会喋喋不休地超过时限,并在未经许可的情况下继续发言。那些言论并没有对世界带来益处,完全是在浪费大家的时间。从这个意义上讲,我的羞怯实际上却是我的盾牌和保护罩,它使得我成长并帮助我洞察真理。

## 第19章 谎言之祸

四十年以前,去英国留学的印度学生并不多,他们有一种惯例,就是即使已婚者也要装成未婚的样子。英国的中学生或大学生都是未婚者,因为在他们看来学习与婚姻生活是冲突的。旧时的印度也是这样,当时的学生是"婆罗门教徒"[①]。但现在我们却有了童婚制度。这种事在英国闻所未闻,因此为了遮羞,旅居英国的印

---

① 婆罗门教徒:禁欲者,独身者。

度青年都不愿承认自己已婚的身份。遮掩此事的另一个原因是，如果已婚的情况为人所知，那些年轻人就不可能和他们寄宿家庭里的年轻姑娘来往或是调情了。当然，他们的调情也只是如孩童一般打闹而已。英国的父母甚至会鼓励这种行为，因为年轻人最终都是要择偶的，那么青年男女之间的这种来往其实很有必要。这样的事于英国人来说是很自然的，然而如果印度青年一到英国就沉溺于这种关系，那么后果可能是灾难性的。我见过一些印度青年禁不住诱惑，选择隐瞒事实真相来换得和英国姑娘共处的机会，尽管英国姑娘没有察觉，但对印度青年而言实在不妙。我也受了他们的影响，尽管我已经有妻有子，却还是毫不犹豫地冒充未婚人士。然而，这种伪装并未使我得到快乐。幸好我的内敛和缄默使我免于深陷困境，因为如果我不说话，没有哪个女孩会愿意和我交谈或和我一起外出。

我的怯懦与我的谨慎程度不相上下。我在文特诺的居住时，房东的女儿通常会带房客出去散步，有一天她带我去了文特诺附近的小山。我走路并不慢，但她的速度更快，她一面拉着我走，一面滔滔不绝地说个不停。对于她说的话，我只能轻声回应"是"或"不"，最多说上一句"是的，好漂亮啊！"她像鸟儿一样轻松自在，而我却一直在思考何时才能回家。我们爬到了山顶，但是怎么下山成了一个问题。没想到这位二十五岁的活泼少女，竟然脚踩高跟鞋还能像箭一般飞奔而下！我羞愧地挣扎着下山，她微笑地站在山脚为我加油打气，并问我是否需要搀扶。我怎么能这么胆小呢？我费了九牛二虎之力，终于跌跌撞撞连滚带爬地下了山。她开心地大笑，对我喊"太棒了！"我听后只觉得尴尬异常。

我并不是每次都能全身而退，这可能是因为神希望我祛除撒谎的恶习。在我去文特诺之前，我曾去一个适宜避暑的海滨胜地布莱顿游玩。在那里的旅馆里我遇到一位中产阶级的老妇人，这位老妇人的丈夫已经去世了。那是我到英国的第一年，旅馆里的菜单都是用法语写的，我在那时还完全不懂法语。我和那位老太太坐同一张桌子，她看出我来自异乡，并面露难色，便主动帮助我。

"你好像不是本地人，"她说道，"而且看起来很困惑的样子，你怎么还没有点餐呢？"那时我正在努力看菜单上的拼写，准备叫侍者过来询问菜式的原料。听见这位好心的老人的询问，我向她表示感谢，并对她说了自己不懂法语，不知道哪些是素菜。

"我来帮你，"她说，"我把菜单解释给你听，告诉你可以吃什么。"我感激地接受了她的帮助。我们就此认识，逐渐成了朋友。在我留英期间和回国后的很长一段时间里，我们都保持着这份友谊。她告诉了我她在伦敦的住址，还每周日都邀我去她家吃饭。为了帮助我克服羞怯，她有时会邀请我出席一些特殊的场合，还将我介绍给年轻的女孩子，并拉着我和她们聊天。在聊天时，她总是刻意让我与一位和她同住的女孩坐在一起，并常常给我们创造独处的机会。

起初我觉得这很困难，因为我无法和人交谈，也听不懂玩笑。但是她为我制造机会，我只能慢慢学习。随着时间的推移，我开始期待每个星期天的到来，期盼着和那些年轻的朋友们谈话了。

那位老妇人把网撒得越来越大，她对我们的交谈很感兴趣，估计她对我们另有打算。

我陷入了进退两难的境地。"我多希望自己一早就告诉那位好心的老妇人我已经结婚了！"我对自己说，"那么她就不会产生让我和那个女孩订婚的想法了。不过，亡羊补牢，为时未晚。如果我现在告诉她真相，说不定可以减少痛苦。"怀着这些想法，我给她写了一封信，信的大意是：

"自从我们在布莱顿相识以来，您一直都对我很好，您对我的照顾丝毫不逊于母亲之于儿子。您也认为我到了该结婚的年纪，所以一直为我牵线搭桥。为了不使事态变得更加严重，我必须向您坦白，我并不值得您对我那么好。第一次拜访您时我就应该告诉您，我已经结婚了。我知道在英国的印度留学生总是隐瞒自己已经结婚的事实，我也照做了。现在我知道自己这样做不妥。我还要告诉您，我还是个孩子的时候就结婚了，而且现在已经有了一个儿子。这么长时间一直瞒着您这些事让我很痛苦，如今神灵赋予了我说出真相的勇气。您会原谅我吗？我可以保证，我并没有对您介绍给我的那位年轻女士做出无礼的行为。我知道自己应该遵守的规矩。您在不知情的情况下自然愿意为我们撮合，为了不使事情发展到不可控制的地步，我必须告诉您事情的真相。

如果您收到这封信，觉得我辜负了您的厚爱，我向您保证我绝不会有半分怨言，您对我的仁慈和关怀已使我永生难忘。如果您还愿意原谅我，今后还愿意像以前那样待我，我自然喜不自禁地接受您的慈爱。"

这封信自然不是一次写完的，我反反复复改了很多次。写好后，我如释重负。她很快给我回信了，大意如下：

"收到你那封坦率的信，我们俩都很高兴，并笑得前仰后合。你为隐瞒自己已婚的事实心怀愧疚，我们认为这是可以被原谅的。况且你将一切对我们和盘托出，更是弥补了过失。我对你的邀请仍然有效，我们下个星期天还会如以往一样在家里等你，期待听到你讲述自己童婚的故事，并期待这个故事能为我们带来欢乐。需要我向你保证我们的友谊完全不会受到这次事件的影响吗？"

就这样，我将自己从瞒骗中解救了出来。自此以后，在任何必要场合，我都毫不犹豫地直言我的婚姻状况。

# 第20章　初识宗教

在英国的第二年年末,我遇到了两个通神论者。他们是两兄弟,都尚未结婚。他们和我谈起了《薄伽梵歌》,说他们正在读埃德温·安诺德爵士翻译的《天国之歌》,并邀我和他们一起读原文。我感到很不好意思,因为我并没有读过这首圣歌的梵语版本或是古遮拉特语版本。我不得不告诉他们自己没有读过《薄伽梵歌》,但是很乐意和他们一起读,虽然我的梵语并不好,但还是希望能够理解原文中的真义。于是,我开始和他们一起读《薄伽梵歌》,其中第二章里有这样几句:

注重感官对象,便会受其吸引;
吸引诱发欲望,欲望产生激情,激情衍生鲁莽;
随致背弃一切,崇高不再,心灵枯萎;
终致理想、信念和肉身尽数毁灭。

这些词句给我留下了深刻的印象,至今仍在我耳边回响。我将它视为无价之宝。从那以后,我对这本书的印象越来越深刻。时至今日,我依然将它视为真理知识的典范。在我沮丧的时候,这本书给我以无穷的力量。我几乎读遍了这本书的所有英文译本,还是认为埃德温·安诺德爵士的版本是最好的。他的译文忠实于原文,读起来没有一丝翻译的痕迹。虽然我和那些朋友一起读了《薄伽梵歌》,但一时说不上有多少心得,数年之后,它才成为我每日必读的书。

这两兄弟还为我推荐了埃德温·安诺德爵士的《亚洲之光》,在此之前我只知道他的《天国之歌》。读到《亚洲之光》的时候,我简直对其相见恨晚，每日里捧在手中研读，对它的兴趣比对《薄伽梵歌》更浓。他们还带我去过通神学会，并将我介绍给布拉瓦斯基夫人和贝桑特夫人。贝桑特夫人那时刚刚加入通神学会，我很感兴趣地关注着关于她转变信仰的争论。朋友们劝我入会，但我婉言谢绝道："我对自己的宗教还知之甚少，并不想加入其他宗教团体。"我记得应这两兄弟的建议，我读了布拉瓦斯基夫人的《通神学入门》，这本书激发了我读印度教书籍的欲望，并使我对传教士们声称的印度教充斥着迷信观念的说法嗤之以鼻。

就在那个时候，我在一家素食公寓里遇到了一位来自曼彻斯特的虔诚基督徒。他和我谈起基督教，我向他讲述了自己在拉奇科特的经历。他听了以后很难过地说："我是一个素食者，而且不喝酒。毫无疑问，有许多基督徒都不忌酒肉，可是圣经的经文中并没有教导我们要喝酒吃肉。请你读一读圣经吧。"我接受了他的建议，他便给了我一本圣经。我隐约记得他以前卖过《圣经》，我从他那里买了一本包含地图、索引等信息的版本。我开始阅读这本书，可是根本没办法把《旧约》读完。《创世纪》还好，但后面的章节总是让我昏昏欲睡。可是为了理直气壮地说出我读过《圣经》，我还是努力读完了其他的部分，读完之后只觉得索然无味，毫无收获。我最不喜欢的便是这本书的《民数记》部分。

可是《新约》却带给我截然不同的感受，尤其是《登山宝训》，它简直直抵我的心灵深处。在我看来，《新约》简直可以和《薄伽梵歌》相媲美。我最喜欢这一句话："我只是告诉你们，不要与恶人作对。有人打你的右脸，连左脸也转过来由他打。如果有人要拿你的里衣，连外衣也由他拿去。"我看后极其高兴，这使我想起萨玛尔·巴特的"饮水之恩，应美餐以馈"那段话。我年轻的心灵试图将《薄伽梵歌》《亚洲之光》和《登山宝训》的训诫联系在一起，形成一种克己的态度，即是我极为崇尚的宗教信仰。

这些书激起了我研究其他宗教人士生活的兴趣。一个朋友把卡莱尔的《英雄与英雄崇拜》推荐给我,我读了关于先知英雄的那一章,才了解了先知的伟大、勇敢以及先知过的简朴生活。

当时我实在无法抽出时间去更多地了解宗教,因为读书考试几乎占用了我所有的业余时间。但是我暗暗记在心中,以后要多读一些宗教方面的书籍,并熟悉所有的主要宗教。

我怎么可能不知道什么是无神论呢?每个印度人都知道布拉德劳的名字以及他所谓的无神论。我曾读过一本有关无神论的书籍,但记不清书名了,因为这本书没给我留下什么印象,我早已越过了无神论的沙漠。当时备受瞩目的贝桑特夫人也已从无神论转向了有神论,这件事也巩固了我反对无神论的立场,我还读过她写的那本《我如何成为通神论者》。

就在那个时候,布拉德劳去世了,被葬于公墓。我去参加了他的葬礼,估计所有在伦敦的印度人都出席了。葬礼上还有几位牧师为他主持下葬环节。葬礼结束后,我们都去火车站等车,人群中一名无神论者质问牧师:"先生,你相信上帝的存在吗?"

"我相信。"那名善良的牧师低声回答。

"你也同意地球的周长是两万八千英里,是吗?"无神论者带着自信地微笑着问道。

"是的。"

"那么请你告诉我,你的上帝有多大,他究竟在哪里呢?"

"只要我们相信,他就在我们俩的心里。"

"行了,行了,别把我当孩子。"那位无神论者带着胜利的表情看着我们说道。

牧师继续谦逊地保持着沉默。这番对话进一步加深了我对无神论的偏见。

# 第21章 天佑弱者

虽然对印度教和世界上其他宗教有了初步了解,但我也知道这些了解对于我所要经历的考验而言是远远不够的。在人经受考验的时候,他说不清是什么力量在支撑着自己,更别说有所了解了。不信教者会将自己的获救归于运气,但信徒会认为神明拯救了自己。信徒还会得出这样的结论:在天恩眷顾的背后,是他的宗教研究或精神训练起了作用。然而在他得救的时候,却并不清楚是由于自己的精神信条还是其他因素在起作用。那些自认为精神强大者,不也曾为现实所折服吗?宗教知识与经验的区别在于,面临现实考验的时刻,宗教不过是一个玩笑罢了。

我第一次发现只靠宗教知识并不能解决问题的时候是在英国。前几次发生类似的情况时是怎么被拯救的,我已经记不清了,因为那时候年纪还小。如今我已经二十岁了,而且有了做丈夫和父亲的经验。

在我的印象中,我在英国的最后一年是1890年。朴次茅斯举办了一场素食者会议,一位印度朋友和我受邀参加。朴次茅斯是一个海港,有许多海军驻扎。那里有许多名声不好的女人居住,她们并不是妓女,但也并不讲究道德。我们被安置在其中的一所公寓里。当然,接待委员会是完全不知情的。在朴次茅斯,要为我们这样临时来访的旅客找到适宜的住处,本来就是一件很困难的事。

我们白天参加会议,晚上回到住所休息。用过晚餐,我们会坐下来玩桥牌,女房东也会加入。这是英国的习惯,即使在体面人家也是如此。当然,玩牌的时候每个人都喜欢讲一些无伤大雅的笑话,但是在这里,我的同伴和女主人却开起了下流的玩笑。我不知道他居然擅长这一套,他们的谈话吸引了我,于是我也加入其中。

正当我快要越界，放下手中的牌时，神明借这位好伙伴之口发出了警告："我的孩子，你这是被魔鬼附身了吗？快走吧！快走！"

我万分羞愧地接受了警告，并在心里默默感激他。想起我对母亲许下的誓言，我狼狈地逃离了现场。逃回房间时我浑身颤抖，心怦怦直跳，就像猎物终于逃脱了追捕者。

这是我第一次对妻子以外的女人动情欲。那天晚上我完全无法入睡，脑子里充斥着各种各样的想法。我应该离开这所房子吗？我应该逃离这个地方吗？我这是在哪里？如果我失去理智，会发生什么事？我决定今后要小心行事：不但要离开这所屋子，而且要离开朴次茅斯。我记得自己第二天晚上便离开了朴次茅斯，我的同伴在那儿多住了一段时间。

当时我还不懂宗教或者神明的本质，也不知道他们是如何对我们起作用的。但我模模糊糊地知道，是神在那个时候救了我。在我经历的所有考验中，他最终都拯救了我。今天，"神拯救了我"这句话对我而言有更加深刻的意义，但我仍觉得自己还没有完全掌握它的意义，只有更丰富的经验才能使我更全面地理解。就我所经受的考验而言，无论是精神方面，还是我作为一名律师、经营管理机构以及参与政治等事务方面，我都可以说是神灵拯救了我。当所有希望破灭时，"当救援者倒下，安慰者消失时"，我发现神明的帮助便会来到，这种帮助无迹可寻。求恳、膜拜、祈祷都不是迷信，它们比吃、喝、坐或走的行为更真实。毫不夸张地说，它们才是真实的，其他一切都是虚妄的。

膜拜或祈祷并不是滔滔不绝的雄辩，也不是嘴上说说而已，它应当是从内心涌现出的话语。因此，如果我们的心灵能达到"除了爱之外一无所有"的纯粹，如果我们将一切和弦都保持在合适的音调，它们就会"在视野之外弹奏出动人的乐章"。祈祷不需要语言，它不受任何感官的影响。我毫不怀疑，祈祷是一种洗去内心情欲的方法，这种方法永不会失败，但它必须和极度的谦逊结合在一起。

# 第22章　纳拉扬·亨昌德罗

就在这时，纳拉扬·亨昌德罗来英国了。我知道他是一位作家。我们在印度国民协会的曼宁小姐家和他见面。曼宁小姐知道我是个不擅交际的人，当我去她家的时候总是默默坐在旁边不发一语，除非别人主动和我说话，否则绝不开口。她把我介绍给纳拉扬·亨昌德罗。他不会说英语，穿着打扮也很奇怪：一条笨拙的裤子，一件皱巴巴、脏兮兮的棕色外套，款式还是波西米亚风格的，既没有系领带，也没有打领结；此外，头上还戴了一顶有流苏的羊毛帽，下巴还蓄着长须。

他体格瘦弱，身材矮小，圆圆的脸上满是天花留下的斑点，鼻子不尖也不塌，总是用手拨弄胡须。

这样一个相貌奇特、打扮怪异的人，在这个时髦的社会中自然引人注目。

"久仰您的大名，"我对他说，"我也读过您的一些作品，如果您愿意光临寒舍，我将感到不胜荣幸。"

纳拉扬·亨昌德罗的声音有些沙哑，他满面笑容地回答我：

"好啊，你住在哪里？"

"司多尔大街。"

"那么我们是邻居了。我想学英语，你愿意教我吗？"

"我很乐意教你，我保证尽我最大的努力把你教好。如果你愿意的话，我可以上门教你。"

"不，不用。还是我去你那里吧！我会再带上一本翻译练习册。"我们就这样做了约定，并很快成了好友。

纳拉扬·亨昌德罗对于语法一窍不通，他把"马"当成动词，把"跑"当成名词，闹出了很多类似的笑话。但这并没有让他对学英语丧失信心。我自己对于语法也是一知半解，并不能给他清晰的指导。当然，他也从未将自己不懂语法视为耻辱。

他非常漫不经心地说道："我从来没有觉得需要用语法来表达自己的想法。你会孟加拉语吗？我懂孟加拉语。我去过孟加拉。是我把马哈尔希·德文特罗纳斯·泰戈尔的作品翻译成古遮拉特语的。我还想将许多其他语言写就的瑰宝翻译成古遮拉特语。我追求的是神似，而不是逐字逐句的翻译。有的人知识更丰富，以后可能会做得更好，但是我很满意自己在不懂语法的情况下取得的成就。我懂马拉地语、印地语和孟加拉语，现在我开始学英语了。我想要的是丰富的词汇。你以为这便是我的全部抱负吗？当然不是，我还想去法国学法语，听说法国的文学作品非常丰富。如果可以的话，我还想去德国学德语。"一说起这些他便滔滔不绝，对于学习语言和出国旅行，他有着无限的渴望。

"那你也要去美国吗？"

"当然了，不去看看新世界，我怎么甘心回印度呢？"

"可是你哪来那么多钱？"

"我要钱做什么？我不像你那么时髦。我对食物和衣服的要求都非常低。这样的生活我靠着写书和朋友资助就足够了。我只坐三等座，去美国的时候，我要坐通铺。"

纳拉扬·亨昌德罗有着天生的纯朴，并且非常率直。除了对于自己写作能力的过度重视之外，他丝毫没有骄傲的迹象。

我们每天都会碰面。在我们之间，无论是思想和行动都有许多相似之处。作为素食者，我们常常一起吃午饭。那正是我自己做饭，每星期只花17先令的时期。有时候我去他的住处，有时候他到我这里来。我做的是英国口味的饭菜，但他却只喜欢印度口味。没有印度黄豆汤他便食不下咽，我做胡萝卜汤之类的时候，他便会同情我的口味。有一次，他弄到了印度绿豆，煮好了之后带给我，我非常高兴。我们之间形成了一种交换食物的习惯，我会把我的美食送去给他，他也会将他的美食带来给我。

那时，曼宁主教是人人都在谈论的话题。由于约翰·伯恩斯和曼宁主教的努力，码头工人的罢工提前结束了。我向纳拉扬·亨昌德罗说起狄斯荣立对主教简朴生活的赞赏，他说："那我一定要见一见这位圣人。"

"他是个大人物，你怎么能说见就见呢？"

"怎么能？我有办法。我必须请你代替我写一封信给他，就说我是一个作家，想亲自祝贺他的人道主义工作，并说我必须带你同行，因为我不懂英语，需要你来翻译。"

我按照他说的写了这封信，两三天后便收到了曼宁主教的回函，是一张写有会面时间的卡片。于是，我们便一起去拜访这位主教。我穿上平时会客穿的体面衣服，而纳拉扬·亨昌德罗还是穿着那一套衣服。我本想打趣他，他却反而嘲笑我：

"你们这些文明人都是懦夫，伟人从不会在意一个人的外表，而是看他们的内心。"

我们走进主教的府邸，刚刚坐下，便有一个身材瘦高的老先生过来与我们握手。纳拉扬·亨昌德罗向他问候道：

"我不想耽误您的时间，我听说过很多您的事迹，觉得应该亲自来感谢您为罢工者所做的善举。我向来喜欢拜访世界上的圣人，所以今天才冒昧前来打扰您。"

这自然是我的翻译，他说的是古遮拉特语。

"我很高兴你们来访，希望你们在伦敦事事顺遂，广交朋友。"

上帝保佑你。"

说完这些话,主教站起来向我们道了再见。

有一次,纳拉扬·亨昌德罗穿着衬衫裹着一条"拖蒂"(dhoti)就来住处找我。好心的女房东开了门,然后惊恐地跑来找我。这位新房东并没有见过纳拉扬·亨昌德罗,她对我说道:"有个疯疯癫癫的人找你。"我走到门口,惊讶地发现原来是纳拉扬·亨昌德罗。我当时很震惊,但他的脸上挂着和平时一样的微笑。

"街上的小孩子没有捉弄你吗?"

"他们追在我后面跑,但是我不理他们,他们就不闹了。"

在伦敦待了几个月之后,纳拉扬·亨昌德罗去了巴黎。他开始学习法语,并开始翻译法文书籍。我懂的法语足以为他校对译文,所以他让我读他的译稿。然而那并不是翻译,而是文章的要点。

最后,他终于实现了访问美国的愿望。他好不容易弄到了一张便宜的船票。在美国的时候,因为穿着衬衫和"拖蒂"外出,他被指控"穿着不得体"。我记得他后来被无罪释放了。

# 第23章　盛大的巴黎博览会

1890年,巴黎举办了一个大型博览会。我早就阅读了关于这个博览会筹备情况的文章,而且一直很想去巴黎看看。于是,我想趁此机会去巴黎,这真是一举两得的事情。这次展览最吸引人的是由钢铁建造,近1 000英尺[①]高的埃菲尔铁塔。虽然还有许多其他有趣

---

[①] 1英尺=0.304米。——译者注

的展品，但是铁塔无疑是最重要的一个。因为在此之前，如此高的建筑一直被认为是不安全的。

我听说过巴黎有一家素食旅馆，便在那里订了一个房间，住了七天。我将一切都安排得很经济，无论是去巴黎的路费，还是到巴黎之后观光旅游的费用，我都尽量节俭。借着巴黎地图和博览会指南的帮助，我在那里的大部分时间都是步行游玩，因为这些工具足够指引一个人前往主要街道和风景名胜。

博览会给我留下的唯一印象是大而杂，除此之外我什么也不记得了。不过，我清晰地记住了埃菲尔铁塔，因为我登上去两三次。在铁塔的第一个平台上有一家餐馆，为了日后可以夸口说我在很高的地方吃过饭，我便花了7先令在那里吃了午餐。

我还记得巴黎的古老教堂。它们的宏伟与宁静令人难忘。巴黎圣母院美轮美奂的建筑、精美绝伦的内饰和美丽无比的雕塑是那么吸引人。看到它们，我觉得若非心中满怀着对上帝的敬爱，是不可能花费巨资修建这座神圣的教堂的。

我读过许多关于巴黎的时尚轶文，这些文章中描述的内容在巴黎的每条街上都可以看到。但是，教堂却仿佛伫立于那些场景之外。当一个人走进教堂时，便会立刻忘记外界的喧闹。他的态度会发生改变，当他走过一个跪在圣母像前的人时，他会表现出尊重和敬畏。从那时起，我开始有一种感觉，而且这种感觉不断在我心里加强：所有这些下跪祈祷的行为不可能仅仅是出于迷信，这些虔诚的灵魂在圣母面前跪拜也不是在膜拜大理石。他们被虔诚的信仰所支配，他们所膜拜的并非那块石头，而是石头象征的神明。我当时的感受是，他们做出这种膜拜的行为并不会损害什么，反而增添了上帝的荣光。

我必须说一下埃菲尔铁塔的事，我不知道如今它的功能是什么，但是当年人们对其毁誉参半。托尔斯泰是反对派中的主要人物。他认为埃菲尔铁塔是人类愚蠢的纪念碑，而不是智慧的象征。

他说烟草是麻痹人的物质中最厉害的，因为一个瘾君子敢犯下醉鬼不敢犯下的罪，酒会让人疯疯癫癫，但是烟草却会使人迷失心智，令人去追求空中楼阁。埃菲尔铁塔就是这样一种迷失心智状态下的产物。埃菲尔铁塔不是一件艺术品，也绝不能说它为这次博览会锦上添花。大家蜂拥前去观看，并争相登塔，是因为这是一件新奇的、尺寸特殊的东西。这是博览会上的一个玩具，就像小孩子被玩具所吸引一样，这座塔很好地证明了我们都只不过是易于被玩具吸引的孩子。这也许就是埃菲尔铁塔的功用吧。

# 第24章　取得律师资格

我去英国的目的是成为律师，对此我还只字未提，现在是时候简单说明一下了。

学生必须满足两个条件才能正式成为律师，一个是"保留学期"，即连续学完12个学期，总共花费大概三年的时间；另一个是通过考试。"保留学期"说成"吃喝学期"可能更为贴切，因为每学期大概会举办24场晚宴，而学生至少要参加6场方能合格。出席晚宴并不是让学生单纯地吃饭，而是要学生按时到场，并全程在晚宴现场。当然，通常情况下大家都会饱餐一顿，还会喝一些美酒。这样的一顿晚餐要花两先令六便士到三先令六便士，也就是两三个卢比。这个价格其实很适中，如果去酒店吃饭，光是酒水就要这个价格了。对于我们这些印度人来说，如果还没有融入"文明社会"的话，酒水价格超过食物价格委实是件难以理解的事。我第一次知道的时候也很惊讶，不明白怎么会有人愿意花这么多钱来喝酒，后来才渐渐明白了。参加这种晚宴时,我通常吃不到什么东西,因为我可以吃的食物只有面包、煮马铃薯和卷心菜。起初我也不喜欢吃这些,后来慢慢喜欢它们之后,也敢尝试一下别的菜。

给学监们提供的晚餐会比给学生准备的要好一些。为了给素食者谋福利,我和一个同为素食者的波希学生请求把学监晚餐供应的素食供给我们。我们的请求被接受了,我们得以享受学监席上的水果和其他蔬菜。

按照惯例,每四个人结为一个小组,每组可以喝两瓶酒。因为我不喝酒,所以总有人抢着与我组队,这样便可以三人享用两瓶酒了。除了平时的晚宴,每学期都有一个"盛会之夜"。"盛会之夜"会增加很多美酒,一到这时我便会特别受欢迎,很多人都想拉我入座。

我当时不懂,后来也未弄明白这些晚宴有何用处,它们何以帮助学生取得律师资格?据说最初去参加晚宴的学生很少,因此他们有了和学监交流的机会,并有机会讲演。这样的场合有助于他们提高自身修养,也能锻炼自己的口才。可是,在我那个时代这些好处已完全不可能实现了,因为学监们有了专用的餐桌。这些惯例其实早已失去了意义,但保守的英国还是将其沿用了下来。

课程学习很简单,因此律师们被戏称为"晚宴律师"。大家都知道考试其实毫无价值。那时必考科目有两门,一门是罗马法律,一门是普通法律。当时有指定的参考书,而且可以把参考书带入考场,于是几乎没有人花时间认真读它。据我所知,很多人在考前几个星期才会突击罗马法律的笔记,或者花费两三个月的时间翻看普通法律的笔记,就可以顺利通过考试。试题本身很容易,考官判卷也不严格。罗马法律考试的通过率是95%~99%,而期末考试的通过率则超过75%。因此,几乎没有人为考试担心,更何况每年举办的考试不是一次,而是四次。

我却成功地将考试变成了难事。我阅读了所有的参考书目，因为在我看来不读书而参加考试是一种诈欺行为。我花很多钱买了参考书，并决定读拉丁语版的罗马法律，当初为了进伦敦大学而学习的拉丁语终于用上了。我后来去南非，我读的这些书也发挥了作用，因为南非使用的是罗马荷兰法。由于阅读贾斯丁尼亚的作品，我更容易理解南非的法律。

我花费了九个月时间，才终于读完了英国的普通法。布罗姆的《普通法》篇幅很长，但读来很有意思，我花了不少时间才读完。斯尼尔的《平衡法》非常有趣，却有些难以理解。怀特和提德尔合著的《案例精选》介绍了很多重要实例，既生动有趣又起到了指导作用。我还带着极大的兴趣读了威廉士和爱德华合著的《不动产》，以及古德维的《论私有财产》。威廉士的书读来简直像小说一般。我回到印度以后，曾经也抱有如此大的兴趣读过麦尼的《印度教法》，但在此便不谈印度法律了。

我通过了考试，在1891年6月10日被授予律师资格，第二天我去高等法院进行了注册，第三天便坐上了回家的船。

尽管我完成了学业，但我仍然觉得无助与恐惧，我觉得自己没有资格从事法律工作。

我的这种无助感需要另起一章来详加描述。

## 第25章　我的无助

取得律师资格并不难，但是执行法务并非易事。我通晓法条，却不知道如何执行法务。我曾经饶有兴趣地读过《法律准则》，但不知道怎样在工作中应用它们。比如，"使用己之财产，切勿损害他人"是其中一条准则，但我完全不知道如何使用这句格言为自己的当事人服务。我读过关于这条格言的所有案例，却仍然对于将其应用在法律实践中没有头绪。

此外，我对于印度法律一无所知。我完全不了解印度教和伊斯兰教法则，甚至不知道如何起草一份起诉书，我感觉自己的前途一片迷茫。我听说费罗泽夏·梅赫达爵士在法庭会像狮子一般咆哮，我便会想，他是怎么在英国学会这些的呢？我觉得自己在法律上永远无法像他一样敏锐，甚至对自己能否以这一职业谋生表示怀疑。

我被质疑和焦虑困扰着，我的一个朋友建议我去向达达巴伊·奥罗吉寻求帮助。我在上文提到过，去英国时我带着一封写给达达巴伊·奥罗吉的介绍信，但我拖了很久才用这封信来寻求帮助，因为我觉得自己无权麻烦这样一个大人物拨冗与我见面。每当他有演讲的时候，我便前去参加，我会在大厅的角落聆听他的讲话，然后享受完视听盛宴后离去。他曾成立过一个协会来为学生们服务，我也常去参加，并为他对学生们的关怀以及学生们对他的尊重心生欢喜。后来，我鼓起勇气将介绍信给了他，他说："你可以随时来和我见面，我会给你建议。"可是我从来没有去找过他。在我看来，不到万不得已，还是不应该去打扰他。因此，我不愿接受朋友的建议去向达达巴伊·奥罗吉求助。我记不清是否同一位朋友推荐我去见弗立德烈·宾卡特先生，他是保守党，但他对于印度学生的感情是纯粹且无私的，有许多学生都会去向他请教。我也提出了与他会面的申请，他同意了。我永远不会忘记那次见面，他像迎接朋友一样地招呼我，并对我的悲观看法一笑置之。"你认为，"他问道："每个人都必须成为费罗泽夏·梅赫达吗？像费罗泽夏和巴德鲁丁这样的人少之又少。做一名普通的律师无须什么非比寻常的技巧，只靠诚实和勤奋已足够谋生。不是每场官司的情况都很复杂。告诉我你读过些什么书吧。"

当我把自己看过的那点书告诉他时，我看得出来他很失望。但那失望一闪即逝，他的脸上很快重新露出了愉快的微笑，说道："我理解你的苦恼。你看的书不多，你对这个世界一无所知，但是对于一个律师来说，这些都是必不可少的条件。你连印度历史也没有读过。作为一名律师，应该洞察人性，应该有识人之能。每个印度人都应该了解印度的历史，这与执业无关，但这是你应该知道的事。我知道你甚至并没有读过凯依和马尔逊的1857年兵变史，你应该立刻去读这本书，再读两本有助于你了解人性的书。"他说的是拉伐拓和申梅尔品尼克写的关于人相学的书籍。

我由衷地感谢这位可敬的朋友。与他相谈时，我所有的恐惧都消失无踪了，可是我一离开，我的担心又卷土重来。我在回家的路上想到那两本书时，"相面断人"这个问题一直困扰着我。第二天我买到了拉伐拓的书，但是店里没有申梅尔品尼克的书了。我读了之后发现拉伐拓的作品比斯尼尔的《平衡法》更加晦涩难懂，而且索然无味。我研究了莎士比亚的面相，也不得其法，完全无法在伦敦大街小巷的人流中辨识出隐藏的莎士比亚们。

拉伐拓的书并没有扩充我的知识，宾卡特先生的建议其实并没有给我什么直接的帮助，但是他的善良鼓舞了我。他那张笑容可掬的脸一直留在我的记忆中，而我也相信他的劝告：要做一名成功的律师，费罗泽沙·梅赫达的敏锐、记忆力和能力并非必要条件，只要诚实和勤奋便已足够了。想到自己确实是诚实勤奋的人，我又恢复了信心。

我在英国时读不到凯依和马尔逊的书，但是我去南非的时候读了，因为我一直打算拜读一下这两本书。

就这样，在绝望中带着一丝希望的心情，我乘坐"阿萨姆"号回到了孟买。港口风浪很大，我不得不坐小艇前往码头。

# 第二部分

## 第26章 赖昌德巴伊兄弟

我在上一章中提到,孟买港的海面风浪很大,这对于六月和七月期间的阿拉伯海而言并不鲜见。从亚丁一路驶来,海上一直波涛汹涌,几乎所有旅客都晕船了,只有我一个人保持着正常状态,待在甲板上欣赏狂风巨浪,享受海浪四溅。早餐席上,除了我之外只有一两个人,大家都小心翼翼地捧着麦片粥以免被打翻。

对我来说,外面的狂风暴雨正合我此时的心境。既然我能够在自然的风暴中泰然自若,那我也可以战胜内心的波澜。留学归来的种姓问题尚未解决,而我对自己职业生涯的开端感到恐慌无助。还有,作为一个改革者,我一直在想怎样才能做出一些改革。除了我想到的这些困难,前方还有许多未知的困难在等着我。

哥哥来码头接我,那时他已经认识了梅赫达医生和他的哥哥。由于梅赫达医生坚持要我住在他家里,我们便听从了。这段始于英国的友谊在印度得到了延续,并逐渐让两个家庭建立了永久的友谊。

我渴望与母亲相见。我不知道她已经不在这个世界上了,也不知道自己永远无法重回她的怀抱了。回到印度我才得知这个噩耗,我依照规矩做了斋戒。我在英国时母亲便已经去世了,哥哥一直没把这个消息告诉我,他不想让身处异国他乡的我承受这沉重的打击。然而,此时得知这个消息,我依然遭受了沉重的打击,但是我不想再详述这件事了。此番的悲痛比父亲去世时更大,我最美好的愿望基本上都破灭了，但是我记得自己并没有悲伤到萎靡不振，我甚至可以忍住眼泪，装成若无其事的样子继续生活。

梅赫达医生给我介绍了几位朋友，其中一位是他的兄弟列瓦商卡·贾吉望先生，我们后来成了终生好友。不过，我要特别提到的是诗人赖昌德巴伊，又名拉治昌德罗，他是梅赫达医生兄长的女婿，是列瓦商卡·贾吉望名下珠宝公司的合伙人。那时他还不到二十五岁，但是我第一次见到他，便觉得他是一个品行端正又学识渊博的人。他被人们称为"万事通"，据说他可以同时记忆或处理上百件事情。梅赫达医生叫我试一下他的记忆能力，我把自己所知的欧洲语言词汇讲述了一遍，然后请他重复我说过的词，而他果然按照我所说的顺序一字不差地说了出来。我羡慕他的天赋，却并未为之倾倒。真正让我为之倾倒的东西，直到后来我才明白，即他那引经据典的渊博知识、高尚的品格，和追求自我实现的如火热情。最后这一点，是他生存的唯一目的。他时常吟诵穆旦纳德的几行诗，并把它牢牢地记在心间：

> 只有在日常生活中看见他，
> 我才会觉得自己蒙受神恩；
> 他就像一条线呵，
> 支撑着穆旦纳德生命的线索。

赖昌德巴伊兄弟的生意规模有几十万卢比，他是珍珠和钻石鉴赏的专家，对他来说没有任何业务问题棘手到无法解决。但这一切并非他生活的中心。在他心目中，生活的中心是直面神明的热情。在他的办公桌上，总有一些宗教书籍和日记本。每当他做完生意，便立刻打开宗教书籍和日记。他发表的许多著作都是日记中的内容。他一谈完大宗生意，便会开始写精神中所隐藏的秘密，显然他并不是一个纯粹的商人,而是一个真正的追寻真理者。我看见他在做生意之余专心致志地追寻神的旨意,我相信这一现象不是偶然而是常态。我从未见过他顾此失彼,他总是能保持好生活的平衡。他与我并没有任何商务来往,也不存在特殊的私人关系,但我俩却相谈甚欢。那时,我还只是一个默默无闻的律师,可是每次我们见面,他都会与我谈论严肃的宗教话题。虽然我正处于摸索期,对宗教讨论其实并没有太多兴趣,但是与他的谈话却很有意思。在那之后,我见过许多宗教领袖或导师,我想方设法见过许多不同宗教的领袖人物,但是我必须说,没有人能像赖昌德巴伊那样给我留下如此深刻的印象。他说的话直击人心,而且他的智慧和他对于道德的热忱也都使我敬佩。我深信他永远不会将我引入歧途,永远会与我分享内心深处的感悟。因此,在我遇到精神危机的时刻,他便是我的避难所。

尽管如此,我还是不能将他视作我的精神导师。那个宝座仍然虚位以待,而我也在继续寻找之中。

我相信印度教义中关于精神导师的理论,以及他在精神上的重要性。我认为教义中提及的"没有精神导师便不可能获得真正的知识"一说是基本正确的。对于世俗事务而言,一个导师如果并不完美还可以容忍,但是在精神事务上却不行。只有完美的智者才配得上精神导师的宝座,所以人们必须不断追求完美。每个人的精神导师都是与他们相符的,只有自身努力向善,才能找到合适的精神导师。无限地追求至善是人的权利,而向善是这种权利最好的奖励,而其他则都攥在神之手中。

因此,尽管我不能将赖昌德巴伊兄弟作为我心中圣殿的精神导师,但很多时候他扮演了向导和帮助者的角色。在我的生命中有三位当代人物对我影响很大:经常与我接触的赖昌德巴伊兄弟,写下了《天国在你的心中》的托尔斯泰,著有《给最后的一个》的鲁斯金。他们对我产生的影响是不同的。

# 第27章　开始生活

我的哥哥对我寄予厚望，他非常渴望我能名利双收，做出一番事业。他是一个宽宏大量、生性淳朴的人，众人都愿意与他结交，而他希望那些朋友能为我带来一些机会。在他看来，我的事业不久之后便会蒸蒸日上，带着这样的期望，他不顾沉重的家庭开支，不遗余力地为我筹办律师事务所。

因为我出国求学而掀起的轩然大波仍未消退，种姓里分成了两个派别，一派立即接纳了我，而另一派则主张将我排除在外。为了取悦接纳派，哥哥在回拉奇科特之前先带我去了纳西克圣河沐浴，回到拉奇科特又立马设宴款待种姓的成员。我并不喜欢这一切，但哥哥做这些事都是出于对我无尽的爱，我只能机械地按照他的意愿行事。于是，恢复种姓的一场风波就这样过去了。

我从未奢望拒绝派的那些人能够接纳我，也从来没有对拒绝派的领导者有任何怨念。有些人不喜欢我，我便会小心翼翼地避免伤害他们的感情。我完全尊重种姓制度中开除身份的规定。按照规定，我的所有亲戚，包括岳父岳母、兄弟姐妹，都不得招待我，哪怕是让我在家中喝一口水都不行。他们私下商议好了如何逃避禁令，但是偷偷摸摸不符合我的作风。

因为我的谨慎行事，我从未被种姓制度所困扰。不仅如此，那些将我视为已被开除者的大多数人对我的态度还是非常善良慷慨的。他们甚至为我提供了很多帮助，而不奢望我为种姓做任何事情。我相信，这些善举都是由于我的不抵抗行为。如果我言辞激烈地和种姓据理力争，如果我想着制造更大的种姓分裂，如果我触怒了族长，他们一定会报复。这样一来，我从英国回到印度，非但没有避开暴风雨，反而会被卷入旋涡中心，或滑入虚伪的深渊。

我与妻子的关系依旧无法达到我的期望。我虽然去了英国，也经历了许多事，但仍然还是一个嫉妒心很强的丈夫。对每件小事，我依然会疑心重重、神经过敏，因此我所有美好的愿望都无法得以实现。我想让妻子学习阅读和写作，由我来帮助她，但我的情欲一直阻碍着我们，而她却必须因我的缺点而承担损失。有一次我甚至将她送回了娘家，直到她痛苦不堪时才肯让她回来，后来我才意识到自己的行为有多么愚蠢。

我还计划改革儿童教育。我有几个侄子，我自己的儿子也快四岁了。我想亲自指导他们，教他们体育，让他们强身健体。哥哥非常支持我的想法，我的努力也或多或少地取得了一些成效。我喜欢和孩子们待在一起，直到今天我依然喜欢和孩子们一起玩笑、玩耍。从那之后，我一直觉得自己适合从事儿童教育事业。

对于饮食方面的改革也是势在必行的，茶和咖啡已经在我家里有了一席之地。哥哥认为在我学成归来之后家里应该增添一些英式风格，所以之前只用于特殊场合的餐具现在已经当成家常用具了。我给"改革"加上了最后一笔，把燕麦粥带入了他们的生活，并用可可代替茶和咖啡。不过，实际上只是在茶和咖啡之外又增加了可可而已。靴子和皮鞋是本来就有的，我又加上了西服，家中的"欧洲化"改革基本上完成了。

家中的日常开销因此日渐增加，因为每天都会添置新的物件。我们总算撑起了门面，拥有了很多昂贵而无用的累赘之物，可是怎样赚钱来平衡开销呢？如果在拉奇科特当律师，肯定会遭人嘲笑。我连印度本地要求的律师水平都达不到，却想要得到高于别人十倍的报酬！没有哪个当事人会傻到雇用我，就算真的有这样一个人雇用了我，我难道会在无知之外增添自大和欺骗的行为，来增加我对这个世界的亏欠吗？

朋友们建议我去孟买待一段时间，以便获得一些高等法院的经验，并学习印度法律，做些力所能及的业务。我接受了他们的建议，去了孟买。

在孟买，我雇用了一个和我一样不称职的厨师。他叫罗维商卡，是一个婆罗门。我没有将他当仆人看待，而是将他视为家人。他会将水倒在身上，但从不洗澡。他裹着的那条"拖蒂"和佩戴的圣线（sacred thread）都非常脏，而且他对典籍一无所知。可是我到哪里才能找到一个更好的厨师呢？

"嗯，罗维商卡，"我问他，"你可能不会烹饪，但是你肯定了解日常礼拜之类的吧？"

"礼拜啊，先生！耕作就是我们的礼拜，铁锹就是我们的日常仪式，我就是这种婆罗门。是你的仁慈给了我现在的生活，不然只能回家务农了。"

我只好教罗维商卡烹饪。我有很多空闲时间，基本上可以做一半的活，我给他介绍了英国的素食烹饪。我买了一个炉子，开始和罗维商卡一起下厨。我不在乎和不同种姓的人同桌用餐，罗维商卡也是如此，于是我们便愉快地同饮共食。只有一个问题困扰着我，那就是他改不掉不讲卫生的习惯，总是造成食物不洁。

由于我在孟买只有日渐增长的支出而全无收入，因此只能支撑四五个月的时间。

我就是这样开始新生活的。我发现律师其实是一份很糟糕的职业——重表现而轻知识。我意识到了自己肩负的责任。

## 第28章　第一宗案子

在孟买时，我一边研究印度法律，一边和一个名叫维昌德·甘地的朋友一同做营养学的实验。我的哥哥则在极力为我招揽生意。

研究印度法律是一项枯燥无味的工作。我完全搞不懂民事诉讼法，对证据法还算有些兴趣。维昌德·甘地正在准备初级律师考试，他常给我讲述大律师的故事。"费罗泽夏爵士的过人之处在于他对于法律的渊博知识。"他说，"他把证据法熟记于心，并且了解第三十二节的所有案例。而巴德鲁丁·铁布吉出色的辩论能力也让法官们肃然起敬。"

这些坚守本心的故事却反而令我惶恐不安。

维昌德·甘地还会补充说："要成为一个大律师，先这样默默无闻地工作五到七年是很正常的。这就是为什么我签约打算做初级律师。如果你一个人孤身前行，那么能坚持三年已经是非常幸运的了。"

费用每个月都在增加。门外挂着律师的招牌，门内的律师却还在忙着熟悉法律条文，这种事情我实在应付不来，于是我无法全身心地投入学习。我对证据法越来越感兴趣，并饶有兴趣地读了麦尼的《印度教徒法》，却仍然没有勇气去接受诉讼的委托。我不知道如何形容自己的无助，大概像刚刚嫁入男方家门的小媳妇一样！

就在这时，我接手了一个小案子。有人告诉我要付给中间人一些钱作为回扣，而我断然拒绝了。

"即使是那个每个月挣三四千卢比的刑事诉讼律师某某先生，也是会付回扣的！"

"我不需要模仿他，"我答道，"我每月300卢比就知足了，我的父亲也赚这个数目。"

"今非昔比了，孟买的物价上涨得厉害，你得务实一点。"

我坚持不给回扣，还是得到了这桩案子。这桩案子非常简单，审理应该不会超过一天时间，我收了30卢比的费用。

这是我首次在小型诉讼法庭辩护。我代表被告出庭，所以需要盘问原告的证人。我站了起来，可是心却往下沉，直沉到底。我觉得天旋地转，法庭似乎也在旋转，想不出任何可以发问的问题。法官肯定在笑，其他律师也一定在乐呵呵地欣赏这个场面，但我什么都看不到。我坐下来对代理人说："我无法为此案辩护，你最好去找巴特尔先生，我会给你退款。"巴特尔先生收了51卢比费用，并轻而易举地完成了案件的辩护。

我匆忙走出了法庭，不知道我的当事人是胜诉还是败诉。我感到万分羞愧，决心在自己没有十足把握处理案件之前不再受理任何案子。事实上，我去南非之前再没出过庭。我的决定并非出于美德，而是迫于无奈。不会有人傻到明知要败诉，还委托我帮他辩护！

在孟买我还经手了一件案子，为人起草诉状。一个贫穷的穆斯林的土地在波尔班达被没收了，于是他找到我，像子女寻求父亲的帮助那般向我求助。他的案子胜算不大，但我还是答应为他起草一份诉状，由他自己负担印刷费用。我写完诉状后读给朋友听，他们认为我写得不错。这让我找回了一定程度的自信，认为自己有起草诉状的才能，而实际情况确实如此。

如果我免费为人起草诉状，我的生意会非常兴隆，但这对我来说毫无用处。于是，我想从事教学工作来补贴家用。我的英语水平不错，也很乐意教刚入学的学生。我在报纸上看到一则广告："招聘英语教师，每天工作时长一小时，工资为75卢比。"这则广告是由一所著名的中学发布的。我申请了这一职位，并收到了面试通知。我满心期待地去了学校，但是校长发现我并不是大学毕业生时，便遗憾地拒绝了我。

"但是我已经通过了伦敦大学的入学考试,拉丁语是我的第二外语。"

"我知道,但是我们想招的是大学毕业生。"

我无计可施,绝望地绞着双手。哥哥也非常担心我。我们一致认为在孟买多耽一段时间是毫无用处的,我应该回到拉奇科特去安顿下来。哥哥是那里的一个辩护律师,可以给我一些起草呈文和诉状的工作。而且,住在拉奇科特的家中,就可以关闭在孟买创建的事务所,从而节省下一大笔开销。我接纳了这个建议,在孟买住了六个月之后,我的事务所就这样关门了。

在孟买的时候,我每天都会去高等法院,但我好像在那里并没有学到什么东西。我没有足够的知识,我常常为听不懂案情而昏昏欲睡。当然,许多人和我情况一样,他们减轻了我的羞耻感。一段时间之后,我甚至不再觉得羞耻,因为我发觉在高等法院打瞌睡已经成为一种潮流。

如果当今这代人也有像我这样接不到案子的律师,我想向他们介绍一些生活的实用法则。我当时住在吉尔关,但是很少坐马车或有轨电车出行。我给自己定了规矩,去高等法院必须步行。单程路线四十五分钟左右。这为我省下了很多钱,而且在我的印象中,孟买的朋友经常生病的时候,我却从来没生过病。哪怕当我开始赚钱之后,我仍然坚持步行上下班,这个习惯让我至今受益。

# 第29章 首次受挫

失望之下,我离开了孟买,回到拉奇科特成立了自己的事务所。在这里我的业务倒还算可以。起草呈文和诉状大概每个月可以赚到300卢比。这些工作不是依靠我自己的能力获得的,而是依靠亲朋好友的帮忙。我哥哥的合作伙伴已经有了固定的业务,所以他将重要的,或是他认为紧要的事务送给大律师,把为贫穷的当事人起草呈文的工作交给我来做。

我必须承认,回到拉奇科特以后,我那在孟买时严守的"不给回扣"原则再也坚持不下去了。听说两地的回扣情况不同:在孟买的回扣是支付给中间人的,而在拉奇科特则是给为你介绍业务的律师。可是,这里和在孟买一样,所有的大律师都会从收入中拿出一部分来支付回扣。我哥哥提出的理由也让我无可辩驳。"你想一想,"他说,"我和另一位律师合伙做业务,我肯定希望把你能处理的业务都交给你。如果你不愿意给我的合伙人回扣,我会觉得很为难。我们俩有一个联合机构,你的收入会进入我们共同的账户,我会自动得到我的份额,但是我的合伙人呢?假如他把这些案子交给别的律师,他本应该得到他的回扣。"我觉得他说得很有道理,并且觉得既然自己要成为大律师,就不应该在这种事情上过于坚持。我便这样说服了自己,或者说欺骗了自己。但是我必须补充一句,我没有在任何其他事情上给过别人回扣。

我的收支开始平衡的时候,我经历了人生中的第一次挫败。我以前就听说过英国官员的做派,但这是第一次亲身体验。

我的兄长在波尔班达的纳萨希布王公(现已故)即位之前曾担任他的秘书兼顾问,没想到因此惹上了麻烦。有人指控他在职期间提供了错误的建议,还把这件事告诉了一直对他怀有成见的政治监督官。我在英国时就认识这位官员,他对我一直很客气。我哥哥希望我利用这段交情去帮他美言几句,设法消除这位官员对他的偏见。我一点也不想这么做,因为在我看来,不应该利用我在英国时和官员那一点微不足道的交情去做文章。如果我的哥哥确实犯了错,那我说几句好话又有什么用呢?如果他确实无辜,那他应该以正规渠道递交申请,等候结果。可是,我的哥哥不这样认为。"你不了解卡提亚华,"他说,"你也不了解这个世界。人情才是第一位的。你作为我的弟弟,既然能帮我向认识的官员讲情,却不愿意去做,实在太不负责任了。"

我无法拒绝,只好不情不愿地去见了这位官员。我知道我无权接近他,也心知肚明这样做是在损害我的自尊心,但我还是设法与他见面。见面之后,我向他提起了我们旧日的交情,但立刻发现卡提亚华和英国时不一样了,官员在上班时间和私底下完全不一样。这位政治监督官承认我们之间的交情,可是这份交情反而令他的态度更加强硬。他表情僵硬,脸上仿佛写着:"你来这里该不会是想要滥用我们的交情吧?"尽管如此,我还是将哥哥的事一五一十地向他道明了。他听了之后愈加不耐烦起来:"你哥哥是一个阴谋论者,我不想再听你说话了,我没有时间。如果你哥哥想要申辩,让他通过正常渠道递交。"他的回答已经很明确了,很显然再说下去只会自讨无趣,然而自私使我盲目,在他这样说以后,我还是想把话说完。卡提亚华站起来下了逐客令:"你该走了。"

"但是请您听我说。"我试图说下去。这使他更加生气了,他唤来随从,叫他把我带出去。我还在犹豫的时候,随从便进来了,他双手按住我的肩膀,把我赶出了房间。

那位官员带着随从走了,我也带着恼怒离去。我立刻就这件事写了一张便条给官老爷,大意是:"你侮辱了我,还让你的随从攻击我。如果你不向我道歉,那我将起诉你。"

他的随从很快便送来了回信:"你对我无礼在先,我让你离开你却不肯,我别无选择,只好让我的随从带你离开。何况他已经说了让你离开我的办公室,是你依然赖着不肯走,所以他只好花些力气让你出去。如果你要起诉我,那么悉听尊便。"

口袋里揣着这封回信,我垂头丧气地回到家中,把发生的一切都告诉了哥哥。他很难过,却不知如何安慰我。我不知道如何起诉那位官员,哥哥就去问了他的律师朋友。这时候,费罗泽夏·梅赫达爵士碰巧为了案子从孟买来到拉奇科特。可是,像我这样的小人物又怎么敢去见他呢?为了征询他的意见,我把案子的相关文件交给和他合作的律师,并请其代为转交。"告诉甘地,"他说道,"这种事情很多大律师都遇到过。他刚从英国回来,正处于血气方刚的年纪。他不了解英国官员的脾气。如果他想在这里谋生,过得轻松一些的话,就让他把回信撕了,忍气吞声吧。他控告这位官员不会得到任何好处,反而有可能毁了自己。告诉他,他还不懂人生。"

这个建议对我来说就像毒药一般苦涩,但是再苦我也不得不默默咽下。我忍下了这次侮辱,也从中受益匪浅。我对自己说:"我再也不会把自己置于如此尴尬的境地,再也不会试图以这种方式利用友谊了。"从那以后,我再也没有违反过那天的决定。这一挫折改变了我的一生。

# 第30章 去南非的筹备

贸然去找那位官员求情,毫无疑问是我的错,但是他的急躁和盛怒未免也太过火。他大可不必对我下逐客令,因为我占用他的时间不过五分钟而已,可他就是不愿听我说完。他本可以礼貌地请我离开,可是他却因手中掌握的权力而得意忘形。后来我才知道那位官员的字典里根本没有"耐心"一词,他常常侮辱来访的客人,稍有不快便会大发雷霆。

现在我的大部分工作自然是在他的法庭上开展。我不愿安抚他，也不想巴结他。何况，既然我曾经声称要控告他，也不愿保持沉默。

与此同时，我开始慢慢了解地方上的政治情况。卡提亚华是由许多小邦组成的，自然政治情况复杂。各邦之间阴谋诡计层出不穷，官员们争权夺利、钩心斗角更是大行其道。王公们任人摆布，听信谄媚者的言论。官员的随从也必须小心侍奉，文书比官员本身还要重要，因为他是官员的眼睛、耳朵和传声筒。文书的意愿就是法律，甚至连他的收入都可能比官员还高。这或许有些夸大其词，但看他的日常开销，绝对远超他的薪水。

我觉得这种气氛是有害的，而如何出淤泥而不染对我来说是一个永恒的问题。

我沮丧至极，我的哥哥也为我担心。我们一致认为，如果我能另寻一份工作，便可以摆脱这种处处充满阴谋诡计的气氛。可是，如果不使用一点阴谋，便无法爬到部长或是法官的职位。另外，与那位政治监督官的矛盾也给我的执业造成了阻碍。

当时波尔班达已处于英国管制之下，我在那里做了一些工作，来为王公争取更多的权利。为了解决地租过高佃农负担过重的问题，我不得不去见一个行政官员。这位官员虽然是印度人，但比之前那位官员更加傲慢。他可能很有能力，但我觉得他并没有运用自己的能力为佃农们谋福利。我成功地为王公争取到了更大的权利，却对佃农们没有带来任何帮助。我突然想到，也许他们的问题从未被认真对待过。

所以在执行这一任务时，我感觉特别失望。我觉得我的当事人并未受到公正待遇，但我又无法改变现状。我最多能做的是向政治监督官或是督察提出控诉，而他们则会驳回我的控诉，说"我们不便干涉"。如果有任何规章制度来管理他们做出的决定,那或许还有一线希望,但是在这里,官员的意志就是法律。

我非常恼火。

这时,波尔班达的一家弥曼公司给我哥哥寄了一封信,信中提供了这样一个建议:"我们在南非有业务。我们公司是一家大型商行,如今在当地法院有一起大案子,索赔金额是4万英镑。这桩案子已经耗时很久了,我们聘请了最好的律师团队。你如果让你弟弟去南非加入那个律师团队,那么双方都会从中受益。他能更好地指导我们聘请的那些顾问,同时他可以去一个新的国度开阔眼界,结交朋友。"

哥哥和我讨论了这家公司的提议,但并不确定他们要我去南非是指导顾问工作,还是需要亲自出庭。不过,我对这个提议倒是非常动心。

哥哥介绍我去见塞·阿布杜尔·卡利姆·嘉维立。嘉维立是达达·阿布杜拉公司的合伙人,最近才去世。这家公司便是上文邀请我加入的商行。他向我保证道:"这不是什么困难的工作,我们有许多朋友都是欧洲人,你去了便有机会认识他们。你对我们的店铺很有用。我们绝大多数的信件也都是英语写的,你可以帮助我们。当然,您是我们邀请前去的,因此无须承担任何费用。"

"你需要我替你们工作多久呢?还有薪酬怎么样?"我问道。

"一年以内。我们会给你买头等舱船票,并先支付105英镑,其他费用全包。"

这待遇并不像商行在邀请律师,而像是商行在聘请雇员。不过,我很想离开印度,况且可以见到新国家,体验新生活。那105英镑,我可以把它寄给哥哥贴补家用。于是,我没有提出任何异议便接受了邀请,随即开始做去南非的准备。

# 第31章 抵达纳塔尔

我动身去往南非的时候,并没有经历像当年离开印度去英国时的那种别离之苦。母亲已经不在了,我也已经开始慢慢了解这个世界,并且有了出国的经验,还熟悉了从拉奇科特去往孟买的路途。

这一次,我只是为和妻子分离而感到难过。我从英国回来之后,我们又生了一个孩子。我们之间的爱虽然并没有达到无欲的境界,但是正在慢慢变得纯洁。我从欧洲回来以后很少和她同住,而且我现在已经成了她的老师,在帮助她做出一些改变。虽然成效不大,但是我们都认为为了让改变继续,应该花更多的时间在一起。可是,南非的吸引力战胜了这种分离的痛苦。"一年之内我们就又见面了。"我安慰她说,然后便离开了拉奇科特前往孟买。

我在孟买通过达达·阿布杜拉公司的代理人购买船票,却发现船上的舱位已经售完。可是如果这时不走,就会被困在孟买。"我们已经尽力了。"公司代理对我说,"我们一直想方设法给你弄头等舱的票,但是实在弄不到。除非你睡通铺,否则实在没有办法了。你的餐食我们会在餐厅给你安排好。"那时我习惯坐头等舱出行,而且一个大律师怎么可以睡通铺呢?我拒绝了代理的提议,并怀疑他所说话的真实性,因为我无法相信头等舱船票会这么早售罄。征得了这位代理的同意后,我开始亲自找寻船票。我去船上买票时遇见了大副,他很坦率地对我说:"我们的票通常没这么紧张,但是莫桑比克总督要坐这艘船出行,所以所有的铺位都售空了。"

"你能不能想想办法把我挤进去?"我问大副。他从头到脚打量了我一番,然后笑道:"只有一个办法了,我的船舱里有一个额外的铺位,通常是不面向乘客售票的,我可以提供给你。"我向他道谢，然后让代理人帮我去买那张船票。1893年4月，我怀着满腔热情登上了去往南非的船。

大概十三天以后，我们停靠在第一个港口——拉谟。这时，船长与我已经成了好友。他喜欢下棋，但是因为他是个初学者，所以想找一个更不通棋艺的人来对弈，便邀请了我。我听说过很多关于下棋的事，却从未尝试过。下棋者常说，在棋中自有一方天地，在这片天地间可以锻炼一个人的心智。船长提出要教我下棋，并发现我是个好学生，因为我有无穷无尽的耐心。每次我都会输，这让他更想教我了。我也喜欢上了下棋，但是仅限于在船上的时候，也并未花心思去积累提高棋术的知识。

我们的船在拉谟停靠了三四个小时，我便想上岸去看看港口。船长也上岸了，但他警告我说港口很危险，劝我尽早回来。

拉谟是个小地方。我去了邮局，在那里见到了一些印度职员，并很高兴地和他们聊了一会儿。我还看到了非洲人，我对他们的生活方式很感兴趣，所以花了点时间了解一下。

在船上我认识了一些通铺的旅客，他们也上岸了，打算在岸上做顿饭，并享受一下难得的清静。我看到他们正准备回船上去，便和他们一起上了小船。海港的潮水水位很高，我们的小船又超载，在这种急流中根本无法把小船拉到轮船的梯子上。它每次一碰到梯子，便立刻被水流冲开。提醒开船的第一次哨声已经响过了，我心急如焚。船长在驾驶室中看到了我们的困境，命令开船时间延迟五分钟。当时船畔还有另一艘小船，是我的一个朋友花10卢比为我租来的。这艘小船把我从那艘超载的船上救了上来。这时梯子已经收上去了，于是他们只好用绳子把我拉起来。拉起我以后船立刻就开动了，其他乘客都被留在了后面。我那时才感激船长给我的警告。

从拉谟离开之后，我们又停靠了蒙巴萨，然后到了桑给巴尔。在桑给巴尔停留了八到十天之后，我们换乘了另一艘船。

船长很喜欢我，但是这种喜欢有时候令我无法接受。他邀请了一个英国朋友和我同他一起出去玩玩，我完全不知道"出去玩玩"意味着什么，而船长也不知道我在这种事情上面一无所知。一个拉客的中间人把我们带到了一些黑人妇女的住处，并把我们分别带进了不同的房间。我呆站在原地，羞愧至极。天知道那个可怜的女人会怎么看待我。船长看到我衣衫齐整地走出，看出我是个清白的人。起初我觉得非常羞愧，但是回想这件事的时候感到非常害怕，于是羞耻感便慢慢消退了。感谢神明，那个女人丝毫没有使我动心。我厌恶自己的软弱，并对自己缺乏拒绝进入房间的勇气感到可悲。

这是我第三次经历这样的考验。许多青年起初能守住本心，但是后来却被一种错误的羞耻感误导着犯下了错误。如果我拒绝进入那个房间，那才算是正人君子。我必须感谢大慈大悲的神明拯救了我。这件事加深了我对神明的信仰，并在一定程度上教会我要摆脱错误的羞耻感。

因为我们要在这个港口停留一个星期，我便在城里找了地方住下，在附近闲逛时看到了很多风土人情。桑给巴尔草木茂盛，绿树成荫，在印度大概只有马拉巴尔可以与它媲美。我对那些高大的树木和累累的果实感到十分惊异。

下一站便是莫桑比克，抵达纳塔尔的时候已到了五月底。

# 第32章　一些经验

纳塔尔的港口叫德班，也被称为纳塔耳港。阿布杜拉赛在码头等我。船靠岸后很多人上来找朋友，我发现印度人在此不太受尊重。我感觉那些认识阿布杜拉赛的人对他都带着一些轻蔑，这种感觉让我很不舒服，阿布杜拉赛却显然已经习惯了。看到我的人都很好奇，可能因为我的穿着和别的印度人不大一样。我穿着过膝的大衣，戴着类似孟加拉人的"普格里"（Pugree）。

阿布杜拉赛把我送到了公司的住处，并给我安排了一个单间，就在他的隔壁。他不了解我，我也不了解他。他看了他弟弟让我捎来的文件，更感到不知如何是好。他认为他的弟弟给他请来了一位贵宾。我的穿着和生活方式令他觉得像欧洲人一样昂贵。那时候并没有什么特别的工作需要交给我。他们的案子发生地是在德兰士瓦，但把我立即送去那里是毫无意义的。他能相信我的能力和诚实吗？他无法去比勒陀利亚监督我工作，被告都在比勒陀利亚，监督的举动可能会给我带来不好的影响。如果不能将案子的相关工作委托给我，我又能做什么呢？毕竟其他工作，他的职员肯定做得比我要好。何况，如果职员犯了错误，可以加以惩戒，但是如果换成是我，那样做合适吗？如果不能给我提供任何与案子有关的工作，那也没有理由留下我了。

阿布杜拉赛并没有受过教育，却有着丰富的社会经验。除此之外，他还拥有很敏锐的头脑，并且对自己这一优势心知肚明。他在平日的工作中学会了一些英文，虽然仅够日常会话使用，却对他的所有业务都有好处。无论与银行经理还是欧洲商人打交道，又或是向律师解释情况，都非常实用。当地的印度人非常尊敬他。他的公司在当时是规模最大的，至少是最大规模的公司之一。虽然他有这些优点，却也有一个缺点，那就是天生多疑。

他以伊斯兰教为荣，喜欢谈论伊斯兰哲学。虽然他不懂阿拉伯语，但他对《古兰经》和伊斯兰文学颇为了解。他很会例证，随时随地张口就来，在与他交往中我对伊斯兰教有了很多了解。当我们熟悉后,我们就宗教话题进行过多次长时间讨论。

我到纳塔尔两三天的时候,他带我去看了德班的法庭。他向几个人介绍了我,并让我坐在他的律师旁边。法官一直盯着我看,最后终于开口让我摘下头巾。我拒绝了他,并离开了法庭。

我意识到,原来这里也有我需要捍卫的东西。

阿布杜拉赛向我解释为什么会让印度人摘下头巾。他说:"穿着穆斯林服饰的人可以戴着头巾,但是其他进入法庭的印度人通常会按规矩把头巾拿掉。"

我必须说一些细节,以使人容易理解这一区别。在这两三天里,我看到印度人被分为了不同派别:一派是穆斯林商人,他们往往自称"阿拉伯人";一派是印度教徒;另一派是帕西普通职员。印度职员其实介于两派之间,除非他们加入"阿拉伯人"的阵营,而帕西职员会自称波斯人。这三派之间有一些社会关系,但目前为止人数最多的是泰米尔、德鲁古和北印度的契约劳工或自由工人。契约劳工签订了五年在纳塔尔的服务协议,他们被称为"吉尔米提亚"人,是英语"契约"一词的变音。其他三种人和他们只有生意上的关系。英国人把他们称为"苦力",而因为大多数印度人属于劳动阶级,所以所有印度人都被称为"苦力"或是"萨米"。"萨米"是一个泰米尔语中的后缀,泰米尔人的许多名字后面都会加上这个词。其实"萨米"等于梵语中的"斯瓦米",意即"主人"。如果印度人讨厌自己被人称为"萨米",而他又足够聪明的话,就会这样回敬对方:"你可以叫我萨米,但是你别忘了,'萨米'可是主人的意思。我不是你的主人!"有些英国人听到这话会退缩,有些人会生气,开始辱骂印度人甚至会动手殴打。因为对他来说,萨米是一句轻蔑的称呼,把它解释为主人简直是一种侮辱!

因此,我被称为"苦力律师",商人们被称为"苦力商人"。苦力一词最初的意思反而被人渐渐淡忘了,成了印度人的统称。穆斯林商人对此表示不满,他们说"我不是苦力,我是阿拉伯人"或"我是商人"。如果对方是一个有礼貌的英国人,就会向他道歉。

在这种情况下,能否戴头巾就显得至关重要。被迫脱下自己的头巾,对一个印度人而言本就代表着一种侮辱。我觉得自己可以用一顶英式帽子来取代印度头巾,这样我便不会受到侮辱,也不必引起不愉快的争执。

但是阿布杜拉赛不同意我的想法。他说:"如果你这样做的话,影响很不好。你应该向那些坚持戴印度头巾的人学习。印度头巾和你更相衬,如果你换成英式帽子,那岂不是成了侍应生吗?"

这个建议包含着他实践得来的智慧、爱国主义思想和一点狭隘的心思。他的智慧是显而易见的:如果不是出于爱国主义,他不会坚持要戴印度头巾,可是对于侍应生的轻视又透露出了他的狭隘。在契约劳工中,有三个阶层:印度教徒、穆斯林和基督教徒。最后一种是皈依了基督教的契约劳工子女。即使在1893年,他们的人数也并不少。他们穿着英国服装,主要靠在旅馆做侍应生维持生计。阿布杜拉赛对英国帽子的批评是针对这个阶层的。在旅馆做侍应生被认为是有失身份的,哪怕到了今天这种观念依然存在。

总的来说,我觉得阿布杜拉赛的建议很好。我就此事写信给媒体,并为我在法庭上戴头巾辩护。这个问题在报纸上被广泛地讨论,他们称我为"不受欢迎的访客"。因此,在我到达南非不过几天之内,便因为这事件变得众所周知。有人支持我,也有人严厉批评我的鲁莽。

我的头巾后来一直陪伴着我,直到我离开南非。我从什么时候因什么原因而不戴头巾,我会在后面讲述。

# 第33章 比勒陀利亚之路

很快，我便与住在德班的印度基督徒联系上了。法庭译员保罗先生是罗马天主教徒。我认识了他，也认识了已故的苏珊·戈夫莱先生。戈夫莱先生在当时是新教教会的老师，而他的儿子詹姆斯·戈夫莱作为南非代表团成员，于1924年访问了印度。同一时期，我还结识了帕西人罗斯敦济和阿丹吉·米耶汗，但他们现在都已去世了。所有这些朋友在当时除了公事往来，并没有任何私交，可是后来却成了挚友，在下文中我会另行讲述这个故事。

就在我逐渐扩充朋友圈的时候，公司收到了对方律师的来函，要求阿布杜拉赛亲自或派代表去比勒陀利亚为案子做前期准备。

阿布杜拉赛让我看了这封信，并问我是否要去比勒陀利亚。"没有弄清案子的前因后果，我不能决定。"我说道，"否则我眼前一片茫然，不知道去那里做什么。"于是，他让他的职员向我解释这桩案子。

研究这个案子的时候，我觉得自己应该从问题的根本着手。在桑给巴尔的那几天，我去过法庭看他们如何工作。我见过一位帕西律师盘问证人，并问他有关账簿上的借贷记录的问题。对他们的对话我完全听不懂，因为我在印度和英国的学校里都没有学过簿记。可是我来南非负责的这桩案子涉及大量关于簿记的知识，只有懂财务的人才能理解及解释账目问题。阿布杜拉赛的职员滔滔不绝地解释贷记和借记的问题，我却越听越糊涂。我不知道他所说的"P.Note"是什么意思，在词典中也查不到这个词的含义，便向那位职员寻求帮助。从他那里，我知道了"P.Note"就是期票的意思。我研究了一本关于簿记的书，稍稍获得了一些信心。同时，我也了解了案情。阿布杜拉赛也不懂如何记账，但他那丰富的实践经验使得他可以迅速解决错综复杂的簿记问题。我告诉阿布杜拉赛，我已经准备好了，可以出发前往比勒陀利亚。

"你打算住在哪里呢？"阿布杜拉赛问道。"你帮我安排就行，我听你的。"我回答。"那我给我们的律师写封信，让他帮你安排住处。我也会给比勒陀利亚的弥曼朋友写几封信，但我不建议你和他们住在一起。和我们打官司的人在比勒陀利亚有很大的影响力，如果有人设法偷看了我们来往的信件，会给我们带来很大的麻烦。你和他们越生疏，对我们就越有利。"

"放心吧，我会住到律师安排的地方，或者就自己找一个单独的住处，我们之间的秘密绝不会被其他人知晓。不过，我打算试着接触一下对手，最好能成为朋友。如果可以的话，我想和铁布先生庭外和解，毕竟他是你的亲戚。"

铁布·哈齐汗·穆罕默德赛赛先生是阿布杜拉赛的近亲。

看得出来，我提出庭外和解的解决方式令阿布杜拉赛很意外。但是我到德班六七天了，我们已经非常熟悉，在阿布杜拉赛的心目中我也不再是那个有距离感的"贵宾"了，于是他说道："嗯……我知道，可以庭外和解当然最好不过了。但是我们都是亲戚，彼此之间非常了解。铁布绝对不是一个轻易同意和解的人。我们有一步行差踏错，他就会抓住机会对我们穷追猛打，并让我们不得翻身。所以你做任何事情之前，务必要三思而后行。"

"放心吧，"我说："我不会和铁布先生或其他任何人谈及这个案子的具体内容，我只会建议他达成庭外和解，给大家省去不必要的诉讼麻烦。"

在德班待了七八天之后，我便出发前去比勒陀利亚。他们给我订了一等座的车票。如果需要床上用品，通常多支付五先令。阿布杜拉赛坚持让我订一张床单，但是出于固执与骄傲，也为了省下五个先令，我拒绝了。阿布杜拉赛提醒我说："我跟你说，这里不是印度,谢天谢地,我们衣食无忧。如果你需要任何东西,请不必吝惜。"

我谢过他,并请他放心。

火车大约在晚上9点抵达纳塔尔的首府马里茨堡,床上用品就是在这一站出售的。铁路工作人员过来问我是否要一个,"不要,"我回答,"我已经有一个了。"他便离开了。随后过来一个乘客,他上下打量了我一番。他看到我是一个"有色人种",这可能让他感到不适。他走出车厢,然后带着一两个管理人员回来。他们沉默了一会儿,一个管理人员走到我面前说:"跟我来,你必须得去普通车厢坐车。"

"但是我买了一等座的票。"我说道。

"你买了哪里的票无所谓。"另一个管理人员也随声附和,"我告诉你,你必须去普通车厢。"

"我也告诉你,我在德班买的票就是一等座,我有权坐在这里,也坚持要坐在这里。"

"不,你不会的。"那个管理人员说,"你必须马上离开头等座车厢,否则我就叫乘警把你赶下车。"

"你想怎么样是你的事,我绝不会主动离开这个车厢。"

乘警来了,他抓住我的手把我推出了车厢。我的行李也被他们扔了出来。我拒绝去其他车厢,火车就冒着烟开走了。我走进站里的候车室坐下,把手提包放在身旁,其他的行李就留在原地。铁路当局已经接手了那些行李。

当时是冬天,南非高地的冬天非常寒冷,而处于高纬度地区的马里茨堡更是寒冷刺骨。我的行李里有大衣,但我不敢提出要求,以免再次受辱。因此,我只能坐在那里瑟瑟发抖。候车室里没有灯光,半夜时分有一个乘客进来了,他想和我搭话,但我完全没有说话的心情。

我开始考虑我的职责。我是该为自己的权益而战，还是应该回到印度，又或是无视这些侮辱，继续前往比勒陀利亚办完案子再回印度去呢？如果不履行我的义务就跑回印度，那实在是懦夫之举。其实我所遇到的困境只是表层的问题，不过是出于对有色人种偏见的痼疾而已。如果可以的话，我应该尝试根除这种痼疾，并承受过程中的苦难。我所要做的，无非是消除种族偏见罢了。

于是，我决定坐下一班火车去比勒陀利亚。

第二天早上，我给铁路部门的主管发了一封长电，并同时通知了阿布杜拉赛。他闻讯立刻约见了铁路部门主管。主管为铁路部门的行为辩解，并告诉阿布杜拉赛，他已经指示站长确保我安全到达目的地。阿布杜拉赛给马里茨堡的印度商人和其他朋友发了电报，让他们来接我并照应我。商人们到车站来接我，见面后他们讲了自己类似的经历来宽慰我，并告诉我这种遭遇并不罕见。除此之外，他们还说坐头等座或二等座的印度人要做好被铁路官员和白人乘客找麻烦的准备。伴随着他们的诉苦，那个白天就那样过去了。晚班火车来时，车上为我预留了铺位。我在马里茨堡买了一张在德班时本不愿购买的床上用品票。

火车把我带到了查尔斯顿。

## 第34章　重重困难

早上，火车到了查尔斯顿。那时候，查尔斯顿和约翰内斯堡之间没有铁路，只能坐驿站马车前往，而且中途要在斯坦德顿停留一晚。我早就提前买好了票，尽管在马里茨堡耽误了一天，车票依然没有被取消，更何况阿布杜拉赛已经给查尔斯顿的代理发电报说明了情况。

可是代理却想借故把我扔下，当他发现我是个生客时便说："你的票被取消了。"我给了他一个合理的解释。他心知肚明，对我说车票无效的原因绝不是座位已满，而是其他原因。乘客们必须被安排在车厢里，而我的外表像一个"苦力"，又不是熟面孔，所以这位"领队"认为让我和其他白人乘客同乘一辆车不合适。马车的车厢两边都有加座，通常驿站马车的负责人会坐在其中一个位置上，但是今天他却坐进了车厢里，而把外面的座位让给了我。我知道这是一种歧视与侮辱，但我觉得人在屋檐下不得不低头，因为如果我提出抗议，他们可能会自行离开。那就意味着我又要耽误一天时间，天知道第二天会发生什么。所以，尽管我心中非常烦闷，还是小心翼翼地坐到了车夫旁边。

大概三点钟左右，马车到了帕德科普。这时，那位负责人想坐到我的位置上来抽烟，或者想呼吸点新鲜空气。于是，他从车夫那儿拿了一块脏兮兮的麻布，铺在踏板上，对我说道："萨米，你坐在这儿，我要坐在车夫旁边。"我再也无法忍受这种侮辱，战战兢兢地对他说："我买了车厢里面的票，你却让我坐在外面这个位置，我忍了这种侮辱。现在你想坐到外面来抽烟，又想把我赶到你的脚边。我不会再忍让了，我现在准备去车厢里面坐。"

当我还在努力组织语言的时候，那个人走过来狠狠地甩了我几个巴掌。他拉住我的胳膊，想把我拖下去。我紧紧地抓住马车的铜栏杆，心想，就算手腕骨折也绝不放手。车里的乘客们目睹了这一幕——那个男人辱骂我，用力拖拽我，痛打我，而我始终没有还手。他很强壮，而我很瘦弱。有些乘客看不下去了，喊道："伙计，放开他吧！不要打他，他没有说错。如果他不能待在那儿，就让他进来和我们一起坐吧！""没事！"那人叫道。但他似乎有点受挫,不再打我了。他放开我的胳膊,又骂了我几句,让坐在马车另一边的那个霍坦托特族仆人坐到踏板上,自己坐去了那个位置。

乘客们都坐了回去,哨声一响,马车便又行驶起来。我的心怦怦直跳,甚至担心自己能否活着到达目的地。那个人时不时怒瞪我一眼,指着我咆哮:"你给我小心点,到了斯坦德顿,我要让你知道我的厉害。"我默默坐着,祈祷神明保佑我。

天黑之后,我们到了斯坦德顿,看到一些印度面孔,我松了一口气。我一下车,这些朋友就说:"我们是来接你的,带你去赛伊沙的商店。达达·阿布杜拉赛已经给我们发过电报了。"我很高兴地和他们一起去了赛伊沙·哈齐·苏玛尔的店铺,他和员工们都围着我说话。我把自己这一路的悲惨遭遇告诉了他们,他们对此十分同情,并向我讲述了他们的类似遭遇。

我想把这件事的原委告诉驿站系统的总代理,便给他写了一封信,讲述了自己所经历的一切,并希望他留意他的员工向我发出的威胁。我还要求他保证第二天早上我们出发时,他会把我和其他乘客一样安排在车厢内就座。他给我的答复是:"从斯坦德顿发车时,我们会安排更大型的车辆以及不同的负责人。你投诉的那个人明天不会出现在那里,你将和其他乘客一样坐在车厢内。"这多少让我松了一口气。当然,我无意再控诉那个袭击我的人,便就此将这一节揭过了。

第二天一早,赛伊沙的人把我送上了马车,我坐到了一个好座位,并于当晚顺利抵达约翰内斯堡。

斯坦德顿是一个小村庄,而约翰内斯堡则是一个大城市。阿布杜拉赛也给约翰内斯堡发了电报,并给了我穆罕默德赛·卡山·康鲁丁公司的名称和地址。康鲁丁安排了伙计来车站接我,但是我没有看见他,他也没有找到我,于是我只好先找个旅馆住下。我知道几家旅馆的名字,便叫了一辆出租车前往国家大酒店。到了酒店后,我向经理说要一个房间,他打量了我一下,然后很礼貌地回绝道:"实在抱歉,客房全满了。"并直接向我道了一声再见。我不得不让司机把我送到穆罕默德赛·卡山·康鲁丁的店里。阿卜杜·甘尼在那里等着我,他亲切地向我致意。听了我在旅馆的经历,他大笑起来:"你怎么能指望酒店接待你呢?"

"为什么不能呢?"我问道。

"再待一段时间你就会知道了,"他说,"只有我们才能在这样的地方生活下去,因为为了赚钱,我们不介意承受侮辱,所以才能坚持下来。"他给我讲了许多印度人在南非历尽艰辛的故事。

在下文中我会讲到更多关于阿布杜尔·甘尼赛的故事。

他说:"这个国家不适合像你这样的人。听我的,明天你去比勒陀利亚的时候要坐三等座,因为德兰士瓦的种族歧视比纳塔尔还要严重,头等座和二等座的票从来不会卖给印度人。"

"你们大概没有坚持抗议吧?"

"我们提出过抗议,但我承认我们的人其实也并不想乘坐一等或二等座。"

我取来铁路的相关规章制度读了一遍,并发现了其中的漏洞。旧德兰士瓦法律并不健全,也并不精确,更别提铁路规章制度了。

我对甘尼赛说:"我想坐一等座,如果不能的话,那我宁愿坐出租车去比勒陀利亚,反正也不过是37英里而已。"

甘尼赛提醒我,这样做可能意味着要花费额外的时间和金钱,但他同意我坐一等座出行。我们给站长送了一张便条,给他说我是一名律师,通常都是坐一等座出行。我还在便条中说,我需要尽快抵达比勒陀利亚,所以没有时间等他的答复,我将直接前往车站与他商谈,希望可以让我购买一等座的车票。当然,提出面谈要求是有目的的。我想,如果站长给我书面答复,很有可能会是拒绝的答案,尤其是他对"苦力"心存偏见。因此,我必须穿着无可挑剔的英式礼服出现在他面前,与他交谈,这样才有可能说服他给我开出一等座的票。于是我穿着长礼服外套,打好领带去了车站,拿出一个英镑金币放在售票柜台上,要求买一张一等座车票。

"是你给我写的便条吗?"他问道。

"是的,如果你愿意卖给我一张一等座的票,我将不胜感激。我今天必须到达比勒陀利亚。"

他笑了笑,略带怜悯地说道:"我不是德兰士瓦人,我是荷兰人。我理解你的感受,也很同情你。我可以给你一等座的票,但是有一个条件:那就是如果列车员要求你转到三等座,你不要把我拖下水。我的意思是你不要去控告铁路公司。祝你一路顺风,我看得出来,你是个绅士。"

说完这番话,他给我订了一等座的票。我谢过他,并向他保证可以做到他说的条件。

甘尼赛来车站为我送行。这件事让他非常惊喜,但他也提醒我说:"我希望你能顺利抵达比勒陀利亚。不过,我担心列车员不会让你在一等舱安然度过旅程,就算他肯,其他乘客也会有意见。"

我坐进了一等座的车厢里,火车开动了。在杰米斯顿站,乘警来检查车票。他看到我时非常生气,用手指示意我去三等座的车厢。我给他看了我一等座的票,但他还是说:"这与票无关,你得去三等座车厢。"

车厢里只有一个英国旅客,他拉住了乘警,问道:"你没看到他有一等座的票吗?我完全不介意他留在这里。"他又对我说道,"你可以舒舒服服地坐着。"

乘警小声嘟囔道:"如果你自己愿意跟苦力一起坐车,我管这些干什么?"便走了。

晚上八点左右,火车抵达了比勒陀利亚。

# 第35章　初到比勒陀利亚

我原以为达达·阿布杜拉赛的律师会安排人在比勒陀利亚车站接我。我知道不会有印度人来接我，因为我特意说过不会住在印度人家里。可是，律师并没有派人来。后来我才知道，因为我到的时候是星期天，他派人来接我会有诸多不便。那时我完全不知所措，不知道自己该往何处去，也担心没有旅馆接纳我。

1893年的比勒陀利亚车站与1914年时完全不同。那时，车站里灯光昏暗，乘客寥寥无几。我让其他乘客先行，想等出站口的检票员空下来时给他看我的车票，并向他询问附近是否有可以接纳我的小旅馆。不然，我只能在车站过夜了。我不得不承认，我连向他询问这个问题的胆量都没有，因为我害怕受到侮辱。

所有乘客都走了，我把票给了检票员，并开始向他寻求帮助。他很有礼貌地回答了我，但我看得出他无能为力。不过，一个站在旁边的美国黑人打断了我们的谈话。

"我明白了，"他说，"你在这里完全是个陌生人，没有朋友。如果你和我一起走的话，我可以带你去一家小旅馆，旅馆的老板是个和我很熟的美国人。我想他会愿意让你住下的。"

我对于他的提议有一些疑虑，但还是向他表示感谢并接受了他的建议。他带我去了约翰逊家庭旅馆。他把老板约翰逊先生拉到一旁说了一会儿话，约翰逊先生便同意让我住上一晚，但条件是我必须在房间里吃晚饭。

"我向你保证，"他说，"我没有任何种族歧视，但是我这儿的客人都是欧洲人，如果我允许你去餐厅吃饭，可能有客人会生气甚至离开。"

"谢谢你，"我说，"即使只是收容我住一晚，我也对你感激不尽。我现在也多少了解这里的情况，所以理解你的为难之处。我不介意在房间里用晚餐，希望明天我便可以有别的安排。"

约翰逊先生给我安排了一个房间，我独自坐在房间里，一边等待晚饭，一边陷入沉思。旅馆里客人不多，我原以为侍者很快就会送来晚餐，没想到约翰逊先生亲自过来了。他对我说："我说了让你在房间里用餐之后感到很愧疚。于是我把你的情况告诉了其他客人，问他们是否介意你去餐厅用餐。他们说没有异议，也不介意你在这里多住几天。所以，如果你愿意的话，请到餐厅来，而且你想住多久都可以。"

我再次感谢了他，然后去餐厅享用了一顿丰盛的晚餐。

第二天早上，我去拜访了阿·伍·贝克律师。阿布杜拉赛向我介绍过他的情况，所以他的热情接待并没有让我感到惊讶。他热情地欢迎了我，并亲切地询问我的情况。我向他介绍了一下自己的情况，他说道："我们这里并不需要大律师，因为我们已经聘请了最好的顾问。这个案子耗时很久，也很复杂，所以我需要你帮忙的地方只是获取必要的信息。当然，你会让我和客户之间的沟通变得更加容易，因为我现在可以通过你去询问我想从他那里获得的信息，这当然是一个优势。我还没有给你安排住处，因为我想我最好还是与你见面之后再给你安排。这里的种族歧视情况很严重，为你这样的有色人种找住处并不容易。但我认识一个可怜的女人，她是一个面包师的妻子，我想她会接受你的，这样一来也能增加她的收入。来吧，我们去她家。"

他带我去了她家，与她单独谈了我的事，她同意以每周35先令的价格接受我寄宿在她家。

贝克先生既是一名律师，也是一名坚定的非职业传教者。他现在还健在，而且已经放弃了法律事业，只从事传教工作。他是一个富有的人，我依然与他保持着通信联系。在信中，他总是会谈及同一个主题。他会从不同的角度证明基督教的卓越，并认为除非人们接受耶稣为上帝唯一之子和人类的救世主，否则无法得到永恒的和平。

在第一次谈话中，贝克先生便打探我的宗教观点。我回答道："我出生在印度，然而我并不太了解印度教，也不了解其他宗教。事实上，我不清楚自己的宗教观，我信仰什么，什么应该是我的信仰。我想仔细研究自己的宗教，并尽可能探究其他宗教。"

贝克先生闻言很高兴，他说："我是南非传教会的董事之一，我自费建了一座教堂，并定期在那里布道。我没有种族歧视。每天一点钟，我都和我的同事们见面，花几分钟时间祈祷和平与光明。如果你能加入我们，我会很高兴。我想把你介绍给我的同事们，他们一定很高兴认识你，我敢打保票你也会很喜欢和他们在一起。除此之外，我还想给你看一些宗教书籍。当然了，书中之王自然是《圣经》，这是我要特别向你推荐的。"

我谢过贝克先生，并同意尽可能定期参加一点钟的祷告仪式。

"那我明天一点钟在这儿等你，我们一起去祷告。"贝克先生又说，然后和我道别。

我根本没有来得及思考。

我去找约翰逊先生结了房费，然后搬到新住处去吃午饭。女房东人很好，为我做了一顿素餐。没过多久，我便和房东一家相处甚欢了。

随后，我去见了达达·阿布杜拉赛给我介绍的朋友。从他那里我了解到更多关于南非的印度人的艰辛。他坚持要我住在他那儿，我谢过他并告诉他，我已经安顿妥当了。他让我有需要的时候不要犹豫，一定要找他帮忙。

天已经黑了，我回家吃了晚饭后，回到房间躺下来思考。现在我并没有什么工作可做，我把情况告诉了阿布杜拉赛。我想：贝克先生对我这么感兴趣有什么意义呢？我能从他的基督教同事那儿学到什么呢？我对于基督教的研究应该要到什么程度？我怎样获得印度教的文献呢？我怎么能在完全不了解自己宗教的情况下去正确地理解基督教呢？我只能得出一个结论：我应该公平地去研究我所遇到的一切，神明会指引我如何对待贝克先生的宗教团体；在我完全理解自己的宗教之前，不应该去考虑接受另一种宗教。

伴随着这样的想法，我睡着了。

## 第36章　接触基督教

第二天的一点钟，我去参加了贝克先生的祷告会。在那里，他介绍我认识了赫丽斯小姐、嘉碧小姐、柯慈先生以及其他人。大家都跪下祈祷，我也随之效仿。祷告是向上帝提出不同的祈求，每个人的祈求都各不相同。日常祷告一般是祈求当天过得顺利，或者祈求上帝打开心门。

现在，他们又为我的福祉祷告："主啊，请为我们中间这位新来的兄弟指明道路。主啊，您给予我们的平安也请赐给他吧。愿拯救我们的主也可以拯救他。以耶稣之名，我们祈求这一切。"这样的祷告会上不会有赞美诗或其他音乐，每天为一件特别的事祈祷之后，我们便各自离开去吃午饭。因为一点正是午餐的餐休时间，其实祷告也不过占用五分钟而已。

赫丽斯小姐和嘉碧小姐都有些年纪了，但没有结婚，而柯慈先生则是一位教友会教徒。这两位女士住在一起，她们邀请我每个星期天下午四点去她们家中喝茶。

当我们星期天见面时，我会给柯慈先生看我这一周的宗教日记，并与他讨论我读过的书和读后感。女士们则通常会讲述他们的美好故事，以及所得到的内心宁静。

柯慈先生是一个坦率可靠的年轻人，我们常常一起去散步，他也会带我去认识其他基督徒朋友。

当我们之间的关系更加亲近时，他开始把他喜欢的书推荐给我，直到我的书架上都放不下了为止。可以说，他在用书籍武装我的头脑。在纯粹的信仰下，我同意将这些书都读完，在读这些书的过程中，我时常和他进行讨论。

1893年的时候，我读了很多这样的书。我记不全所有书的名字，但记得看过贝克博士的《城市教堂评注》，皮尔逊的《确凿证据》以及巴特勒的《对比论》。有些部分我完全不知所云，读懂的部分也有的喜欢有的不喜欢。《确凿证据》一书中作者根据自己的理解为《圣经》的宗教信仰提供了证据支持，对我来说并没有什么意思。贝克的《城市教堂评注》主要在道德方面起到激励作用，但是对于本身不信仰基督教的人而言并无助益。巴特勒的《对比论》十分艰涩难懂，需要通读四五次才能理解。在我看来，这本书的主旨应该是将无神论者转变为有神论者。书中关于上帝存在的论点对于我而言并无必要，因为我已经过了怀疑无神论的阶段，但是作者证明耶稣是上帝的唯一化身，以及是上帝与人之间的调解人的论点却让我无法认同。

但是柯慈先生并不会轻易接受失败。他很关心我，看到我的脖子上戴着毗湿奴派的项链，他觉得这是迷信，并因此感到痛苦。"别让这种迷信伴随着你，来，让我把这条项链弄断。"

"不行，这是我母亲给我的神圣礼物。"

"但是你相信它吗？"

"我不知道它的神秘意义。我其实并不觉得如果我摘掉它，我就会受到伤害。但是，如果没有充分的理由，我也不会取下它。因为我的母亲出于母爱为我戴上了它，她也深信这条项链会保佑我。如果随着时间过去，它变得陈旧，自己断裂了，我不会再去求一条新的项链，但是我不会主动去弄断现在的这条。"

柯慈先生完全无法理解我的理论，因为他并不尊重我的宗教信仰。他期待着把我从无知的深渊中解救出来。他想说服我，无论其他宗教中是否存在着真理，只有信仰代表真理的基督教才能得到救赎。而且除非耶稣代祷，不然一个人的罪行是无法光靠善行来洗刷的。

他向我介绍了一些书，并带我认识了几位他认为是虔诚基督徒的朋友。其中一个家庭信仰的是基督教中的一个教派——普利茅斯弟兄会。

柯慈先生给我介绍的许多朋友都很好，他们对于上帝的敬畏也让我有所触动。在我与那个普利茅斯弟兄会家庭的接触中，一位弟兄会的成员向我提出了一个观点，是我完全没有想到的：

"你无法理解我们宗教的美好之处。从你所说的看来，你生命的每分每秒来思考自己的罪过，总是在弥补和赎罪。这样不断的循环怎么能给你带来救赎？你永远都会不得安宁。你也承认，我们都是罪人。那么现在来看看我们的信仰是多么完美。我们为赎罪而付出的努力是徒劳的，然而我们必须去赎罪。我们怎能自己背负罪恶的重压？我们只能将这些重担放在耶稣身上。他是上帝唯一无罪的儿子，他曾说过，信耶稣者得永生。这是上帝的无限慈悲。当我们相信耶稣的救赎时，我们自己的罪行便不会再束缚我们。每个人都有罪，凡在这个世上生存者都是如此。因此，耶稣才会替人类赎罪。只有接受他的伟大救赎，才能得到永久的平静。你想一想，你的生活是怎样的烦扰不安，而我们又是多么的平和安宁。"

这个论点完全无法令我信服，我非常谦卑地回答："如果这是所有基督徒都承认的基督教,那么我无法接受。我所寻求的,并非在自己犯下罪后获得救赎,而是从罪行本身,或者更确切地说是从罪恶的念头萌生的那一刻得到救赎。若不能达到这个目的,我宁可烦扰不安。"

那位普利茅斯的弟兄回答说:"我向你保证,你的尝试是徒劳的,你应该再好好想一想我说的话。"

而这位弟兄确实以身践言,他竟然故意犯罪,还向我表明他并不会为此感到不安。

但是在与那些朋友见面之前,我便知道并非所有的基督徒都相信那样的赎罪理论。柯慈先生是一个对上帝充满敬畏的人,他心灵纯洁,并相信自我净化的可能性。两位女士也持同样的观点。我读过的一些书中也充满了虔诚的精神。所以,尽管柯慈先生对于我最近的经历感到非常不安,我向他保证普利茅斯弟兄会的扭曲信仰并不会影响我对于基督教的看法。

我的困惑在别的地方,涉及《圣经》和其既定解释。

## 第37章　寻求与印度同胞的联系

在进一步阐述与基督徒的接触之前,我必须记录同一时期的其他经历。

铁布·哈齐汗·穆罕默德赛赛在比勒陀利亚的地位相当于达达·阿布杜拉赛之于纳塔尔。没有他,任何公共活动都无法开展。我到比勒陀利亚的第一个星期便认识了他,并告诉他我打算和比勒陀利亚的每一个印度人都取得联系。我表达了希望研究当地印度人情况的想法,并请求他在我的工作中给予帮助,他欣然同意了。

首先,我召集在比勒陀利亚的所有印度人会面,向他们介绍印度人在德兰士瓦的情况。这次会面在哈齐·穆罕默德赛·哈齐·朱萨布赛的家中举行,我是通过别人的介绍信与他结识的。参加这次活动的主要是弥曼商人,但也有一些印度教徒。在比勒陀利亚生活的印度教徒实际上数量不多。

在这次会议上,我做了人生中第一次公开演讲。演讲的主题是关于商业中的诚信问题,我为此做了相当充分的准备。人们常说无商不奸,但我无论是当时或是现在都不这样认为。直到今天,也有商界朋友声称商业是无法与诚信并存的。他们认为商业是一件非常实际的事情,而诚信则是宗教问题。实际事务是一回事,宗教又完全是另一回事。因此,在商业中不可能做到绝对诚实,人们只有在适当的时候说适当的话。我在演讲中极力反对这一观点,并力图唤醒商人们的责任感。这种责任感是双重的,因为诚信经商在异国他乡显得更为重要,他们这些人的行为代表的是国内的数百万同胞的形象。

我发现,与周围的英国人相比,我们印度人的卫生习惯不佳,于是我在演讲中提醒大家重视这一问题。我强调有必要抹去各种印度人群的差别,比如印度教徒、穆斯林、帕西人、基督教徒、古遮拉特人、马德拉斯人、旁遮普人、辛德赫人、克赫什人、苏蒂斯人等。

最后,我建议成立一个协会来就印度居民的困难向有关当局提出交涉,并表示自己愿意尽可能多地付出时间为其服务。

看得出来,我的演讲给大家留下了深刻印象。

我的演讲结束后大家展开了讨论,有些人主动为我提供事实,这令我感到备受鼓舞。我发现听众中很少有人懂英语,但我觉得英语在这里非常有用,便建议大家有空可以去学习英语。我告诉他们，无论年龄几何都可以去学习一门语言，并列举了很多这样的人作为例子。此外，我还打算开一个英语班授课，或是个别教导那些想要学习英语的人。

开班授课没有开成，但是有三个年轻人表示愿意在方便的时候学习，条件是我要去他们的住处上课。三个人中有两个是穆萨曼人，他们一个是理发师，另一个是职员，第三个是印度教徒，自己开一家小店。我同意按照他们的要求分别教他们英语。我对于自己的教学能力很有信心，我的学生可能会在学习过程中很疲惫，但我不会。有时候我去他们那儿准备上课，却发现他们忙于自己的事，但我也没有失去耐心。他们三个人都不想深入学习英语，但其中两个人在大约八个月的授课时间里取得了不错的成绩，达到了可以记账和写普通商业信函的水平。理发师只想获取足够的英语来与顾客打交道。通过这段时间的学习，有两个学员增加了收入。

对于会议的结果，我感到很满意。在我的印象中，后来这样的会议每周或每月都会举办一次。在这种基本定期举办的会议上，大家可以自由交流。会议带来的结果是，在比勒陀利亚没有我不认识的印度人，也可以说，没有一个印度人的情况我不了解。这又反过来促成了我与居住在比勒陀利亚的英国监督官贾科布斯·戴·韦特先生的结识。他很同情印度人的境遇，但他也并没有太大的影响力去改变什么。然而，他答应尽他所能帮助我们，并邀请我随时与他见面。

我与铁路当局进行了沟通，告知他们即使按照他们自己的规章制度，印度人也不应在出行上受到如此不公的对待。我收到的回信上说，印度人只要衣着得体，都可以购买一等座及二等座车票。这回答远不能改变现状，因为衣着是否"得体"也是由站长来决定的。

英国监督官给我看了一些印度事务的文件，铁布也曾给我看过类似文件。我从中了解到，印度人是如何被残酷地驱逐出了奥伦治自由邦。

总之，我在比勒陀利亚期间，得以深入研究了在德兰士瓦及奥伦治自由邦的印度人社会、经济以及政治状况。我不知道这项研究在将来对我来说是无价之宝，因为我的计划是如果案子在年底前结案，我便会在年底或是更早的时候回家。

然而，神灵却自有安排。

# 第38章　做"苦力"的感觉

在这里详细描述印度人在德兰士瓦和奥伦治自由邦的状况是不合适的。我建议那些希望对此有全面了解的人，可以看看我的《南非"非暴力不合作"运动史》。然而，在此简要概述一下确有必要。

在奥伦治自由邦，印度人被1888年甚至更早颁布的特别法律剥夺了他们的所有权利。如果他们选择留在那里，他们只能在旅馆里当服务员，或是做类似的其他一些卑躬屈膝的职业。商人被驱逐之后，只得到了一点象征性的补偿。他们也做了陈述和请愿，但都是徒劳的。

1885年，德兰士瓦通过了一项非常严格的法令，并在1886年略作修订。修正后的法律规定，所有印度人都要缴纳3英镑的人头税作为进入德兰士瓦的费用。他们必须生活在为他们规定的地区之内，实际上，即使是在为他们预留的土地上，他们也没有土地所有权。他们没有选举权，所有这些特殊法律都是从针对亚洲人的特殊法律中衍生而来，而适用于有色人种的法律也适用于亚洲人。在这些情况下，印度人不能在公共道路上行走，并且在没有许可的情况下，晚上9点钟后不能随便出门。就印度人而言，最后一项规定是有弹性的。那些申请"阿拉伯人"身份并获得通过的人，可以免除这一限制。因此，这项福利待遇自然取决于警察的一念之差了。

我也不得不受制于这两条规定。我经常在晚上和柯慈先生出去散步，而且我们很少在十点钟以前回家。如果警察逮捕我怎么办呢？柯慈先生比我更担心这件事。他会给他的黑人仆人发通行证，但他怎么能给我呢？因为只有主人才可以给仆人发通行证。如果我想要通行证的话，即使柯慈先生想帮我，也不能这样做，因为那是一种欺诈行为。

所以柯慈先生和他的朋友带我去见了州检察官克劳斯博士，我惊讶地发现我们原来是同一学校毕业的校友。听说我需要一张通行证才能在晚上九点以后出门，他觉得这实在太过分了。他很同情我，但他没有给我发通行证，而是给了我一封信，授权我在不受警察干扰的情况下随时出门。每当我出去的时候，总是随身带着这封信。事实上，我从来没有使用过它。

克劳斯博士邀请我去他家，可以说，我们已经成为朋友了。我偶尔会拜访他，正是通过他，我认识了他更有名的兄弟，他的兄弟是约翰内斯堡的检察官。在布尔战争期间，他因谋杀一名英国军官而被送上军事法庭，并被判处七年监禁。他还被法律学院院监取消了律师资格。在敌对行动结束后，他得以释放，并被光荣地重新纳入德兰士瓦律师事务所执业。

这些联系对我日后的生活颇有助力，也简化了我的大部分工作。

关于使用人行道的规定让我相当困扰。我总是步行穿过总统街走到比较宽阔的区域。克鲁格总统的房子也在这条街上，看起来是那样的低调，那样的朴实无华，与其附近的其他房屋没有什么区别。在比勒陀利亚，许多百万富翁的房子都比他的要气派得多，而且周围花园环绕。确实，克鲁格总统的俭朴风格是众所周知的。只有门前站岗的一个警卫能表明这个房子是属于某个官员的。我总是沿着人行道不声不响地经过警卫的哨岗。

值班的人不时地换岗。有一次，值班的警卫没有发出丝毫警告，甚至没有要求我离开人行道，就忽然把我推到了街上。我很惊慌。在我还没来得及质问他的行为时，碰巧遇到骑着马经过那个地点的柯慈先生。他大声招呼我说："甘地，我看到了发生的这一切。如果你想起诉那个人，我很乐意在法庭上为你做证。我很抱歉，让你遭到他们如此粗鲁的攻击。"

"你不必感到抱歉，"我说，"那个可怜的人知道什么？所有有色人种对他来说都是一样的。他无疑像对待我一样对待黑人。我的原则是，不为任何个人的事情打官司，所以我不打算起诉他。"

"你就是这样，"柯慈先生说，"但你要再仔细考虑一下。我们必须给这些人一个教训。"然后，他训斥了那个警察几句。我听不懂他们的谈话，因为那警察是个波耳人，所以他们在用荷兰语交谈。警卫向我道歉，这原是不必要的，因为我已经原谅他了。

但我再也没有经过这条街。在这个的地方总会有其他不了解情况的人值班，并且做出同样的事。我为什么还要自取其辱呢？因此我换了一条散步路线。

这件事加深了我对印度侨民的感情。在与英国监督官就这些规定进行磋商之后，我和他们讨论了必要情况下提起诉讼的可行性。

因此，通过阅读、访谈和亲身体验，我对印度侨民的艰难处境进行了深入的研究。我发现，南非不是一个适合有自尊心的印度人居住的国家，如何改善这一状况，成为我越来越关心的问题。

不过，我目前的主要职责是处理达达·阿布杜拉赛的案子。

# 第39章　案件准备

在比勒陀利亚的这一年是我一生中最宝贵的经历。在这里，我有机会学习公共工作，并获得了一定程度的能力。在这里，我内心的宗教信仰转化为一股生命力，在这里，我还获得了法务方面的实践知识。我在这里学到了一个初级律师向高级律师可学的东西，并增强了从事律师行业的信心，我还知道自己不会成为一个失败的律师。可以说，我在这里掌握了成为一名成功律师的秘诀。

达达·阿布杜拉赛的案子金额不小，这一诉讼高达40 000英镑。出于商业交易的缘故，案子涉及错综复杂的账目问题。索赔的一部分以期票为依据，另一部分则以对方交付期票的承诺为依据。被告的抗辩理由是：期票被以欺诈方式收取，而且并无充分理由。在这个复杂的案件中，有许多事实和法律要点需要加以注意。

双方都聘请了最好的辩护律师和顾问，我因此得到了学习他们工作方法的绝佳机会。为原告律师提供案由和筛选一些有利的事实证据的工作委托给了我，从中我可以看到律师接受了哪些部分，又摒弃了哪些部分，还可以看到律师给顾问准备的案情摘要的用途等，这都让我受益颇深。我知道，参与这个案件的准备工作将提高我的理解能力和收集证据的能力。

我对这个案子特别感兴趣，于是全身心地投入了工作之中。我翻阅了所有关于交易的文件。我的当事人是个很有能力的人，并对我充满了信心，这使我的工作变得轻松了一些。我对簿记做了仔细研究。由于与当事人来往的信函大部分是古遮拉特语，通过翻译这些信函，我的翻译水平也有了很大提升。

虽然我以前说过，我对宗教交流和公共工作非常感兴趣，并且总是在上面花费一些时间，但它们并不是我的主要兴趣所在。我最感兴趣的是案件的准备工作。在必要的时候阅读法律和调查法律案件,在我看来都是非常重要的。结果,我对于案件事实的了解非常清楚,甚至远远超过当事者,因为双方的文件都在我手上。

我回忆起已故的宾卡特先生的话——事实是法律的四分之三。后来,南非著名的大律师,已故的李昂纳先生充分证实了这句话。在我负责的一个案件中,我看到,虽然正义站在我的当事人一边,但法律似乎对他非常不利。绝望之下,我去找李昂纳先生寻求帮助。他也认为案件的事实非常充分。他惊呼:"甘地,我学到了一个道理,就是只要我们处理好案件的事实,法律问题就会迎刃而解。我们再深入了解一下此案的事实情况吧。"说完,他要我进一步研究这个案子,然后再与他见面。在重新研究案件的时候,我以全新的眼光看待它们,而且还偶然发现了一个与此有关的南非旧案。我很高兴地去找李昂纳先生,然后把一切都告诉了他。"是的,"他说,"我们会打赢这场官司的。现在只需要弄清是谁审理这个案子。"

当我为达达·阿布杜拉赛的案子做准备时,我并没有完全意识到事实的重要性。事实意味着真理,一旦我们坚持真理,法律就会自然而然地帮助我们。我看到达达·阿布杜拉赛案件的事实确实对他非常有利,可是这场官司持续下去,只会将控辩双方拖入泥潭,他们本是处于同一所城市的亲戚。没人知道案件可能持续多久。如果继续在法庭上进行抗争,它可能会无限期地继续下去,对任何一方都没有好处。因此,如果可能的话,双方都希望尽快了解此案。

我找过铁布,请求他以仲裁方式解决。我建议他去与他的律师谈谈,并向他建议,如果能指定一个双方都信任的仲裁员,这个案子很快就能了结。律师的费用增长如此之快,尽管双方都是富商巨贾,也难以承受这高昂的费用。而且,这个案子占用了他们太多的精力,使得他们几乎没有时间做其他工作。在此期间,双方的敌意也在不断增加。看到这些，我对这个职业感到厌恶。双方的律师和顾问互不相让，争先恐后地寻找法律依据来支持自己的当事人。无论哪一方胜诉，都无法收回打官司的费用。根据《法院费用条例》，在双方当事人之间有固定的费用分摊比额，而律师和当事人之间的实际费用则要高得多。这远远超过我的承受能力，因为我觉得我的职责是与双方交朋友，并使他们重归于好。通过我的不懈努力，铁布终于同意了。他们指定了一名仲裁员，双方在他面前对案件进行辩论之后，达达·阿布杜拉赛获胜。

但这并不能使我满意。如果我的当事人要求立即执行裁决，那么铁布绝对无法一次性付清全部费用。生活在南非的波尔班达弥曼商人中有一条不成文的规矩，宁愿选择死亡也不愿破产。铁布不可能一次性偿还37 000英镑的费用，又不愿少付钱或宣布破产。因此，只有一个办法：达达·阿布杜拉赛同意其分期付款。达达·阿布杜拉赛答应采用了这种方式，并允许铁布在很长一段时间内分期付款。对我来说，达成这种协议比让双方当事人同意仲裁要困难得多。但两人对结果都很满意，而且两人通过这件事在公众中的声望也得到了提高。我自然对此感到十分快乐。在这件案子中，我学会了真正的法律实务，并学会了去发现人性的美好一面，去进入人们的心灵。我意识到，律师的真正作用是把分裂的双方团结起来。这次经历给我留下了不可磨灭的印象，以至在我做律师的二十年时间里，我的大部分时间都花在私下为上百宗案件和解而努力。我没有因此失去任何东西，哪怕是钱，当然更不必说灵魂方面了。

# 第40章　宗教狂热

现在是时候再次谈谈我与基督徒朋友的经历了。

贝克先生对我的未来越来越担忧。他带我去参加惠灵顿国会。新教基督徒每隔几年就组织这样的聚会，以求宗教启蒙，或者说，为了自我净化。人们可以把这种聚会称为宗教的复兴。惠灵顿会议就是这样。主席是这个地方著名的神职人员安德鲁·穆雷。贝克先生曾希望，国会上崇高的宗教气氛，以及参加国会的人们的热情和诚挚，能引导我信奉基督教。

但他最后将希望寄托于祈祷的功效。他笃信祈祷，坚信上帝会聆听热切的祈祷。他会引用例子，比如布里斯托的乔治·穆勒这样的人的例子，这些人依赖祈祷，就连他们的世俗需要都要靠祈祷来满足。我不带偏见地聆听了他关于祈祷功效的言论，并且向他保证，只要我感觉到基督教呼召，就没有什么能阻止我对基督教的信仰。我毫不犹豫地向他做出这个保证，因为我早已学会了遵从内心的声音。我很乐意服从它。对我来说，采取行动违背它会是一件困难而痛苦的事。

于是，我们去了惠灵顿。与我这样的"有色人种"一起出行实在让贝克先生非常为难，在许多场合都因为我的缘故而造成不便。我们不得不在路上停留了一天，因为那是一个星期天，贝克先生和他的朋友们不会在安息日出行。虽然车站旅馆的经理经过多次争吵后同意让我入住，但他绝对不肯让我进餐厅。贝克先生不是容易让步的人，他竭力为我争取作为酒店客人应有的权利。不过，我可以看出他的为难。在惠灵顿，我还是和贝克先生在一起。尽管他尽了最大的努力来掩饰他所遭受的不便，但我还是能看得出来。

惠灵顿会议是虔诚的基督徒聚会。我为他们的虔诚信仰感到高兴。我认识了牧师穆雷先生。我看到很多人都在为我祈祷。我喜欢他们的赞美诗，觉得它们悦耳动听。

会议持续了三天。我能理解和欣赏那些出席会议的人的虔诚，但我看不出有什么理由让我改变自己的信仰来加入他们。我不可能相信，只有成为基督徒，我才能上天堂或获得救赎。当我坦率地对一些基督教的好朋友这样说的时候，他们感到很震惊，但却没有任何办法。

我的困惑达到了更深的层次。我无法相信，耶稣是上帝唯一的儿子，只有相信他的人才能得到永生。如果上帝有儿子，那么我们都是他的儿子。如果耶稣像上帝，或就是上帝，那么所有的人都像上帝，并且可以成为上帝。我的理智让我没有办法相信耶稣以他的死和鲜血救赎了世界的罪过。从比喻的角度来说，这可能有一些道理。此外，根据基督教的说法，只有人类才有灵魂，而其他生物则没有，对他们来说死亡意味着彻底的灭绝。我的观点却与之背道而驰。我可以接受耶稣为殉道士、牺牲的化身、神圣的教师，却不能认同他是有史以来最完美的人。他在十字架上以死殉道为世人树立了典范，但要说其中有一种神秘的或神奇的美德，我心里却无法接受。基督徒虔诚的生活并没有给我任何其他信仰者的生活未能给予的东西。对于基督徒们自诩的宗教革新，我从其他宗教信徒的身上也看到了类似的情况。从牺牲的角度来看，我觉得印度教徒大大地超过了基督徒。我不可能把基督教看作是一个完美的宗教或是所有宗教中最伟大的宗教。

每当有机会的时候，我就和我的基督教朋友分享这种思想，但他们的回答并不能使我满意。

因此，如果我不能接受基督教为一个完美的或最伟大的宗教，我也同样不相信印度教是这样的。印度教的缺陷对我来说是显而易见的。如果"不可触摸性制度"可以成为印度教的一部分，那么它可能只是腐朽的一部分，或是长在印度教身上的一个赘肉。我无法理解许多教派和种姓的存在。《吠陀》是神的启示，这是什么意思？如果它是出于神的启发而产生的，《圣经》和《古兰经》就不是吗？

就像基督徒的朋友努力改变我一样，伊斯兰教的朋友也是如此。阿布杜拉赛一直在引导我去研究伊斯兰教，当然，一提到伊斯兰教的好处，他就有说不完的话。

我写了一封信给赖昌德巴伊兄弟，向他们表达了我的困难。我还与印度其他宗教权威通信，并从他们那里得到了答复。赖昌德巴伊的信多少使我平静了下来。他要我耐心，更深入地研究印度教。他说了这样一句话："经过冷静思考，我确信其他宗教没有印度教这样微妙而深刻的思想、对灵魂的洞察力或慈善精神。"

我购买了谢礼的《古兰经》译本，并开始阅读。我还获取了关于伊斯兰教的其他书籍。我与英国的基督徒朋友沟通。他们中一人向我介绍了爱德华·麦特兰，我与他开始了书信往来。他寄给我一本《完美之路》，这是他与安娜·金世福特合写的书，这本书中驳斥了当前的基督教信仰。他还寄给我另一本书——《圣经新释》。这两本书我都喜欢。他们似乎支持印度教。托尔斯泰的《神之王国在你心中》让我为之拜服，它给我留下了持久的印象。在独立思考、深刻道德感和这本书的真实性之前，柯慈先生给我的所有书都显得黯然失色。

因此，我的研究把我带到了一个被基督教朋友忽视的方向。我和爱德华·麦特兰的通信时间相当长，和赖昌德巴伊的通信则一直持续到他去世。我读了他寄给我的一些书，这些书包括《五业》《珍珠环》，华斯陀的《瑜伽论》中的《解脱章》，以及哈利班德罗·苏立的《妙见集》等。

虽然我走了一条基督教朋友们不希望我走的路，但我仍然感激他们，因为他们唤醒了我的宗教追求。我将永远怀念与他们的接触。接下来的岁月里，会有更多美好而神圣的联系在等着我。

## 第41章 谋事在人，成事在天

案子已经了结，我没有继续留在比勒陀利亚的理由。于是我回到德班，开始为回家做准备。可是，阿布杜拉赛不会让我在无人送别的情况下起航离去。他在锡德纳姆为我举行了告别晚会。

有人提议在那里待一整天。当我翻看在那里找到的一些小报时，我偶然看到其中一张报纸的角落里有一段写着"印度人选举权"的文字。这是关于当时提交给立法机构的法案的新闻，该法案试图剥夺印度人选举本国立法会议成员的权利。我对该法案一无所知，聚集在那里的其他客人也是如此。

我向阿布杜拉赛打听过这件事。他说："在这种情况下，我们究竟能了解什么呢？我们只能理解那些影响我们贸易的东西。如你所知，我们在这个奥伦治自由邦的所有贸易都被洗劫一空了。我们对此感到不安，但也无能为力。我们毕竟都是没有文化的人。我们买报纸一般只是为了确定每日的市场行情罢了。我们对立法有什么了解呢？我们的消息都是依靠这里的欧洲律师。"

"但是，"我说，"在这里出生和受过教育的印度青年有这么多，难道他们不帮助你吗？"

"他们！"阿布杜拉赛失望地说，"他们从来都不愿意到我们这儿来，老实告诉你，我们不愿意去认识他们。作为基督徒，他们完全活在白人牧师的控制之下，而白人牧师则受政府的管辖。"

他的话开阔了我的眼界。我觉得这些年轻人应该被算作"自己人"。难道这就是基督教的意义吗？他们成为基督徒，就不再是印度人了吗？

但是我正准备回家，所以犹豫着是否要表达一下我对这件事的想法。最终，我只是对阿布杜拉赛说："这个法案如果通过，成为法律，将使我们的命运变得极其艰难。这是我们棺材上的第一根钉子，它几乎辱没了我们的自尊。"

"也许吧，"阿布杜拉赛回应道，"我来告诉你选举权问题的起源。我们对此一无所知。但是，我们最好的律师之一艾斯坎比先生向我们灌输了这个想法。事情就是这样发生的。他是一个伟大的斗士，他和码头工程师之间一向不和，他担心工程师会剥夺他的选票，在选举中打败他。因此，他把自己的立场告诉了我们，于是我们都听他的话登记为选民，并投了他的票。你看看，选举权对我们来说没有你想的那么有价值。但我们明白你的意思。那么，你的建议是什么？"

其他客人都全神贯注地听着这一对话。其中一个人说："要我告诉你该怎么办吗？你取消坐船的计划，再在这里待一个月，我们就会按照你的指示做。"

其他人都插了一句："确实，确实。阿布杜拉赛，你应该把甘地留住。"

阿布杜拉赛是个精明的人。他说："我现在不能留他。或者更确切地说，你和我一样有权利这么做。但你说得很对。让我们都说服他留下来。但你要记住他是个大律师。那他的费用怎么办？"

提到费用，我感到很苦恼，于是我插话进来："阿布杜拉赛，费用不是问题。公共事业是不要收费的。如果可以的话，我可以作为一个仆人留下来。如你所知，我和这些朋友并不熟。但是，如果你相信他们会合作，我准备多待一个月。不过，还有一件事。虽然你不需要给我任何报酬,但我们所要进行的工作,如果没有一些资金是无法完成的。因此,我们可能需要发送电报,我们可能需要印刷一些文学作品,一些巡回演出可能也要做,可能也需要向当地的律师进行咨询,因为我不知道当地法律,我可能需要一些法律书籍来参考。这一切都离不开钱。很明显,一个人不足以胜任这项工作,需要许多人站出来帮助他。"

人们听到后齐声说:"真主是伟大和仁慈的。钱会有的。你需要多少人就有多少人。只要你同意留下,一切都会好起来的。"

告别晚会就这样变成了一个工作委员会。我建议快点吃完晚饭,然后回家。我想出了一个竞选活动的大纲,明确了选民名单上的那些人的名字,并决定多留一个月。

因此,神的旨意为我在南非的生活奠定了基础,并播下了为民族自尊而战的种子。

# 第42章　定居纳塔尔

哈齐·穆罕默德·达达赛被认为是1893年纳塔尔的印度群体的最高领袖。在财政上,阿布杜拉赛·哈齐·阿丹赛是最主要的人物,但他和其他人在公共事务上总是把首席位置让给哈齐·穆罕默德赛。因此,由哈齐·穆罕默德赛作为牵头人,在阿布杜拉赛的家中举行了一次会议,会上决定提出反对选举权法案。

志愿者们报名参加了这次活动。出生在纳塔尔的印度人,也就是大部分信奉基督教的印度青年,被邀请参加了这次会议。德班法庭的翻译保罗先生和教会学校的校长苏班·戈夫莱先生也出席了，还召集了许多基督教青年过来参加。所有这些人都报名成为志愿者。

当然，许多当地的商人也加入了进来，这许多人中值得一提的有达乌德·穆罕默德赛赛、穆罕默德赛·卡桑、康鲁丁赛丁、阿丹吉·米耶汗赛、阿·科兰达维鲁、皮莱、西·拉契朗、兰格沙密·巴提亚奇以及阿玛德·齐华，帕西人罗斯敦济当然也在其列。文员有马内马尼克吉、约希和纳辛赫朗等，以及达达·阿布杜拉赛等大公司的员工。他们都惊讶地发现自己在公共工作中占了一席之地。因此，被邀请参加活动是一个全新的体验，在这里所有诸如高和低，长和幼，主人和仆人，印度教徒，穆斯林人，帕西人，基督徒，古遮拉特人，马累斯人，辛德他人等，都被遗忘了。他们都是祖国的孩子和仆人。

法案已经通过了，或者说即将通过第二次宣读。在宣读中，他们提出印度人并未对这项严厉的法案表示反对，甚至以此作为印度人不适合获得选举权的证据。

我在会议上对当时的情况进行了解释。接下来，我们做的第一件事就是给会议长发了一封电报，要求他推迟进一步讨论议案。另有两封内容相似的电报被以达达·阿布杜拉赛朋友的名义寄给了首相约翰·罗宾逊爵士和艾斯坎比先生。会议长迅速答复说，关于该法案的讨论将推迟两天进行。这让我们欢欣鼓舞。

向立法会议提交的请愿书已经起草完毕，但必须准备三份副本，另外还需要一份供新闻界使用。还有人提议争取尽可能多的签名，所有这些工作都必须在一夜之间完成。懂英语的志愿者和其他几个人通宵工作了一整晚。亚瑟先生，一个以书法而闻名的老人，誊写了正本，其余的由其他人誊抄。因此，五份副本得以被同时准备好。商人们自愿乘坐他们的马车，或是他们租下的马车，去争取请愿书上的签名。报纸发表了这篇文章并给予了好评。请愿书对议会造成了很大的影响，同时在众议院里引起了广泛讨论。该法案的支持者对请愿书中提出的论点进行了辩护，可是他们的辩护毫无说服力。然而，议案最终还是通过了。

我们都知道这是一个必然的结果，但是这一骚动给印度群体注入了新的活力，并使他们坚信印度群体是不可分割的一个整体，他们有义务为自己的政治权利和贸易权利而斗争。

里彭勋爵当时是殖民地的国务卿，大家决定向他提交一份巨幅请愿书。这不是一件小事，也不是花费一天的时间就可以做好的。大量的志愿者被招募进来，他们都为此事尽了自己的一份力量。

我费了很大的力气起草了这份请愿书。我读了所有关于这个问题的文献，把论点集中在一个原则和一个权宜之计上。我争辩说，我们有权在纳塔尔获得选举权，因为我们在印度也拥有选举权。我敦促保留这一有利的权利，因为能够使用特许经营权的印度人口非常少。

在两个星期内，我们就获得了一万个签名。从全省收集这么多签名可不是件容易的事，尤其是我们认为这些人完全不熟悉这项工作的时候。我们为这项工作挑选了能力出众的志愿人员，因为已决定在签字人没有充分理解申请的情况下不接受任何签字。村庄与村庄之间间隔很远。志愿者们只有全力以赴地投入工作，这项工作才能迅速完成。他们做到了，所有人都完成了分配给他们的任务。达乌德·穆罕默德赛赛、罗斯敦济、阿丹吉·米耶汗和阿玛德·齐华都在我的脑海中清晰地浮现，他们得到了最多的签名。达乌德一整天都坐在马车上四处奔波。这都是为爱之名进行的劳动，他们中没有一个人要求报销其自付的费用。达达·阿布杜拉赛的房子也立刻变成了一个商队旅馆和一个公共办公室。许多受过教育的朋友帮助了我，还有许多人在那里吃过饭。可以说，每一位志愿者都要花费不少钱。

请愿书终于提交了。我们印制了一千份以供流通和分发。它第一次让印度公众了解了纳塔尔的情况。我给我认识的所有报纸和公关人员都发了稿件。

《印度时报》在一篇关于请愿书的文章中，强烈支持印度的诉求。副本被发送到代表不同党派的英国的杂志和公关公司。《伦敦时报》支持我们的主张，我们开始对该法案被否决重燃希望。

现在我已经不能离开纳塔尔了。印度的朋友们把我团团围住，恳求我永远留在那里。我表达了我的为难。我已经下定决心，不以公费形式留下来。我觉得自己有必要自立门户，找一处品质好、地段好的房子，过着大律师通常过的那种生活。在我看来，用一年不到300美元的钱来维系这样的生活是不可能的。因此，我决定，只要能为我提供最低限度的律师业务，我便可以留下来。我将自己的这个决定转告给了他们。

"但是，"他们说，"我们希望你做公共事业来筹款，这样我们就可以很容易地募集到这笔钱了。当然，这不包括你必须为私人法律工作收取的费用。"

"不，我不能因此而向你收取公共工作的费用，"我说，"这项工作不涉及我作为律师所需要的那部分技能。我的工作主要是让你们都工作。怎么能为此收钱呢？今后我就得经常向你申请工作经费，如果我用你们的钱生活，就不方便申请大笔款项了。我们最终将发现我们的工作陷入停滞状态。此外，我希望印度群体每年能募集300英镑以上的公共经费。"

"可是我们认识你已经有一段时间了，你肯定不会要求任何你不需要的东西。如果我们希望你留在这里，难道我们不应该为你的开销埋单吗？"

"是你的爱和现在的热情使你这样说话。我们怎么能肯定这种爱和热情会永远存在呢？作为你的朋友和仆人，我偶尔也要对你说些难听的话。天知道你对我的好感能持续多久呢！但事实上，我不能接受任何公共工作的薪水。你们都同意委托我做你们的法律工作，这就足够了。即使那样对你们来说也已经很难了。首先，我不是一个白人律师。我怎么能肯定法庭会对我作出回应呢？我也不知道自己的律师前途如何。所以，你们给我的法律工作，也是有风险的。我甚至应该把你们给我的法律工作视为对我公共工作的奖励。"

这次讨论的结果是，大约有二十位商人给我提供了一年的法律工作。此外，达达·阿布杜拉赛给我添置了必要的家具，用来代替他在我出发时给我的那笔钱。

我就这样在纳塔尔定居下来了。

# 第43章 纳塔尔印度人大会

律师的职业对我来说曾经是，现在仍然是从属的职业。我必须集中精力做公共事务，以便我在纳塔尔的逗留名正言顺。为了反对选举权法案通过，只靠寄出请愿书是远远不够的。为了给殖民地的国务卿留下印象，持续的煽动必不可少。为此，有人认为有必要建立一个常设组织。咨询了阿布杜拉赛和其他朋友后，我们决定建立一个永久性的公共组织。

给这个新组织命名，使我非常纠结。它最好不要与任何特定的政党扯上关系。我知道，"国会"这个名字在英国的保守党中名声不好，但国民国会党却是印度的生命。我想在纳塔尔推广这个组织，又不想听出懦弱的意味，因此，在充分解释我的理由后，我建议将该组织称为"纳塔尔印度人大会",并于5月22日正式成立。

那天,达达·阿布杜拉赛宽敞的房间里挤满了人。国会得到了所有与会者的热烈赞同。它的结构很简单,认捐量很大。只有每月付5先令的人才能成为会员。富裕阶层也都尽可能多地认捐。阿布杜拉赛和另外两个朋友以每月2英镑的价格成为会员。

我想我也不该吝啬我的认捐额,并每月认捐1英镑。如果按照我的消费水平的话,这已经超出了我的承受范围,可是神明保佑了我。我们因此有了相当数量的成员每月入会认捐1英镑,还有更多的群体入会认捐了10先令。此外,我们还心怀感激地接受了不少捐款。

事实证明,没有人仅仅因为催促而交纳会费。在德班以外的地方,也不可能经常去电催促他们。一时的热情似乎很快便消失了。就连住在德班的会员们,也需要再三督促才会交纳会费。

作为秘书,收集会费的任务由我来负责完成。我们现在的处境是,我不得不让我的职员整天忙于收集入会费用的工作,这令他们厌倦不已。我觉得,如果要改善这种情况,入会费应该从每月支付改为每年支付,且必须提前支付。所以我召开了会议讨论会费问题。大家都赞同将入会费改为每年交一次,并将最低入会额定为3英镑。会费的收集工作由此得到了很大的便利。

我从一开始就清楚地知道,不能用借来的钱从事公共工作。大多数的事情可以相信别人的承诺,只有金钱不行。我从未发现人们能果断支付他们承诺交纳的入会费,纳塔尔的那些印度人也不例外。因此,如果手里没有钱,我们就停止工作,这样纳塔尔的印度人大会从未有负债的情况。

我的同事们在游说会员时表现出了非凡的热情。这是他们感兴趣的工作,同时也是一种宝贵的经验。许多人欣然地接受了现金入会。在遥远的内陆村庄里开展这种游说工作是相当困难的。人们不知道公共工作的性质。然而，我们还是受邀到遥远的地方去游玩，各地的商人也纷纷表现出热情好客。

在这次旅行中，有一次情况相当困难。我们原以为主人会捐6英镑，但他拒绝出超过3英镑的价钱。如果我们从他那里接受了这笔钱，其他人也会效仿，我们的集资就会受阻。那是深夜，我们都饿了。但是，如果我们不先得到我们所需要的数量，我们怎么吃得下呢？所有的劝说都是无用的。主人似乎很固执。城里的其他商人也跟他谈过了，我们则坐了一整夜，他和我们一样丝毫不肯让步。我的大多数同事都怒不可遏，但他们都克制住了自己。破晓时分，主人终于让步了，付了6英镑，还请我们饱餐了一顿。这件事发生在通加特，但事件的影响早已波及北海岸的斯坦格和内地的查尔斯顿。这也加快了我们的集资工作。

然而，筹集资金并不是唯一要做的事情。事实上，我早就明白了一个原则，即永远不能拥有超过需求的资金。

会议通常每月举行一次，如果需要的话甚至可以每周一次。会上将宣读前一次会议的议事记录，并讨论各种问题。大家都没有参加公开讨论或简短发言的经验，于是都不敢站起来说话。我向他们解释过后，他们意识到这是对他们的教育，许多从未在听众面前讲话的人很快就养成了思考和公开谈论公共利益问题的习惯。

我知道，在公共工作中，有时会花大量的钱，所以我决定一开始先不把收据打印出来。我的办公室里有一台复印机，我复印了收据和报告。只有当国会的金库充裕了，成员和工作的数目增加时，我才开始印制这些东西。这样的节俭对每个组织来说都是必不可少的，但我知道它并不总是能够得到实施。这也是我讨论这些细节的原因，希望大家看到一个成长中的组织是如何做到细水长流的。

交纳会费的人并不在意是否有收据，但我们总是坚持开具收据。因此，我敢说，即使是今天，在纳塔尔印度人大会的档案中，仍然能找到1894年的账簿。谨慎地记账对任何组织来说都是很有必要的。没有它们，组织就会声名狼藉。没有妥善保管的账目，就不可能保持真理的纯净。

国会的另一个特点是为殖民地出生的受过教育的印度人提供服务。殖民印度教育协会是在国会的赞助下成立的。成员大多是这些受过教育的青年。他们象征性地交纳一些入会费，协会则致力于解决他们的需要和不满，激发他们的思想，使他们与印度商人接触，并为他们提供社区服务的机会。这是一种辩论组织。委员会成员定期举行会议，就不同主题发言或宣读论文。我们还为该协会开设了一个小型图书馆。

国会的第三个特点是宣传，这包括了解南非和英国的英语，了解印度人，了解纳塔尔的真实情况。为了达到这个目的，我写了两本小册子。第一个是《向南非的每一位英国人的呼吁》。它记载了一项关于纳塔尔印度人一般状况的声明，并包含了证据支持。另一个则是《印度人选举权》。它包含了印度人在纳塔尔的选举权的简短历史事实和数据。我花了大量的时间和精力来编写这些小册子，它们也广为流传。

这些活动的举办为印度人在南非赢得了众多朋友，获得了印度所有党派的深切同情，还向南非生活的印度人展示了一条明确的行动路线。

## 第44章　种族歧视

法院的象征是一个公正、眼盲但睿智的女人不偏不倚地操持着天平。命运故意使她双目失明，令她不能从外表判断一个人，而是只能依照一个人的内心来进行裁决。可是，纳塔尔的法律协会却试图说服最高法院违背这条原则，无视这一象征。

我申请成为最高法院的辩护人。我持有孟买高等法院的入学证书。在那里注册时，我不得不在孟买高等法院存入英国证书。递交申请时必须附上两张品行证明，我想如果这些证明出自欧洲人之手，会更有分量，于是我通过阿布杜拉赛认识的两个欧洲知名商人那里得到了这些证明。申请必须通过律师协会的一名成员提交，通常总检察长可以无偿提交这些申请。达达·阿布杜拉赛先生的法律顾问，也是司法部部长的艾斯坎比先生是我的不二人选。我去拜访了他，他高兴地答应帮我递交申请。

法律协会拒绝了我的申请，这令我颇为意外。他们的反对意见之一是，我的申请表上没有附上英文证书原件。但是最主要的反对意见是，在制定关于接纳律师的条例时，有色人种申请的可能性根本不在考虑范围内。纳塔尔的成长归功于欧洲的企业，因此，欧洲人应该在法庭中占有主导位置。如果有色人种被接纳，他们的数量可能会逐渐超过欧洲人，保护欧洲人的壁垒就会崩溃。

法律协会聘请了一位杰出的律师来支持他们的反对意见。因为他和达达·阿布杜拉赛公司也有联系，所以他通过阿布杜拉赛给我发了个消息，让我去找他。他很坦率地和我谈了谈，并询问了我以前的一些情况，我跟他说了之后，他说："我个人对你没有偏见。我只是担心你会成为一个殖民地出生的投机者。你的申请表上没有原件，这一事实也证实了我的怀疑。曾经有一些人使用过不属于他们自己的文凭。更何况，欧洲商人提供的品行证明对我没有任何价值。他们对你有多少了解？他们对你的了解有多深？"

"但是，"我说，"这里的每个人对我来说都是陌生人。就连阿布杜拉赛也是在这里认识我的。"

"但你说他和你同属一个地方？如果你父亲是那里的首相，阿布杜拉赛肯定会认识你的家人。如果你出示他的保证书，我绝对不会反对。然后我会很高兴地向法律协会传达我无力反对你的申请。"

这话激怒了我，但我克制住了自己的情绪。"如果我附上了达达·阿布杜拉赛的证明，"我对自己说，"也会被拒绝，因为他们又会要求欧洲人的证明。而且，我的录取跟我的出身和过去有什么关系？我的出身，无论低贱与否，怎么会被用来判断我呢？"但我克制住了自己，平静地回答说："虽然我不认为法律协会有任何权力要求我提供这些细节，但我非常愿意提供你想要的保证书。"

阿布杜拉赛的保证书已经准备好，并及时提交给法律协会的律师。他说他非常满意。但法律协会不这么认为。它驳回了我向最高法院提出的申请，而最高法院甚至没有要求艾斯坎比先生答复，就拒绝了反对党的要求。首席法官在书中说："申请人没有附上证书原件而驳回申请的理由不充分。如果他伪造证件，他就会被起诉；如果他被证明有罪，他的名字就会被从名单上删除。法律对白人和有色人种不加区别。因此，法院无权阻止甘地先生登记为律师。我们接受他的申请。甘地先生，你现在可以宣誓了。"

我站起来宣誓。当我宣誓就职时，首席法官对我说："你现在必须摘下你的头巾，甘地先生。你必须遵守法庭执业律师的着装规定。"

我看到了自己的局限所在。我坚持在地方法院戴的头巾，却在最高法院的命令下摘了下来。我没有抗拒，不是因为拒绝这个命令徒劳，而是因为这种反抗没有道理。我想为更大的战斗保留自己的力量，而非用尽我的力量去保留我的头巾，因为前方还有更伟大的事业等着我。

阿布杜拉赛和其他朋友不赞成我的屈服（或者是我的软弱）。

他们觉得我在法庭上执业时应该捍卫自己戴头巾的权利。我试着向他们解释,力图让他们明白"入乡随俗"的道理。我说,"如果在印度有一位英国军官或法官命令你摘下头巾,那么拒绝服从是正确的,但作为一名法庭官员,要是我不尊重纳塔尔的习俗,那可就不太好了。"

我用这些和类似的观点安抚了朋友,但我不认为我完全说服了他们,我可能并没有让他们明白如何在不同的情况下从不同的角度看待事物。但在我的一生中,对真理的坚持让我懂得了妥协的美丽。我在后来的生活中看到,这种精神是"非暴力主义"的一个重要组成部分。虽然我的妥协常常危及我的生命,招致朋友的不快,但真理却如磐石般坚硬,又如鲜花般娇柔。

法律协会的反对替我在南非做了宣传。大多数报纸谴责反对派,并指责法律协会偏私。这种宣传在某种程度上简化了我的工作。

# 第45章 巴拉松达姆

心中真诚和纯洁的愿望总是会得以实现的。根据我自己的经验,我经常看到这个规则得到验证。为穷人服务一直是我内心的愿望,它总是把我带到穷人中间,使我能够了解他们。

尽管纳塔尔印度人大会的成员包括殖民地出生的印度人和文职人员,而那些工薪阶层和契约劳动者仍然被排除在外。国会还不是他们的。他们支付不起入会费,因此不能成为会员。国会只有为他们服务才能赢得他们的信任。当国会和我都还没有准备好的时候,这个机会就出现了。那时我刚执业三四个月，国会也还处于萌芽阶段，一个衣衫褴褛的泰米尔人出现在我面前。他手里拿着头巾，两颗门牙被打掉了，嘴里流着血，站在我面前浑身发抖地哭诉，原来他的主人狠狠地打了他一顿。我从泰米尔职员那里了解了关于他的一切。他名叫巴拉松达姆，是德班的一位著名的欧洲居民的契约奴仆。主人生气之下丧失了理智，狠狠地打了他一顿，把他的两颗牙都打掉了。

我带他去看医生。在那个时代，只有白人医生。我向医生索要了一张伤情证明，说明巴拉松达姆的受伤情况。我拿到证明后，立刻把巴拉松达姆带到地方法官那里，并代他递交了起诉书。法官读了起诉书很是愤慨，立即向雇主发出了传票。

我不想让雇主受到惩罚，只是想让他释放巴拉松达姆。我读了关于契约劳动的法律。如果一个普通的仆人擅离职守，他有可能被主人在民事法庭起诉。对于契约劳动者来说，情况完全不同。在类似的情况下，他要在刑事法庭上被起诉，并被定罪监禁。这就是为什么威廉·亨特尔爵士称契约制度几乎和奴隶制一样糟糕。像奴隶一样，契约劳动者也是主人的财产。

释放巴拉松达姆有两种方式：要么让契约劳工的保护人取消他的契约或把他转给别人，要么让巴拉松达姆的雇主释放他。我叫来了巴拉松达姆的雇主，对他说："我不想起诉你，也不想你受惩罚。我想你也知道自己已经狠狠地打了那个人。如果你能把契约转让给别人，那就皆大欢喜了。"对此，他欣然同意。我接下来看到了保护者。他也同意，条件是我要找到一个新雇主。

于是我去寻找雇主。雇主必须是欧洲人，因为印度人不能雇佣契约劳工。那时我认识的欧洲人很少，不过其中一个非常友好地同意接受巴拉松达姆，我非常感谢他的好意。裁判官给巴拉松达姆的雇主定了罪，并记录他已承诺将契约转让给其他人。

巴拉松达姆案传到了每个契约劳工的耳朵里,他们把我视为朋友,我也非常喜欢这种关系。此后,一群群契约劳工开始出入我的办公室,我有了更多机会了解他们的喜怒哀乐。

巴拉松达姆案在遥远的马德拉斯广为流传。来自该省不同地区的劳动者都来到了纳塔尔,从他们同为契约劳工的兄弟们那了解了这个案子。

这件事本身并没有什么不寻常之处,但是在纳塔尔有个人支持他们的事业,为他们办事,这让契约劳工欢欣不已,也点燃了他们的希望。

我说过,巴拉松达姆走进了我的办公室时手里拿着头巾。这种情况不仅凄惨而且屈辱。我在上文已经叙述了自己被要求拿下头巾的事。契约劳工或印度人在拜访欧洲人的时候,都要把头上的头巾、帽子或是围在头上的围巾取掉。连双手敬礼犹嫌不够尊重。巴拉松达姆认为他应该对我行这样的礼。这是我碰到的第一例。我觉得很丢脸,赶紧请他把围巾系好。他这样做了,虽然有点犹豫,但我能看出他脸上的喜悦。

对我来说,人们如何能因自己的同胞所受的羞辱而感到荣幸,这一直是个谜。

## 第46章　三英镑税金

巴拉松达姆的案子让我接触到了印度契约劳工。然而,促使我对他们的情况进行深入研究的,是他们要接受的重税问题。

1894年,纳塔尔政府准备对印度契约劳工征收25英镑的年税。

这个提案令我十分惊讶。我将此事提交国会讨论，国会立即决定组织必要的抗议行动。

首先，我简要解释一下年税的起源。

大约在1860年，纳塔尔的欧洲人发现甘蔗种植有相当大的利润空间，认为自己需要大量的劳动力。没有外部劳动力，甘蔗的种植和糖的生产是不可能完成的，因为纳塔尔祖鲁人不会做这种工作。因此，纳塔尔政府与印度政府通信，获得了征聘印度劳工的许可。这些印度人要签署契约在纳塔尔工作五年，期满后可以在那里自由定居，并拥有土地所有权。当然，这些都是给工人们抛出的诱饵而已，因为欧洲人早就想到，五年期满后，还可以利用印度的劳工来改善他们的农业。

但印度人付出的比人们期望的要多。他们种植了大量的蔬菜，引进了许多印度品种，使当地品种的种植成本更低廉，甚至还引进了芒果。除此之外，他们的事业也没有局限在农业上。他们开始了贸易，购买土地建房，许多人从劳工身份提升到土地和房屋所有人的身份。来自印度的商人跟随他们去往那里定居，并进行贸易活动。现在已故的阿布巴卡·阿莫德赛便是他们中的第一个。他来到南非之后很快建立起了广泛的业务。

欧洲商人对此感到震惊。他们欢迎印度劳工到来时，并没有考虑到他们的商业技能。作为独立的农业技术工人，欧洲人可以接受那些印度人，但他们在贸易上与自己竞争，便让这些欧洲人不可容忍了。

敌视印度人的种子已经播下。许多其他因素又促使这个种子发芽成长。印度人与他们不同的生活方式，印度人的朴素、容易满足、对卫生规定的无视、对保持清洁的不在乎，以及不愿意修缮房屋，都让他们不满。宗教信仰的差异，更是助长了敌对情绪的蔓延。这种敌对表现在取消选举权的法案和对印度契约劳工征税的法案中。除此之外，还有许多其他不公正的建议。

第一个建议是，印度劳工应该被强制遣返，以便让他们的契约在印度到期。但印度政府不太可能接受这一建议。因此，有人提出了另一项建议，大意是：

1.契约劳工在契约期满时应返回印度；

2.应该每两年签一份新的契约，每次续约时都要增加工资金额；

3.如果拒绝返回印度或续订契约，则应每年缴纳25英镑的税。

由亨利·宾斯爵士和梅森先生组成的代表团被派往印度，让当地政府批准这个提案。当时的总督是埃尔金勋爵，他不赞成25英镑的税，却同意3英镑的人头税。从当时到现在，我一直认为这是总督所犯的严重错误。在给予他认可的同时，也要看到他没有真正维护印度人的利益，因为容纳欧洲人反而被他当成职责之一。在三到四年的时间里，每一名契约劳工和他的妻子以及每个超过16岁的男孩和13岁以上的女孩，都会受到影响。在丈夫的平均月收入从未超过14先令的情况下，一个四口之家每年要缴纳12英镑的人头税。这简直是横征暴敛！

我们组织了一场激烈的反抗运动来抵制这项税收。如果纳塔尔印度人大会在这个问题上保持沉默，总督可能已经批准25英镑的税收。从25英镑减少到3英镑可能是因为国会的鼓动，可能不是。因为印度政府也可以从一开始就不顾国会的意见，拒绝25英镑的税收，并将其减少到3英镑。无论如何，这是印度政府的一个错误。作为印度福利的受托人，总督永远不应批准这种不人道的税收。

国会不认为它成功地将税收从25英镑降低到3英镑是一项巨大的成就。遗憾的是，它仍然没有完全保护印度契约劳工的利益。它始终坚持以取消人头税为目标，但是直到二十年后这个目标才得以实现。这个目标的实现，不仅依赖于纳塔尔的印度人的努力，也依赖于在南非生活的所有印度人的共同为努力。已故的戈可哈利先生违背诺言，导致了最后一场大规模运动的爆发。所有印度契约劳工都参与了这次运动，一些人遭到枪击而失去了生命，一万多人面临牢狱之灾。

但真理最终取得了胜利。印度人的苦难就是这一真理的表现。然而，如果没有坚定的信念、极大的耐心和不懈的努力，它是不会取得胜利的。如果侨团放弃了斗争，国会也放任人头税的征收，认为其不可避免，那么被憎恨的强加赋税将会直到今天还继续从印度契约劳工那里征收，成为南非的印度人乃至整个印度的永久耻辱。

# 第47章　宗教比较研究

如果我完全专注于为印度群体服务，那么背后的原因就是对自我实现的渴望。我全心全意为宗教服务，因为我觉得只有通过服务才能接近神明。对我来说这就是为印度服务，因为它未经寻求就出现在我的面前，因为我对它也有天赋。我前往南非是为了逃离卡提亚华的政治阴谋并得以自立。但正如我所说，我却发现自己走上了寻找神明的庇佑并努力自我实现的道路。

基督徒朋友激起了我对知识的渴求，而这种对知识的渴求几乎是无法满足的，即使我表现得漠不关心，他们也不会让我平静下来。在德班，南非传教会的会长斯宾塞·沃尔顿先生找到了我。我几乎成了他的一个家人。当然，我之所以能够与他来往，是因为我与比勒陀利亚的基督徒有接触。沃尔顿先生有他自己的方式。我不记得他曾邀请我信奉基督教，但他把自己的生活作为一本打开的书摊开在我面前,让我看着他所有的活动。沃尔顿太太是一个非常温柔而有才华的女人。我喜欢这对夫妻的谈吐。我知道我们之间的根本区别,是任何讨论都不能消除的。然而,即使是分歧其实也是有帮助的,只要彼此之间有着宽容、慈善和真诚的态度。我喜欢沃尔顿先生和夫人的谦逊、毅力和对工作的投入,我们经常见面。

这种友谊使我对宗教的兴趣高涨。现在我不可能像在比勒陀利亚那样有那么多空闲时间进行宗教研究。但是,只要能抽出时间,我就会研究一下。我的宗教书信往来还在继续,赖昌德巴伊在引导我学习。有朋友给我寄了纳玛达·尚克的《达摩书》,我认为它的序言非常有用。我听说过这位诗人过着放荡不羁的生活,序言中讲述的宗教研究对他生命的影响给我留下了深刻的印象。我开始喜欢这本书,并把它从头到尾读了一遍。我还饶有兴趣地阅读了麦克斯·穆勒的《印度能教我们什么?》以及神智学会出版的《奥义书》的英译本。所有这一切都使我更加尊重印度教,并意识到它的完美。除此之外,我还读了华盛顿·欧文的《穆罕默德赛和他的继承者》,以及卡莱尔对于先知的颂词。这些书引起了我对穆罕默德赛的注意。另外,我还读了一本叫《查拉图斯特拉语录》的书。

因此,我对不同的宗教有了更多的了解。这项研究激发了我的自我反省,让我养成了把心得体会都付诸实践的习惯。我将印度教的书籍中学来的瑜伽知识在生活中进行练习,但是我无法了解得太深,所以我决定回到印度以后,在专家的帮助下跟随他们进行练习。可是,这个愿望从来没有实现过。

我对托尔斯泰的书进行了深入的研究。他的《福音书概论》《怎么做?》及其他书籍给我留下了深刻的印象。我越来越意识到博爱的无限可能性。

大约在同一时间,我接触了另一个基督教家庭。在他们的建议下,我每星期日都去卫斯理教堂做礼拜。这些天来,我每天都去他们家吃晚饭。教会没有给我留下好感，布道也似乎全无新意。在我看来，会众并没有特别的宗教信仰，他们更像世俗的人，而非有虔诚信仰的人群，去教堂也只是出于消遣和遵守习俗。在这里，我有时会不由自主地打瞌睡。我感到惭愧，但我旁边的人情况也好不到哪去，这倒是让我减轻了羞耻感。我觉得自己不能再这样下去了，于是很快就不再去参加教会布道。

后来，我和每星期日都去拜访的家庭突然关系破裂了。事实上，是他们不让我再去了。事情是这样的。女主人是一个善良单纯的女人，但有点心胸狭隘。我们总是一起讨论宗教话题。我当时正在重新阅读阿诺德的《亚洲之光》。有一次，我们开始比较耶稣与佛陀的生命。"看看乔达摩的同情心吧！"我说，"它的同情心面向所有的生物，不仅仅局限于人类。一想到那只快乐地栖息在肩膀上的羔羊，难道你的心里不充满爱吗？在耶稣的生命中，我们找不到这份对众生的爱。"这样的话刺痛了那位女士的心。我能理解她的感受，及时中止了谈话，然后我们去了餐厅。她的儿子，一个五岁的小天使，也和我们在一起。我最开心的时候是在孩子们中间，我和这个孩子一直都是要好的朋友。我嘲笑他盘子里的那块肉，并高度赞扬我盘子里的苹果。那个天真的男孩激动了，也加入了对水果的赞美之中。

但是他的母亲呢？她很沮丧。

我收到了警告，于是审视了自己，然后转换了话题。接下来的一周，我像往常一样去探望这一家人，心里不无担忧。我没有觉察到自己不该再去那里，我也不认为这是正确的。但这位好心的夫人让我安心了不少。

"甘地先生，"她说，"我觉得有必要告诉你，你和我孩子的交往没有好处，请你不要难过。他每天都不吃肉，要吃水果，这使我想起了你们的争论。我实在忍受不了了。如果他不吃肉，他即使不生病，也会变得虚弱。我怎么能接受呢？从今以后，你的这种言论应该只和我们这些长辈在一起说，这些话肯定会对孩子造成不好的影响。"

"太太，"我回答，"我很抱歉。作为一个家长，我能理解你的感受，因为我也有孩子。我们可以很容易地结束这种不愉快的状态。我吃的东西和不吃的东西对孩子的影响一定比我所说的要大。因此，最好的办法是我不再登门拜访。当然，这不会影响我们的友谊。"

"谢谢你。"她松了口气说道。

## 第48章　一家之主

建立家庭对我来说并不是什么新鲜的经历，但是纳塔尔与我在孟买和伦敦的情况不同。在这里部分开支完全是为了名誉。我认为在纳塔尔自己有必要住在与印度大律师地位匹配的住所里。因此，我在高档的地方找了一所漂亮的小房子，房子内配置了适合的家具。我的饮食很简单，但由于我经常邀请英国朋友和印度同事吃饭，开支还是很高的。

每个家庭都需要一个好仆人。但我从来不知道如何使唤我的仆人。

一个朋友作为我的同伴和助手与我住在一起，一个厨师显然已经成为我家里的一分子，还有几个办公室的职员也和我一起住。

我认为我在这项体验中取得了相当大的成功，但也并非没有痛苦的经历。

那个朋友非常聪明,我以为他对我很忠诚,可是我被欺骗了。他嫉妒一个和我住在一起的办公室职员,便编织了一个复杂的谎言,使我怀疑那个人。这个职员朋友自尊心很强,他一看出我怀疑他,就立刻辞职并搬离了住处。我很痛苦,觉得也许自己对他不公平,我的良心总是隐隐作痛。

与此同时,厨师需要休几天假。他不在的时候,我只好另找一个厨师来工作。这个新来的人,我后来才知道是个十足的流氓。但对我来说,他可能也是上天赐予我的帮手。他刚来两三天,便发现家里有人背着我做苟且之事,于是他决定向我汇报。我是个轻信而正直的人,这让他对我家中发生的事情更为震惊。每天一点钟我都从办公室回家吃午饭。一天,还不到十二点,厨子气喘吁吁地来到办公室,说:"请你立刻回家,有一个惊喜等着你。"

"什么情况?"我问,"你必须告诉我原因。上班时间,我怎么能离开办公室去看你所谓的惊喜呢?"

"如果你不来,你会后悔的。我只能说这么多了。"

我觉得他的坚持很吸引人,就在一个职员的陪同下回家了,厨师则走在我们前面。他直接把我带到楼上,指着我同伴的房间说:"你自己把门打开看看。"

我一下子明白了。我敲了门,没有回答!我开始重重地敲门,墙都摇晃了起来。门打开了。我看到里面有个妓女。我让她离开这里,再也不要回来了。

我对那个朋友说,"从这一刻起,我就不再和你有任何瓜葛了。你彻头彻尾地愚弄了我,把我当成傻瓜。你就是这样报答我对你的信任?"

他非但没有清醒过来,反而威胁要揭发我。

"我没有什么可隐瞒的,"我说,"你可以把我做过的事情都说出来。但现在你必须离开这里。"

这番话惹恼了他。我没有理睬，转身对站在楼下的职员说："请转告警司，一个和我同住的人行为不端。我不想让他留在我家，但他拒绝离开。如果警察能帮助我，我将非常感激。"

这样的行为让他意识到我是认真的。他内疚不安地向我道歉，恳求我不要通知警察，并同意立即离开。他果真离开了。

这件事为我及时地敲响了警钟，让我意识到自己被他欺骗得有多彻底。当初向他提供庇护，我真是好心办坏事。我早就知道他是一个坏人，却相信他会对我忠诚。为了改造他，我几乎毁了自己。我全然不顾朋友们的提醒，简直是被他蒙蔽了双眼。

要不是新来的厨师，我可能永远不会发现真相。在他的影响下，我可能就无法过上后来那种超然的生活了。我应该会一直在他身上浪费时间，因为他有能力把我蒙在鼓里继续误导我。

但神明还是像以往一样来拯救我了。我的意图是纯洁的，所以尽管我犯了错误，我还是得到了救赎。早期的这一经历，提醒着我以后要提高警惕。

厨师好像是神派来的使者。他不会做饭，作为厨师，他根本不该留在我的身边。但除了他，没有人能让我看穿这一切。后来我知道了，这名女子不是第一次来到我家。她以前经常来，但没有人有这个厨师的勇气。因为每个人都知道我对朋友的信任是怎样的盲目。这位厨师好像是专门来解决此事的，因为他事后便要求离开我。

"我不能留在你家里，"他说。"你太容易轻信了。这对我来说不合适。"

我让他走了。

我现在才发现，那个使诡计让我误会职员的人就是这个朋友。我非常努力地想弥补被我错怪的职员，但始终无法令他满意，这成为我永远的遗憾。无论怎样修补，终究会有裂痕。

## 第49章 返乡

到现在我已经在南非待了三年了。我熟悉那里的人,他们也熟悉我。1896年,我请求回家六个月,因为我觉得自己在那儿待的时间太久了。我在那里工作得很好,并受到了众人的肯定。于是我决定回家把妻子和孩子接过来,然后在南非定居。我想,如果我回家了,也许能在那里通过引导公众舆论,使人们对南非的印度人产生更多的兴趣。3英镑的人头税是一个公开的痛楚,如果不废除,人们的抗议就不能真正平静下来。

但是,我不在的时候,谁来负责国会工作和教育协会呢?我能想到的只有阿丹吉·米耶汗和罗斯敦济这两个人。现在有许多商业阶层的工人可以工作,但能够履行秘书职责且深受印度侨民爱戴的人只有他们两个。秘书当然需要熟练掌握英语。于是,我向国会推荐了阿丹吉·米耶汗,他获准成为秘书。后来发生的事情表明,这是一个非常好的选择。阿丹吉·米耶汗用他的毅力、慷慨、和蔼和礼貌赢得了所有人的赞扬,并向人们证明了秘书工作并不需要具有律师资格或高级英语教育的人才能胜任。

大约在1896年的中期,我乘坐开往加尔各答的"平戈拉"号准备回家。

船上乘客寥寥无几,其中有两个英国军官,我与他们关系不错,我和其中一人每天要下一个小时的棋。船上的医生给了我一本《泰米尔语自学》,我开始学习。我在纳塔尔的经验告诉我,我应该了解乌尔都语以便与穆萨曼人更密切地接触,并了解泰米尔语以便与马德拉斯的印度人更密切地接触。

在和我一起读乌尔都语的英国朋友的要求下,我从甲板上的乘客中找到了一位优秀的乌尔都语老师,在这位老师的指导下,我们在学习上取得了很大的进步。那位英国朋友的记忆力比我好。他过目不忘,我常常发现很难辨别乌尔都语字母。我不遗余力地练习,但我永远无法超越他。

而在泰米尔语上,我却取得了很大的进步。不需要借助别人的指点,《泰米尔语自学》写得很好,我学起来很轻松。

我曾希望到达印度之后也能继续这些研究,但这是不可能的。我自1893年以来的大部分阅读都是在监狱里完成的。虽然我的泰米尔语和乌尔都语确实在监狱里取得了一些进展——泰米尔语是在南非的监狱里,乌尔都语是在耶拉夫达的监狱里。但是我从来没有学会讲泰米尔语,我自学的那一点知识也因为缺乏练习而变得生疏了。

时至今日,我仍然觉得不懂泰米尔语和德鲁古文非常不便。南非的德拉维人对我的热情一直是我珍藏的回忆。每当我看到泰米尔人或德鲁古人的朋友时,我不禁回想起在南非的许多同胞的信仰、毅力和无私的牺牲。他们大多不识字,男人和女人都是如此。南非的战争就是这样,而这场战争是由文盲士兵进行的;这场战争为穷人而战,战争成果为穷人所享。虽然我对他们的语言一无所知,但这丝毫没有阻碍我赢得这些单纯善良的同胞的心。他们说着蹩脚的英语和印度语,我们毫无障碍地继续工作。但我想通过学习泰米尔语和德鲁古语来报答他们对我的热情。在泰米尔语方面,正如我所说,我取得了一些进展,但在德鲁古语方面,除了字母表我什么都没学会。我现在担心我永远学不会这些语言,因此我希望德拉维迪亚人能学印度斯坦语。在南非,非英语国家的人说印地语或印度斯坦语。只有讲英语的人才不会学其他语言,就好像英语知识是学习我们自己语言的障碍。

有些离题了,让我继续叙述我的航程。在此我必须介绍"平戈拉"号船长。我们已经成为朋友。这位善良的船长是普利茅斯弟兄会的成员，我们的谈话更多是航海以外的精神问题。他在道德和信仰之间画了一条界线。《圣经》教导对他来说就是孩子的游戏。他认为基督教的完美就在于它的简单。他会说，让所有的人，男人、女人和孩子相信耶稣和他的牺牲，他们的罪一定会得到救赎。这位朋友唤醒了我对比勒陀利亚的普利茅斯兄弟的记忆。强加道德限制的宗教贯穿着整个讨论。为什么我不能吃肉，或者为什么不吃牛肉？上帝难道不是创造了所有低等动物以供人类享受吗？就像他创造了植物世界一样。这些问题不可避免地把我们拉进宗教讨论中去。

我们都无法说服对方。在我看来，宗教和道德是同义词。船长却毫不怀疑他那相反的信念才是正确的。

二十四天过去了，这次愉快的航行终于结束了，我在加尔各答登陆，欣赏了一番美景。就在同一天，我坐上火车去孟买。

## 第50章 在印度

去孟买的途中火车在阿拉哈巴德停了45分钟。我准备用这点时间在这个城镇转转，顺便去药店买点药。没想到药店的药剂师睡眼惺忪，配药时花了好长的时间，导致我赶到车站时火车已经开走了。好心的站长为了等我将发车时间延长了一刻钟，但还是没看到我赶来，只得让人把我的行李放下了火车。

我在凯尔纳宾馆住了下来，决定在这儿开展工作。我以前听过不少有关阿拉哈巴德《先驱报》的情况，知道它是一家反对印度人民意愿的报纸。我想争取各个方面的帮助，所以就给当时该报的主编小切西尼先生写了一张便条，告诉他我因故错过了火车，希望能够借机见个面，以便第二天离开。他立刻答应了，这让我很高兴，让我更高兴的是，他耐心地听取了我的想法和诉求。他答应在他的报纸上刊登我写的文章，但也提醒我，他无法全盘赞同印度人的要求，因为他必须理解并尊重殖民者的观点。

"这就够了，"我说，"只要你能关注这个问题，并在你的报纸上展开讨论就可以了。我渴望的，也不过是对我们最起码的公正。"

当天剩下的时间，我欣赏了三河汇聚的壮丽景色，并梳理着接下来的工作。

与《先驱者》编辑的这一意外会面，奠定了后来一系列事件的基础，并最终导致了我在纳塔尔受到刑罚。

火车抵达孟买后我没有逗留，直奔拉奇科特，开始写一本关于南非局势的小册子。这本绿色封面的小册子（后来被称为《绿皮手册》）的写作和出版大约花了我一个月的时间。在书中，我用比前文提及的两本册子更温和的语言，着重描绘了一些在南非的印度人被压迫的场景，因为我知道，真相在传言的路上往往会被无限放大。

小册子一共印刷了一万份，并分发给了印度所有的报社和党派领导人。第一个注意到它并在社论上进行评论的是《先驱报》。接下来，路透社把这篇社论的概要用电报发往了路透社在伦敦的办事处，最终传到了纳塔尔。这条不超过三行字的电报夸大了我对纳塔尔印度人待遇的描述。这在纳塔尔造成的影响我会在下文详述。与此同时，几乎每份报纸都针对这个问题大肆进行了评论。

把这些小册子寄给那些报社和党派领导人可不是件容易的事，费时费力还费财。但我想到了一个十分简单的方法。我把当地的孩子召集起来，请他们在学校没课的早上做两三个小时的义工，他们很开心地答应了。作为报答和奖励,我把自己收集的邮票送给了他们。这件事很快就顺利地完成了。这是我第一次尝试招募孩子做志愿者,这批孩子中的两个人现在已经成了我的同事。

在这个时候,孟买爆发了瘟疫。拉奇科特人心惶惶,担心会受到波及。我觉得自己也许能在卫生部门帮上忙,就主动和政府提出了我的想法。他们欣然接受,并安排我担任调查相关问题的委员会委员。委员会听取了我的建议,着手开始检查每条街道上厕所的清洁情况。穷人们并不反对我们检查他们的厕所,还按照我们的建议进行了改造。但我们在检查富人的厕所时遇到了麻烦——有的人甚至不让我们进去,更别说听取我们的建议了。我们都觉得富人的厕所相比之下更加肮脏。他们的厕所采光不好,散发着恶臭,到处都是污秽和蝇虫。我们建议的改造措施相当简单和明确,比如使用尿桶和便桶,而不是随意排泄在地上;拆除外面的隔板,增加采光的同时也能方便打扫。可惜的是富人们大多不认同这些改进措施,也拒绝执行。

委员会也必须去检查贱民的住所。整个委员会中只有一个人愿意陪我去,对其他人来说,光是去贱民的住所已经够荒谬了,更不用说检查他们的厕所了。但对我来说,这倒是个令人愉快的惊喜,因为这是我生平第一次来这样的地方。那里的人们看到我们的到来,都很惊讶。我让他们带我们去他们的厕所。

"我们的厕所!"他们惊愕地叫道,"我们都是在户外解决的。厕所是你们这种大人物才用得上的。"

"那么,你介意我们看看你的房子吗?"我问。

"非常欢迎,先生。请随意。我们住的这也叫不上房子,充其量是些洞穴。"

我走进房间后很高兴地发现室内和屋外一样,打扫得干干净净。门口没有堆放垃圾,地面用牛粪涂抹得非常美观,仅有的几样锅碗瓢盆也被擦拭得闪闪发亮。这地方没有爆发疫情的隐患。

我不禁要详细地描述一下我们在富人们的居所里看到的厕所：每个房间都有一条排水沟，这条排水沟同时用于排水和小便，这使得整个房子都散发着恶臭。更有一间带阴沟的卧室，既用作卫生间，也作卧室，里面有一个排水沟用于大小便，排水沟里有一根管子通往楼下。房间里臭不可闻，简直无法想象这屋里怎么能住得了人。

委员会还检查了哈维立神庙。那里的负责人非常的友善，让我们随便看，并欢迎我们随时提出改进建议。哈维立神庙的有些区域，比如那个堆着树叶和其他垃圾，乌鸦和秃鹫频繁出没的地方，连他自己也从未去过。厕所和其他地方一样的脏。我在拉奇科特待的时间并不长，所以也并不知道我们所提出的建议是否被执行，得到了怎样的效果。

连神圣的礼拜场所都有这样不干净的地方，这令我很痛心。通常，在人们的心里，一个神圣的地方，往往也应该是清洁的、卫生的。据我所知，很多经典的作者，往往对于内在和外在的洁净同样看重。

# 第51章　两种激情

我对英国宪法的忠诚几乎无人能及。我也意识到，自己对真理的热爱也是来源于这种忠诚。对我来说，假装忠诚或其他美德，是不可能做到的事。每次在纳塔尔参加会议，我都会高唱国歌。我知道英国统治过程中存在着种种缺陷，但总体上是可以被接受的。至少在当时,我相信对于印度人民来说,英国的统治利大于弊。

我认为在南非看到的种族歧视是与英国传统相悖的,但我相信这只是局部的、暂时的现象。因此,我与英国人一样,效忠着英国王室。我努力学会了"国歌"的曲调,每当周边有人唱起,我就轻声合唱。如果有表示忠诚的机会或场合,我也会欣然参加。

在我的一生中,我从来没有利用过这种忠诚,也从来不曾试图通过这种忠诚来达成一些自私的目的。对我来说,这更像是一种义务,我乐于履行,并不求回报。

当我到达印度时,整个印度正在为维多利亚女王登基60周年庆典做准备。拉奇科特为此筹建了一个委员会,并邀请我加入。我欣然接受了这个邀请,但心里总觉得这种庆祝活动在很大程度上可能只是表面功夫罢了。在筹备过程中,我发现了许多黑幕与谎言,并感到相当痛苦。我扪心自问是否应该继续留在委员会里,但最终决定还是先做好自己的分内之事。

庆典活动中有一项提议是种树。我看到许多人出于炫耀和取悦权贵的目的跑去种树。我试图劝说他们,植树并不是强制性的,而仅仅是一项提议。我们要么认真去做,要么就干脆别做。他们却纷纷嘲笑我的想法。后来,好像只有我认真地浇水和照料分配给我的树苗。

忘记了是在维多利亚女王登基60周年纪念日,还是爱德华七世国王加冕为印度皇帝的时候,我把英国国歌教给了家里的孩子们和当地培训学院的学生们。后来,歌词中的文字让我产生了困惑。随着我对"非暴力主义"观点的想法逐渐成熟,我更加的谨言慎行。英国国歌的歌词中有句话:"驱逐她的敌人,杀得他们一败涂地;扰乱他们的政治,挫败他们的诡计。"这与我的"非暴力主义"观点产生了冲突。我和布斯博士谈了我的想法,布斯博士表示赞同,他认为一个信仰"非暴力主义"的人唱这些歌词不合适。我们怎么能假定所谓的"敌人"是"反派"呢？因为他们是敌人，就必定是不义的吗？我们只能向神祈祷正义。布斯博士完全赞同我的观点，并决定为他的会众们谱写一首新的颂歌。关于布斯博士，我们以后还会详细说到。

像忠诚一样，对他人的关爱与照顾也深深扎根于我的天性之中。我喜欢照顾别人，无论是朋友还是陌生人。

我在拉奇科特忙着准备那本关于南非的小册子期间，还趁机跑了一趟孟买。我想通过组织会议来引导城市中的公众舆论，孟买是我选择的第一个城市。首先，我遇到了拉纳德法官，他全神贯注地听了我的话，并建议我去见费罗泽夏·梅赫达先生。接下来，我遇到的巴德鲁丁·铁布吉法官也给出了同样的建议。他说："拉纳德法官和我能够给你的指导很有限。你知道我们的立场使我们不能积极参与公共事务，但我们的心与你同在。真正能帮到你的人只有费罗泽夏·梅赫达先生。"

我当然希望见到费罗泽夏·梅赫达先生，而这些位高权重者的建议让我确信了费罗泽夏·梅赫达先生在公众中的巨大影响力。很快我便见到了他，这位传说中的"孟买之狮""无冕之王"。本以为这会是一场令人敬畏的会面，但这位"帝王"并没有吓倒我，因为他对我就像慈爱的父亲对待长大的儿子一般。我们在他的会议厅见面。他被一群朋友和追随者包围着，其中就包括了德·叶·瓦恰先生和卡玛先生。我早听说过瓦恰先生，他可以说是费罗泽夏·梅赫达先生的左膀右臂，维昌德·甘地曾告诉我他是一位伟大的统计学家。瓦恰先生对我说："甘地，我们得找个机会再谈谈。"

互相介绍并没有花几分钟时间。费罗泽夏·梅赫达先生仔细地听我说完自己的想法。我告诉他，我去见了拉纳德法官和巴德鲁丁·铁布吉法官。"甘地，"他说，"我想我必须帮助你。我会在这里召开一次公开会议。"他转向秘书孟希先生，让他确定会议的日期。一切都安排好后，他跟我告别，并让我在会前先和他见面。这次见面消除了我的恐惧，我高兴地回了家。

这次去孟买的时候，我还去探望了生病的姐夫。他并不是一个有钱人，而我的姐姐（他的妻子）也不能很好地照顾他。见他病情严重，我提出要带他去拉奇科特养病。他同意了，于是我把姐夫和姐姐一起带回我的住处。姐夫康复的时间比我预料的要长得多。我让他住在我的房间里，昼夜陪着他。我有时候不得不熬夜护理他，并见缝插针地完成那本南非小册子的编写工作。然而，姐夫最终还是因病去世了，但对我来说，在他最后的日子里有机会照顾他，是一种很大的慰藉。

我的护理能力逐渐发展成一种对这一事业的热情，以至于它甚至常常令我忽视我的本职工作，有时我不仅会让妻子，也会让全家都参与到这种服务之中去。

人们如果在这种服务中找不到乐趣，那么这项事业就毫无意义。如果仅仅为了炫耀或出于惧怕公众舆论而这么做，它会使人畏缩不前，甚至使人精神崩溃。不快乐地奉献，既不能帮助提供服务的人，也不能帮助接受服务的人。可是如果人们以愉悦的心情替他人服务，从中所得到的满足感与愉悦感会让所有其他的乐趣和金钱黯然失色。

# 第52章　孟买会议

我不得不在我姐夫去世后的第二天去孟买参加公开会议。这使得我几乎没有时间梳理我的演讲。经过几个夜晚的焦虑守夜之后，我感到筋疲力尽，嗓音都变得沙哑了。我觉得自己只能靠神灵保佑了，但我根本没想过要把自己的演讲稿逐字逐句写出来。

按照费罗泽夏·梅赫达先生的指示，我在会议前夕的下午5点到了他的办公室。

"你的演讲准备好了吗，甘地？"他问。

"还没有，先生，"我紧张地说道，"我想我只能即兴演讲了。"

"这在孟买可行不通，在这里不能即席发言。如果我们要从这次会议中获益，你就应该把讲稿写出来，并且在明天天亮前把它打印出来。你能做到的，对吧？"

我觉得很紧张，但我说我可以试一试。

"那么，告诉我，孟希先生几点可以到你这儿来取稿？"

"今晚十一点。"我说。

第二天去参加会议时，我才发现费罗泽夏·梅赫达先生的建议实在是经验之谈。会议在科华斯基·杰亨吉爵士研究所的大厅举行。我曾听过，凡是费罗泽夏·梅赫达先生要发言的场合，总是挤满了人，以那些希望听他讲话的学生们为主。这是我人生中第一次参加这种会议。我发言时的声音太小，大约只有很少的人才能听到。当我开始读我的讲稿时，我紧张得浑身颤抖。费罗泽夏爵士不断地鼓励我，要我放大声音，坚持讲下去。但这反而让我越来越紧张，声音也越来越小。

最后还是我的老朋友克沙弗劳·德什潘德给我救的场。我把我的讲稿交给了他。他的音量再合适不过了，但是听众们却不太乐意，大厅里响起了"瓦恰""瓦恰"的喊叫声。瓦恰先生只好站起来，朗读了这篇演讲稿。他的朗读效果棒极了，听众们安静了下来，耐心地倾听到了最后。随着其中的情节，听众们还不时爆发出掌声或是骂声。这使我非常高兴。

更令我愉悦的是，费罗泽夏·梅赫达先生对这次演讲非常满意。

这次会议为我赢得了德什潘德先生和他的一位帕西朋友的支持，因为他如今的身份是一位高级政府官员，我暂时不便提及他的名字。他们两人都表达了陪我去南非的想法。然而，当时的小案庭法官西·姆·寇希之先生改变了这位帕西的朋友要陪我去南非的想法。当时这位帕西朋友罗斯敦济已经做好了结婚的筹划，他不得不在结婚和去南非之间做出选择，而他最终选择了结婚。但是，巴希·罗斯敦济弥补了这位帕西朋友的缺憾，另有一些帕西的姐妹也投身于织造印度土布的工作之中，权当为这位帕西朋友的新娘弥补过失。因此我很高兴地原谅了那对夫妇。德什潘德先生虽然没有结婚的打算，但他最终也没有成行，并始终在为自己违背誓言做着补偿工作。返回南非的路上，我在桑给巴尔遇到了一个铁布吉家族的人，他当时也答允要来帮我，但最后并没有来。这位阿巴斯·铁布吉先生也正在为自己的食言而赎罪。我三次试图劝说律师去南非，都没取得好结果。

提起这个，我想起了佩斯登吉·帕德沙先生。自从我去英国认识了他以后，我们之间的关系一直不错。我第一次见到他是在伦敦的一家素食餐馆。我知道他的兄弟巴乔尔基先生是个公认的"怪人"。我从未见过他，但朋友们都说他很古怪。出于对马的同情，他选择不乘坐马车，尽管有着惊人的记忆力，却拒绝攻读学位，他有着独立自主的精神，虽然是巴黎人却是一个素食主义者。佩斯登吉名声不太好，但他以学识渊博而闻名，甚至在伦敦也是如此。然而，我们之间的共同点只是素食主义，而不是他那令我望尘莫及的学术知识。

我后来又在孟买遇见了他。他是高等法院的首席书记。当我遇见他时，他正忙于编辑高级古遮拉特语辞典。为了南非的工作，我几乎向我的每一位朋友都寻求了帮助。然而，佩斯登吉·帕德沙不仅拒绝帮助我，甚至建议我也不要返回南非。

"我不会帮你的，"他说，"我告诉你，我甚至不希望你去南非。你在国内找不到工作吗？听着，现在光是针对我们的语言就有许多的事情要做。我必须找出一些能够科学使用的词汇。但这只是工作的一小部分。想想这片贫困的土地吧。南非的印度人处境当然也很困苦，但我不希望像你这样的人为这项工作而牺牲。一旦我们在这里赢得自治，我们将自然而然地帮助到我们在南非的同胞。我知道我无法说服你，但我不会鼓励任何跟你一样的人去南非。"

我不喜欢他的建议，但它增加了我对佩斯登吉·帕德沙先生的敬意。我被他对这个国家和母语的爱所打动。这件事使我们更认同彼此。我尊重他的观点，但这并没有使我放弃在南非的工作，反而更加坚定了我的决心。一个爱国者不能忽视为祖国服务的任何方面。对我来说，《薄伽梵歌》中的几句话是清晰而有力的：

> 恪尽己责，虽败犹荣；
> 他人之责，莫羡轻松；
> 坚持前行者，粉身碎骨亦雄；
> 遇难即退者，无尽徘徊路中。

# 第53章　浦那和马德拉斯

费罗泽夏·梅赫达先生让我接下来的工作变得更轻松了一些。我便从孟买出发前往浦那。因为浦那有两个党派，而我希望得到各种不同见解的人的帮助。我首先拜访了洛卡马尼亚·提拉克，他对我说："你向各方寻求帮助的做法是完全正确的。在南非问题上大家肯定都持统一意见，但你们的主席必须是无党派人士。你去找一下班达卡教授吧。他从不参加任何公共活动，但这个问题很可能吸引他。去和他谈谈吧，然后把他的意见告诉我。我想尽最大的努力帮助你。当然了，你随时都可以来找我，我听候你的吩咐。"

这是我第一次见到洛卡马尼亚，而这次会面让我明白了他声望极高的原因。

接下来我见到了戈可哈尔。我们在弗古森学院的操场上碰面，他对我的热情让我心生好感。这也是我和他的第一次会面，但给人的感觉仿佛是老友重聚一般。在我看来，费罗泽夏·梅赫达先生像喜马拉雅山，洛卡马尼亚先生像是大海。但戈可哈尔先生却像恒河一样，人们可以轻松地在神圣的恒河里洗个清爽的澡。喜马拉雅山高不可攀，在大海上航行也是千难万险，但恒河则张开怀抱迎接众人。一舟一楫，泛游河上该是怎样的一件快事啊！戈可哈尔仔细打量了我一番，那样子就像校长打量一个申请入学的学生一样。他告诉我该去找谁，怎么找到他们，还要求看我的演讲稿。接着，他带我参观了大学，并叮嘱我以后有事可以随时找他，还希望知道我和班达卡博士面谈的结果。他送我离开的时候我非常高兴。在政治领域里，不论戈可哈尔是否在世，他在我心中始终占据着独一无二的位置。

班达卡先生以父亲般的热情接待了我。我去拜访他的时候已经是中午了。这个时间还忙于登门拜访，令这位看起来永不知疲倦的学者颇为好奇，而我坚持要一个无党派人士来担任会议主席，更是引起了这位学者的极大兴趣。他连声赞同："就是这样，就是这样。"

听了我的话后，他说："想必有人告诉你，我是不参加政治活动的。但我无法拒绝你。你的话很有说服力,你的努力也令人钦佩,我无法拒绝加入你的会议。你已经听取了提拉克和戈可哈尔的意见,这很好。请告诉他们,我很高兴能担任这两个组织联合举办的会议主席。你不需要因为我特意调整你开会的时间,我随时都方便。"他走的时候祝福了我,并提前向我道贺。

这群博学多才、无私奉献的人们在浦那一个毫不显眼的小地方开了个会。我对此感到非常高兴,这也让我对自己的使命更有信心了。

接下来我去了马德拉斯,并受到了热烈欢迎。巴拉松达姆事件给会议留下了深刻的印象。我把自己的演讲稿打印了出来,那篇稿子稍微有点长,但是观众们听得全神贯注。在会议结束时,"绿色手册"销量也不错。我又印刷了一万本修订再版后的手册。它们很畅销,但我意识到其实没必要印这么多。我的满腔热情让我高估了真实的需求量。我的演讲是针对懂英语的公众讲的,但是在马德拉斯,懂英语的人根本没那么多。

对我帮助最大的莫过于已故的《马德拉斯旗报》的编辑格·帕拉米斯瓦兰·皮莱先生。他在这个领域有着细致的研究,并经常邀请我去他的办公室,给予我指导。《印度教徒》的格·苏伯拉曼尼姆先生和苏伯拉曼尼姆博士在这方面也很有同情心。而格·帕拉米斯瓦兰·皮莱把《马德拉斯旗报》的专栏完全交给了我,这让我有了充分施展才能的机会。在我印象中,在帕查阿帕大厅里召开的会议,通常是苏伯拉曼尼姆博士主持的。

我遇到的大多数朋友对我都很好,他们对这一事业投入了很高的热情,以至于尽管我不得不用英语跟他们交流,但并没有觉得遇到什么隔阂。有什么障碍是无法凭爱越过的呢?

## 第54章 "尽快回来"

我从马德拉斯出发前往加尔各答，却发现自己遇到了许多困难。在加尔各答我一个人都不认识，于是便在东方大酒店订了一个房间。后来，我结识了《每日电讯报》的代表埃勒索普先生，他邀请我去他所在的孟加拉俱乐部。当时他还没有意识到不能把一个印度人带入俱乐部的客厅，他意识到这点后，立即带我去了他的房间。他就当地英国人的这种偏见表示遗憾，并为没能带我去客厅向我道歉。

我必须要去拜会有"孟加拉偶像"之称的苏伦德拉纳什·班纳吉。当我看见他时，他被许多朋友众星拱月一般围绕着。他说："我担心人们对你的工作不感兴趣。如你所知，我们在这里遇到的困难也不少，但你必须尽力一试。你必须得到王公贵族们的同情和帮助。记住，你应该去拜访英国印度协会的代表们，还应该见见皮亚里莫罕·穆卡吉王爵和泰戈尔王公。他们的思想都很开明，而且也都经常参与公众事务。"

我先后去拜访了他们，但完全是无用功。他们对我的态度十分冷淡，如果还能有其他什么好办法的话，那就只靠苏伦德拉纳什·班纳吉了。

我感到自己的任务越来越艰巨。我去了《甘露市场报》的办公室，接待我的那位绅士误以为我是一个流浪的犹太人。《孟加拉人报》的编辑也让我碰壁，我在那里苦苦等了一个小时。他确实有许多采访对象，但他处理完所有事之后，也不愿意看我一眼。在漫长的等待之后，我不得不冒昧地主动搭话，结果他说："你看不到我们已经忙得焦头烂额了吗？像你这样的人每天数都数不过来。你最好现在自己离开，我不会听你说故事的。"有那么一瞬间，我感到自己被冒犯了，但也很快就理解了编辑的难处。我听说过《孟加拉人报》的名头，也看到来访的客人络绎不绝。他的报纸不缺热点讨论，而南非在当时几乎没什么人关注。

然而，无论在受委屈者眼中，自己的委屈有多么严重，他也只是众多想要闯进编辑办公室，去诉说自己故事的人中的一员，每个人都有自己的怨气和委屈。编辑怎么可能做到和所有的人见面呢？此外，愤愤不平的人们往往认为编辑是这里权力最大的人。但只有编辑自己才知道，他的权力仅仅限于在他自己的办公室里罢了。我并没有气馁，继续试图约见其他报纸的编辑。像往常一样，我想办法找到了英裔印度人的编辑。《政治家报》和《英国人报》认为这个问题十分重要。我接受了他们长时间的采访，整个采访的内容也被这两家报纸全文刊登了。

《英国人报》的编辑桑德斯先生视我为心腹。他把他的办公室和文件都交给我处理。他甚至会先给我送来校样，并允许我在他就此事写的社论上任意改动。毫不夸张地说，我们之间有着深厚的友谊。他承诺尽他所能帮助我，并履行了信中的承诺。我们之间一直有书信往来，直到他得了重病。

在我的一生中，我有幸有过许多这样的友谊，有时候这些友谊甚至显得有些出乎意料。桑德斯先生器重我，是因为我从不夸大其词并对真理保持着热爱。在他开始支持我的事业之前，曾事无巨细地盘问过我一番。从我们的对话中他看出，无论是对南非的哪个种族，哪怕是白种人，我的陈述都不偏不倚，非常公正。经验告诉我，公正待人，也会为自己赢来正义。

意外得到桑德斯先生的帮助鼓舞了我，使我开始相信也许最终自己会成功地在加尔各答举行公开会议。就在这时，我收到了德班发来的电报，大意是：议会将于一月召开，望尽快回来。

我给报社写了封信，解释了为什么我会如此突然地离开加尔各答，便立即动身前往孟买。在出发之前，我与达达·阿布杜拉公司的孟买代理商联系，希望能安排我坐最早一班船去南非。没想到达达·阿布杜拉刚刚买了一条"库尔兰"号汽轮，并坚持免费送我和妻子、两个儿子以及寡姐的独生子过去。我非常感激地接受了他们的好意，并在12月初第二次启程前往南非。与此同时，另一艘达达·阿布杜拉公司的"纳德里"号汽轮也在同一时间驶往德班。船上所载的乘客共有800人左右，其中一半都是前往德兰士瓦的。

# 第三部分

## 第55章　暴风雨前兆

这是我第一次和妻儿一起出行。在讲述我的故事时，我时常注意到，由于中产阶级印度教徒中的童婚现象，丈夫普遍识字，而妻子则几乎是文盲。这样一来，夫妻之间便会有很大的隔阂，丈夫不得不成为妻子的老师。因此，我必须考虑我的妻子和孩子们吃穿用度的所有细节，以及教导他们如何在新环境下保持得体的行为举止。那些日子里的一些回忆让人忍俊不禁。

信奉印度教的妻子认为对丈夫的服从是符合最高教义的。印度丈夫也往往自认为是他妻子的主人和主宰，妻子必须对他千依百顺，小心伺候。

写这一章的时候，我想起了自己当时的心态，即为了让别人认为我们是文明人，我们的衣着和举止要尽量接近欧洲标准。我认为只有这样，我们才能有一定的影响力，才有可能为侨团服务。

于是，我决定了妻子和孩子的服装风格。我怎么能任由他们被称为卡提亚华的巴尼亚人呢？当时的帕西人被认为是印度人中最有文化的人，所以，当纯粹的西式衣服并不适合时，我让他们模仿帕西人的穿衣风格。因此，我的妻子穿上了帕西纱丽，男孩们穿上了帕西外套和裤子。当然还要穿上鞋袜——这让他们过了很久才得以适应。鞋子把他们的脚挤疼了，长筒袜也因出汗而发臭。不过我总是有办法来应对这些反对意见。其实我觉得与其说是说服他们，倒不如说是靠权威力量来镇压——他们同意换衣服，是因为别无选择。怀着同样的心情，她们勉强学会了刀叉的使用方法。当我对这些文明习惯的迷恋逐渐消失时，他们也自然而然放弃了使用刀叉。在习惯了新的风格之后，他们回到原来的模式也许就不那么令人讨厌了。但我可以确定，我们会因为摆脱了"文明"的光环而倍感自由和轻松。

和我们同乘一条船的还有一些亲戚和熟人。我经常和他们以及其他乘客在甲板上偶遇。因为这艘船属于我的客户，所以我在这艘船上可以随意走动。

由于这艘船是直接开往纳塔尔的，中间不停靠任何港口，我们的航程只有十八天。但距离纳塔尔只有四天航程的时候，似乎是为了警告我们即将到来的陆地风暴一样，一场可怕的大风袭击了我们。十二月是南半球夏季风的月份，刮风在那个季节的南部海域很常见。我们所遭遇的暴风是如此的猛烈和持久，乘客们不禁慌乱起来。那是个严峻的场面，面对共同的危险，所有的人团结在了一起，忘记了彼此的差异——无论是穆斯林、印度教徒、基督徒还是其他人，都开始想到唯一的"神"。船长和乘客们一起祈祷着，他安慰乘客们说虽然这场暴风雨看起来很猛烈，但他也遇到过许多更严重的情况。他还试图让乘客相信，一艘建造良好的船基本上能经受任何天气的考验，但效果并不理想。几乎每一分钟都有类似爆裂和漏水的声音传来，乘客们如惊弓之鸟般惶惶不安。船摇晃得如此厉害，好像随时都要倾覆似的。没有人能待在甲板上。每个人都在嘴里默念着，希望自己的神护佑自己。我们在这种困境中大约度过了二十四小时。天空终于放晴了，太阳出来了，船长宣布暴风雨已经过去，我们脱离了险境。每个人的脸上都洋溢着喜悦的笑容，随着危险的消失，神的名字也从他们的嘴上消失了，吃喝拉撒与寻欢作乐再次成为每天的日常。对死亡的恐惧随着时间的流逝逐渐消去，虔诚祈祷的瞬间的情绪给了"玛亚"。当然各宗教平常的祷告和祈祷仍在进行,但却远不如在那危急时刻时的庄严和虔诚。

这场暴风雨使我和乘客们打成了一片。我对这次的暴风雨几乎没有恐惧,因为我已经有过类似的经历。我是个好乘客,不会晕船。这使得我可以轻松地在乘客中穿梭,给他们带来安慰和欢乐,并且每小时向他们传达船长的报告。在下文中会提到,我因此而建立的友谊为我带来的巨大帮助。

12月18日或19日的时候,船在德班港靠岸。纳德里号也在同一天抵达。但真正的风暴还未来临。

## 第56章 风暴

前文已经说到,两艘船都是在12月18日左右在德班港靠岸的。在接受全面医疗检查之前,任何乘客都不得在南非的任何港口登陆。如果船上有患有传染病的乘客,则必须被隔离一段时间。由于在我们起航时正值孟买瘟疫爆发时期,我们担心可能还需要经过短暂的隔离检疫。在检查前,每艘船都要悬挂一面黄旗,只有当医生证明了船上乘客的健康时才会降下。乘客的亲友也只能在黄旗下降后才能登船。

医生来给我们检查时,我们的船正悬挂着黄旗。他下令隔离五天,因为在他看来,鼠疫病菌最多只能在这种环境下存活二十三天的时间,因此我们的船被下令隔离,直到我们从孟买起航的第二十三日为止。但这份检疫令发出背后的原因,其实不仅仅是出于健康的考量。

德班的白人居民一直在鼓动遣返我们,这其实是这份检疫令出台的深层次原因之一。达达·阿布杜拉赛公司定期向我们通报小镇每天发生的事情。白人们每天都在召开各种各样的会议。他们对达达·阿布杜拉赛公司威逼利诱,甚至提出如果两艘船都被遣返,他们会全额赔偿公司的损失。但达达·阿布杜拉赛公司并不害怕威胁,阿卜杜·卡里姆·哈吉·亚当时是这家公司的经理。他决心把船停泊在码头上,不惜一切代价让乘客上岸。他每天都会通知我事态的最新进展。幸运的是,已故的曼苏克拉尔·纳扎尔先生当时在德班,并亲自来迎接我。他有能力,无所畏惧,并领导着印度族群。他们的律师劳顿先生也是个勇敢无畏的人。作为印度族群的顾问律师及好朋友,他谴责了白人住民的行为,并为印度族群提出了各种建议。

就这样,德班成了一个不平等决斗的现场。一是少数贫穷的印度人和他们的几个英国朋友,另一边是人数众多的白人,他们在武器、人数、教育和财富方面都要强大得多,并且还得到了国家的支持——政府公开地帮助他们。哈利·艾斯坎比先生是内阁中最有影响力的成员,他公开参加了他们的集会。

由此可以看出,隔离的真正目的是恐吓乘客或代理公司,迫使船只及乘客返回印度。他们已经开始威胁我们说:"你们如果不回去,一定会被推入海中淹死。但如果你们同意回去,我们甚至可以退还你的旅费。"我不停地穿梭在我的同胞之间,鼓舞他们振作起来。我还慰问和激励着纳德利号的乘客们,让他们保持冷静和勇敢。

我们在船上安排了各种各样的娱乐活动,让大家保持愉悦的心情。在圣诞节那天,船长邀请了头等舱里的乘客一起聚餐,我和我的家人是主要的宾客。在晚饭后的闲谈中,我谈到了西方文明。我知道现在不是发表严肃演讲的时候,但我也不知除此之外还能谈些什么。我表面上融入了这个欢快的氛围,可是内心却还在德班战斗。因为我知道我才是白人们真正的目标。他们对我提出了两项指控：

1. 在印度时，我对纳塔尔省的白人提出了无情谴责；

2. 我特意把这两船印度人带到纳塔尔省来定居，让纳塔尔成为印度人的天下。

我意识到自己的责任。我知道，达达·阿布杜拉赛和他的公司为我已经承受了巨大的风险。如今，乘客的生命因为我处于危险之中，我还把自己的家人带到这里，使他们同样身处险地。

但我确实是无辜的。我没煽动任何人去纳塔尔。除了几个亲戚，上船之前我不认识任何人，也不知道船上数百名乘客中任意一个人的姓名和地址。无论是在印度或是纳塔尔，我都没有说过纳塔尔白人的事情。我有充足的证据支持我所说的一切。

因此，我对纳塔尔白人所代表和拥护的这种文明感到痛惜和悲哀。这个想法一直在我的脑海里盘旋，借着这次小型的聚餐，我把它抛了出来。船长和其他朋友耐心地听了我的想法，了解了我想表达的意思，我不知道这会对他们之后的生活有什么影响。随后我和大家就西方文明问题进行了长时间的探讨。在我的演讲中，我将西方文明描述为一种与东方文明不同的，以武力为基础的文明。如果没记错的话，其中一位船长用我的信仰质疑我，他说："假设白人将他们的威胁付诸武力，你还如何坚持你的'非暴力'原则？"我回答说："我希望神能赐予我勇气和理智去原谅他们，不要把他们的行为诉诸法律。我对他们没有愤怒，只是为他们的无知和狭隘感到遗憾。我知道他们真诚地相信他们现在的所作所为是正确而恰当的。因此，我没有理由生他们的气。"

提问者笑了，感觉有些不以为然。

就这样，日子一天天地拖了下去。谁也不知道隔离期何时会终止。检疫员说，这件事已经超出了他的管辖范围。一旦接到政府的命令，他就会允许我们登陆。

最后，我和其他乘客都被下了最后通牒。一旦上岸，一切后果自负。在我们的答复中，乘客和我都坚持要行使在纳塔尔港登陆的权利，并表示将不惜一切代价进入纳塔尔。

23天到了，船只被获准进入港口，允许乘客上岸的命令也终于下达了。

## 第57章　考验

船驶进码头，乘客们开始陆续上岸。但艾斯坎比先生对船长说，由于白人对我非常愤怒，我的生命可能受到威胁，建议我和我的家人在黄昏时上岸，再由当时的港务监督塔图姆先生护送我们回家。船长转告我这个建议，我也同意这样做。但差不多半个小时后，劳顿先生来找船长，并说道："如果没有人反对，我想让甘地先生跟我一起上岸。作为代理公司的法律顾问，我给你的建议是，你不一定非要听从艾斯坎比先生的意见。"之后，他来到我面前说："如果你同意，我建议甘地夫人和孩子们先乘车去罗斯敦济先生家，而我们一起步行。我不认同你在夜间像小偷一样潜入城的做法。我认为不会有人要伤害你。现在事态已经平息了，白人们都散去了。无论如何，我都觉得你不应该偷偷摸摸地进城。"我欣然同意了他的建议。于是，我的妻子和孩子安全地乘车前往罗斯敦济先生的住处。在船长的许可下，我和劳顿先生一起上岸了。

罗斯敦济先生的住处距码头大约有两英里。我们一上岸，一些年轻人就认出了我，并大喊道："甘地！甘地！"大概五六个人听到了喊声,加入了喊叫的行列。劳顿先生担心人会越来越多,便叫了一辆人力车。我从来都不喜欢坐人力车,这是头一回乘坐。但是那些年轻人不让我进去。他们把那个车夫吓得魂都丢了,落荒而逃。我们只能继续步行向前。人越聚越多,很快我们便寸步难行。他们先拉开劳顿先生,然后开始用石头、砖块和臭鸡蛋砸我。有人抢走了我的头巾,其他人开始对我拳打脚踢。我觉得自己快昏过去了,抓住了房前的栏杆,想站在那里喘口气,但这也是奢望。他们又上前来不停地对我拳打脚踢,直到一个我认识的警长妻子恰好经过。那位勇敢的女士走过来,尽管已经没有阳光了,她还是打开了遮阳伞,挡在人群和我之间。这抑制了暴徒们的愤怒情绪,因为他们很难在不伤害亚历山大夫人的情况下继续对我使用暴力。

与此同时,一名目睹这一事件的印度青年去警察局报了案。警长亚历山大先生派了一队人过来,让他们把我团团围住,护送我安全抵达目的地。我们回去的路上会经过警察局,当我们到达那里时,警长让我在警察局躲一躲,但我婉言谢绝了这个提议。"当他们意识到自己的错误时,这件事就一定会平息下来,"我说,"我相信他们的正义感。"在警察的护送下,我没有受到进一步的伤害,安全到达了罗斯敦济先生的住处。我全身都是瘀青,但只有一处流血了。船上的医生达迪巴乔先生正好在这儿,及时为我提供了治疗。

屋子里面很安静,但外面已经被白人包围了。夜幕降临,外面的人群大叫着:"把甘地交出来!"警察局长反应很快,已经去了屋外处理,他没有威胁或警告聚集的人群,而是试图通过轻松愉快的话语来平息他们的情绪。他给我传话说:"如果你不想损害你朋友的房子和财产,还有你的家人,你最好听从我的建议——伪装逃离这个房子。"

就这样,在同一天里,我面临着两个相互矛盾的立场。当生命受到威胁不过是假设时，劳顿先生建议我光明正大地上岸，我欣然接受了这一建议。而当生命危险成为真实存在时，另一位朋友给了我相反的建议，我也接受了。谁能说清我这样做是为了保住自己的生命，还是为了保全朋友的生命财产或者妻儿的生命？谁又能说清我第一次选择勇敢地面对人群的做法正确，还是后来伪装着从人群中逃脱的做法正确呢？

对已经发生了的事件，判断其对错是没有什么意义的。理解它们是有用的，如果可能的话，从中吸取教训为今后计。我们很难确定一个特定的人在特定的环境下会如何行动。要知道，从一个人的外在行为来做出判断，只能得到一个可疑的推论，因为它所依赖和凭借的数据基础太少。

尽管如此，逃跑的准备工作还是让我忘记了我的伤痛。按照警长的建议，我穿上了印度警察的制服，头上戴着一条马德拉西围巾，一个盘子置于围巾里面，并围绕它缠成了盔形。两个警探护送着我，其中一个伪装成印度商人，把脸化妆成印度人。我记不清另一个警探装扮的样子了。我们沿着一条小路走到一家邻近的商店，穿过堆放在货仓里的麻袋，走出商店的大门，然后穿过人群坐上了在街道尽头为我准备的马车。我们驱车前往亚历山大先生不久前建议我进去避难的那个警察局，我对他和警探们表示了由衷的感激。

在我设法逃跑的时候，亚历山大先生唱了几句小调来吸引那些人的注意力："把那个老甘地，吊到苹果树上去。"现场的气氛因此缓和了许多。当他得知我安全抵达警察局时，就向人群公布了这个消息："好吧，你们的目标已经从附近的一家商店逃跑了。你们也赶快回家吧。"有的人听了很生气，有的人大笑，有的人根本不相信他说的话。

"这样吧，"局长说，"如果你们不相信我，可以派一两个代表进来看看。如果他们找到了甘地，我很乐意把他交给你们。但如果他们没找到,你们必须马上离开。我相信你们无意破坏罗斯敦济先生的房子,也不会伤害甘地先生的妻子和孩子。"

这些人选出了几个代表去搜查房子,很快他们便空手而归。人群终于散了,他们中的大部分人很欣赏警长对形势的巧妙处理,也有一些人感到烦躁和愤慨。

已故的张伯伦先生当时是殖民地的国务卿,他发电报要求当地政府起诉袭击我的暴徒。艾斯坎比先生来看望我,并对我受到的伤害表示同情,他说:"相信我,我对你受到的每一丝伤害都感到愤怒。你有权接受劳顿先生的建议并去承担最坏的结果,但我相信,如果你当时仔细考虑我的建议,这些糟心的事便不会发生。如果你能辨认凶手,我随时会提出逮捕申请并起诉他们。张伯伦先生也希望我这样做。"

我这样答复他:"我不想起诉任何人。我也许能辨认出其中的一两个人来,但是让他们受到惩罚又有什么用呢?而且,我不追究袭击者的责任。他们只是以为我在印度对于纳塔尔的白人做过夸张的陈述,诽谤了他们。如果他们相信了这些报道,那被激怒也是理所当然的事。坦率地讲,罪魁祸首其实就是你们这些领导。你们本可以引导人们相信正确的事情,但你也选择相信路透社,并且认为我一定发表过夸大事实的言论。我不想与任何人对簿公堂。我确信,当真相大白的时候,他们将为自己的行为而悔恨。"

"你可以以书面形式把你的决定告知我吗?"艾斯坎比先生问,"因为我得给张伯伦先生发电报,把你的想法告诉他。我不希望你草率做出任何决定。如果你愿意,你可以先咨询劳顿先生和其他朋友,然后再做最后的决定。但是我不得不承认,如果你放弃追究袭击者的权利,你会在很大程度上帮助我维持秩序,你自己的声誉也会得到提高。"

"谢谢你,"我说,"我不需要咨询任何人。在找你之前,我已经做好了决定。我不会起诉袭击者,我现在就把我的决定写下来给你。"

说完之后,我就给他写下了他所需要的声明。

## 第58章 暴风雨后的宁静

我在警察局待了两天,然后被带到艾斯坎比先生那里。他们专门派了两个警察来保护我,虽然当时已经不需要这样的保护措施了。

我们上岸的那天,黄旗刚降下来,《纳塔尔广告报》就派人来采访我了。他问了我许多问题,作为答复,我驳斥了所有对我提出的指控。多亏了费罗泽夏·梅赫达先生的建议,我在印度进行的演讲都留有书面讲稿,而且我还随身带了这些演讲的副本以及我的其他作品。我把所有的资料都给了采访者一份,并向他表明我从未在印度说过任何没在南非说过的话,更没有故意加重我的语气和措辞。而且,"库尔兰"号和"纳德里"号上的乘客并不是我带到南非的。船上的大部分乘客本就是侨居在南非的印度人,更何况大多数人根本就不是要去往纳塔尔,而是要去德兰士瓦。在当时,对于那些来赚钱的人而言,德兰士瓦的前景远比纳塔尔好得多,因此大多数印度人更愿意去那里。

这次采访和我拒绝起诉袭击者的行为给人们留下了深刻印象,德班的欧洲人开始为他们的行为感到羞愧。媒体宣称我是无辜的,并谴责了暴徒的行为。这对我及我的事业来说,也算是因祸得福。因为这提高了印度群体在南非的声望,也使我接下来的工作变得更加容易。

　　三四天之后，我便回了家，没过多久，我再次安顿好了。这一事件也给我的职业生涯添上了一笔。但是，印度群体的声望越高，也越容易引发对这个群体的偏见。一旦证明印度人也可以奋起抗争，那么他们也就会被认为存在一定的危险性。有人在国家立法会议上提出了两项法案，其中一项不利于印度商人，另一项则是对印度移民施加严格限制。幸运的是，争取选举权的斗争促成了一项重大决定，即不能出台专门针对印度人的法律，也就是说，法律不应就肤色或种族做任何区别对待。上述条款的内容虽然适用于所有人，但本质上无疑是对纳塔尔的印度居民施加进一步的限制。

　　这些法案大大地增加了我的工作量，使社区比以往任何时候都更有责任感。我们把这些条款翻译成印度的不同语言，并做了充分的解释，以便让印度群体了解它们的所有含义，以及会对他们造成的影响。我们曾求助于殖民地大臣，但他拒绝干涉，于是法案最终变成了法律。

　　现在我的大部分时间都花在公共工作上了。我在上文中提到的曼苏克拉尔·纳扎尔先生已经来到了德班，并和我住在一起。他花了很多时间在公共事业上，这在某种程度上减轻了我的负担。

　　在我离开的期间，阿丹吉·米耶汗非常尽职尽责。他吸纳了更多的会员，并为纳塔尔印度人大会增加了大约1 000英镑的储备基金。我利用法案的通过和反对法案的群众示威吸纳了更多会员加入，也吸收了更多的资金，最终得到了高达5 000英镑的基金。我希望为国会争取一笔永久性基金，以便它能够拥有自己的财产，然后利用租金产生的收益继续开展工作。这是我第一次经营公共机构。我把这一想法告诉了同事们，他们对此大为赞赏。我们把国会购置的产业租了出去，租金足以维持目前国会的开支。我们把这笔财产委托给了一个强大的信托公司，它至今仍活跃在南非市场上。

不过，我们后来和这个机构的争执很多，导致租金暂时被法院扣押了。

在我离开南非之后，这种悲惨的情况就发生了。这种情况出现之前，我对于为公共机构设立永久性资金的想法就已经发生了变化。我从管理的许多公共机构中积累了丰富的经验之后，我更加坚定地认为，用永久性基金来管理公共机构并不是一个好的选择。永久性基金本身就容易造成机构的道德沦丧。一个公共机构是靠公众在情感和资金上的支持来维系的。当这样的机构不再得到公众的支持时，它也丧失了存在的权利。靠永久性资金维持的机构往往无视公众舆论，甚至反其道而行之。在我们的国家，我们一直在经历这种事情。一些所谓的宗教信托基金已不再对外公开账目，而受托人显然已成为所有人，不买任何人的账。我承认这其实是想让公共机构像大自然一样，生生不息，永远生存下去。但是，得不到公共支持的机构根本没有权利继续存活。一个机构每年所能收到的会费是对它的受欢迎程度和它的管理者的公信力的最好评判。我认为每个机构都应该经得起这个考验。不过请不要误解我的意思，我的言论不适用于那些性质特殊、必须依靠永久性会费存活的机构。我只是想说，机构目前的支出应该来自每年所收到的会费。

这些观点在南非的"非暴力主义"运动时期得到了证实。这场持续六年的伟大运动是在没有永久性资金的情况下进行的，尽管这一运动消耗了数十万卢比。我还记得自己常常面临资金短缺的问题，如果再没有捐款，我都不知道第二天该怎么办。但我现在先不说这些未来的事情，在后面的叙述中读者会发现，我的这一观点得到了充分的证实。

# 第59章 儿童教育

1897年1月,我抵达德班时,带着三个孩子——我姐姐的十岁儿子,还有我自己的两个儿子,一个九岁,一个五岁。我该让他们去哪里接受教育呢?

我本可以把他们送到欧洲学校去,但是必须动用关系破格录取才行,那些学校是不招收印度儿童的。还有一些学校是由基督教教会建立的,但我也不准备把孩子们送到那里去,因为我不喜欢那些学校的教育方式。首先,教学语言只能是英语,或者可能是不太准确的泰米尔语或印地语;而且即使有这样的课程,学校也很难安排。这个问题和其他的一些问题都让我难以忍受,于是我开始尝试亲自教导他们。但那充其量就是不定时授课,我找不到合适的古遮拉特语老师。

我实在无计可施,只好登广告招聘一位英语老师,他要在我的指导下教育孩子们。我希望这位老师可以给孩子们上一些常规的课程,我自己则会不定期地补充一些非常规的内容。我以每月7英镑的价格聘请了一位说英语的家庭女教师。这种情况持续了一段时间,但我并不是很满意。孩子们通过与我交谈和接触懂得了一些古遮拉特语知识。我不愿意把他们送回印度,因为我当时笃信子女不应该和父母分开。在一个秩序井然的家庭里,孩子们自然而然地接受的言传身教会远远多于他们在学校宿舍里获得的知识。因此,我选择让孩子们留在身边。我曾让我的外甥和长子在印度的寄宿学校念了几个月书,但我很快就把他们接了回来。我的长子稍大一些时自行离家,回到印度艾哈迈达巴德的一所高中上学。我能感觉到,外甥对我的安排感到很满意。不幸的是,他在风华正茂的年纪却生了一场重病,不幸夭亡。我的另外三个儿子从来没有上过公立学校,他们只是在一所临时学校上过一些常规课程,那所学校是我为参加南非"非暴力主义"运动者的子女们而办的。

我所做这些尝试的结果都不尽人意。虽然我有心教导孩子们,但是却无法把所有的时间都花在他们身上;我希望给他们良好的文化教育,却总是无法给予他们足够的照料。另外,一些其他不可避免的原因也使我无法向他们提供良好的文化教育。在这件事上,我所有的儿子都对我意见很大。不论他们考取硕士或学士学位,甚至是参加大学录取考试,他们都会尝到自己缺乏学校教育带来的恶果。

尽管如此,我还是认为,如果我想方设法让他们在公立学校接受教育,他们就失去了从经验这所学校学习的机会,失去了与父母密切交流的机会,也就无法得到特殊的锻炼。我也不会像今天这样从焦虑中解脱出来,他们今天在生活中表现出的质朴和服务精神,英国或南非的公立学校教育是绝不可能教给他们的,而那些公立学校所教授的矫揉造作的生活方式也可能会变成我公共事业中的一个严重障碍。因此,虽然我没有给他们提供使他们或我自己都感到满意的文化教育,在我回顾过去的岁月时,我也并不能说我没有尽我所能地履行父亲的职责。我从不后悔没有把他们送到公立学校。我一直觉得,我今天看到的长子的不良性格,是对我早年生活的一种回应,即缺乏纪律和不守规定。那时的我对于真理一知半解,总是放纵自己,而我的长子正值最容易受影响的年纪,所以很自然地,他拒绝将其看作是我放纵和缺乏经验。相反,他认为那是我一生中最辉煌的时期,而后来我的转变都是由错误的认识引起的。这也情有可原。他怎么会不认为我的早年期间代表的是觉醒时期,而后来才是激进变化、妄想和自我中心呢?朋友们经常向我提出种种难题:如果我让孩子们接受了学术式教育,又会有什么坏处呢?我有什么权利去剪断他们的翅膀?我为什么要阻碍他们取得学位并自由地选择自己的职业?

我认为这些问题没有多大意义。我和许多学生打过交道,也尝试过亲自或者通过别人来把我的教育"风格"强加给其他学生,并看到了结果。据我所知,在同龄人中,没有多少人会比我的儿子们更优秀,或者我的儿子有很多东西值得他们去学习。

不过,我的教育实验还有待时间的检验。我在此讨论这个问题的目的是为了说明,我能够严格区分家庭教育和学校教育之间的差异,也能体会父母在生活中给孩子带来的不可估量的影响。本章的目的也是为了表明真理的信徒是如何被他对于真理的实验所驱使,并告诉自由的信徒那位严厉的女神又需要你付出多少牺牲。如果我没有自尊心,并且满足于让我的孩子们接受其他孩子无法接受的教育,我就应该剥夺他们以牺牲文学教育为代价而在自由和自尊方面所受到的教育。在自由和学习之间必须做出选择的时候,有谁不认为前者比后者好上千万倍呢?

1920年,我曾向从那些奴隶制的城堡——他们的中学和大学——中挣脱出来的青年建议:与其在这种奴隶的枷锁中接受文学教育,倒不如为了自由而打破藩篱,哪怕无法受到教育也在所不惜。可能现在他们能够知道我那番话的由来了。

## 第60章　服务精神

我的工作进行得很顺利,但这远远不能使我满意。每当有麻风病人找到我时,我就总会考虑如何进一步把自己的生活过得俭朴一些,为我的同胞们多做些贡献。我不忍心用一顿饭就把他打发走,于是给他提供了庇护，给他包扎伤口，并开始照顾他。但我不能一直这样下去，我既负担不起，也没有将他永远留在身边的打算。所以我把他送到政府医院去做契约劳工。

但我仍然感到不安。我渴望做一些永久性的人道主义工作。布斯医生是圣艾登教会的负责人。他是一个心地善良的人，免费为他的病人提供治疗。多亏了罗斯敦济的捐赠，一家小型的慈善医院顺利建成，并交由布斯医生全权负责。我很想在这家医院当一名护工。配药的工作估计每天要花上一到两个小时，所以我决定压缩一下我的办公时间，好在医院附设的药房里担任配药师。我的工作大部分是在事务所完成，比如财产或其他权益转让的相关法律事务或仲裁等。当然，我有时会去地方法院处理一些案子，但其中大多数是无争议的案件。而且，跟着我来到南非并与我同住的可汗先生向我承诺，我不在时他会帮我处理这些案件。因此，我可以抽出时间去医院提供服务。这项工作给我带来了一些心灵上的安宁。工作的具体内容有：询问病人病情，向医生转告病人的情况，按照处方配药。这使得我与受苦受难的印度人民密切地联系在一起，他们大多数是泰米尔、德鲁古和北印度契约劳工。

这段经历为我积攒了经验，在波耳战争期间，我因此可以担任护理伤病士兵的工作。

抚养孩子的问题一直困扰着我。在南非期间，我又生了两个儿子。我在医院的服务经验对解决他们的养育问题很有帮助，而我的独立精神是不断接受考验的源泉。妻子和我决定要在她分娩的时候得到最好的医疗条件，但是如果医生和护士在这最危急的关头让我们处于困境中，又该怎么办？我想，护士最好是个印度人。但可以想象得到，在南非要找一个训练有素的印度护士得有多难。于是我自己学习了安全分娩所需要的知识。我阅读了特里布胡达斯医生的《给母亲的建议》，按照书中给出的指示照顾我的两个孩子，并且时不时用上我在其他地方获得的经验。我另找的护工每次服务周期都不会超过两个月，这主要是为了照顾我的妻子，而不是婴儿，因为婴儿是由我自己照顾的。

最后一个孩子的出生使我经受了人生中最严峻的一场考验。分娩的阵痛已经开始了，医生却还没有赶到，等接产婆也耽误了不少时间。而且即使她当时在场，也不可能独立完成接生。我必须确保孩子安全分娩。幸好我在特里布胡达斯医生的书中对这一问题进行过仔细的研究，它给我带来了无价的帮助，缓解了我的紧张情绪。

我相信，为了使孩子得到适当的抚养，父母应该对婴儿的照料和护理有全面的了解。我对这方面的仔细研究使我在照顾孩子的每一个环节都享受到了益处。如果我不学习这门学科，不把我的知识付诸实践，我的孩子们可能就不会像今天这样健康了。有些迷信思想误导着我们，认为孩子在五岁之前什么也学不了。恰恰相反的是，孩子在前五年学到的东西是他以后再也学不到的。对于孩子的教育是从受孕开始的。父母在受孕时的生理和心理状态都会对体内的婴儿造成影响。在怀孕期间，母亲的情绪、欲望和性情，以及她的生活方式，都会影响胎儿。孩子出生后会模仿父母，在相当长的一段时间里，孩子的成长是完全依靠父母的。

认识到这些事情的夫妇就不会为了满足自己的欲望而发生性关系，而是在当他们渴望拥有后代的时候才会这样做。我认为把性行为视为一种独立的功能，就像睡眠或饮食一样不可或缺，是一种很无知的体现。为了世界的有序发展，人的行为应该受到控制。他应当意识到，他必须不惜一切代价控制自己的欲望，充分学习掌握应该学习的知识，并将这些知识传给子孙后代。

# 第61章 禁欲（上）

故事讲到这里，已经到了我开始认真考虑"禁欲"誓言的时候。自从结婚以来，我一直信奉一夫一妻制，信奉忠诚于我的妻子是对真理之爱的一部分。但是，在南非，我开始意识到禁欲的重要性，即使对我的妻子也是如此。我无法确切地说出是由于什么情况或是什么书，使我的思想开始朝着那个方向发展，但我记得，对我影响最大的应该是我曾在前文提到过的赖昌德巴伊。我还记得和他的一次谈话。有一次，我对他高度赞扬葛莱斯顿夫人对她丈夫的忠诚。我曾读到过葛莱斯顿夫人坚持为葛莱斯顿先生准备茶水，哪怕他去下议院时也不例外，而且这已经成为这对杰出夫妇生活中的惯例。我和诗人谈起这件事，顺便赞美了这对夫妻之间的爱情。赖昌德巴伊却说："你更看重的到底是什么呢？是葛莱斯顿太太对她丈夫的爱，还是她对葛莱斯顿先生的忠心耿耿？假如她是他的妹妹，或是他忠实的仆人，也同样殷勤地服侍他，你会说什么呢？难道我们找不出这样忠诚的姐妹或仆人的例子吗？假如你在一个男仆身上看到了同样的爱，你会和看到葛莱斯顿太太的情形一样感到高兴吗？请好好想想我的观点。"

赖昌德巴伊本人也已经结婚了。他的话听起来很刺耳，但却深深触动了我。我觉得仆人的奉献比妻子对丈夫的敬重要值得称赞，甚至好过千百倍。妻子对丈夫的忠诚一点也不足为奇，因为他们之间有一种牢不可破的契约。这种奉献是很自然的。但主仆之间平等的奉献精神是需要付出大量精力和努力去培养的。诗人的观点渐渐在我心底生根发芽了。"那么，"我问自己，"我和妻子的关系是什么呢？我的忠诚是否在于要使我的妻子成为我欲望的工具？只要我受到性欲的驱使，我的忠诚就一文不值。我必须说，我的妻子从来都不会主动诱惑我。因此对我来说，只要我愿意，很容易就可完成禁欲的誓言。我薄弱的意志和对欲望的依恋，是我需要克服的障碍。即使我的心里开始认同这件事，我还是失败了两次。我的失败是因为激发我努力的动机并不崇高，仅仅是为了避免生更多的孩子而已。在英国，我读过一些关于避孕的书。在上文关于素食主义的章节中我提到过一些关于艾林森医生的节育宣传，这对我起到过一些短暂的影响。希尔先生反对这些方法，他主张自我控制来节育，而不是采用外在的手段。他认为自我控制能产生更良好的效果。因为不想要更多的孩子，我开始努力自我控制，这当然很难做到。我们开始分床睡，我还决定每天工作到精疲力竭之后再去睡觉。所有的这些努力在当时似乎都没有多少成果，但是当我回顾过去时，我发现正是那些不起眼的努力累积起了最终的成功。

直到1906年，我才下了最终的决心。当时"非暴力主义"运动还没有开始，我也完全没料到它会发生。布尔战争后不久，我还在约翰内斯堡做律师，在纳塔尔的祖鲁人发生了"叛乱"。我觉得这种时候我应当为纳塔尔政府效力。政府也接受了我的提议，在下文中我会就此详述。但是这项工作使我朝着自我控制的方向疯狂地思考，并且按照惯例和同事们分享了我的想法。我确信生育和由此产生的对子女照顾的行为是与公共服务相矛盾的。为了能在"叛乱"期间服役，我只好放弃在约翰内斯堡的家庭生活。在提供服务的一个月内，我放弃了我精心装修过的房子，带着妻儿去了凤凰村，成为纳塔尔军队的附属印度救护队队长。在当时艰苦的行军中，我突然想到，如果我想以这种方式献身于为印度族群的服务，我必须放弃对孩子和财富的渴望，过着从家庭中跳脱出来的行脚僧的生活。"叛乱"一共也不过六个星期时间，而这一短暂时期却是我生命中一个非常重要的阶段。我比以往任何时候都更清楚地意识到誓言的重要性。我意识到，誓言是为你打开自由的大门，而并非是束缚你自由的枷锁。直到现在我还没有成功，是因为我意志力薄弱，是因为我对自己和神的恩典缺乏信心，所以我的心才会一直在怀疑的海洋上浮沉。我意识到，拒绝立誓的人会受到诱惑，而受誓言约束则像是从放荡生活到真正的一夫一妻制婚姻的过渡过程。"我相信努力，我不想把自己与誓言捆绑在一起"是一种软弱和背叛的心态，是我们对要避免的事物反应出的微妙的渴望。做出最终的决定真的这么难吗？我发誓要逃离那条我知道会害死我的蛇，这不是简单地努力逃离就可以的。我知道单纯的努力可能意味着某种死亡。仅仅是努力的话，只意味着对蛇注定要杀死我这一事实的无知。如果我只满足于自己的努力，就意味着我还没有清楚地认识到采取明确行动的必要性。"但是，我怎么能轻易用一个誓言约束自己呢？可能我的观点在未来会发生变化。"这样的怀疑常常使我们犹豫不决，萌生退意。但是，这种怀疑也暴露出缺乏明确的认识，即必须放弃一件特定的事情。这就是为什么尼什库兰纳德这样唱：

"未厌而弃，终难自持。"

因此，一旦内心的欲望消失了，遵循誓言就成了一件自然而然的事情。

# 第62章 禁欲（下）

经过充分的讨论和深思熟虑，我在1906年立下了誓言。在此之前，我没有和妻子谈过这个想法，只是在许下誓言的时候征求了她的意见。她没有异议。但是我却很难做出最终的决定。我并没有超凡的力量，怎么能控制我的欲望呢？断绝与妻子之间的肉体关系似乎是一件很奇怪的事。但我怀着对神的信念开始了。当我回首这已经持续了二十年的誓言时，我的内心充满了喜悦和惊奇。自1901年以来，自我控制的实践活动或多或少一直在进行。但是，在1906年之前，我从未拥有过这种在许下誓言之后所感受到的自由和快乐。在许下誓言之前，我随时都可能被诱惑所征服。而现在，誓言成了抵御诱惑的坚固屏障。对我来说，禁欲的巨大潜力对我的影响每一天都在不断增加。我立下誓言时是在凤凰村。当我结束了救护工作后，就立刻去了凤凰村，然后回到了约翰内斯堡。大约一个月后，便奠定了"非暴力主义"运动的基础。我自己并未意识到，但其实禁欲的誓言让我为"非暴力主义"运动做好了准备。"非暴力运动"并不是一个筹谋许久的计划，它是自发产生的，并不掺杂我的主观意愿，但我知道自己此前走出的每一步都是在为它做准备。我削减了在约翰内斯堡沉重的家庭开支，去了凤凰村，许下了禁欲的誓言。

对禁欲的完美遵守意味着"婆罗门"的实现，我知道这一点，但却并非来自我对宗教论藏的研究，而是随着经验的积累慢慢意识到的。后来，我才读到谈及这个问题的经典文献。执行誓言的每一天都使我更加明白，禁欲可以使肉体、思想和灵魂都得到庇护。现在，于我而言禁欲已经不再是苦修的过程了，而是一件充满着安详和喜悦的事。每天它都会让我有新的愉悦感。

尽管这是一件让人不断感受到喜悦的事情，请别认为这对我来说易如反掌。即使我已经56岁，要守住誓言也还是非常艰难。每天我都越来越清晰地意识到，自己仿佛在刀刃上行走，必须时时刻刻都保持警惕。

控制口腹之欲是遵守誓言的第一要素。我发现，控制自己的食欲会使守誓变得容易得多。因此，我现在不仅从素食者的角度来考虑自己的饮食，还从禁欲者的角度来看待饮食之道。通过这些实验，我得出的结论是，禁欲者的食物应该是节制的、简单的、原味的，如果可以的话，最好是不经烹饪的。

六年的经验告诉我，禁欲者的理想食物是新鲜水果和坚果。在我改变饮食习惯之前，并不知道这些食物能够让人对情欲免疫。当我在南非以水果和坚果为生时，禁欲对我来说非常简单。但自从我开始喝牛奶以后，就变得很难了。我把食谱从新鲜水果换成了牛奶的缘由在下文中会另做说明。在这里我只是想要强调，我毫不怀疑喝牛奶会使得禁欲者的誓言变得难以维系，但也不应该由此推断出所有的禁欲者都必须放弃牛奶。不同种类的食物对禁欲的影响需要通过大量的实验来确定。我还没有找到一种水果来代替牛奶，因为要找到一种既和牛奶同样好的肌肉塑造剂，又容易消化的水果确实很难。印度教医生和穆斯林医生都没能给我一个答案。因此，虽然我知道牛奶在一定程度上来说对禁欲是一种刺激源，但目前我不能建议任何人放弃它。

作为对禁欲的一种辅助，除了在饮食上进行选择和限制之外，禁食也是很有必要的。人的欲望其实拥有很强的力量，只有当它们被从上到下全方位地封闭起来时，才能被控制住。众所周知，人在饥肠辘辘时是不会有什么性欲的，因此，我毫不怀疑禁食在控制欲望中起到的巨大作用。但对于有些人来说，禁食是没有用的，因为单纯机械的禁食对他们没有作用，他们在保持自己的身体不吃东西时，心里却想着各种美味佳肴，想着禁食过后便可以大吃大喝。这样的禁食既不能控制味觉，也不能控制欲望。只有当思想与饥饿的身体通力合作时，禁食才有用武之地。也就是说，当你的思想对被你身体拒绝的东西同样保持厌恶时，禁食才有帮助。心灵是一切肉欲的根源。因此，禁食的作用也是有限度的，因为禁食的人可能会继续被激情所左右。但可以说，如果没有禁食，通常人们是不可能消除性欲的，这可以说是遵守"禁欲"誓言所不可或缺的手段。许多"禁欲"的信徒们失败了,因为他们想继续像那些非禁欲者一样释放他们的情感。这就像在炎热的夏季里寻求冬天的寒冷一样。禁欲者与非禁欲者间应该界限分明。这两者之间的相似之处只是表面现象,但区别却应该如白昼般清晰。每个人都有一双眼睛,然而禁欲者用它来观察神的光辉与荣耀,非禁欲者却只看到那些轻浮的俗事。每个人都有一双耳朵,禁欲者只倾听对神灵的赞美之词,非禁欲者听到的却是那些轻佻之语。他们同样在深夜还不睡去,禁欲者用夜晚来祈祷,而非禁欲者则在狂野和欢乐中挥霍着自己的生命。两者其实都在满足内心的欲望,但只有禁欲者才能维持内心的神圣殿堂,而非禁欲者沉浸在自己的欲望中无法自拔,使神圣的器皿臭气熏天而不自知。两者大相径庭,而且它们之间的鸿沟会随着时间的推移而有增无减。

"禁欲"的宗旨是在思想、语言和行为上控制感官。每一天,我都越来越清晰地意识到对上述欲望做出约束的必要性。就像对于发下禁欲誓愿的人并没有限制一样,放弃克制的可能性也是无限的。仅凭自己有限的努力很难实现禁欲的誓言,对许多人来说,它只能作为一个理想而已。一个追求"禁欲"的人将永远明白自己的缺点所在,时刻探寻在他内心深处徘徊的情欲,并努力摆脱它们。只要思想还无法完全控制意志,禁欲就不算完美。无意识的思维是一种情感的流露,要控制思维就等于要控制情感,而这比控制风更为艰难。然而,存在于内心深处的神使得控制思想成为可能的事。不要因为这件事非常困难,就觉得无法做到。这是最崇高的目标,而实现这个目标当然需要付出最艰辛的努力。

但在回到印度之后,我才意识到,仅仅靠个人的努力是不可能实现这种"禁欲"的。在此之前,我一直妄想靠水果食谱消除所有的情欲,而且我还沾沾自喜,以为找到了解决问题的最佳办法。

我暂时不提及后面自我挣扎的内容。同时,请允许我明确一个观点：那些希望通过禁欲实现内心愿望的人，只要他们对神的信仰与他们对自己努力的信心相等，就不必感到绝望。

节制之人，勿重感官，更得趣味；
至臻方知，无悲无喜，无欲无求。①

因此，神之恩典是"禁欲"信徒除了超脱轮回之外的最后办法，这是我回到印度之后才领悟的事实。

# 第63章　简朴生活

我曾有过一段安逸舒适的生活，但时间并不长。当时我精心布置了我的房子，但对它也并没有过多留恋。因此，我刚开始过这种生活，便开始削减开支。洗衣的收费很高，再加上洗衣工从不守时，即使是两三打衬衫和衣领也根本不够用。衣领必须每天更换，衬衫如果不是每天换，至少每隔一天也得换一次。这意味着双倍的开销，而在我看来这笔开销是不必要的。所以，我给自己准备了一套洗衣用具，买了一本关于洗衣服的书，仔细研究了一番，还把它教给了我的妻子。这无疑增加了我的工作，但它的新奇使得它成为一种乐趣。

我永远不会忘记自己亲手洗的第一个领子。我用了太多的上浆粉，熨斗又没有充分预热，因为怕把领子烫坏，熨的时候也没有压

---

① 见《薄伽梵歌》第2章59节。

得足够久。结果虽然领子很平整挺拔，却不断有多余的上浆粉从上面掉下来。我穿着这个衣领去法庭，引来了律师朋友的嘲笑，但我一点也不在意。

"好吧，"我说，"这是我第一次自己浆洗衣领，所以加了太多上浆粉。但这并不会让我感到困扰，而且还给你们带来了这么多的乐趣，也是件好事。"

"但这里肯定不缺洗衣店吧？"一个朋友问道。

"洗衣费太高了，"我说道："洗领子的费用几乎抵得上再买一条的价格了，哪怕这样，洗衣工还是忙得不可开交。我宁可自己洗衣服。"

但我无法让我的朋友们体会到亲力亲为的乐趣。一段时间之后，我成了洗衣专家，我的洗衣水平绝对不亚于洗衣工。我的衣领跟别人的一样平整，也一样闪亮。

戈可哈尔来南非时戴着一条围巾，是马哈迪奥·戈文德·拉纳德送给他的礼物。他非常珍视这件纪念品，只在特殊场合才戴。有次，约翰内斯堡的印度人为欢迎他而举行了一场宴会，他发现围巾有些皱，需要熨烫，但已经没有时间再去送洗了，我便毛遂自荐了一下。

"我相信你是个有能力的律师，但不能相信你是个合格的洗衣工，"戈可哈尔说，"如果你把它弄脏了怎么办？你知道这对我意味着什么吗？"

在他声情并茂地向我讲述了这件礼物的故事之后，我仍然坚持并保证可以办好这件事，他最终同意了。我成功地熨好了围巾，获得了他的认可。从那之后，哪怕世界上其他人都不认可我的技术，我也觉得无所谓了。

凭借着摆脱对洗衣工依赖的方法，我还摆脱了对理发师的依赖。所有去过英国的人都至少在那里学会了剃须的技术，但据我所知，没有一个人学会自己理发。但我必须学会这个技能。我曾经去过比勒陀利亚的一家英国理发店，但他却轻蔑地拒绝为我服务。我的自尊心自然受到了伤害。于是，我立刻买了一把剪刀，在镜子前自己学着理发。前面的头发我可以算是剪得基本成功，但是后面却弄得一塌糊涂。法院里的朋友们看到我，忍不住笑得前仰后合。

"你的头发怎么了，甘地？被老鼠啃了吗？"

"没有。白人理发师不肯屈尊摸我的黑色头发，"我说，"所以我宁愿自己剪，剪成什么样都无所谓。"

朋友们对我的回答并不意外。

理发师拒绝为我理发并不是他的错。如果他为黑人服务，那么他就完全违背了当时的习俗。就像在印度，我们不允许自己的理发师为贱民同胞服务一样。在南非，我遇到了许多次这样的回报，我觉得自己这也算是被以牙还牙，于是就不再生气了。

我对于凡事亲力亲为和简朴生活的热情所做出的其他表现将在其他章节详述。种子早已播下，只需要浇水就能生根、开花和结果，而浇水的时机也适时到来了。

# 第64章　布尔战争

我必须略过1897年至1899年间的许多其他经历，直接进入布尔战争的阶段。

当战争打响时，我个人对布尔人是非常同情的，但我当时认为在这种情况下，我并没有执行个人信念的权利。在《南非"非暴力不合作"运动史》一书中，我已经详细地描述了关于这一问题我的内心斗争，在此便不再重复说明了。感兴趣的人可以去读一读那本书中的相关篇章。可以说，我对英国统治者的耿耿忠心驱使我投入了布尔战争。我觉得，如果我要享有英国公民的权利，我也有义务参与到保卫大英帝国的行动中来。在当时，我认为印度只有从属于大英帝国，并通过她才能实现自身的彻底解放。于是，我尽可能多地召集了志同道合者，并费了很大周折，才让他们得以以救护队的身份被军队接受。

在当时，英国人普遍认为印度人胆小怕事，不敢冒险，眼光短浅，自私自利。因此，许多英国朋友都对我的计划泼了冷水，但是布斯医生一直全力支持我。他针对救护工作为我们进行培训，我们也获得了相应的医疗服务资格证明。劳顿先生和已故的艾斯坎比先生也都积极地支持这个计划，最后我们申请了前线的服务。政府对我们的申请表示了谢意与感激，却也表示当时并不需要我们服役。

我不愿意接受这种拒绝。通过布斯医生的介绍，我拜访了纳塔尔的主教。在救护队中有很多印度基督徒。主教很认可我的想法，答应劝说政府接受我们的服役申请。时间也站在我们这边。布尔人比大家预期的更有勇气、决心和毅力，我们的服役最终得到了批准。

我们组织的救护队共有1 100人，大概有40个组长，其中大约300人是自由的印度人，其余的则是契约劳工。布斯医生也和我们在一起。救护队表现很好，虽然我们的工作是在后方，也得到了红十字会的保护，但在关键时刻，我们也会被要求上火线工作。这种有所保留的工作状态并非是我们自己提出的，而是当局不希望我们受到火力波及。然而，在斯皮恩山发生的败退之后，形势发生了变化。布勒将军提出了这样的要求：尽管我们没有必要冒险，但如果我们可以从战场上帮忙接走伤员，政府将会非常感激。我们毫不犹豫地接受了，在斯皮恩山行动时我们一直在火线内工作。那时，我们每天都必须抬着担架上的伤员行军二十英里到二十五英里。在那些伤员中，我们还有幸救护过像伍德盖特将军这样的军人。

六个星期后，救护队解散了。在斯皮恩山和瓦勒克兰兹的战役连连失利后，英国总司令放弃了轻松拿下莱迪史密斯等地的想法，并决定稳扎稳打，等待英国和印度的增援。

我们那些不足挂齿的工作在那时颇受好评，印度人的声望也就此得到了提升。报纸上也刊登了赞美诗，其中有这样的叠句："我们毕竟都是帝国之子。"

布勒将军在他的报告中对救护队的工作赞赏有加，队长们也都被授予了战争勋章。

印度群体变得更有组织性了，我与印度契约劳工的联系也更加紧密。他们有了更高的觉悟，一种感觉深深扎根在他们中间——印度教徒、穆斯林、基督徒、泰米尔人、古遮拉特人和信德人都是来自同一片土地的印度人。所有人都相信，印度人得到的不公待遇肯定会得到纠正。那时，白人的态度似乎已经有了明显的改变。战争期间我们与白人形成了很亲密的关系。我们已经接触到了成千上万的英国士兵，他们对我们很友好，很感激我们能奔赴前线帮助他们。我忍不住想要讲述一段温馨的旧事，回忆人性是如何在经历磨难的时刻表现出光辉的一面的。那时我们正在赶往基夫利营地，罗伯茨勋爵的儿子罗伯茨中尉在那里受了重伤。幸运的是，救护队找到了他，把他从战场上抬了出来。那天特别闷热，每个人都口干舌燥。路上有一条小溪可供我们解渴，但谁应该先喝呢？我们提议在白人士兵喝完后我们再喝，但是他们不愿意先喝，反而敦促我们先去。大家为了互相谦让还进行了一番友好的争论。

# 第65章　卫生改革和饥荒救济

要我做一个与世无争的政治团体成员，几乎是不可能的事情。我一直不愿意隐瞒或纵容群体的弱点，也不愿在没有清除其缺陷的情况下为其力争权利。因此，自从我在纳塔尔定居以来，我一直在努力消除人们对印度群体的意见，但事实上这种指责也并非全无道理。人们经常指责印度人邋遢，无法保持房子和周围环境的清洁。为此，群体里的主要人物都已经开始注意其居所的卫生情况，但逐户检查是在德班公布瘟疫即将爆发的消息之后才开始进行的。同时，这也是在征求了那些希望我们配合工作的政府要员意见，并获得同意之后才开展的。我们的配合会减轻他们的工作负担，同时也减轻了我们的压力。因为如果瘟疫一旦爆发，行政部门通常会直接采取强硬措施，对那些招致他们不满的人进行严打。通过自愿行为改善卫生条件，使我们的群体避免了这种风险。

但我碰到了一些令人恼火的事。我知道在这件事情上，我不能像为他们争取权利那样，轻而易举地得到印度群体的帮助，让它自发履行自己的职责。在一些地方，我受到了侮辱，而在另一些地方，我则受到了礼貌的轻视。对他们来说，保持周围环境的清洁太强人所难了。要指望他们为这项工作筹钱更是不可能的。这些经历使我比以往任何时候都更清楚地认识到，没有无限的耐心，就无法做成任何工作。改革家本身才是需要改革的人，而不是社会。社会带给改革家的，只有反对、憎恶，甚至是致命的迫害。改革者当成像生命一般重要的东西，为什么社会将其当成是一种倒退呢？

不过，这次骚动的结果使得印度群体或多或少地认识到了保持房屋和环境清洁的必要性。我赢得了当局的尊重。他们看到，尽管我为了印度群体发声抗议，争取权利，但我同样热衷和坚持自我净化。

然而，还有一件事尚待完成，那就是唤醒印度侨民对祖国的责任感。印度是一个贫穷的国家，印度侨民们来到南非是为了赚取金钱。在他的同胞们处于困境时，他们应该贡献一部分收入来支援他们。在1897年和1899年发生大饥荒时，他们这样做了。他们为饥荒救济做出了巨大的贡献，在1899年的捐献额超过1897年。我们向英国人寻求捐助，他们也积极地支援了我们。就连印度契约劳工也贡献了自己的一份力量。自那时以来，在饥荒时期建立起来的体制就一直在继续。我们知道，南非的印度侨民在国家面临灾难的时候，总会慷慨解囊。

因此，南非的印度侨胞在每个阶段都向我揭示了真理的新含义。真理就像一棵大树，你越呵护它，它越能结出更多的果实。在真理的矿山之中寻找得越深入，就越能找到埋藏的丰富宝石，也意味着开辟出更多的为人们服务之门。

## 第66章 拒绝收礼物

履行完我的战时责任后，我觉得自己需要做的工作不再是在南非，而在印度。当然，这并不是说在南非什么也做不了，而是我担心自己的主要工作可能仅仅是为了赚钱。家人和朋友们也在催我回去，我自己也觉得应该在印度多做一些事，而在南非的工作，梅斯·可汗和曼苏克拉尔·纳扎尔完全可以胜任。所以，我要求我的同事们接替我的工作。艰难交涉之后，我的请求被接受了。但条件是如果一年之内，印度群体需要我的话，我要随时准备好回到南非。我认为这个条件很难做到，但对于印度群体的热爱让我接受了它。"神已经用爱的棉线绑住了我，我是神的仆从。"米拉拜唱道。对我来说，将我与印度群体联系在一起的羁绊太强大了，根本无法打破。人民的心声就是神的旨意，而在这里，朋友们的心声真实得令人无法拒绝。我接受了这个条件，他们便也同意我离开。

那时我与纳塔尔有着深入密切的联系，纳塔尔的印度人令我沐浴在爱的琼浆玉液之中。各处都安排了欢送会，并向我赠送了贵重的礼物。

1899年我回印度的时候也收到过临别赠礼，但这一次的礼物要贵重得多。礼物中除了一些金银首饰，还有昂贵的钻石。

我有什么权利接受这些礼物呢？如果接受了它们，我还怎么说服自己是在无偿地为印度群体服务？所有的礼物中，除了少数几件来自我的当事人，大多数都是为了感谢我对群体做出的贡献。其实我的当事人与同事也并没有明显的分界线，因为我的当事人也为我做的公共工作帮了不少忙。

礼物中有一条价值五十英镑的金项链，是送给我妻子的。但这份礼物也是为了答谢我在公共事业上做出的贡献，所以我也并不能对它区别对待。

收到这堆礼物的那个晚上，我难以入睡，焦躁地在房间里踱步，但也想不到合适的解决办法。我很难放弃价值数百英镑的礼物，却更难收下它们。

就算我可以收下它们，那我的孩子们呢？我的妻子呢？他们正在接受训练以适应为他人服务的生活，并学会意识到为他人服务本身就是一种对自我的回报。

我家里没有贵重的装饰物。我们一直在简化自己的生活。那我们又怎么能负担得起金表呢？怎么能买得起金链和钻戒呢？当时我还劝诫人们克服对珠宝的迷恋，现在这么多珠宝摆在我的面前，我又该拿它们怎么办呢？

我决定不保留这些东西。我起草了一封信，利用这些珠宝为印度群体成立了一个信托，并任命了罗斯敦济和其他受托人。早上我与妻子和孩子们商量了一番，最终摆脱了这个沉重的枷锁。

我知道要说服妻子会有些困难，但我相信说服孩子们应该会很轻松。所以我决定让他们做我的说客。

孩子们不假思索地同意了我的建议。他们说："我们不需要这些昂贵的礼物，我们必须将它们归还给印度群体。如果我们需要的时候，可以自己轻轻松松地去买回来。"

我很欣慰，问道："那么，你们会说服你们的母亲，对吧？"

"当然了，"他们说，"那是我们的事。她自己不需要戴那些饰物，所以她应该是想把这些珠宝留给我们。但是如果我们不想要这些珠宝，她还有什么理由留下它们呢？"

事实上，这件事说来容易做来难。

"你可能是不需要这些，"我的妻子说，"你的孩子可能也不需要这些，他们向来都很听你的话。我也能理解你不允许我穿戴这些。那我的儿媳妇呢？她们肯定会需要的。谁知道明天会怎么样？别人是真心实意送给我们的好礼，无论你们想不想要，我是不愿意放弃的。"

我们为这件事争执了很久，最后以眼泪告终。但孩子们的意愿都非常坚定，我也毫不动摇。

我循循善诱地说："孩子们还没结婚呢，我们也不希望看到他们过早结婚。当他们长大了，他们自己会照顾自己的。将来，我们肯定也不会给儿子们选那种爱慕虚荣的媳妇。况且，如果我们到时真的需要给她们准备金银首饰，你尽管来找我就是了。"

"去找你？我已经看透你了。你夺走了属于我的首饰，不愿意让我拥有它们。又怎么可能会给儿媳妇买呢？你这是一心想把我的儿子们都变成苦行僧！这些首饰我是不会送回去的。而且你有什么权利对别人送给我的项链指手画脚？"

"可是，"我回答道，"这条项链是为了答谢你对印度群体做出的贡献，还是我做出的贡献？"

"是你的贡献。但是你的贡献难道不也是我的贡献吗？我日日夜夜都在为你辛勤劳作，这不是服务吗？你把一切都强加给我，让我流着苦涩的眼泪，却还要为他们卖命！"

她说的话很尖锐，有一些话也戳中了我的心。但我依然决定要把这些首饰退还回去。我勉强征得了她的同意，把我在1896年和1901年收到的礼物全数退还。我们准备了一份信托书，把这些珠宝存入银行，根据我或受托人的意愿作为将来用于维系印度群体服务的经费。

通常，当我需要资金用于公共事业，觉得需要动用这笔经费时，我常常设法另行筹款，不去动这笔钱。这笔钱现在还在，在需要的时候也被使用过，但总额一直在增长。

我从未后悔过自己的选择。随着岁月的流逝，我的妻子也最终意识到那样做才是明智之举。它把我们从许多诱惑中拯救了出来。

我始终认为，为公共事业服务者不应该接受昂贵的礼物。

# 第67章　重返印度

我坐上了回国的船。船到毛里求斯时停泊了很久，于是我上岸并熟悉了下当地的情况。有天晚上，我去拜访了殖民地总督查尔斯·布鲁斯爵士。

回到印度以后，我花了一些时间去乡下。当时是1901年，印度国民国会党（国大党）在加尔各答举行会议，由后来受封为爵士的丁肖·瓦哈先生担任主席。我当然也参加了。这是我第一次参加国大党的会议。我和费罗泽夏·梅赫达爵士坐了同一列火车从孟买去加尔各答，因为我想和他谈谈南非的情况。我知道他贵族般的生活方式，他给自己订了个头等包厢，我被允许去他的包厢里坐一站路，跟他交谈。到达指定的站后，我去了他的包厢，和他在一起的还有丁肖·瓦哈先生和后来同样受封为爵士的奇曼拉勒·西塔瓦德先生。他们正在讨论政治。费罗泽夏爵士一看到我，就说："甘地，我们恐怕无能为力。当然，我们会通过你提出的议案。但是我们的国家有什么权利呢？我相信，如果我们在自己的土地上都没有权利，你也不可能在殖民地过得很好。"

我有些吃惊。西塔瓦德先生似乎同意这一观点，而瓦哈先生则同情地看了我一眼。我试图恳求费罗泽夏爵士，但是像我这样的人又怎能说服这位孟买的无冕之王呢？退一步讲，对自己被允许提出议案，我就已经心满意足了。"你会把你的议案拿给我们看吧？"瓦哈先生想这样让我振作起来。我谢过了他，并在下一站起身与他们告别。

我们到达了加尔各答，接待委员会前呼后拥地把主席接去了他的住所。我向一个志愿者询问我应该去哪里，他带我去了瑞朋学院，许多参会的代表都住在那里。幸运的是，洛卡马尼亚和我住在同一幢楼里，我记得他是在一天之后才来的。

当然了，洛卡马尼亚无论走到哪里都是追随者众多。如果我是个画家，我肯定要画下他端坐床上的场景，那一幕实在令人记忆犹新。在来访的无数人中，现在我只能记起一个，那就是已故的莫提拉尔·高斯先生，《甘露市场报》的编辑。他们放声大笑，大肆批判统治阶级的错处，实在是令人印象深刻。

但是我仔细观察了一下这个地方的工作情况，志愿者们总是在互相推卸工作。你叫一个人做一件事，他就把这件事推到另一个人身上，另一个人又把这件事推给第三个人，依此类推。至于代表们，更是行踪不定。

我和几个志愿者成了朋友。我告诉了他们一些关于南非的事情，他们感到有些惭愧。我试图让他们理解服务精神，他们好像听懂了，但并没有什么长进。这既需要坚定的意志，也取决于你有没有相关的经验。那些心地善良而单纯的年轻人并非缺乏意志，但他们毫无经验。国大每年开三天的会，然后就无所事事了。从一个为期三天的会议中又能得到什么经验呢？代表们也是一样，他们也没得到过更好的或更长时间的锻炼机会。他们自己什么都不做，而是发号施令："志愿者，把这个做了""志愿者，把那个做了"。

哪怕是在这里，我还是在公平的幌子下看到一些"不可接触"论。泰米尔人的厨房离其余的地方都很远。对泰米尔人代表来说，哪怕是他们在用餐时看到了其他人，也会脏了他们的眼睛。因此，学院在院子里为他们建造了一个特殊的厨房，四周用柳木围栏围起，里面烟雾弥漫，令人窒息。这是一个集厨房、餐厅、厕所为一体的场所，就像一个密不透风的保险柜。对我来说，这其实是对种姓制度的一种歪曲。"如果，"我对自己说，"连国会代表们之间都有存在这种不可接触的现象，选民中的情况就可想而知了。"想到这一点我便长叹一声。

这里的卫生情况非常糟糕，到处都是水洼，只有几间厕所，而那厕所里的臭味至今想起来仍让人反胃。我把问题反映给了志愿者。他们却说："那不是我们的工作，而是清洁工的工作。"于是我找他要一把扫帚，那人却只是诧异地盯着我。我想办法找了把扫帚，亲自打扫了厕所。但那只是为了我自己做的。人那么多，厕所又那么少，需要经常性地进行打扫，但我一个人做不了那么多。所以我只能为我自己打算。而且其他的人好像都并不在意这些恶臭和肮脏似的。

更过分的是,有些代表在夜里毫无顾忌地在自己房间外的露天阳台上方便。早上,我向志愿者们指出了这些问题,但没有人愿意去做清洁工作,甚至不愿意和我分摊去做。即使是条件已经有了很大改善的今天,还是有许多轻率的代表随意损害公共卫生,破坏印度国民国会党的会场,而志愿者们也无法时时刻刻跟在他们身后打扫。

我想,如果会议议程延长,现场的条件或许很容易爆发疫情。

# 第68章 文书和随从

国大党的会议还有两天就要开始了,我已下定决心为国大党会议办公室提供服务,以便获得一些经验。到达加尔各答后,我做完了日常的沐浴净体礼,便去了国大党会议办公室。

布本德拉纳斯·巴斯先生和戈塞尔是国会秘书。我去找了布本德拉纳斯先生,对他表达了希望为国会服务的想法。他看了我一下,说道:"我这没有什么工作可以安排给你,但是戈塞尔先生可能会给你找些事情做,请去找他吧。"

于是我去找了戈塞尔先生,他打量了我一番,笑着说:"我这里只有一些文书工作,你愿意做吗?"

"当然,"我说,"只要不超过我能力范围的事情我都愿意做。"

"年轻人,你有这样的想法是对的。"他对围在他身边的志愿者说,"你们听到这个年轻人说的话了吗?"

然后他转向我,继续说道:"那么,这里有很多信件要处理。你就坐到那边,开始工作吧。如你所见,有成百上千的人来找我。我该怎么办?我是该去见他们呢,还是要去回复这些像潮水一样涌来的信件?我没有可以托付这件事的员工。这些信大部分都没有任何意义,但请都通读一遍。如果有需要回函告知的,你就自行回复吧。要是有需要考虑再做回复的信件,你再跟我说。"

戈塞尔先生对我的信任,让我感到非常高兴。

戈塞尔先生把工作交给我时并不了解我,直到后来他才问起我的资历。

分配给我的处理信件工作很容易,我很快就做完了。戈塞尔先生非常高兴。他是个健谈的人,可以一连几小时说个不停。当他了解了我的经历,对于让我做文书工作表示抱歉。但我宽慰他道:"请不要担心。我和你相比又算得上什么呢?你的头发都在为国大党的服务中变得灰白了,对我来说你是一位长辈。我只是个没有经验的青年罢了。你信任我,让我做这份工作,也是让我担负起了责任。我想为国会工作,而你给了我这次难得的机会去了解国会工作中的细节。"

"实话告诉你,"戈塞尔先生说,"这种精神才是对的,但是现在的年轻人往往意识不到这一点。是的,我从国大党创立之日起就在这里工作了。事实上,我可以说,在休谟先生牵头创立印度国民国会党之中,也有我的一份力量。"

于是,我们成了好友。他坚持要我和他一起吃午饭。

戈塞尔先生习惯让他的随从为他系衬衫纽扣,而我则自告奋勇担负起了这个工作。我很喜欢这样做,因为我对于长辈是非常敬重的。在他了解了这一点之后,便不再介意我为他做一些个人服务了。事实上,他很高兴。在让我给他系衬衫纽扣的时候,他会说："你看，现在国会秘书连衬衫都没时间扣了，他实在是忙不过来。"戈塞尔先生的纯真之语总会逗笑我，但我并没有因为服务于他而产生任何反感。事实上，我从这项服务中得到的好处是无法估量的。

过了几天，我了解了国大党国会的工作情况。我会见了大多数的领导，也观察了像戈可哈尔和苏伦德拉纳什这些中坚分子的举动。我注意到了大量的时间浪费情况。即使在那时，我对于英语在印度事务中占据的重要地位也感到很悲哀。大家基本不在意人力的合理配置，一个人可以完成的工作却有许多人在做，重要的事情却根本没有人去管。

尽管我的思想在观察这些事情时很挑剔，但我内心却充满着仁慈。所以我总是认为，在那种情况下，可能也无法做到更好。这种想法使我不会低估任何工作的价值。

## 第69章　国大党会议

终于到了国大党会议的时候。巨大的看台，庄严列队的志愿者，以及坐在台上的长者们，都使我不知所措。我不知道面对这样大的场面该如何是好。

主席的演讲是一本书。当然，从头到尾读一遍是不可能的，所以只读了其中的几个选段。

在此之后，便是议题委员会的选举了。戈可哈尔带着我去参加了委员会的会议。

费罗泽夏爵士当然同意我提出的议案，但我不知道谁会把它提交给议题委员会，以及什么时候提交。因为每一个议案都有英文写就的冗长的演说，而且都受一些著名领导者支持。这些提案仿佛雄壮的鼓点，而我吹奏的管乐在那些熟练的鼓声中几不可闻。随着夜幕的降临，我的心怦怦直跳。在我的印象中，在最后提出的那些议案，都是很迅速地通过的，因为大家都急急忙忙地要走。那时是11点钟，我没有勇气发言。我已经把我的议案拿给戈可哈尔看过，便走近他的椅子，低声对他说："请帮帮我吧。"他说："我一直记挂着你的议案。你看到他们匆忙通过决议的样子了，我不会让你的提案被忽略。"

"我们结束了吧？"费罗泽夏·梅赫达爵士问。

"不，不，还有南非的议案，甘地先生等了很久了。"戈可哈尔叫道。

"你看过议案了吗？"费罗泽夏爵士问道。

"当然了。"

"你觉得怎么样？"

"我觉得很不错。"

"好吧，说给我们听听吧，甘地。"

我颤抖地读了我的提案。

戈可哈尔表示支持我的提案。

"一致通过！"大家喊道。

"你有五分钟时间来详述这一提案，甘地。"瓦哈先生说道。

我一点也不喜欢这一流程。没有人愿意用心去了解这个提案，大家都急着离开。因为戈可哈尔看过了这个议案，其他人就认为没有必要再去看或去理解它了！

那天早上我就开始担心我的演讲。在那五分钟里我要说什么？我已经准备得相当充分，但却说不出话来。我决定不读演讲稿，而是即兴发言，但我在南非培养的演讲能力似乎暂时离我而去了。

一轮到我提出议案时,瓦哈先生就喊出了我的名字。我站起来,感觉头晕目眩,浑浑噩噩地把议案读完了。有人把他写的一首歌颂外国移民的诗印出来并分发给代表们。我读了这首诗,并提及了移民南非者的委屈和不平。这时瓦哈先生按了铃。我确认我并没有讲足五分钟时间,但那时我不知道响铃是为了提示我限时还剩下两分钟。我听过别人讲了半小时或三刻钟的话,也并没有人按铃。铃声一响,我就痛苦地坐了下来。在我稚气的智慧中,这首诗是对费罗泽夏爵士的回答。决议毫无悬念地通过了。在那些日子里,来宾和代表之间几乎没有什么区别。每个人都举手了,所有的议案都一致通过。我的提案也就这样被通过了,所以对我来说就失去了其重要性。然而,国大党国会通过我的提案的这一事实让我已经很高兴,国大党国会的批准意味着国家的批准,这足以让任何人高兴起来。

## 第70章　寇松勋爵的招待会

国大党国会结束了,但我必须就南非的工作去与商会和其他人会面。我在加尔各答待了一个月。这次我没有住在酒店,而是通过必要的介绍入住了印度俱乐部。印度俱乐部的成员中有一些杰出的印度人,我期待认识他们,并使他们对南非的工作产生兴趣。戈可哈尔经常到这个俱乐部去打台球,当他知道我要在加尔各答待一段时间后,便邀请我和他同住。我很感激地接受了邀请,但我认为自己主动过去并不合适。他等了一两天,然后过来亲自接我。他发现了我的拘谨,便对我说:"甘地,你是要留在这个国家的,这么拘谨不合时宜。你必须认识尽可能多的人,我希望你为国大党效力。"

在我开始讲我和戈可哈尔同住的事之前,我想先说一件发生在印度俱乐部的事。

寇松勋爵那时正在举行招待会,一些被邀请去参加的王公贵族都是俱乐部的成员。在俱乐部里,我经常看到他们穿着精美华丽的孟加拉腰布、衬衫和围巾。在招待会那天,他们却穿上了仆从的裤子和锃亮的靴子。我很难过,问起他们做出这种改变的原因。

"只有我们知道自己的不幸处境。只有我们知道为了保有财富和头衔而必须忍受的侮辱。"

"但是为什么要穿仆从的服饰和锃亮的靴子呢?"我问道。

"你觉得仆从和我们有什么不同吗?"他回答道,"他们是我们的仆从,我们是寇松勋爵的仆从。如果我不来参加招待会,那么我就得承担后果。如果我穿着自己平常的服饰来参加,那将是一种冒犯。你认为我会有机会和寇松勋爵说上几句话吗?绝对不可能!"

我很同情这位直言不讳的朋友。

这让我想起了另一个招待会。

当哈丁勋爵为印度大学奠基时,举行了一个招待会。当然出席的有许多王公贵族,但是马拉维亚吉潘迪特别邀请我出席,于是我也参加了。

我看到王公贵族像女人一样打扮得漂漂亮亮:他们穿着丝质的宽筒裤和长袍,脖子上戴着珠状项链,手腕上戴着手镯,头巾上装饰着珠宝和钻石流苏,腰间还挂着金柄的剑。这令我觉得很困扰。

我发现这些并不是他们皇权的标志,而是他们的奴隶身份的象征。我原以为他们戴着这些表明自己无能的徽章是自愿行为,但我后来才知道原来这些王公贵族有义务在这种场合戴上他们所有贵重的珠宝。我还听说，有一些人其实非常厌恶佩戴这些珠宝，而且他们在除了招待会这样的场合以外从来没有戴过。

我不知道我所获得信息的准确程度。但无论他们是否在其他场合佩戴，不得不戴上只有女性佩戴的珠宝首饰来参加王室招待会，已经足够让人痛苦了。

人的财富、权力和声望所造成的罪孽和错误的恶果是多么沉重啊！

# 第71章　和戈可哈尔同住一月（上）

从我和戈可哈尔住在一起的第一天起，他就让我感到非常自在。他把我当作自己的弟弟对待，他了解我所有的要求，并安排我得到我所需要的一切。幸运的是，我的需要很少，而且我养成了自力更生的习惯，很少需要别人照顾。我的自力更生、我的个人卫生习惯、坚韧不拔的精神和规律的生活给他留下了非常深刻的印象，常常令他对我赞不绝口。

他似乎对我毫不隐瞒。他会把我介绍给所有到访的重要人物。令得我印象最深刻的是后来受封为爵士的雷博士。他住得非常近，是一个经常登门的客人。

戈可哈尔是这样给我介绍雷博士的："这位是雷教授，他的月薪是800卢比，他自己只保留40卢比，其余的用于公众事业。他没有结婚，也不想结婚。"

我看不出现在的雷博士与之前有什么不同。他的衣服从过去到现在都一样简单，当然，现在是土布面料，而那时候是印度粗布面料。我觉得戈可哈尔和雷博士之间的谈话我怎么都听不厌，因为它们都与公共利益有关或存在教育价值。有时，他们也会痛心疾首地抨击公众人物。结果，一些在我心目中本是顽强斗士的人开始变得很渺小。

看戈可哈尔工作既是一种教育，也是一种乐趣。他一分钟也不会浪费，他的私人关系和友谊都是为了公共利益，他的谈话只涉及国家利益，完全没有任何虚假或不真诚的痕迹。印度的贫穷和沦陷是他一直以来强烈关注的问题。有许多人试图让他对其他事情感兴趣，但他对每个人的回答都是一样的："你自己做那件事，让我做我自己的事。我想要的是国家自由。这一点实现之后，我们可以想想其他的事情，但是如今，这一件事已足以让我投入所有的时间和精力。"

他对于兰纳德的崇敬时时处处可见。在每一件事上，兰纳德的权威都是最大的，而且他会在每一个环节都加以引用。在我住在戈可哈尔家时，有一天正值兰纳德的忌日(或生日，我不确定)，他会持续在这个日子纪念他。除了我之外，他的朋友卡沙维特教授和一个副法官也和他在一起。他邀请我们参加纪念活动，在谈话中向我们讲述了他对兰纳德的回忆，并将兰纳德、特朗和曼德里克做了一番对比。他赞扬了特朗迷人的风度和曼德里克作为改革者的伟大之处。他以曼德里克对当事人的关怀为例，给我们讲了一个故事。有一次，他误了往常的火车，就订了一辆专车赶往法庭，只为了维护当事人的利益。但是，他说，兰纳德仍然略胜一筹，因为他是一个多才多艺的天才。兰纳德不仅是一位伟大的法官，还是一位同样伟大的历史学家、经济学家和改革家。虽然他是一名法官，但他无畏地参加了国民国会党会议。每个人都对他的睿智充满信心，因此毫无异议地接受了他的决定。戈可哈尔在描述这位大师头脑和心灵的种种品质时，充满了快乐。

戈可哈尔那时候有一辆马车。我不知道马车为什么会成为他的必需品，所以我劝他说："你就不能坐有轨电车出门吗？这会伤害领导者的尊严吗？"

他略带痛苦地说："所以你也不理解我！我并非要把我的委员会津贴用于自己的舒适生活。我羡慕你可以坐有轨电车到处走的自由，但很抱歉我不能这样做。当你像我一样成为公众关注的受害者时，不能说绝对不可能，但是确实很难乘坐公共交通四处走动。不要认为领导人所做的一切都是为了让个人生活更舒适。我喜欢你的简单生活，我自己也尽量那样做，但对于像我这样的人来说，有些开销几乎是不可避免的。"

他就这样圆满地处理了我的一个抱怨，但是另外一个抱怨他却不能圆满地处理。

"可是你连散步都不去，"我说，"难怪你总是生病。做公共工作就没有时间进行体育锻炼了吗？"

"你觉得我什么时候有时间出去散步呢？"他回答。

我非常尊重戈可哈尔，从来不会和他争执。虽然这个回答远不能令我满意，但我还是保持了沉默。从当时到现在我一直相信，无论一个人有多少工作，总要找些时间锻炼，就像必须要吃饭一样。我的拙见是，锻炼身体非但不会消耗一个人的工作能力，反而会使其增强。

## 第72章 和戈可哈尔同住一月（中）

住在戈可哈尔家的时候，我其实很少待在家里。

我曾告诉我在南非的基督教朋友，在印度我会去见一见信奉基督教的印度人，并了解他们的情况。我对卡里查兰·班纳吉慕名已久。他在国大党中地位很重要，而且与一般印度基督徒不同，他不会与国大党保持距离，或是与印度教徒和穆斯林不相往来。因此，我对他完全没有心存任何疑虑。我告诉戈可哈尔我想去见他，戈可哈尔说："你见到他又有什么好处呢？他是个很好的人，但是我很了解他，恐怕你不会对他感到满意。不过，如果你想见他的话，当然也没有问题。"

我去预约和卡里查兰·班纳吉会面，他立刻欣然同意了这一要求。当我去的时候，他的妻子正缠绵病榻。他家里布置得很简单。在国大党的会上，我看到他穿着外套和长裤，但我很高兴地看到他现在穿着孟加拉式的腰布和衬衫。尽管我自己当时穿的是一件帕西式的外套和裤子，但是我很喜欢他简单的衣着。我直截了当地向他说出了我的困难。他问："你相信教义中的原罪吗？"

"相信。"我回答道。

"印度教中并没有涉及对原罪的宽恕，而基督教却可以宽恕原罪。"他又补充道，"罪孽的代价就是死亡，《圣经》说唯一的解脱之道就是投向耶稣的怀抱。"

我提出了《薄伽梵歌》中提及的"奉献之路"，但对我们的谈话毫无用处。我感谢他的好意，虽然他并没有给我一个满意的答案，但这次会面也使我受益。

这几天我穿行于加尔各答的街道，步行前往各个地方。我与米特法官和古尔达斯·班纳吉爵士会面，并希望他们可以就南非的工作帮助我。大约在这时，我还认识了一位王公贵族——皮亚里莫罕·穆卡吉爵士。

卡里查兰·班纳吉曾和我谈起过伽利女神庙，我也在许多书上读到过，因此很想去看看。米特法官就住在神庙附近，于是，在拜访他的那天，我就去了神庙。在路上，我看见一群要被献祭给伽利女神的羊。成群结队的乞丐排列在通往寺庙的小巷里，其中还有托钵僧。即使在那时，我也坚决反对施舍身强力壮的乞丐。他们一群人跟着我，其中一个坐在走廊上的人拦住我，问道："我的孩子，你要去哪里？"我回答了他的问题。

他让我的同伴和我坐下，我们便坐下了。我问他："你认为这种献祭是宗教吗？"

"谁会把杀死动物当作宗教来看待呢？"

"那么，你为什么不号召反对它呢？"

"那不是我该做的事，我们的任务是敬拜神明。"

"难道你找不到别的地方去敬拜神明吗？"

"所有地方对我们来说都一样很好。人民就像一群羊一样，跟着带路的人。这不关我们苦行僧的事。"

我们没有接着讨论这一话题，而是继续往神庙走去。在那里，我们被以血流成河的场面招待。我感到非常愤怒与不安，完全无法继续站在一旁。那一幕我永远不曾忘记。

当天晚上，我受邀参加孟加拉朋友的聚会。在那里，我和一个朋友谈到了这种残忍的祭拜方式。他说："羊什么也感觉不到的，那里的喧闹声和鼓声可以将所有的痛觉消除。"

我感觉如鲠在喉。我告诉他如果羊会说话，这将会是一个不同的故事。我觉得这个残酷的习俗应该被废止。我想到了佛陀的故事，但我也知道，这个任务其实超出了我的能力。

我到了今天还是持相同观点。在我看来，羔羊的生命和人类的生命一样宝贵。我不愿意为了人类而牺牲一只羔羊的性命。我认为，一个动物越是无助，就越应当受到人类的保护。但是，没有资格从事这类服务的人，也无力做出任何保护。在我能够希望拯救这些羔羊，使其免于成为这样不合理的牺牲品之前，我必须经历更多的自我净化和牺牲。如今，我认为自己必须为这种自我净化和牺牲而奉献生命。我一直祈祷，希望世上诞生伟人，无论是男是女，他们心中应燃烧着神圣的怜悯之火。他们会将我们从这可憎的罪恶中解脱出来，并拯救无辜生灵的生命，从而净化神庙。以孟加拉人拥有的知识、智慧、牺牲精神和情感，怎么能容忍这种屠杀呢？

## 第73章 和戈可哈尔同住一月（下）

以宗教之名向伽利女神所做的可怖献祭增添了我对于了解孟加拉人生活的渴望。我曾读到和听过很多关于梵教会的事，对普拉塔普·昌德拉·马兹慕达的生活有所了解，也曾参加过一些有他演讲的场合。我饶有兴趣地读了凯沙弗·昌德拉·森的生平，明白了萨德哈兰梵教会和阿迪梵教会之间的区别。我见到了希瓦纳斯·沙斯特里潘迪特，并和卡塔瓦特教授一起去见马哈什·德文德拉纳特·泰戈尔，但由于当时他不被允许与他人会面，我们未能见到他。然而，我们被邀请去参加了在他家举行的梵教会庆祝活动。在那里我们有幸聆听了优美的孟加拉音乐，从那以后我便开始非常喜欢孟加拉音乐。

看够了梵教会之后，如果没能见到哲人维韦卡诺，也是无法令人满足的。所以我怀着极大的热情，去了贝鲁玛斯，大部分路程，或者说全程都是步行前往。我喜欢这个与世隔绝的地方，但我很失望，也很遗憾地听说了哲人在他加尔各答的家中卧病，无法探视的消息。

我确认了下妮维蒂塔修女的住处，并在乔林尼的一所豪宅里见到了她。我被房子的奢华吓了一跳，而在我们的谈话中也没有多少共通之处。我和戈可哈尔谈过这件事，他认为我和像她这样一个反复无常的人之间没有任何共同点是很正常的。

我再次见到她是在佩斯登吉·帕德沙先生家里。我进去的时候，她碰巧正在和帕德沙先生年事已高的母亲说话，所以我为她们做了翻译。尽管我与她毫无共同之处，但我不得不注意到她对印度教的无限热爱。后来，我还了解了她的书。

那时，我常常分两天去看看加尔各答有关南非工作的主要人物，并参观和研究这座城市的宗教和公共机构。我曾在一次由穆利克博士主持的会议上发表讲话，讲话的内容是关于在布尔战争中印度救护队的工作。我与《英国人报》之间的关系也使我在这个场合受益。那时桑德斯先生病了，但他依然为我提供了许多帮助，不亚于1896年的时候。戈可哈尔很喜欢我的演讲，他很高兴听到瑞博士称赞它。

于是，我与戈可哈尔同住使得我在加尔各答的工作变得非常容易，使我得以走近最高阶层的孟加拉家庭，并开始了与孟加拉的亲密接触。

我必须跳过那难忘的一个月中的许多回忆。让我简单地提一下我短暂的缅甸之行，以及那里的僧侣。他们昏昏欲睡，无精打采，让我看了十分痛苦。我去看了金塔，并不太喜欢庙里点着的无数小蜡烛，也不喜欢在圣殿里跑来跑去的老鼠，它们让我想起了哲人达亚南德在莫尔比的经历。我非常喜欢缅甸妇女的自由和活力，就像厌恶男人的懒散一样。在我短暂的逗留期间，我也看到了，正如仰光并不完全反映缅甸，就像孟买不能代表印度一样；而印度人成为英国商人的佣金代理人之后，到了缅甸居然与英国商人合作，将缅甸人变成我们的佣金代理人。

从缅甸回来后，我便向戈可哈尔辞行。虽然很不舍与他分离，但我在孟加拉邦，或者更确切地说，在加尔各答的工作已经结束，我也无须再住下去了。

在安顿下来之前，我曾想过坐三等座周游印度，以了解三等座乘客的艰辛。我跟戈克哈尔说了这件事，他首先嘲笑了这个想法，但当我向他解释我的深意时，他高兴地表示赞成。我打算先去贝拿勒斯，看望当时抱病的贝桑特夫人。

为了坐三等座出行，我需要重新装备自己。戈可哈尔给了我一个装满了甜点心和油炸饼的金属餐盒，我花十二安那买了一个帆布包和一件奇哈耶的羊毛长外套。我用帆布包装上这件外套，又装上一条腰布、一块毛巾和一件衬衫，再带上一条仅够一人盖的毯子和一个水罐，便出发了。戈可哈尔和雷博士来到车站为我送行。我曾要求他们不要来了，但他们坚持。"如果你是坐一等座走，我就不会来了，但现在我必须要去。"戈可哈尔说道。

那天，戈可哈尔戴着丝绸头巾，穿着外套夹克和腰布。他走上月台的时候，没有人阻拦他，而穿着孟加拉服装的雷博士却被检票员拦住了，戈可哈尔告诉检票员这是他的朋友之后，雷博士才被放行。

带着他们的祝福，我开始了我的旅程。

# 第74章　在贝拿勒斯

我的行程是从加尔各答到拉奇科特，途中我计划在贝拿勒斯、阿格拉、斋普尔和帕拉恩普尔停留。我没有时间去看更多的地方了。我在每个城市都住了一天，除了在帕拉恩普尔。我像普通的朝圣者一样住在宗教招待所中，或与向导同住。在我印象中，这次行程我连同车费也不过花了31卢比。

坐三等座出行时，我更喜欢坐普通列车而不是邮车，因为我知道邮车更拥挤，票价也更高。

那时三等座的车厢和厕所都肮脏不堪，也许如今做了一些改善，但是和一等座车厢相比，设施间差异之大与两种车厢的票价并不成比例。三等座车厢的乘客被视为绵羊，他们的舒适是绵羊等级的舒适。在欧洲时，我也坐三等座，只有一次为了看一看两者的区别而坐过一等座。但是在那里，我发现一等座车厢和三等座车厢的区别并不大。在南非坐的车也比印度舒适。南非的有些地方，三等座车厢还有卧铺和软席，卧铺限定人数，以防止过度拥挤，而在印度我发现往往乘车人数是超过规定限额的。

铁路当局对三等座乘客的舒适漠不关心，再加上乘客们的肮脏和毫无顾忌的习惯，对于注重卫生的乘客而言是一种考验。这些令人不快的习惯通常包括在车厢地板上乱扔垃圾，随时随地抽烟，随便嚼蒌叶和烟叶，把整个车厢都当作痰桶，大喊大叫，讲粗话脏话，不顾其他乘客的方便和舒适。我发现，我在1902年坐三等座旅行的经历和1915—1919年间基本没有什么不同。

要改变这种可怕的现状，我只能想到一个办法，那就是受过教育者应重视三等座车厢乘客的这些恶习，不使铁路当局得以安宁，必要时投诉，决不行贿。不使用任何非法手段为自己谋方便，不要容忍任何人触犯规则。我相信，这种做法将带来很大的改善。

1918到1919年期间，我不幸患了重病，迫使我只好放弃坐三等座出行，这使得我既痛苦又羞愧，尤其是这样的不便发生于我为三等座乘客出行的困难做出的呼吁已经颇有效果时。贫困的铁路与轮船乘客出行所遇到的困难由于他们的恶习而加重，政府为了外贸而准许了不当设施等状况带来的一些重大问题，这一组重要的课题值得一两个有进取心、有毅力的工人来研究并为之奉献。

不过我要结束三等座乘客的话题，开始讲我在贝拿勒斯的体验。早上到达贝拿勒斯时，我已经决定要找一位向导。我一下车，便被无数的婆罗门团团围住，我选择了一个在我看来比较干净，比其他人都好的人。事实证明这是一个很好的选择。他的院子里有一头母牛，安排我住在楼上那层。我想要按照正统的方式，在去恒河沐浴之前不吃任何食物，那位向导便开始为我准备起来。我事先告诉他，我最多也只能付给他一卢比四安那的报酬，希望他在准备的时候知晓这一点。

那位向导欣然同意。"不管你是富有还是贫穷，"他说，"我们的服务都是一样的，但是我们收取的报酬数额取决于朝圣者的意愿和能力。"我发现向导完全没有简化我的行程，十二点钟结束了礼拜之后，我便去了喀什毗湿奴神庙参拜。我在那里看到的东西深深地折磨着我。1891年，我在孟买做律师时，曾有机会去祷告会礼堂参加了"喀什朝圣"的演讲。因此，我已做好了失望的准备，但实际的失望比我预料的要大很多。

去喀什神庙要穿过一条狭窄而湿滑的小巷。在那里完全不存在"安静"这个概念，成群苍蝇飞舞，店主和朝圣者人声嘈杂。

人们前去神庙是为了寻求一种冥想和交融的气氛，但显而易见这里并不存在。人们只能在自己身上寻求那种氛围。我看到虔诚的姐妹们全神贯注于冥想，完全不受外界环境干扰。但是这一点并不是寺庙负责人的功劳。负责人应该创造并维持一个令人愉悦的、纯粹、宁静的氛围，无论是为身体或是精神。相反，这个地方仿佛一个集市，狡猾的商贩在那里售卖甜点和流行玩具。

当我到达寺庙的时候，神庙门口的花已经腐烂发臭，地上铺的精美大理石也被一些全无审美的虔诚信徒弄碎了，他们捐了不少香火钱给这座垃圾箱。

我走近了知识之井，想要寻找神的影踪，却一无所获，导致我的心情也非常低落。我发现知识之井的旁边也非常脏，便不想给任何香火钱，只拿出了够买一个馅饼的硬币。负责的向导生气了，扔掉了那个硬币，并辱骂我说："这种侮辱会让你直接下地狱的！"

这并没有使我不安。"王公，"我说道，"无论命运对我如何安排，您的这个阶层都不应该口出恶言。你如果愿意，可以收下这个硬币，否则你连一个馅饼的钱都没有了。"

"滚开，"他回答道，"我才不稀罕你这一个硬币！"接着又是一阵谩骂。

我捡起那个硬币，继续走我自己的路。我正在庆幸那个婆罗门损失了一个派，而我却省下了钱，但那位王公却不是一个愿意放弃这一个派的人。他叫我回去，说道："好吧，把这一个硬币留下吧，我不会像你那样。如果我拒绝了你捐赠这一个馅饼的钱，对你也不好。"

我默默递给他那个硬币，叹了口气，走开了。

在那之后我又去过两次喀什毗湿奴神庙，但是那时我已经被困于"圣雄"的头衔之下，而像我在上文中详述的那种经历已经变得不可能了。人们渴望参拜我，不让我再去神庙参拜了。成为"圣雄"的悲哀只有"圣雄"自己才知道，否则那些脏乱和噪声还是会像从前一样。

如果有人怀疑神明的无限仁慈，应该让他来看看这些神圣的地方。瑜伽神明在他的圣名之下又遭受了多少虚伪和敌视的折磨？很久以前他便宣布过：

"种瓜得瓜，种豆得豆。"因果报应不可阻挡，也无法逃避。因此，神明几乎无须再做干涉。他制定了规则，便可以退隐了。

参拜完神庙后，我便去拜访贝桑特夫人。我知道她刚刚痊愈，但一通传我的名字，她便马上出来了。此次见面我只想向她表示敬意,便说道:"我知道你身体很虚弱,我只是想表达我的敬意。很感激你在身体欠佳的时候也愿意接待我,我就不耽误你了。"

说完,我便向她告别。

## 第75章 定居孟买

戈可哈尔非常希望我能在孟买安顿下来,继续做律师,并帮助他做公共工作。当时的公共工作意味着国会的工作,在这个由他协助成立的组织中,他的主要工作是进行国会管理。

我喜欢戈可哈尔的建议,但却并没有信心自己能成为一名成功的律师。过去失败的不愉快记忆还在我的脑海中,而且我仍然像厌恶毒药一样憎恨用逢迎拍马的方式来获得委托。

因此,我决定先去拉奇科特工作。当年劝我去英国求学的柯华尔朗·马福济·达维还住在拉奇科特,他一直对我寄予厚望,立即给了我三个委托让我开始工作,其中两个委托需要去卡提亚华政治监督官的司法助理处提出上诉,而另一个是在占姆纳格的原始案件,而且这个案子相当重要。当我说我不确定自己是否能打赢官司时,柯华尔朗·达维大声回答道:"你不要考虑输赢,只要尽自己最大的努力,当然了,我也会帮助你的。"

对方的律师是现在已故的沙玛兹先生。我做了充分的准备。虽然我对于印度法律并不是非常了解,但是柯华尔朗·达维非常认真地给了我指导。在我去南非之前便听朋友们说过,费罗泽夏·梅赫达对于《证据法》了如指掌,而这就是他成功的秘诀。我一直铭记这一点。在去往南非的航程中,我仔细研究了印度的《证据法》及其注释。当然，我在南非的法律经验也对我很有好处。

我打赢了这场官司，增加了一些信心。我并不担心那两个上诉的案子，而且上诉也顺利成功了。这一切都给我带来了一个希望，那就是即使去了孟买执业，我也不会失败。

但在我阐述我决定去孟买的情况之前，我要讲述一下英国官员的不体谅和无知。司法助理的法庭是流动的，他不停地更换地方，无论他搬到哪里，律师和客户也只能跟着他走。律师离开办公室在外奔波，会导致更高昂的律师费，因此客户也自然要承担成倍增长的费用，而法官却对此毫不关心。

我在上文中提及的案子要在维拉瓦尔审理，那里瘟疫盛行。我记得维拉瓦尔的人口不过5 500人，每天新增的病患却多达50个。镇上几乎空无一人，我在离镇子有些距离的一个废弃宗教招待所住下了，但是我的当事人应该待在哪里呢？如果他们是穷人，便只能听天由命了。

有个朋友也有案子要在这个法庭审理，他发了电报给我，说我应该申请去其他地方开庭，因为维拉瓦尔有瘟疫。我提交申请的时候，那个官员问我："你害怕吗？"

我回答："这不是我害不害怕的问题。我可以跟着你们跑，但是我的当事人呢？"

"瘟疫已经是印度的常客了，"官员说道："有什么好怕呢？维拉瓦尔的气候很好（这位官员住在离镇子很远的地方，在海边搭起了豪华的帐篷）。人们必须学会这样在户外生活。"

反对这种哲学是没有用的。官员告诉他的文书道："记录下甘地先生说的话，看看这样对律师或诉辩双方来说是否非常不方便。"

当然，他确实做了他认为正确的事情。但是这个人怎么能想到贫穷的印度的苦难呢？他如何理解人们的需求、习惯、癖好和风俗习惯？一个习惯于用金币来衡量事物的人，怎么会立刻做出改变，用铜板来计算呢？就像大象没有能力从蚂蚁的角度来思考问题一样，哪怕拥有这世界上最好的出发点，英国人也无法从印度人的角度来思考问题，或者为印度人立法。

但是故事还要继续下去，尽管取得了成功，但我一直考虑在拉奇科特多待一段时间。有一天，柯华尔朗·达维来找我，对我说："甘地，我们不会让你在这里过这种无聊的生活的，你必须去孟买定居。"

"可是谁会在那里给我带来工作呢？"我问，"你能解决费用吗？"

"可以，可以，我会解决的，"他说，"我们有时会把你作为一个来自孟买的大律师带到这里来，起草诉状的工作我们会送到你那里去。律师的成败取决于我们。你已经在占姆纳格和维拉瓦尔证明了你的价值，因此我对你一点也不担心。你注定要做公共工作，我们绝不允许你一辈子待在卡提亚华。那么，告诉我，你什么时候去孟买。"

"我在等一笔纳塔尔的汇款，一收到我就去孟买。"我回答道。

两个星期之后，钱汇到了，我便去了孟买。我在佩恩、吉尔伯特和萨亚尼的事务所里都挂了牌，看上去我似乎已经安顿下来了。

## 第76章　信仰的考验

虽然我在福特租了事务所办公室，又在吉高姆租了房子，但神似乎并不想让我住在这里。刚刚搬进新居，我的二儿子曼尼拉尔便患了严重的伤寒，伴有肺炎和夜间谵妄的症状。

我们请了医生，但他说药物不会有什么效果，鸡蛋和鸡汤反而可能会有所帮助。

曼尼拉尔只有十岁，不可能去征求他的意见。作为他的监护人，我必须做出决定。这位医生是个很好的帕西人。我告诉他，我们都是素食主义者，我不可能给儿子吃这两样东西，有没有其他东西可以推荐呢？

"你儿子有生命危险，"那位好心的医生说，"也可以给他喝用水稀释的牛奶，但这并不能给他足够的营养。如你所知，许多印度家庭都请我看过病，他们不反对我开的任何东西。我想你最好不要对你儿子这么严苛。"

"你说得很对，"我说，"作为一名医生，你别无选择。但我的责任很重大。如果这个男孩已经长大了，我一定会努力征求并尊重他的意见，但现在这种情况下，我必须为他考虑和做出决定。在我看来，只有在这种情况下，一个人的信仰才会受到真正的考验。无论对错，不吃肉类、蛋类和其他类似食物是我宗教信仰的一部分，哪怕是为了维持生命，人也应该有底线。据我所知，哪怕是在这种情况下，宗教也并不允许我使用肉类或蛋类为自己或家人谋福利，因此我必须冒你所说的可能的风险。但我要恳求你一件事。由于我不能接受你的疗法，所以我想要尝试一下我碰巧知道的一些止痛药。但我不知道如何检查我儿子的脉搏、胸部、肺部等。如果你能不时地看一下他，并随时告诉我他的情况，我会非常感激你。"

好心的医生了解了我的困难，并同意了我的请求。尽管曼尼拉尔还不能自己做出选择，我还是告诉了他，我和医生之间的谈话，并询问了他的意见。

"试试你的止痛药治疗吧。"他说，"我不会吃鸡蛋或鸡汤的。"

这使我很高兴,尽管我也知道,如果我给他吃了鸡蛋或是鸡汤,他也会接受的。

我知道库恩的治疗方法,也曾经试过。我还知道禁食也是有好处的。于是,我开始按照库恩疗法让曼尼拉尔坐浴,每次都不让他在浴缸里待超过三分钟,还让他连续三天喝加水的橙汁。

但他的体温持续上升,已经烧到了104华氏度,晚上还会神志不清。我开始焦虑起来:人们会怎么评价我?我的哥哥会怎么看我?我们能不能请另一个医生看看?为什么不找个阿育吠陀的医生呢?父母有什么权利把他们的古怪想法强加给孩子?

我被这样的想法所困扰,但随之而来的是一种相反的想法。神明看到我这样对待自己的儿子一定会很高兴,就像换作是我自己生病,我也会一样对待自己。我相信水疗法,不相信对抗疗法。医生也并不能保证病人康复,他们充其量只能做实验,而生命的线握在神明手中。为什么不相信他,并以他的名义继续进行我认为正确的治疗呢?

我在这些互相矛盾的想法之间左右为难。那个晚上,我和曼尼拉尔一起躺在他的床上,决定试一下湿床单裹身的办法。我站起身来,把一张床单浸湿,拧干上面的水,并把它裹在曼尼拉尔的身上,只露出他的头,然后再用两条毯子盖住他。我往他的头上又盖了一条湿毛巾,他的整个身体像热铁一样滚烫,而且非常干燥,完全没有出汗。

我感到十分疲惫,于是便把曼尼拉尔交给他的母亲看护,自己去了乔帕提散步想清醒一下。那时大约是十点,路上几乎没有行人。陷入沉思的我也几乎没有看他们。"神啊,我的荣誉在您的手中,在这个考验的时刻。"我不断地喃喃自语,并一直念诵罗摩的圣名。过了一会儿我便回去了,我的心在胸腔中剧烈跳动。

我刚进房间,曼尼拉尔就问道:"你回来了,先生?"

"是的,亲爱的。"

"请把我拉出来,我快烧着了。"

"你在出汗吗,我的孩子?"

"我简直湿透了,请把我弄出去吧。"

我碰了碰他的额头,上面满是汗珠。但是温度在下降了,我感谢神明。

"曼尼拉尔,你的烧肯定要退了。再多发点汗,我就把你弄出去。"

"拜托,不要。快把我从这个炉子里救出去吧。如果非要这样的话,下次再把我裹起来也行。"

我分散他的注意力,设法让他又在床单里多裹了几分钟。汗水顺着他的前额流下来。我解开床单,把他的身体擦干,父子俩便在同一张床上睡着了。

我们都睡得很沉。第二天早上,曼尼拉尔的烧退了不少。他就这样一连四十天都喝稀释的牛奶和果汁。我现在不害怕了。这次发烧很严重,但终于已得到控制。

直到今天,曼尼拉尔依旧是我儿子之中最健康的一个。谁能说清他的康复是由于神的恩典,还是因为水疗法,或是对饮食和护理的谨慎呢?每个人都可以根据自己的信仰来决定自己的行为。于我而言,我确信神明拯救了我的荣誉,这个信念直到今天都没有改变。

## 第77章　再赴南非

曼尼拉尔恢复了健康,但我意识到吉高姆的房子不适合居住。

这里过于潮湿，光线也很昏暗。所以在与列瓦商卡·贾吉望先生商量后，我决定在孟买郊区租一间通风良好的平房。我在班德拉和圣克鲁斯闲逛。班德拉有一个屠宰场，所以我们不会选择那里，而戈特克巴和周边又离海太远了。后来，我们终于在圣克鲁斯找到了一座漂亮的平房。从环境卫生的角度来看是最好的，于是我们便把这座平房租了下来。

我买了从圣克鲁斯到彻克盖特的一等座车票，我还记得那时自己经常为自己是车厢里唯一的一等座乘客而感到自豪。我也常常步行到班德拉，以便从那里坐直达彻克盖特的快车。

我的事业比我预期的要好。我的南非客户经常委托我做一些工作，这就足够让我维持生活了。

我还没能在高等法院找到任何工作，但我观摩了那时举行的假设法庭辩论会，尽管我从未真正参与过。我记得辩论会上的一个重要人物，他的名字叫作贾米阿特拉·纳纳巴。像其他刚当上律师的人一样，我去高等法院旁听案件的审理，但我的目的恐怕更多的是为了享受从海上直接吹来的催眠般的微风，而不是为了增加我的知识。我发现我并不是唯一一个享受这种乐趣的人。这似乎是一种潮流，因此也不必为之羞愧。

然而，我开始使用高等法院的图书馆，结识了新朋友，并认为在不久的将来，我便得以去高等法院工作。

于是，一方面，我开始对我的职业感到有些自在，另一方面，戈可哈尔一直关注着我，忙着替我制定职业规划。他每周都要来我的事务所两三次，通常带着他想让我认识的朋友，并想让我了解他的工作方式。

但也可以说：神明从来没有让我自己的任何计划得以实现，他以自己的方式打消了它们。

就在我似乎按照自己的意愿安顿下来的时候，我意外地收到了一份来自南非的电报:"张伯伦即将到达,请速归。"我记起了我的诺言,回电报说,一收到他们的汇款我便可以即刻出发。他们迅速地做出了反应,于是我放弃了事务所的工作,赶赴南非。

我认为南非的工作至少要花上一年,所以我让妻子和孩子继续留在那座平房里。

我当时认为,那些在农村找不到出路的创业青年应该移民到别的国家去。因此,我带上了四五个这样的年轻人和我一起出发,其中一个是马加拉尔·甘地。

甘地家族一直是一个大家庭。我想找出所有那些想要离开这条被践踏的道路,愿意去国外冒险的人。我父亲过去常常为他们寻找一些政府的福利,令他们有容身之处。我想让他们摆脱这个魔咒。我既不能,也不想为他们提供其他服务,我希望他们能自食其力。

但随着我的理想不断推进,我试图说服这些年轻人将他们的理想与我的一致起来,我在指导马加拉尔·甘地方面取得了最大的成功,但这是后话。

与妻子和孩子的分离,刚安顿好的家又被拆散,安定的生活又将发生转变,这一切让我一时难以接受。我认为在这个世界上有所期待一定是错误的,除了神明以外的一切都是不确定的。我们周围所见的、所发生的一切都是不确定的。但其中隐藏着一种至高无上的确定存在,如果你能看见这种确定并跟随它的方向,你将会受到祝福。对真理的追求是生命的总和。

我赶到德班的时候时间已经不充裕了,工作已经在那里等着我。派遣代表等候张伯伦先生的日期已经确定,我得起草一份要提交给他的请愿书,并陪同代表团一同前往。

# 第四部分

# 第78章 "空爱一场"?

张伯伦先生前来南非是为了接受3 500万英镑的赠礼,并赢得英国人和布尔人的民心。因此他对印度代表团的态度十分冷淡。

"你知道,"他说,"帝国政府对自治殖民地几乎没有控制权,你们的问题似乎确实存在,如果你们愿意住在他们中间,我将尽我所能帮助你们。"

他的回答对代表团的成员无疑是一盆冷水,也让我十分失望。但这对我们大家都是一个启发,让我意识到应该重新开始我们的工作。我向同事们也解释了现在的情况。

事实上,张伯伦先生的回答并没有错。幸好他没有拐弯抹角,他以一种相当温和的方式告诉我们强权即公理,或者说,强权即利剑的法则。

但我们没有利剑,我们甚至连承受刀伤的神经和肌肉都没有。

张伯伦先生只给这块次大陆分配了一小段时间。如果说从斯利那加到科摩罗角有1 900英里,从德班到开普敦不少于1 100英里的话,那么张伯伦先生必须要以飓风般的速度穿过这段距离。

他从纳塔尔匆忙赶去德兰士瓦。我还得为那里的印度人准备要递交给他的请愿书。但我怎么去比勒陀利亚呢?我们在那里的人无法为我及时提供必要的法律便利。战争使得德兰士瓦哀鸿遍野,那里既没有粮食,也没有衣服。空旷或关闭的商店在那里,等待补充或打开,但这需要时间。甚至在商店准备好食物之前,难民也不允许返回。因此，每个人都必须获得许可证。欧洲人可以轻松获得许可证，可是对于印度人来说就没那么容易了。

战争期间，许多军官和士兵从印度和锡兰来到南非，英国当局有责任为决定在那里定居的人提供食宿。他们肯定要任命新的官员，而这些有经验的人就大有用处。他们中的一些人凭着自己的聪明才智成立了一个新部门，这显示了他们的智慧。有一个专门为黑人设立的部门。那么，为什么没有一个专门为亚洲人设立的部门呢？这个论点似乎很有道理。当我到达德兰士瓦时，这个新的部门已经成立，并逐渐扩展其势力。向返回的难民颁发许可证的官员可以向任何人颁发许可证，但如果不是新的亚洲部门做出干预，他们又怎么会把许可证颁发给亚洲人呢？如果许可证由新部门的推荐而颁发，那么也可以减轻许可证官员的责任和负担。他们就是这样争取的，然而事实是，新部门需要工作内容，员工们也需要收入。如果没有工作，这个部门没有存在的必要。因此他们为自己找到了这个工作。

印度人必须向这个部门申请，许多天后才能收到答复。因为有许多人想要返回德兰士瓦，所以就产生了一支由中介人或商人组成的大军，他们和官员们一起洗劫了成千上万的穷苦印度人。有人告诉我说，必须要托关系才能弄到许可证，而且哪怕找到了关系，也要花费一笔不菲的费用。这样看来，我也走投无路了。我去找我的老朋友，德班的警察局长，对他说："请把我介绍给许可证管理人员，帮我取得许可证吧。你知道我曾经是德兰士瓦的居民。"他立刻戴上帽子走了出来，给我弄到了一张许可证。当时只有不到一个小时，我的火车就要开了。我带上已经准备好了的行李，谢过亚历山大局长，然后踏上了去比勒陀利亚的旅程。

我现在对面前的困难有了清楚的认识。到达比勒陀利亚后，我起草了请愿书。在德班，我不记得印度人被要求要提前提交代表团的名单,但这里的新部门要求这样做。比勒陀利亚的印度人已经意识到,那些官员们们想把我排除在名单之外。

对于这个有趣但却痛苦的事件,有必要另起一章来叙述。

# 第79章 来自亚洲的独裁者

新部门的主管官员不知道我是如何来到的德兰士瓦,他们询问了常去他们那儿的印度人,但他们也没有确切的消息。官员们只能大胆地猜测,凭我旧时关系的力量,我可能是在没有许可证的情况下来德兰士瓦的。如果是那样的话,就可以逮捕我!

在一场大战争结束时,对政府当局赋予特殊权力是一种普遍做法,南非也是如此。政府通过了一项维持和平条例,该条例规定:任何未经许可进入德兰士瓦的人都应被逮捕和监禁。根据这项规定,他们讨论了逮捕我的问题,但是没有人能够鼓起足够的勇气要求我出示许可证。

官员们当然给德班发了电报查询,当他们发现我是带着许可证进入德兰士瓦时感到非常失望,但他们并不会被这种失望所击溃。虽然我已成功地进入德兰士瓦,他们仍然可以阻止我等候张伯伦先生。

因此,印度群体被要求提交代表团成员名单。当然,种族偏见在南非随处可见,但我并没料到会在这里看到我在印度所熟悉的官员之间那些肮脏和秘密的交易。在南非,公共部门为人民的利益工作,并对公众舆论负责。因此,负责官员通常比较礼貌、谦逊,有色人种也或多或少地从中受益。随着亚洲官员的到来,君主独裁统治和独裁者的习惯也随之而来。在南非实行的是负责任的政府或民主制度，而从亚洲带来的则是纯粹而彻底的专制。因为亚洲人没有负责任的政府，只有外国势力管理他们。移民及定居南非的欧洲人已成为南非公民，并可以控制政府官员，但是来自亚洲的独裁者现在又出现了，印度人发现自己处于魔鬼和深海的夹缝之间。

我对这种独裁式统治颇有体会。我第一次被召去见这位来自锡兰的主管官员时——为了不使我被"召见"的用词显得过分夸张，我得说清楚——我没有收到书面命令。印度群体的领导者经常得去拜访亚洲官员，例如已故的铁布·哈齐汗·穆罕默德赛，主管官员向他询问我是谁，为什么要来这里。

"他是我们的顾问，"铁布先生说，"他是应我们的要求来的。"

"那我们在这儿干什么？我们不是被派来保护你们的吗？甘地对这里的情况了解多少？"独裁者问道。

铁布先生努力分辩道："你们当然在这里保护我们。但是甘地是我们的一员，他懂得我们的语言，了解我们。你们毕竟是官员。"

那位官员命令铁布先生带我去见他，我和铁布先生以及其他人一同前往，他并没有让我们坐下，我们只得站着。

"是什么风把你吹来的？"那位官员说道。

"我是应我同胞的要求来这里的，来用我的建议帮助他们。"我回答说。

"可是你不知道你没有权利到这里来吗？你持有的许可证是误发给你的。你必须回去。你不能等候张伯伦先生。亚洲部是为了保护这里的印度人而专门成立的。好了，你走吧。"说完，他向我告别，没有给我回答的机会。

但他留下了我的同伴，狠狠地骂了他们一顿，劝他们把我打发走。

他们懊恼地回来了，我们现在面临着一种意想不到的局面。

# 第80章 承受侮辱

我受了侮辱，但当我经历了许多这样的事情时，我对此已经习以为常了。因此，我决定忘掉这次的不快，采取冷静的态度看待此事。

我们收到了亚洲部门负责人的一封信，信中的大意是：需要把我的名字从等候张伯伦先生的代表团名单中删除。

这封信让我的同事无法忍受。他们提议完全放弃代表团的想法，而我向他们指出了这个群体的尴尬处境。"如果你们不在张伯伦先生面前陈情，"我说，"那么别人就会认为你们没有什么需要提出的问题。陈述毕竟必须是书面的，我们已经准备好了。无论由我来读它，还是别人读它，都无关紧要。张伯伦先生不会和我们讨论这件事的。恐怕我们必须忍受这种侮辱。"

我还没说完，铁布先生就大声说道："你受的侮辱，不就是对印度群体的侮辱吗？我们怎么能忘记你是我们的代表呢？"

"的确如此。"我说，"但即使是印度群体也必须忍受这样的侮辱。我们还有别的选择吗？"

"不管后果怎么样，我们为什么要忍受发生的侮辱呢？没有比这更糟糕的事会发生在我们身上了。我们难道还有很多可供失去的权利吗？"铁布先生问道。

这是一个很激烈的回答，但又有什么用呢？对于印度群体的局限我心知肚明。我安抚了我的朋友们，建议他们找一个叫作乔治·戈夫莱的印度大律师来替代我。

于是戈夫莱先生便成为这个代表团的领导者。张伯伦先生在答复中提到我被排除在外："与其一再地听到同一个代表的意见，不如让一个新的人来做吧？"他这样说道，试图为我疗伤。

但所有这些远远没有结束，只是增加了印度群体的工作，也增加了我的工作。我们得重新开始。

"是你建议印度群体为战争服务，但是现在结果呢？"这是一些人奚落我的话，但这样的嘲讽没有任何效果。

"我不后悔我做出的建议，"我说，"我认为我们参加战争做得很好。我们这样做，只是履行了职责。我们的劳动并不一定需要得到任何回报，但我坚信，所有好的行动最终都会有结果。让我们忘掉过去，想想眼前的任务吧。"

我补充说："说实话，你要我做的工作我其实已经完成了。但是我相信我不应该离开德兰士瓦。即使你们允许我回家，我也要再待一段时间。我必须在德兰士瓦，而不是像以前那样在纳塔尔工作。我不能再考虑要在一年内回到印度，而是必须在德兰士瓦最高法院注册执业。我有足够的信心和这个新部门打交道。如果我们不这样做，印度群体就会被赶出这个国家，除了被彻底地洗劫一空之外，每天都会遭受新的侮辱。张伯伦先生拒绝见我和那个官员侮辱我的事实，与整个印度群体受到羞辱相比不值一提。我们不会和他们期望的一样，再像过去那般像狗一样生存。"

所以我开始了工作，与比勒陀利亚和约翰内斯堡的印度人讨论之后，最终决定在约翰内斯堡设立事务所。

我真的怀疑自己能否进入德兰士瓦尔最高法院，但是法律协会并没有反对我的申请，法院也同意了。对于一个印度人来说，在一个合适的地方找几间办公室是很困难的。但我与一个当地商人里奇先生有相当密切的接触,通过他所认识的一个房屋中介的斡旋,我成功地在城内的法律区找到了适合作为事务所的办公室,开始了我的专业工作。

## 第81章 牺牲精神苏醒

在我叙述印度移民在德兰士瓦争取权利的斗争以及他们与亚洲部门的关系之前,我必须谈谈我生活的其他方面。

直到现在为止,我心中都有一种复杂的欲望:自我牺牲的精神会被对未来的渴望所调和。

好像是我在孟买成立事务所的时候,一个美国保险代理人来了。他长得很讨人喜欢,而且擅长甜言蜜语。他表现得好像我们是老朋友似的,他谈论着我未来的幸福生活:"在美国,所有和你地位相同的人都有自己的保险。你不应该为自己的未来投保吗?生活是不确定的。我们美国人认为投保是一种宗教义务。我能吸引你买一张小保单吗?"

在那之前,我对于在南非和印度遇到的所有保险代理人都没有好脸色,因为我认为生命保险意味着恐惧和缺乏信仰。可是,我现在却屈服于美国代理人的诱惑。当他继续解释他的论点时,我脑海里浮现出我妻子和孩子的画面。"天啊,你几乎卖掉了你妻子的所有金银首饰,"我对自己说,"如果你出了什么事,抚养她和孩子的重担就会落在你可怜的兄弟身上,而他本来已经如此高尚地填补了父亲的位置。你怎么会这样?出于诸如此类的论点,我说服自己买了一份一万卢比的保险。

但当我在南非的生活方式发生变化时，我的观点也发生了变化。我在经受考验的时候所行的一切事，都是以上帝的名义和为他服务而采取的。我不知道我要在南非待多久。我担心我可能永远无法回到印度，因此我决定把我的妻子和孩子带到身边，并挣足够的钱养活他们。这个计划让我对自己购买的人身保险感到悲哀，并为自己落入保险代理人的网中而感到羞愧。我对自己说，如果真的有那么一天，我的哥哥填补了父亲的位置，他肯定不会考虑抚养我的遗孀是否会带来太多的负担。而且，我又为什么会认为自己会比别人早逝呢？毕竟真正的保护者既不是我，也不是我的兄弟，而是全能的神明。为了给我的生命投保，我剥夺了我妻子和孩子们的自力更生的权利。为什么不指望他们照顾自己呢？世界上无数穷人的家庭又怎么过活呢？我为什么不把自己算作他们中的一员呢？

许多这样的念头在我脑海中闪过，但我并没有立即采取行动。我记得在南非至少支付过一笔保费。

外部的环境也支持着我的这一思路。在我第一次在南非逗留期间，基督教的影响使我保持了宗教意识，现在则是神智学者的影响给它增加了力量。里奇先生是一位神智学者，他让我接触到了约翰内斯堡的神智学圈子。我从来没有成为其中的一员，因为我的信仰不同。但我接触了几乎每一个神智学者，每天都和他们进行宗教讨论。以前他们会读神学书籍，有时我也有机会向他们发表演讲。神智学的主要内容是培养和促进兄弟情谊。我们对此进行了大量的讨论，我还批评了那些在我看来不符合情理的观点。这种批评对我也有很大的影响，它让我开始自省。

# 第82章　反省的结果

1893年，我和基督教的朋友们往来密切。虽然我对于宗教一窍不通，但是他们竭力让我了解和接受耶稣的福音，而我是一个谦逊、尊重、思想开明的听众。那时，我自然地学习了印度教，并尽力去理解其他宗教。

1903年，这一情况有所改变。神智学者的朋友们当然想把我拉进他们的群体，但那是为了从我这个印度教教徒那里获得一些东西。神智文学充满了印度教的影响，所以这些朋友希望我能对他们有所帮助。我解释说，我的梵语水平并不值得一提，也没有读过原始的印度教经文，甚至对翻译的了解也微不足道。但是，作为"前世影响"和"转世"的信徒，他们认为我至少应该提供一些帮助。所以我觉得自己像是矮子里拔出的将军一般，开始和这些朋友一起阅读哲人维韦卡诺和姆·恩·迪威维迪的瑜伽著作。我不得不和一个朋友一起读帕坦伽利的《瑜伽经》，并和许多人一起读《薄伽梵歌》。我们组成了一个"探求者俱乐部"，并定期聚会阅读。我已经对于《薄伽梵歌》十分深信，它对我很有吸引力。现在我意识到，有必要更深入地研究它。我有一两个《薄伽梵歌》的译本，并试着去理解梵语原文。我还决定每天背诵一两首诗。为了这个目的，我利用了早上洗漱沐浴的35分钟时间：刷牙15分钟，洗澡20分钟。我习惯于用西式办法站着刷牙。于是在对面的墙上贴了几张纸，上面写着《薄伽梵歌》的诗句，我不时地看看它们，以帮助记忆。这段时间足够我每天记忆新的诗句，并回忆已经学过的诗句。我记得靠着这个办法，我背下了十三章内容。但是，对《薄伽梵歌》的背诵不得不让位于其他的工作，以及对"非暴力主义"运动的创造和培育。"非暴力主义"运动占据了我所有的思考时间，哪怕现在也是如此。

阅读《薄伽梵歌》对我朋友们的影响只有他们自己清楚，但对我来说，《薄伽梵歌》成为一个可靠的行为指南，它也成了我每日生活的参考字典。就像我会去英语词典中寻找不懂的英语单词释义一样，这本字典则为我所有的烦恼和考验做好了回答。像"不占有"和"平等"这样的字眼抓住了我。如何培养和保持这种平等性是一个问题。一个人怎么能平等对待无礼、傲慢和腐败的官员，怎么对待总是做出毫无意义反对的旧同事，以及如何对待那些对自己一直很好的人？一个人怎么能放弃所有的财产？难道肉体本身不就是占有性质吗？妻子和孩子不是财产吗？我要毁掉我所有的书柜吗？难道我要放弃一切，去追随他吗？直截了当的答案是：我不能追随他，除非我放弃自己所拥有的一切。我学习的英国法律帮助了我理解这些内容。关于斯涅尔的《衡平法》的讨论使我记忆犹新，《薄伽梵歌》中出现"受托人"一词的含义时，使得我更清楚地理解了这一点。我理解《薄伽梵歌》关于"不占有"的训示：那些渴望救赎的人应该像受托人一样，他们虽然控制着大量的财产，却不把其作为自身所有。我清楚地意识到，不占有和平等的前提是心态的转变。于是我写信给列瓦商卡兄弟，请他取消我的保险，看看是否可以退一些款，或者就把我已经支付的保险费看作损失。因为我已经相信，创造了我的妻子、孩子以及我自己的神明会照顾他们。我写信给我的哥哥，他对我而言曾像是一个父亲的角色。我解释说，迄今为止，我已经给了他自己的所有积蓄，但从今以后，请他对我不要再抱任何期望，因为将来我如果再有积蓄的话，将被用来造福印度群体。

我很难让我的哥哥明白这一点。他用严厉的语言向我解释了我对他的责任。他说，我不应该觉得自己比父亲更有智慧。我必须像他那样养家糊口。我向他指出，我所做的正是我们的父亲所做的。

"家"的意义只需要稍微扩展一下，我这样做的明智之处就会变得很清晰。

我的哥哥放弃了我，他几乎与我停止了所有的交流。我很苦恼，但如果要我放弃自己认为应该背负的责任，我会更痛苦。两害相权，我取其轻。但这并不影响我对他的忠诚，他在我眼中仍然像以前一样纯洁和伟大。他对我的爱是他痛苦的根源。他与其说是要我的钱，不如说是要我对这个家好一点。然而，他在生命即将走到尽头的时候，开始懂得了我的观点。在他临终前，他意识到我踏出的那一步是正确的，于是给我写了一封非常哀伤的信。他向我道歉，虽然并没有一位父亲需要向自己的儿子道歉。他把他的儿子们托付给我照顾，让我按自己的想法把他们抚养成人，并表示他急于见我。他发电报说他想来南非，我也回电邀他前来。但事与愿违，他在动身出发前往南非之前就去世了。而关于他儿子的心愿，也无法达成。他的儿子们在旧的环境中长大，我无法改变他们的生活方式，也不能把他们转变过来。这不是他们的错。谁能磨灭自己的本性呢？谁能擦掉他出生时的印象呢？期望自己的孩子和受监护人必然遵循与自己同样的进化过程，必然是徒劳无功的。

这也在某种程度上说明了做父母的承担着多么可怕的责任。

# 第83章　为推行素食主义所做的牺牲

随着我越来越认识到自我牺牲和简单生活的理想，我的意识在日常生活中不断苏醒，将素食主义作为一种使命的热情也越来越强烈。我只知道一种传教的方式，即通过个人的亲身经历以及与追求知识者进行讨论。

在约翰内斯堡有一家素食餐厅,是由一个相信库恩的水疗法的德国人经营的。我去过这家餐馆,并带了许多英国朋友去照顾他的生意。但我发现,这家餐馆不可能维持下去,因为它总是入不敷出。我尽力协助了它,并为此花了一些钱,但它最终还是倒闭了。

大多数神智学者差不多都是素食主义者,而现在这个群体里一位很有事业心的女士开了一家规模很大的素食餐厅。她爱好艺术,挥霍无度,对账目毫无概念。她交游广阔,最初只是开了一间小店,但后来决定冒着风险扩大店面,并向我寻求帮助。当她找到我时,我对她的财务状况一无所知,但我认为她的计算肯定相当准确,于是给予了她需要的帮助。我的客户过去常常把大笔的钱存放在我这里,在得到其中一位客户的同意后,我从他的信用额度中借了大约一千英镑。这个客户是一个宽宏大量、值得信赖的人,他最初是作为契约劳工来到南非的。他说:"如果你想的话,就把钱拿去吧。我对这些事情一无所知,但我知道你。"他的名字叫巴德里。后来,他在"非暴力运动"中扮演了重要的角色,也遭受了监禁。我认为得到了他的同意便够了,于是提前支付了贷款。

过了两三个月,我才知道这笔钱无法收回了。我承受不起这样的损失。这样一大笔钱我原可以用在很多其他事情上,而这笔贷款从未被归还。但是,信任我的巴德里怎么能蒙受这样的损失呢?他只是信任我而已,于是我偿还了这笔钱。

我跟一个客户朋友谈起这件事时,他委婉地责备了我的愚蠢行为:

"兄弟,"——幸运的是,那时候我还并非"圣雄",甚至连"父亲"也称不上。我的朋友们只是亲切地叫我"兄弟"——他说,"这不是你该做的事。我们在许多事情上都依靠你。你拿不回这笔钱,但我知道你永远不会让巴德里为之受罪,因为你会从自己的口袋里掏出钱给他,但如果你继续用客户的钱来帮助你的改革计划,那些可怜的家伙就会破产,你很快就会变成一个乞丐。但你是我们的受托人,你必须知道,如果你变成一个乞丐,我们所有的公共工作都会停止。"

这位我要感谢的朋友依然健在。无论在南非或其他任何地方,我从未遇到过比他更纯洁的人。我知道,当他怀疑别人,却发现自己的怀疑毫无根据时,便会道歉来辩白。

我也看出他的警告是对的。因为我虽然弥补了巴德里的损失,但我其实并不应该承担任何类似的损失,或是被迫承担债务——这是我一生中从未做过的事情,我也一直憎恶它。我意识到,一个人的改革热情不应超越自己的极限。我也看到,在这样将信托人的钱款借出的过程中,我违背了《薄伽梵歌》的基本教义,即"但行好事,莫问前程"。这个错误为我敲响了警钟。

这种为素食主义所做出的牺牲并非有意为之,也完全出乎意料。这只是一种必要的美德。

# 第84章　土疗法及水疗法试验

随着我的生活越来越简单,我对药物的厌恶也与日俱增。在德班执业时,我曾有一段时间感到虚弱,并患上了风湿性炎症。皮·捷·梅赫达医生来看我,给我做了治疗,我便痊愈了。从那之后,直到我回到印度,在我的印象中似乎并没有再次生病。

但在约翰内斯堡的时候,我却经常便秘和头痛。我偶尔吃些泻药,并规律饮食以使自己保持健康。但我并不能说自己身体健康,我总是在想，我什么时候才能不吃这些泻药。

在那时，我读到了曼彻斯特"无早餐协会"的成立。该协会发起人的论点是：英国人吃得太多，频率太高，他们高昂的医药费是因为他们一直吃到半夜。如果他们想改善这种状况，至少应该放弃早餐。虽然这一切都与我无关，但我觉得他的论点有一定的道理。除了下午茶之外，我每天还吃三餐饭。我从来不是一个节制的食客，而是享受尽可能多的美味和素食。我很少在六七点以前起床，因此我认为，如果我也不吃早餐的话，可能会摆脱头痛的困扰。所以我尝试了这个试验。开始的几天很艰难，但头痛完全消失了。这让我得出了结论：我吃的食物远比我需要的多。

但这种改变并不能缓解我的便秘。我尝试了库恩的坐浴法，这种方法带来了一些缓解，但没有完全治愈我。与此同时，我忘记了是那个开素食餐厅的德国人，还是其他的朋友将贾斯特的《回归自然》交到了我的手上。在这本书中，我读到了有关土疗法的内容，作者还提倡将新鲜的水果和坚果作为人类的天然食谱。我没有立即开始水果饮食，而是尝试了土疗法，并取得了很好的效果。治疗方法是用冷水混合干净的泥土使其湿润，把它像药膏一样涂在细亚麻布上，再把布条绑扎在腹部。我在睡觉的时候使用，晚上或者早上碰巧醒来的时候，我就把它拿掉。土疗法根治了我的疾病。从那以后，我尝试过给自己和我的朋友进行治疗，也是百试百灵。在印度，我却没有能力以同样的信心去尝试这种治疗。因为我从来没有时间在一个地方安顿下来去做这个试验。但我对土疗法和水疗法的信心一如从前。即使是今天，只要有机会，我都会给自己做一定程度的土疗，并向我的同事们推荐。

虽然我一生中曾患过两次重病，但我相信人类几乎不需要使用药物。通过合理的饮食、水疗法、土疗法以及类似的家庭疗法，1 000个病人中的999个都可以被治愈。有的人稍有不适便要跑去医生那里看病，吞下各种各样的草药和矿物药，这不仅会缩短他的生命，而且还会使他成为身体的奴隶而非主人，从而失去自我控制，不再是人了。

不要因为这些想法是我在病床上所写而忽视它们。我知道自己生病的原因。我完全意识到，我之所以生病完全是自己的责任。正是因为这种意识，我才没有失去耐心。事实上，我要感谢神明让我生病作为教训，我也成功地抵制了服用药物的诱惑。我知道我的固执对于医生来说也是种考验，但他们对我很宽容，不会放弃我。

但是我不能继续离题了。在继续下文之前，我应该给读者一个警告：受这一章的内容影响而去购买贾斯特的书的人不应当把书中的一切都当作福音真理。作家几乎总是会呈现某一件事物的某一个方面，但每件事物至少可以从七个角度来看待，而且这些观点可能都是正确的，但不一定适用于同一时间和同一环境。何况，许多书都是为了获得读者和名声而写的。因此，这些书的读者应当带着洞察力去阅读和进行试验，或者耐心地读这些书，把它们彻底地消化之后再付诸行动。

# 第85章 一个警告

恐怕我在这一章还要继续说一些题外话。我在进行土疗法试验的时候，也在进行饮食试验。在这里就饮食试验来谈论我的发现可能并不合适，在下文中我还会有机会再次提到这一话题。

但是无论现在或以后，我可能都不会详述关于营养学的试验，因为我数年前便在《印度舆论》上发表过一系列的相关古遮拉特语文章，后来也用英语出版了《健康指南》。在我的出版物中，这本书无论在东方和西方，都是阅读量最大的书，这令我有些难以理解。它是为《印度舆论》的读者而写的，但我知道这本小册子深刻地影响了许多人的生活，无论是在东方或是从未见过《印度舆论》的西方。他们就这一问题开始与我通信，因此有必要在这里提一提这本小册子。虽然我不认为需要改变书中的观点，然而我在实践中却取得了一些重大进展，而这些改变是那本书的读者所不知情的。我认为，他们应该被告知。

这本小册子和我其他的作品一样，都有一个精神目的，它总是激励着我的每一个行动。因此，我如今无法实践书中提出的一些理论，这让我深感苦恼。

我坚信，人类不需要饮用任何奶，除了婴儿时期需要母亲的乳汁以外。人的饮食应该只是太阳照耀过的水果和坚果。葡萄等水果和杏仁等坚果中已经有足够的营养来维持组织和神经，而且对一个靠这种食物生活的人来说，克制性欲和其他激情是很容易的事。我的同事和我的经验表明，印度谚语中确实有很多真理，比如：一个人吃什么，就会成为什么样的人。这些观点已在那本书中进行过详细阐述。

但不幸的是，我发现在印度的实践中我不得不推翻自己的一些理论。当我在凯达参加招募活动时吃错了东西，使得我卧床不起，徘徊在生死线上。我试图在不喝牛奶的前提下来重拾健康，但却失败了。我向认识的医生、印度土医和科学家寻求帮助，请他们为我推荐一种食物来替代牛奶。有人建议我喝绿豆水，有人建议我喝莫赫拉油，还有人建议我喝杏仁乳。对这些食物的试验几乎搞垮了我的身体，但没有一样可以帮助我离开病榻。印度土医给我读了许多《遮罗迦集》上的选段，告诉我在治疗学中，无须有关于饮食的宗教顾虑。如果我坚持不喝牛奶，他们也无法帮助我。那些毫不犹豫地推荐喝牛肉茶和白兰地的人又怎么能帮助我坚持不喝牛奶的饮食呢？

我发过誓愿，绝不喝牛奶或水牛奶。这个誓言当然包括放弃所有种类的奶，但是因为我在发誓时心中只想着牛奶和水牛奶，而我又想活下去，只好以某种方式诱骗自己，咬文嚼字地强调誓言的用词，决定开始喝羊奶。当我开始喝羊奶的时候，我意识到自己的誓言已经被破坏了。

但是，领导一场反对《罗拉特法案》运动的想法占据了我，随之而来的是对继续活下去的渴望。因此，我生命中最伟大的试验之一停止了。

我知道有人认为灵魂与人的饮食没有关系，因为灵魂既不吃也不喝。重要的不是你从外界放入身体里的东西，而是你由内而外表达出来的东西。毫无疑问，这种说辞很有力。但我并不想检查这一观点，只想声明我的坚定信念。凡是那些敬畏神明、希望见到神明的人，都应该从数量和内容上节制饮食，这与节制思想和言论同样重要。

然而，在我的理论行不通的时候，我不仅应该提供信息，而且应该发出严重的警告，希望大家不要采用它。因此，我要敦促那些以我所提出的理论为依据，可能已经放弃了牛奶的人，不要坚持做这项试验，除非他们发现这种做法在各个方面都有益，或者除非他们得到有经验的医生的建议。到目前为止，我的经验告诉我，对于消化不良的人以及卧床不起的人来说，没有像比牛奶更加清淡而有营养的食物了。

如果任何有这方面经验的人，碰巧读了这一章，而又从经验而非阅读中知道有一种蔬菜可以代替牛奶的功能，我将感激不尽。

# 第86章 与权力的斗争

现在回到亚洲部的事情上来吧。

约翰内斯堡是亚洲官员的大本营。我注意到,这些官员非但没有保护印度人、中国人和其他亚洲人,反而一直压榨他们。每天我都听到这样的抱怨:"合法的人得不到许可证,而那些没有权利的人只要付100英镑,就可以被偷偷地带进来。如果你不来改变这种状况,谁会来改变呢?"我也有同感。如果我没有成功地根除这一情况,我在德兰士瓦生活便毫无意义了。

于是我开始收集证据。收集到足够证据后,我便立刻去找了警察局长。他看上去是个公正的人,非但没有冷落我,反而耐心地听我陈述,并请我把掌握的所有证据都给他看。他亲自询问了证人,并对他们的回答感到满意。但他和我一样清楚,在南非很难让一个白人陪审团来对白人触犯有色人种的利益定罪。"但是,"他说,"我们无论如何也要试试。因为担心陪审团会宣告他们无罪,就让这样的罪犯逍遥法外,那也太不应该了。我必须让他们受到法律制裁。我向你保证,我会拼尽全力。"

我不需要他的保证。我怀疑许多的官员,但由于我没有无可辩驳的证据来指控他们所有人,因此只能针对两个我确信有罪的官员。

我的行动不会永远是秘密。许多人知道我几乎每天都去找警察局长,被签发了逮捕令的两名官员手下也有一些通风报信的人。他们常常在我的事务所附近徘徊,并把我的行动报告给官员们。不过,我必须承认,这些官员太坏了,以至于他们不可能有很多间谍。如果印度人和中国人没有帮助我的话,他们就不会被逮捕。

其中一个逃走了,但是警察局长发出了对他的引渡令,逮捕了他，并把他带回了德兰士瓦。他们走上了审判席，尽管有强有力的证据证明他们有罪，陪审团也有证据表明其中一人潜逃，但他们都被判决无罪并被释放。

我感到非常失望，警察局长也很难过。我开始对法律职业感到厌恶。对于我来说，智力成为一种可憎的东西，因为它可以用来筛选犯罪。

然而，这两名官员的罪行如此明显，尽管他们被判无罪，政府却无法再庇护他们。两个人都被革职了，亚洲部也变得相对干净了，印度群体也多少从中获得了一些安慰。

这次活动提高了我的声望，给我带来了更多的业务。尽管不是全部免除，但印度群体每个月浪费的大笔金钱得以被节省下来。那些肮脏的交易仍在进行，但是现在诚实的人可以继续保持诚实了。

我得说，虽然这些官员很坏，但我与他们并没有个人恩怨。他们自己也意识到了这一点，当他们遇到困难时，我也帮助了他们。他们有机会被约翰内斯堡市政当局雇用，但前提是我不反对这项提议。他们的一个朋友就此事前来见我，我同意不阻挠他们，他们成功受到了雇佣。

我的这种态度使和我接触的官员们感到非常自在，虽然我经常和他们的部门斗争，甚至言辞激烈，但他们对我还是很友好的。那时我还没有意识到这种行为是我天性的一部分。后来我了解到，它是"非暴力主义"运动的一个重要组成部分，也是"非暴力主义"的一个属性。

人与他的行为是截然不同的两件事。然而，一件好事应该引起赞许，一件坏事应该受到责难。而做出行为的人，无论善恶，都应该得到尊重或怜悯。"憎恨罪恶，而不是罪人"这句话虽然很容易理解，却很少被实践，这就是仇恨的毒药会在世界上广为传播的原因。

"非暴力主义"是追寻真理的基础。我每天都意识到,除非建立在非暴力基础之上,否则追寻是徒劳的。抵抗和攻击一个系统是很合理的行为,但是抵抗和攻击它的作者就等于抵抗和攻击自己。因为我们都是被同样的笔刷涂画出来的,是同一个创造者的孩子,同样是神圣的。我们内心的神力是无限的,轻视一个人就是轻视那神圣的力量,而这种做法不仅会伤害那个人,并且会伤害整个世界。

## 第87章　神圣的回忆与忏悔

在我的生活中发生过各种各样的事件,使我与拥有不同信仰以及来自不同群体的许多人有了密切的联系。我与他们所有人来往的经验,都证明了我对亲戚和陌生人、同胞和外国人、白人和有色人种、印度教徒和其他信仰的印度人,无论是穆斯林人、帕西人、基督教徒还是犹太人,都一视同仁。可以说,我的心一直无法做出任何这样的区分。我不能说这是一种特殊的美德,因为这是我的天性,而不是我做出任何努力的结果。而对于非暴力主义、禁欲、不占有以及其他美德,我在有意识地不断为培养它们而努力。

当我在德班执业时,我的办公室职员经常和我待在一起,他们当中有印度教徒和基督教徒,或者用他们的省份来区分,就是古遮拉特邦人和泰米尔人。我不记得我曾把他们看作是自己亲人、家庭成员之外的身份,如果我的妻子阻碍我这样对待他们,我就会与她产生芥蒂。其中一名办事员是基督徒,父母是最低种姓的"第五阶级"。

我们的房子是西式的,房间里没有倾倒脏水的下水道,因此每个房间都有便盆。与其让仆人或清洁工来打扫,不如让我的妻子或我自己来清理它们。那些已经完全把我家当成自己家的店员会自然地把自己的便盆清洗干净,但是这位基督教职员是新来的,整理他的卧室是我们的责任。我的妻子负责清理其他的便盆,但要清洗一个"第五阶级"的人用过的便盆,在她看来似乎是极限了,于是我们就吵了起来。她不能忍受我去清洗便盆,也不能接受她自己去清洗。直到今天,我还能回忆起她责骂我的情景,当她拿着便盆走下楼梯时,气得眼睛发红,眼泪不断顺着她的脸颊流淌下来。但我是一个那样心地善良的丈夫,我把自己当作她的老师,出于对她盲目的爱而反复折磨她。

我一点也不满足于她仅仅拿着便盆的行为,我要她高高兴兴地拿着它们。于是我提高嗓门说:"我不会容忍我的家人这样胡说八道。"

这句话像箭一样刺穿了她的心。

她回敬道:"把你的房子留给你自己,让我走好了。"我瞬间失去了理智,对她丧失了怜悯之情。我抓住她的手,把那个无助的女人拖到楼梯对面的大门口,然后打开门,想把她赶出去。她泪眼婆娑地叫道:"你没有羞耻心吗?你忘了自己的身份吗?我要去哪里?我在这里没有父母或亲戚庇护。作为你的妻子,我就必须忍受你的拳打脚踢吗?看在老天的分上,你规矩点吧,把门关上,别让人家看到我们这副样子!"

我装出无所谓的样子,但心里真的感到很惭愧,便关上了大门。我的妻子也许离不开我,但我也离不开她。我们有过无数的争吵,但最终总是以和好告终。妻子凭借她无与伦比的忍耐力一直是我们之间的胜利者。

今天,我能以某种超然的态度来叙述这件事,因为它属于我幸运地经历过的那段时期。我不再是一个盲目的、迷恋的丈夫了,也不再是我妻子的老师。如果嘉斯杜白愿意的话，可以对我以牙还牙。我们是久经考验的朋友，而非互相发泄情欲的对象。在我生病期间，她一直是一位忠诚的护士。

在1898年，当时我对于禁欲还没有概念。那时候，我认为妻子是她丈夫发泄欲望的对象，她生下来便是为了服从自己的丈夫，而不是充当丈夫的助手、伙伴和伴侣。

在1900年，我的这些思想经历了彻底转变，在1906年，它们形成了具体的观念。不过，这一点我想在适当的场合再说。现在我只想说，随着我对肉体欲望的逐渐消失，我的家庭生活变得越来越平静，越来越甜蜜，越来越幸福。

从这些神圣的回忆中，请不要得出我们是一对理想的伴侣，或者我们之间存在着完全一致的理想这样的结论。嘉斯杜白自己也许不知道她是否有独立于我的理想，很可能我的许多行为直到今天还没有得到她的认可。我们从不讨论它们，因为我认为讨论它们并没有好处。父母没有让她受教育，我在应该让她受教育的时候也没有给她提供这种机会。但她有一种伟大的品质，这也是大多数印度妻子在某种程度上所具有的品质：无论自愿与否，自觉与否，她都认为追随我的脚步是幸福的，而且在我努力要过节制生活的时候，从来没有妨碍过我。因此，虽然我们在才智上有很大的悬殊，但我一直觉得我们的生活是满足、幸福和进步的。

# 第88章　与欧洲人的密切接触（上）

这一章讲述的是我的一个阶段，在这个阶段，我有必要向读者解释这个故事是如何一周又一周地写下去的。

当我开始写它的时候,并没有明确的计划。我没有日记或文件来作为讲述这一实验故事的基础。在写作的时候,就像灵魂在操控一般随心所欲。我并不想绝对地说,我的一切有意识的思想和行动都是由灵魂指引的。但是,在审视我一生中所做出的最伟大的选择,以及那些可能被认为是最不重要的步骤时,我认为说这一切都是由圣灵指引的也无不可。

我没有见过神,也不认识神。我已经把世界对神明的信仰变成了我自己的信仰,而由于我的信仰是不可磨灭的,我认为这种信仰等同于经验。然而,把信仰描述为经验是对真理的篡改,也许更正确的说法是,我无法用语言来描述我对神明的信仰。

也许现在我更容易理解,为什么我相信自己是受灵魂驱策而写下了故事。当我开始写上一章的时候,原本用的是这一章的标题,但是当我开始写内容的时候,我意识到在我叙述自己和欧洲人的交往经历之前,我必须先写一些东西作为前言。于是,我便更改了章节名称。

现在,当我开始写这一章时,我发现自己面临一个新的问题。关于我将要写的英国朋友的事情,哪些要提及,哪些要忽略,是一个严重的问题。如果相关的事情被忽略了,真相就会变得模糊。当我自己都不确定这个故事的相关性时,很难直接确定哪些事情是真正相关的。

今天,我更清楚地了解了很久以前读到的"不应将自传作为历史"的理论。我知道我并没有必要将自己所记得的一切都记录下来。为了真理的利益,谁能说我必须说出多少,而忽略多少呢?在法庭上,对我生命中某些事件提供的不充分证据又有什么价值呢?如果某个爱管闲事的人对我所写的章节进行盘问,他很可能会给这些章节增色不少;而如果是一个充满敌意的批评家来盘问,他甚至可能会因为自己展示了"我许多自命不凡的虚伪之处"而自鸣得意。

因此，我考虑了一会儿，不写这些章节是不合适的。但只要内心的声音不被禁止，我就必须继续写作。我必须遵循圣贤的格言：除非被证明是不道德的行为，否则任何事情一旦开始，都不应半途而废。

我写这本自传不是为了取悦评论家。写作本身就是对于真理的实验。它的目的之一当然是为我的同事提供一些安慰和思考的素材。事实上，我是因为他们的意愿才开始动笔写作的。如果捷兰达斯和哲人阿南德没有坚持他们的建议，可能就不会有这本自传。因此，如果我写自传是错误之举，他们也必须承担责任。

言归正传，现在来说说标题中提到的主题吧。就像有很多印度人像家人一般住在我家里一样，我在德班也和英国朋友住在一起。并不是所有和我住在一起的人都喜欢这样做，但我坚持要他们如此。我并非在每一件事上都聪明，我有过一些痛苦的经历，但这些经历既有印度人带来的，也有欧洲人带来的。我不后悔这些经历。尽管我经常给朋友们带来不便，或令他们担心，我还是没有改变我的行为，朋友们也对我很友好。每当我与陌生人的接触让我的朋友恼火时，我都会毫不犹豫地责备他们。我认为，那些想要从别人身上看到和自己身上同样信仰的信徒，必须拥有能够与任何人生活在一起的能力，并保持足够的超然。这种生活的能力是可以培养的，不要怯于寻求这种接触的机会，而应当以一种服务精神来接待他们，并保持自己的本心不受影响。

尽管当布尔战争爆发时，我的房子已经住满了，我还是接待了两个从约翰内斯堡来的英国人。两人都是神智学者，其中一位是基钦先生，我们在下文会进一步谈到他。这些朋友常常使我妻子痛哭流涕。不幸的是，她为我做了许多这样的尝试。这是我第一次有英国朋友和我像家人一样亲密地生活在一起。在英国的日子里，我一直住在英国人的房子里，但在那里，我遵从了他们的生活方式，多少有点像住在寄宿家庭里。而在这里恰恰相反，英国朋友成为我们的家庭成员。他们在许多事情上都采用了印度方式。虽然房子里的物件都是西式的，但生活方式却是印度式的。我确实记得，我曾很难让他们成为家里的一员，但我可以肯定地说，他们在我家里过得很舒适自在。在约翰内斯堡，这样的接触比德班发展得更加深远。

## 第89章 与欧洲人的密切接触（下）

在约翰内斯堡，我曾经有过四名印度职员，比起职员他们可能更像我的儿子。但即使是这些也不足以满足我的工作，因为没有打字员是不可能的。我们之中只有我会打字，我把它教给了两个店员，但他们因为英语不好而无法达标。我还想培训一个会计。我不能把任何人从纳塔尔省聘过来，因为没有许可证任何人都无法进入德兰士瓦，而且我也不愿意为了我个人的方便而向许可证官员求助。

我真是精疲力竭了。事情堆积如山，以至于无论我怎么努力，似乎都完全不可能应付得了业务和公共工作。我很愿意雇佣一个欧洲的文员，但我不确定是否能找到一个白种人来为像我这样的有色人种服务。然而，我还是决定试一试。我找了一个我认识的打字机的代理人，请他给我找个速记员。那时候有女孩在做速记员，他保证会设法帮我找到一个。他遇到了一个叫迪克小姐的苏格兰女孩，她刚从苏格兰来到南非。她愿意抓住一切机会努力谋生，而且也需要找份工作。所以代理人让她来找我，她给我的第一印象非常好。

"你不介意在印度人手下工作吗?"我问她。

"一点也不。"她坚定地回答。

"你期望的薪水是多少?"

"十七英镑十先令是不是太高了?"

"如果你能完成我想要你做的工作,那就不多了。你什么时候可以上班?"

"如果你愿意,我现在就可以开始工作。"

我非常高兴,马上开始给她口授信笺。

不久她就成了我的女儿或姐妹,而不是速记打字员。她的工作几乎做得完美无缺。她经常被委托管理高达数千英镑的资金,同时也负责账簿。她赢得了我的完全信任,但更重要的是,她向我吐露了她内心深处的想法和感受。她在最后选择丈夫时也征求了我的意见,我甚至有幸为她主婚。但是迪克小姐成为麦克唐纳夫人后,就不能再为我工作了。但即使在她结婚以后,每当我因工作压力而有求于她时,她从没有推诿拒绝。

但我现在需要另找一个全职的速记打字员,我很幸运地招到了另一个女孩施莱辛小姐,她是下文中要提到的卡伦巴赫先生介绍给我的。她目前是德兰士瓦一所高中的教师,来我这里上班时大约是十七岁。她的一些脾气有时对卡伦巴赫和我来说都太过分了。她来这里与其说是为了做速记打字员,不如说是为了获得经验。她的天性中似乎没有种族偏见,也不介意年龄和经验。她甚至会毫不犹豫地侮辱一个男人,当面给人甩脸色。她的急躁性格常常使我陷入困境,但她坦率和诚恳的性情又会为我解围。她打的信我经常不加审核就签发出去了,因为我认为她的英语比我好,并且对她的忠诚充满信心。

她做出了很大的牺牲。大部分时间她的薪水都不超过6英镑,并拒绝接受超过10英镑的月薪。我劝她多拿一些,她就会骂我说:

"我不是来你这里赚工资的,我来这里是因为我喜欢和你一起工作,我喜欢你的理想。"

她有次向我拿了四十英镑,但坚持把这笔钱算作借款,并在去年还清了全部金额。她的勇气不亚于她的牺牲精神。她是我有幸遇到的为数不多的女性之中,拥有那样水晶般通透的性格和足以让一个战士感到羞愧的勇气。她现在已经长大了,我不再像她和我在一起时那样了解她的心思,但我与这位年轻女士的接触将永远是我神圣的回忆。因此,如果我隐瞒我所知道的关于她的事,那便是对真理的背叛了。

她不眠不休,从早到晚地为"非暴力主义"运动工作。她独自一人在夜色中冒险外出,并愤怒地拒绝任何护送的建议。成千上万的印度人向她寻求指导。在"非暴力"运动时期,几乎所有的领导人都被关在监狱里,她独自一人领导着这场运动。她管理着成千上万的人员、信件和《印度舆论》,但她从不知疲倦。

关于施莱辛小姐的文章可以无休止地写下去,但我将以戈可哈尔对她的评价来作为这一章的结尾。戈可哈尔认识我所有的同事,对其中的许多人都很满意,并常常对他们发表评论。在所有的印度和欧洲的同事中,他认为施莱辛小姐是最优秀的一位。"我很少见到像施莱辛小姐这样的牺牲精神、纯洁和无畏,"他说,"在你的同事中,她在我看来是第一位的。"

## 第90章 《印度舆论》

在我继续讲述与其他欧洲人的密切接触之前,我必须谈一谈两三件重要事项。但是，与其中一个人的联系应该先在此述明。迪克小姐的任命对我来说是不够的，我需要更多的帮手。我在前面的章节中提到过里奇先生，我与他关系不错，他是一家商业公司的经理。他同意了我提出的建议，离开公司并开始为我工作，这大大减轻了我的负担。

就在那时，马丹吉特先生向我提议创办《印度舆论》，并来征求我的意见。他已经找好了印刷厂，我赞成他的建议。《印度舆论》于1904年创刊，曼苏克拉尔·纳扎尔先生是首任编辑，但我却承担着这份工作的主要责任，大部分时间运营这份刊物的主要负责人都是我。当然，这并不是曼苏克拉尔先生的能力不够，他在印度做了大量的新闻工作，但只要我在那里，他就不愿冒险写复杂的南非问题。他对我的洞察力非常有信心，所以把负责编辑专栏的任务扔给了我。直到今天，《印度舆论》还只是一份周刊，最初它是用古遮拉特语、印地语、泰米尔语和英语发行的。然而，我发现泰米尔语和印地语的版本有虚构成分，并没有达到它们被出版的目的，所以我叫停了这两种版本，因为我甚至觉得继续出版下去会变成一定程度的欺骗行为。

我没有打算在这本刊物上投入金钱，但我很快发现，没有我的资金帮助，它无法继续下去。印度人和欧洲人都知道，尽管我并不公开承认自己是《印度舆论》的编辑，却对《印度舆论》的行为负有实际责任。如果刊物从来没有创办过，那并没有什么，但它一经推出就停止发行，这既是一种损失，也是一种耻辱。所以我不断地将自己的积蓄投入其中，直到最后几乎山穷水尽了。我记得有段时间，我每个月甚至要汇出75英镑。

但经过这些年之后，我觉得《华尔街日报》为印度群体服务得很好。它的初衷并不是为了盈利。这个刊物由我负责，它的变化就代表着我生活的变化。当时的《印度舆论》，就像今天的《印度青年》和《新生活》一样，是我生活的呈现。一个星期又一个星期，我把我的灵魂倾注在它身上，并按照自己的理解宣扬"非暴力主义"运动的原则和实践。在它出版的十年里，也就是直到1914年，除了我被迫在监狱里休息的时间之外，《印度舆论》中几乎都刊有我写的一篇文章。在那些文章里，没有一个字不是经过深思熟虑再被写下的。我从未有意夸大，或者仅仅是为了让人高兴而写下那些文字。事实上，《印度舆论》对我来说是一种自我约束的训练，对朋友们来说，这是一种可以与我的思想保持联系的媒介。批评家们发现他们所能反对的内容很少，事实上，《印度舆论》使得批评家无从下笔。如果没有《印度舆论》，"非暴力主义"运动也许无法实现。读者们期待着这本刊物能对"非暴力主义"运动以及南非印度人的真实情况做出可信的描述。对我来说，它成了研究人性的一种手段，因为我一直致力于在编辑和读者之间建立一种亲密而清晰的联系。我被信淹没了，信中写满了读者们的心声。根据读者的脾气，信件可能是友好的、挑剔的或激烈的。对我来说，研究、消化和回复所有这些信件是一个很好的教育。就好像通过通信的方式，听到了整个印度群体的声音。这让我完全理解了记者的责任，我以这种方式获得了整个印度群体的关注，并使将来的运动变得可行、有尊严而且不可抗拒。

《印度舆论》出版的第一个月，我意识到新闻的唯一目的应该是服务。新闻是一股强大的力量，但就像四处奔涌的水流可以淹没整个乡村，摧毁庄稼一样，一支不受控制的笔只能起到毁灭的作用。如果控制来自外部，那么事实证明，它会比缺乏控制更有害。只有当你从内部做出控制时，才是有益的。如果这一推理正确，世界上有多少期刊能经受得住考验？但是谁能阻止那些无用的媒体呢？谁来裁决呢？有用的和无用的必须并存，像善恶一样，人类必须做出自己的选择。

# 第91章 苦力区还是贫民窟？

有一些阶级为我们提供最重要的社会服务，但是我们印度教徒却把他们视为不可接触的"贱民"，并将其赶到城镇或村庄的偏远地区去居住，这种地方在古遮拉特语中称为"德瓦杜"，就连名字中都带有难闻的异味。在信仰基督教的欧洲，犹太人也曾经是"不可接触的"，而分配给他们的地区也被冠以"贫民窟"的恶名。同样，我们今天也成了南非的不可接触者。安德鲁斯的牺牲和萨斯特里的魔棒在恢复我们的名誉方面取得了多大的成功还有待观察。

在古代，犹太人认为自己是神的选民，排斥其他所有人，结果他们的后代却受到了奇怪的甚至是不公正的惩罚。同样的，印度教徒会认为自己是雅利安人或文明人，而将自己的同胞视为非雅利安人或贱民。这造成了一个奇怪而且不公平的结果：在南非，报应不仅落到印度教徒身上，连穆斯林和帕西人受到了牵连。因为他们属于同一个国家，与印度教教徒肤色相同。

读者现在会在某种程度上意识到我这一章标题的含义。在南非，我们得到了"苦力"这个讨厌的名字。在印度，"苦力"一词仅指搬运工或雇工，但在南非，它有一种轻蔑的含义。它和我们口中的"贱民"有同样的意思，而分配给"苦力"的居住地被称为"苦力区"。约翰内斯堡有一个这样的地区，但不同于其他印度人拥有租赁权的地方，在约翰内斯堡，印度人是以99年的租期获得了他们的土地。这个地区的人口密度很大，面积却从来没有随着人口的增加而增加过。除了以随意的方式清理厕所外，市政当局没有提供任何卫生设施，更不用说良好的道路和灯光了。当它对居民的福利漠不关心时，更不可能保障它的卫生条件了。在没有市政当局的帮助和监督下，人们对城市卫生规定也懵然不知。如果去那里的人都是鲁滨孙一般的战士,那么故事就会完全不同。但我们还不知道世界上有哪个鲁滨孙漂流者的移民区。通常人们移居国外是为了寻找财富和贸易,但是大部分去南非的印度人是无知的、贫穷的农民。他们需要人们给予他们的关心和保护,可是跟随他们而去的商人和受过教育的印度人很少。

因此,由于市政当局的过失犯罪和印度人的无知,使得这个地方卫生极差。市政当局根本没有采取任何措施来改善这个地方的条件,而是利用由于他们自己的疏忽而造成的不卫生现象作为取消这个地区的借口,并为此目的从地方立法机关获得驱逐定居者的权利。这就是我在约翰内斯堡定居时的情况。

定居者在他们的土地上拥有所有权,自然有权得到补偿。在当时,成立了一个特别法庭审理土地征用案件。如果承租人不准备接受市政当局的提议,他有权向法庭提出上诉,如果后者的裁决补偿款超过市政当局的提议数额,那么市政当局必须承担费用。

大多数住户聘请我做他们的法律顾问。我不想从这些案件中赚钱,所以我告诉他们,如果他们赢了,不管法庭判决多少钱,我都会满意,无论案件的结果如何,我只向每个人收取十英镑费用。我还告诉他们,向他们收取的钱,我建议把拿出一半用于为穷人建造医院或类似机构。这自然使他们都高兴。

在大约70起案子中,只有1起败诉。但《印度舆论》持续需要资金的支持,在我印象中它一共耗费了1 600英镑。我为这些案子努力工作,客户也总是围着我转。他们大多数最初是比哈尔邦及其邻近地区和印度南部的契约劳工。为了解决他们的特殊问题,他们成立了独立于自由印度商人的协会。他们中的一些人心胸开阔,性格开朗,人品极佳。他们的领导人是贾拉姆兴主席,以及毫不逊色于主席的巴德里先生。他们现在都已去世了,但都曾给予我很大的帮助。巴德里先生和我保持着密切的联系,并在"非暴力主义"运动中扮演了重要的角色。通过这些朋友和其他人,我与许多来自印度南部和北部的印度人建立了密切的联系。我更像是他们的兄弟,而不只是法律顾问,分担了他们所有的艰难苦痛。

他们那时给我取的名字很有意思。阿布杜拉赛拒绝称我为甘地,幸运的是,没有人以"阁下"的称呼来侮辱我。阿布杜拉赛找到了一个很好的称谓——"兄弟"。其他人也跟着他用"兄弟"来称呼我,直到我离开南非的那一刻。

# 第92章 黑死病(上)

市政当局取回了苦力区的房屋所有权,却并没有立刻让印度人搬走。因为在迁出居民之前,必须要为他们找到合适的新住处,但由于市政当局并不能迅速做到这一点,印度人被迫待在同一个"肮脏"的地方,不同的是,他们的处境比以前更糟。由于不再是所有者,他们成了市政当局的房客,结果他们的环境变得比以前更不卫生。当他们是业主时,他们必须保持一些清洁,哪怕只是出于害怕法律,但是房子属于市政当局后却没有了这种担心!房客的数量增加了,随之而来的是肮脏和混乱。

当印度人在为这种状态而烦恼时,突然爆发了黑死病,也叫肺鼠疫,比腺鼠疫更可怕和致命。

幸运的是,疫情爆发地不是这里,而是约翰内斯堡附近的一处金矿。这个矿井的工人大部分是黑人,他们的白人雇主对他们的清洁负责。有几个印度人也在做金矿相关的工作,其中23人突然受到感染,有一天晚上他们带着严重的病症回到了当地的住所。马丹吉特先生当时正在那里为《印度舆论》征求订阅者。他是一个非常勇敢的人，看到这些受害者，他的心在哭泣。他给我送了一张铅笔字便条，上面写着："黑死病突然爆发了，你必须立即来采取措施，否则后果将不堪设想。请见信即来。"

马丹吉特先生勇敢地打开了一个空房子的锁，把所有的病人都安置在那里。我骑车到那个地方，然后写信给镇上的书记员，告诉他我们占有这所房子的情况。

当时正在约翰内斯堡执业的威廉·戈夫莱医生一得到消息就跑去施救，成了这些病人的护士和医生。但23名患者并不是我们3个人就能够应付的。

基于经验，我的信念是：如果一个人的心是纯洁的，那么灾难来临时解决的办法也会随之到来。当时我的事务所有四个印度员工：卡里亚达斯，曼尼克拉尔，古万特莱·德赛，另一个员工的名字我已经记不清了。卡里亚达斯是他父亲托付给我的。在南非，我很少遇到比卡里亚达斯更乐于助人的人。幸运的是，他当时还没有结婚，我便毫不犹豫地让他承担任何风险。曼尼克拉尔是我从约翰内斯堡招来的，据我所知，他也没有结婚。所以我决定牺牲他们四个人，因为他们是我的员工、同事与儿子。这件事根本不必和卡里亚达斯商量，而其他三人在我刚一开口询问时就表示愿意。"你在哪里，我们也在哪里。"他们简短而贴心地回答。

里奇先生有一个大家庭。他也准备以身犯险，但我阻止了他。我不忍心让他冒这个险。所以让他参加了危险区以外的工作。

那是一个可怕的夜晚——守夜和看护之夜。我以前照顾过一些病人，但从来没有照顾过黑死病人。戈夫莱医生的勇气仿佛具有传染性。对于病人并不需要太多的护理，我们所要做的就是给他们配药，照顾他们的需求，保持他们和他们的床干净、整洁，并让他们振作起来。

年轻人孜孜不倦的热情和无畏使我无比欢欣。人们可以理解戈夫莱医生和像马丹吉特这样经验丰富者的勇敢，但是这些年轻人竟也有这样的精神！

据我回忆，那天晚上我们把所有病人都照顾得很好。

整个事件，除了它的苦痛之外，是如此引人入胜，对我来说具有如此大的宗教价值，以至于我必须再写两章。

## 第93章 黑死病（下）

镇上的书记员向我表达了他的感激之情，感谢我们将病人集中在空房之中。他坦率地承认，镇议会没有立即处理这种紧急情况的办法，但他保证他们将竭尽所能提供帮助。一旦意识到自己的责任，市政当局便立即采取措施。

第二天，他们给我们安排了一套空仓库，并建议把病人移到那里，但市政当局并没有答应清理这些地方。那幢建筑物并不整洁，我们自己把它清理干净，在一些好心印度人的办公室里弄了几张床和其他必需品，建了一家临时医院。市政当局调了一个护士来服务，她带来了白兰地和其他医院设备。戈夫莱医生仍然是负责人。

护士是个和蔼的女士，她很想照顾病人，但我们很少让她触摸病人，以免她染上传染病。

我们收到指示，要病人经常喝白兰地。护士甚至要求我们采取预防措施，就像她自己做的那样。但我们谁也不会去碰它。我甚至不相信它对病人有益。在戈夫莱医生的允许下，我让三个准备不喝白兰地的病人接受了土疗法，用湿土布条包扎他们的头部和胸部。

最后，病人中的两个被救活了，其余二十一人死在了仓库里。

与此同时，市政府正忙于采取其他措施。在离约翰内斯堡七英里的地方有一个传染病检疫站。两名幸存的病人被转移到靠近检疫站的帐篷里，并安排将所有新的病患都送到那里。因此，我们不必继续这份工作了。

几天后，我们得知那位好护士突然发病，很快就死了。很难说那两个病人是如何获救的，我们又是如何保持免疫的，但这次经历增强了我对土疗法的信心，也增加了我对白兰地作为药物的有效性的怀疑。我知道这种信仰和怀疑都并不是基于任何坚实的基础，但我仍然保留着当时得到的印象，因此认为有必要在这里提上一笔。

关于黑死病疫情的爆发，我曾给新闻界写过一封措辞严厉的信，指责市政当局收回印度人聚居区以后疏于管理，对疫情的爆发负有不可推卸的责任。这封信使我得到了亨利·波拉克先生的信任，也是我与已故的约瑟夫·杜克牧师建立友谊的部分原因。

我在之前的一章中说过，我以前会去一家素食餐厅吃饭。在那里我认识了阿尔伯特·韦斯特先生。我们每天晚上在这家餐馆见面，饭后出去散步。韦斯特先生是一家小型印刷公司的合伙人。他在报纸上读到我写的关于瘟疫爆发的信，在餐馆里又找不到我，感到很不安。

自从那次疫情爆发以来，我和同事们就减少了我们的饮食，因为我一直坚持在流行病期间进行清淡饮食。所以这些天来，我不再吃晚餐，并会在其他客人到来之前吃完午饭。我很了解这家餐馆的老板，我告诉他，因为我在护理黑死病患者，所以我尽量避免与朋友接触。

一天早晨，我正要出去散步，韦斯特先生一大早就来敲我的门。当我打开门时，韦斯特先生说："我在餐厅里没有找到你，真的很担心你会出事，所以决定早上过来，才能在家里找到你。好吧,我在这里听候你的吩咐。我愿意帮助一起护理病人。你知道,我没有什么牵挂。"

我表达了我的感激之情,但是毫不犹豫地回答道:"我不会让你护理病人的。如果没有更多的病例,我们一两天内就会腾出空来,不过有一件事需要你的帮助。"

"好的,什么事?"

"你能去德班负责《印度舆论》的出版吗?马丹吉特先生很可能要在这里工作,德班需要有人主持工作。如果你能去,我会感到很轻松。"

"你知道我有印刷厂的。应该没什么问题,但我可以在晚上再给你最后的答复吗?我们晚上散步时可以讨论这件事。"

我很高兴。我们谈话之后,他同意去德班。工资他并不在意,因为钱并不是他的动机,但我们决定支付他每月10英镑的工资,如果有利润,还会有一些分成。第二天,韦斯特先生就乘晚上的邮车去了德班,委托我恢复他的会费。从那一天起,直到我离开南非的海岸,他一直是我分享所有快乐与悲伤的伙伴。

韦斯特先生来自林肯郡的一个农民家庭。他接受的是普通的学校教育,但在经验的课堂上和自力更生中学到了很多东西。我一直都知道他是一个纯洁、冷静、虔诚、仁慈的英国人。

我们将在接下来的章节中,我们将更多地了解他和他的家人。

# 第94章 火烧苦力区

虽然我和我的同事们结束了照顾病人的工作,但仍有许多由黑死病引起的事情急需处理。

我已经提到市政当局对这一区域的疏忽。但是，就其白人公民的健康状况而言，它是非常受关注的。为了保护他们的健康，市政当局花了很多钱，如今为了消灭瘟疫，更是花钱如流水。尽管我认为市政当局对印度人犯下了许多不作为的罪行，我还是不能不赞扬它对白人公民的关怀，并尽了最大的努力来帮助他们。在我的印象中，如果我不愿合作，市政当局的任务就会更加艰巨，也许会毫不犹豫地动用武力，做出最坏的事。

但这一切都被避免了。市政当局对印度人的行为感到高兴，未来有关疫病措施的大部分工作都简化了。我尽自己所能对印度人施加影响，使他们服从市政当局的要求。要印度人做到这一点绝非易事，但我不记得有人拒绝过我的建议。

印度人居住的"苦力区"在严密的警戒下，未经允许，是不能进出的，但是我和同事都可以自由出入。他们的决定是让所有的居民都离开这里，在距约翰内斯堡13英里的开阔平原上搭帐篷生活三周，然后放火烧掉这里。带着给养和其他必需品去帐篷中生活，肯定要花上一段时间，而在这段时间里，必须有警卫看守。

人们都吓得要命，但我的经常出现对他们是一种安慰。许多穷人过去常常把他们微薄的积蓄藏在地下，现在必须挖掘出来。他们对于银行一无所知，于是我成为他们的银行家。源源不断的钱涌入我的办公室。在这样的危机中，我不可能为我的工作收费，但我设法应付了这项工作。我与我的银行经理很熟，便告诉他我得把这些钱存到他那里。银行一般不屑于接受大量的铜币和银币。有些人担心银行职员会拒绝接触来自疫区的资金。可是经理对我百般照顾，给了我所需要的帮助。把钱送到银行之前，我们决定先把它们进行消毒。我记得当时大约存了六万英镑。我建议那些有足够钱的人将其作为定期存款，他们接受了这个建议。后来，他们中的一些人也习惯了把钱投放到银行。

当地的居民被专列送到约翰内斯堡附近的克利普斯普瑞特农场,在那里,市政当局以公共费用向他们提供食物。帐篷下的这个区域看起来像一个军营。不习惯这种营帐生活的人对这种安排感到痛苦和惊讶,但他们并未忍受任何特别的不便。那时我每天骑自行车去看他们。他们在那里逗留一天之后,便忘却了所有的痛苦,开始愉快地生活。后来,我每次去看他们,总会发现他们在唱歌和跳舞。在户外待三个星期显然还改善了他们的健康状况。

据我回忆,"苦力区"在居民疏散后的第二天就被付之一炬了。市政当局丝毫不打算从这场大火中挽救任何东西。就在这个时候,出于同样的原因,市政当局烧毁了市场上所有的木材,损失了大约一万英镑。这一重大决策的原因是在市场上发现了一些死老鼠。

市政当局付出沉重的代价终于阻止了瘟疫的进一步发展,城市的居民再次得到了自由呼吸的机会。

## 第95章　一本书的魔力

黑死病增强了我在穷苦印度人之中的影响力,也增加了我的生意和责任。与欧洲人的一些新接触变得如此紧密,以至于我的道德义务也有所增加。

就像我认识韦斯特先生一样,我在素食餐厅认识了波拉克先生。一天晚上,一个年轻人在不远处的餐桌上吃饭,他给我送来一张名片,上面写着希望认识我。我邀请他与我同桌,他欣然接受了。

他说:"我是《评论家》的副主编,当我读到你写给媒体那封关于瘟疫的信时,就很想见到你。我很高兴有这个机会。"

波拉克先生的直率吸引了我。当晚,我们就变得熟识了。我们似乎对生命的本质持有相似的观点。他也喜欢简单的生活。他有一种能将自己的智慧转化成行动的能力,而他在生活中所做的一些改变既迅速又剧烈。

要维持《印度舆论》的花费越来越高。韦斯特先生的第一份报告就令人震惊。他写道:"我并不指望这份期刊会像你想的那样盈利,我甚至还担心会亏损。这些账本杂乱无章,而且有大量的欠款需要追回。但一个人无法厘清它们,必须重新彻查一遍才行。但这一切都不需要惊扰你,我将尽力把事情办妥。不管是否有利润,我都会坚持下去。"

当韦斯特先生发现这份工作并不会有利润时,他哪怕离开,我也不可能责怪他。事实上,他有权指责我在没有适当证据的情况下,把这一工作说成是有利可图的。但是他从来没有说过什么。然而我觉得,这个发现使得韦斯特先生认为我是一个轻信的人。我只是接受了马丹吉特先生的财务测算,没有加以检查,便告诉韦斯特先生可以盈利。

我现在意识到,一个公共工作者不应该发表他不确定的言论。最重要的是,对真理忠诚的人必须谨慎行事。让一个人相信已经被完全证实的事情,就是对真理的妥协。我不得不痛苦地承认,尽管我懂得这些,却还没有完全克服我轻信的习惯。我的雄心壮志要承担超出我能力所及的责任。但是,这种雄心壮志常常让我的同事比我自己更加担心。

我一收到韦斯特先生写的信,便出发赶去了纳塔尔。我那时已经完全信任波拉克先生。他到车站给我送行,还带了罗斯金的杰作

《给未来者言》给我,说我一定会喜欢的。

这是一本一旦打开便不忍释卷的书,它深深吸引了我。约翰内斯堡到德班需要24小时车程,火车会在晚上到站。那天晚上我无法成眠,决心按照这本书的理想改变我的生活。

这是我读过的第一本罗斯金的书。在我受教育的那些日子里,除了课本之外,我几乎什么都没读过。在我开始积极的生活后,又几乎没有时间读书了。因此,我并没有太多的书本知识。然而,我相信我并没有因为这种强制的约束而损失太多。相反,有限的阅读可能会使我彻底地消化我所读到的东西。在这些书中,给我的生活带来即时的实际变化的是最后一本。后来我把它翻译成古遮拉特语,给它定名为《人人幸福》。

我相信,我在罗斯金的这本巨著中发现了一些最深刻的信念,这也是这本书能够吸引我,并改变了我的生活的原因。诗人是能够唤起人们心中潜藏的美好事物的人。诗人不会影响所有人,因为并非每个人都是相同的。

我所领悟的教导是:

1. 个人的利益包含在所有人的利益之中;

2. 律师的工作与理发师的工作具有同样的价值,因为所有人都有从工作中谋生的权利;

3. 劳动的生活,例如耕者和手工业者的生活都是富有价值的生活。

第一点我本就知道,第二点我有一些模糊的意识,但第三点我从来没有想到过。《给未来者言》中明确说明第二点和第三点都包含在第一点之中。我黎明即起,准备把这些原则付诸实践。

# 第96章　凤凰村

我跟韦斯特先生谈了整件事,并向他描述了《给未来者言》一书给我的影响。我提出建议将《印度舆论》搬到一个农场去,每个人都应该在这个农场劳动,领取同样的生活费,并在业余时间为刊物工作。韦斯特先生很赞成我的提议,于是我们将每月津贴制定为3英镑,无论国籍或肤色都一视同仁。

但问题是,那十多个工人是否会同意去一个偏僻的农场定居,并满足于只有生活费呢?因此,我们建议那些不愿意执行该计划的人继续领取工资,希望他们逐步成为计划内的成员之一。

我就这个建议和工人们谈过了,它对于马丹吉特没有吸引力。他认为我的建议是愚蠢的,认为这会毁掉他孤注一掷的事业:如果工人们罢工,《印度舆论》就会被迫停止刊发,印刷厂就会被关闭。

我的一个堂兄弟查干拉尔·甘地在新闻界工作。我在向韦斯特提议的同时,也与他商量了。他有妻子和孩子,但他从小就选择在我手下工作。他完全信任我,所以毫无异议地同意了这个计划,从那以后就一直和我在一起。机械师哲人戈温达也同意了这个建议。其余的人没有参加这个计划,但同意和我一起搬去村里。

我记得不到两天时间,我便解决了这些问题。此后,我立即登广告,想要在德班的火车站附近买一块地。广告发出后,我接到了一个来自凤凰村的报价。韦斯特先生和我去考察了庄园。不到一个星期,我们就买了20英亩地。那里有泉水,还有几棵橘子和芒果树。旁边是一片80英亩的土地,那里有更多的果树和破旧的农舍。我们把这片土地也买了下来,总共花了1 000英镑。

已故的罗斯敦济先生总是在这样的事业上支持我。他喜欢这个项目。他把一些旧瓦楞铁板和其他建筑材料供我使用，我们便开始了工作。一些在布尔战争中与我一起工作过的印度木匠和泥瓦匠帮助我搭建了印刷厂的厂房。这座建筑长75英尺，宽50英尺，不到一个月就完工了。韦斯特先生和其他人冒着极大的个人风险，留在了木匠和泥瓦匠那里。这个地方当时无人居住，杂草丛生，到处都是蛇，显然生活在那里会很危险。起初，他们都住在帐篷里面。我们在大约一个星期内把大部分东西运到了凤凰村。它离德班14英里，离凤凰站2.5英里。

只有一期《印度舆论》是在外面交由水星出版社印刷的。

现在，我努力吸引那些跟我一起从印度来的亲戚朋友们到凤凰村来，但他们都是做生意的，来这里是为了寻找财富，因此很难说服他们，不过有些人同意了。在这里我想提一下马加拉尔·甘地的名字。其余的人又开始做生意了，而马加拉尔·甘地永远离开了公司，来与我并肩作战。在我针对最初的同事而做的伦理实验中，他的能力、牺牲和奉献精神使得他崭露头角。作为一个自学成才的手艺人，他在他们中间的地位是独一无二的。

因此，凤凰村在1904年建立了，尽管《印度舆论》有很多问题，但仍在继续出版。

但是，最初的困难、所做的改变、希望和失望需要一个单独的章节来讲述。

# 第97章　第一夜

第一批出自凤凰村的《印度舆论》很难印发出去。如果不是我做了两个预防措施的话，那一期刊物就算不放弃，也要推迟。我对拥有一台能在发动机推动下工作的印刷机并不感兴趣。我曾认为，在农场工作由手工完成的氛围下，手动印刷似乎更符合这里的氛围。但由于这个想法似乎不可行，我们就装了一台发动机。不过，我还是向韦斯特先生建议，如果引擎出了故障，最好找个东西备用。因此，他准备了一个可以手工操作的轮子。报纸的大小，也就是日报的大小，被认为缩减为大页纸的大小，以便遇到紧急情况时，可以用踏板机来帮忙印刷。

在最初的阶段，我们都必须在出版日之前熬夜到很晚。每个人，无论老少，都必须帮忙折叠纸张。我们通常在十点到午夜之间才能完成工作。但是第一夜是最难忘的。我们找了一个德班的工程师把发动机装好，然后开动。他和韦斯特尽了最大的努力，但都是徒劳无功。每个人都很紧张。最后，威斯特先生绝望地向我走来，眼里含着泪水，说道："机器坏了，恐怕我们不能及时出刊了。"

"如果是这样的话，我们也没办法。流眼泪也没有用，让我们做人工能做的事吧。试过手工轮了吗？"我安慰他道。

"我们哪里有人做这些事呢？"他回答道，"我们的人手不足以应付这项工作。它需要四个人来操作，并轮流接力，但是我们自己的人都累了。"

建筑工程还没有完成，所以木匠们还和我们在一起。他们睡在新闻台上。我指着他们说，"可是我们不能让这些木匠帮忙吗？我们可能要工作一整晚。我认为这个办法还有些可能。"

"我不敢叫醒木匠。我们的人真的太累了！"韦斯特说。

"没关系，我就是来谈判的。"我说。

"那么我们也许有可能完成这项工作。"韦斯特先生回答。

我叫醒了木匠，请求他们合作，然而他们并不需要施压。他们说："如果我们在紧急情况下不能帮忙，那我们又有什么用呢？你们休息一下，我们来摇轮。对我们来说，这是一件容易的工作。"我们自己的人当然已经准备好了。

韦斯特非常高兴，在我们开始工作的时候唱赞美诗。我和木匠们一组，其余的人轮流加入。于是我们一直工作到早上7点，但还有很多事情要做。因此，我向韦斯特建议，现在可以请那位工程师起来，再试着发动机器，这样如果我们成功了，我们就能及时完成任务。

韦斯特把他叫醒，他立刻走进了机房。你瞧！他一碰引擎就发动起来了，整个厂房一片欢腾。"这怎么可能？我们昨晚的一切努力怎么都白费了？今天早上，它就好像什么毛病都没有似的，这是怎么回事？"我问道。

"很难说，"我忘了是韦斯特还是那位工程师说，"机器有时似乎也像我们一样需要休息。"

对我来说，发动机的故障是对我们所有人的一种考验，它在关键时刻又恢复工作，就像是对我们诚实而认真的嘉奖。

刊物及时印发了，每个人都很高兴。

这种最初的坚持确保了期刊的规律性，并在凤凰村营造了自力更生的氛围。有一段时间，我们故意不使用发动机，只使用手工作。在我看来，那是在凤凰村中道德上最高的提升。

# 第98章　波拉克的加入

我一直感到遗憾的是，虽然我在凤凰村建立了定居点，但我只能在那里待上短短的一段时间。我最初的想法是逐渐不做律师，到凤凰村去生活，在那里靠体力劳动谋生，在工作中找到服务的乐趣。但事实并非如此。我从经验中发现，人的计划常常被神明打乱，但与此同时，无论一个人出于寻求真理而制订的计划多么失败，其结果永远不会是有害的，而且往往比预期更好。凤凰村的意外转折事件当然不是有害的，尽管很难说它比我们最初的预期要好。

为了使我们每个人都能靠体力劳动生活，我们把印刷厂周围的土地分成了三英亩的小块，我自己也分得一份。在所有这些地块上，我们用波纹铁皮建造起了房屋。这其实违背了我们的意愿，因为我们的愿望是要有茅草屋或像普通农民那样的小砖房，但这是并不可能的。它们成本太高，也要花更多的时间，每个人都渴望尽快安顿下来。

编辑仍然是曼苏克拉尔·纳扎尔。他没有接受这一新计划，而是在德班指导《印度舆论》。虽然我们雇佣了排字工人，但我们想让村里所有的人都学习排字，那是印刷的过程中最简单也最乏味的工作。因此，那些还不会排字的人开始学习。我总是学不会，曼甘洛尔·甘地学得最好。虽然他以前从未在出版社工作过，但他成了一名专业的排字员，不仅速度很快，而且出乎我的意料的是，他很快就掌握了印刷的所有其他分支工作。我一直认为他没有意识到自己的能力。

我们还没安顿下来，房子也还没准备好，我就不得不离开新建的落脚处去约翰内斯堡。我不能让那里的工作无人问津。

回到约翰内斯堡后，我把我所做的重要改变告诉了波拉克。当他得知他的书借得如此富有成果时，他欣喜若狂。"我可以参加这个新的冒险活动吗？""当然，"我说，"如果你愿意，你可以参加。""我已经准备好了，"他回答，"如果你肯接纳我，我就去。"

他的决心让我非常叹服。他通知了他的主管领导，让他一个月内从《评论家》中解脱出来，并在适当的时候到达了凤凰村。由于他的社交能力突出，他赢得了所有人的心，并很快成为这个家庭的一员。简朴是他天性的一部分，他对凤凰村的生活一点也不陌生，一点也不觉得艰苦，仿佛如鱼得水一般。但我不能把他留在那里太久。里奇先生决定在英国完成他的法律研究，我无法独自承担办公室的费用，所以我建议波拉克先生以律师身份加入我的事务所。我原以为我们俩最终都会隐退，在凤凰村定居下来，但那并没有实现。波拉克是一个非常信任他人的人，当他信任一个朋友时，他会尽量同意那人的观点，而不是与其争论。他在凤凰村给我写信说，虽然他热爱那里的生活，也在那里过得非常幸福，并希望在那里定居发展，但如果我认为我们应该更快地实现我们的理想，他还是愿意离开并加入律师的行列。我收到这封信后由衷地高兴。波拉克离开凤凰村，来到约翰内斯堡，和我一起签署他的合约。

大约与此同时，一位我曾指导参加当地法律考试的苏格兰神智学者也加入了我的行列，我邀请他效仿波拉克的做法，以合同文书的身份加入了事务所。他便是麦金太尔先生。

因此，在凤凰村迅速实现理想这一值得称赞的目标下，我似乎越来越深入到一股相反的潮流中，如果没有神明的意愿，我就会发现自己被困在这张以简单生活为名的网中。

在接下来的几章里，我将描述我和我的理想是如何以一种意想不到的方式得到拯救的。

# 第99章 为神所护佑者

我现在已经放弃了在不久的将来返回印度的一切希望。我答应过妻子一年内回家。一年过去了,我却完全没有回去的希望,于是决定派人去接她和孩子们。

在来南非的船上,我的第三个儿子拉姆达斯在和船长玩耍时摔断了胳膊。船长把他照料得很好,并让随船医生照顾他。拉姆达斯上岸的时候,一只手挂在身上。医生说,我们一到家,就应该找一个合格的医生来包扎伤口。但那时我对自己在土疗法方面的实验充满信心。我甚至成功地说服了一些对我的说辞有信心的客户,让他们尝试一下水土疗法。

那么我该为拉姆达斯做些什么呢?他当时只有八岁。我问他是否介意我给他包扎伤口。他笑着说他一点也不介意。在那个年龄,他不可能决定什么是对他最好的,但他非常清楚土方疗法和一般医疗之间的区别。他知道我有家庭治疗的习惯,也有足够的信心相信我。在恐惧和颤抖中,我解开了绷带,洗了伤口,涂了一块干净的土膏药,又把手臂绑起来。这种包扎每天进行,大约持续了一个月,直到伤口完全愈合。没有发生什么意外,伤口愈合的时间也没有比船上的医生说的要多。

这个实验和其他的实验增强了我对这种家庭疗法的信心,现在我更加自信地继续研究。我拓宽了它们的应用范围,尝试用泥土和水以及空腹治疗伤口、发烧、消化不良、黄疸和其他疾病,在大多数情况下都取得了成功。但现在我已经不像在南非时那么有信心,经验甚至表明这些实验存在明显的风险。

因此,这里提到这些实验并不是为了证明它们的成功。我不能断言任何实验都是完全成功的。即使是医生也不能对他们的实验提出这样的要求。我的目的只是想表明，凡是想做新奇实验的人，必须从自己做起。这会促使真理的更快发现，因为神明总是保护诚实的实验者。

在与欧洲人建立密切关系的实验中所涉及的风险与在自然疗法实验中所涉及的风险一样严重。只不过这些风险是不同的。但在培养这些联系的过程中，我从未考虑过这些风险。

我邀请波拉克来和我住在一起，我们开始像兄弟一样生活。有一位即将成为波拉克夫人的女士和他已经订婚好几年了，但是他们的婚期被推迟了一段时间。我记得波拉克想在成家之前先存点钱。他比我更了解罗斯金，但他的西方环境妨碍了他将罗斯金的理论立即付诸实践。但我恳求他："当我们有了这样心心相印的关系时，就像你的情况一样，仅仅出于经济上的考虑而推迟结婚是不合适的。如果贫穷是一个阻碍，穷人永远不能结婚。现在你和我住在一起，并没有家庭开支。我认为你应该尽快结婚。"正如我在前一章中所说的，我从未与波拉克就一件事争论过两次。他欣赏我的论点的力量，立即就这个问题和当时在英国的波拉克夫人通了信。她欣然接受了这个建议，几个月后就到了约翰内斯堡。婚礼无须什么开销，甚至连一件特别的衣服都没有必要。他们不需要任何宗教仪式来锁住契约。波拉克夫人是基督教徒，波拉克是犹太人。他们共同的宗教是伦理的宗教。

我可以顺便提一下这个婚礼上的一个有趣的事件。德兰士瓦的欧洲婚姻登记员不能为黑人或有色人种登记。在这场婚礼上，我扮演了伴郎的角色。并不是说我们没有一个欧洲朋友，但波拉克不愿接受这个建议。于是，我们三人去了婚姻登记处。但是他们怎么能确定我当伴郎的婚姻主角是白人呢？他建议推迟登记，等待调查。第二天是星期天，后一天是元旦，是一个公共假日。以这样一种脆弱的借口，把庄严安排的婚礼日期推迟到了无法忍受的程度。我认识首席法官,他是登记处的主管。于是我和那对夫妇一起去找了他。他笑了,并给了我一张纸条让我们带给书记官,于是他们的婚姻正式登记了。

到目前为止,与我们生活在一起的欧洲人都是对我或多或少有所了解的人。但是现在,一位对我们来说完全陌生的英国女士走进了这个家庭。我不记得我们和这对新婚夫妇有过什么不同,但即使波拉克夫人和我的妻子之间有过不愉快的经历,也不会比那些管理最好的同族家庭里发生的事情更糟。让我们记住,我的家庭本质上是一个不同种族的家庭,在这个家庭里,不同种族、各种性格的人都可以自由地进入。当我们想到它的时候,就可以发现异质性和同质性的区别仅仅是想象出来的而已,我们都是一家人。

我最好也在这一章里庆祝一下韦斯特的婚礼。在我人生的这一阶段,我对"禁欲"的想法还没有完全成熟,所以我很想让我身边所有的单身朋友都结婚。在适当的时候,韦斯特去拜访他的父母时,我建议他如果可能的话就结婚。凤凰村是我们共同的家园,因为我们都应该成为农民,所以我们不害怕婚姻及其通常的后果。韦斯特带着一位来自莱斯特的美丽小姐回来了。她出身于莱斯特工厂的制鞋工人家庭。我称她美丽,是因为她的道德美立刻吸引了我。真正的美在于心灵的纯洁。和韦斯特先生一起来的还有他的岳母。老太太仍然健在。她的勤奋和活泼开朗是我们大家都比不上的。

就像我说服这些欧洲朋友结婚一样,我鼓励印度朋友们从家里接来他们的家人。凤凰村就这样发展成一个小村庄,六个家庭来到这里定居并开始在那里开枝散叶。

# 第100章　家事问题

从上文可以看到，虽然我的家庭开支很大，但在德班开始出现了简化的趋势。在罗斯金的教诲之下，我们对约翰内斯堡的房子进行了更为彻底的改变。

作为一个大律师的家，我尽量做到陈设简单。虽然没有一定数量的家具是不行的。相比外在的东西而言，我们内心的变化更明显一些。每个人都对亲自做体力劳动产生了兴趣。因此，我也开始让我的孩子们那样做。

我们不购买面包师的面包，而是开始在家里按照库恩的食谱准备无酵全麦面包。普通的面粉并不适用，人们认为使用手工磨粉可以确保更简单、更健康、更经济。所以我花7英镑买了一只手工磨，但是这个铁轮太重了，一个人推不动，要两个人才可以。波拉克、我和孩子们就常常在磨面。我们磨面的时候，我的妻子通常在厨房工作，不过她偶尔也会过来帮忙。现在波拉克夫人也来了。磨面粉对孩子们来说是非常有益的锻炼。这和其他的工作都不是强加给他们的，但这是他们的一种消遣。他们可以来帮忙，而且累的时候可以随时休息。但是孩子们，包括我以后还要介绍的几个孩子，从来没有让我失望过。并不是说没有人落后，而是大多数人都很高兴地完成了他们的工作。那些日子里，我记得很少有年轻人会逃避工作，或者声称因为工作而感到疲劳。

我们雇了一个佣人照看房子。他作为家庭的一员和我们住在一起，孩子们过去常常帮助他工作。市政清洁工会清除排泄物，但我们亲自负责打扫厕所，而不是要求或等着佣人来打扫。这对孩子们是一个很好的训练。结果是，我的儿子中没有一个人对清洁工的工作产生反感，他们自然地养成了良好的卫生习惯。在约翰内斯堡，我们家里几乎没有发生任何疾病，但只要有病人，孩子们都乐意照料。我不是说我对他们的文学教育漠不关心，但我当然会毫不犹豫地牺牲它，所以我的孩子们有理由对我不满。事实上，他们偶尔也会表达出来，我必须在一定程度上承认自己的错误。他们渴望接受文学教育。我甚至想亲自教授他们，但时不时地会遇到一些麻烦。因为我没有为他们的家教课程做任何安排，所以我每天都让他们和我一起走到办公室，然后回家，总共大约5英里。这给了他们和我相当多的锻炼。我试着在散步的时候通过交谈来指导他们，如果没有其他人来吸引我的注意力的话。我所有的孩子，除了最年长的哈拉尔在印度之外，都是以这种方式在约翰内斯堡长大的。如果我能在他们的文学教育上花至少一小时的时间，并且有严格的规律性，那会是一个理想的教育。但非常遗憾，我没能保证他们有足够的文学修养。大儿子经常私下在我面前，或是在媒体上公开地诉说他的苦恼；其他的儿子认为这情有可原并慷慨地原谅了我。我并没有因此而心碎，遗憾的是，我没有证明自己是一个理想的父亲。但我认为，我牺牲了他们的文化训练，让他们去做了我认为真正为社会服务的事，尽管可能是错误的。我很清楚，我在塑造他们的品格时，并没有疏忽大意。我认为这是每个家长应尽的义务。尽管我很努力，但我的儿子们总是有缺陷，我确信他们反映的不是我的疏忽，而是继承了父母的缺陷。

孩子们继承了父母的品质，不亚于他们的身体特征。环境确实起着重要的作用，但是孩子开始生活的最初资本是从祖先那里继承来的。我也看到孩子们成功地克服了不良遗传的影响。这是因为纯洁是灵魂的固有属性。

波拉克和我经常就是否应该给孩子们提供英语教育进行激烈的讨论。我一直坚信，从小就训练孩子用英语思考和说话的印度父母，背叛了他们的孩子和他们的国家。他们剥夺了他们国家的精神和社会遗产，使他们在某种程度上不适合为国家服务。有了这些信念，我决定要和我的孩子们用古遮拉特语说话。波拉克并不同意我的观点，他认为我在破坏他们的前途。他极力声称，如果孩子们从小就学习一门像英语这样的通用语言，他们将很容易在生活的竞争中获得相当大的优势。他没能说服我。我现在不记得是否使他相信我的态度是正确的，还是他因为我太固执而放弃了我。这事发生在二十年前，我的信念随着经验的增加而加深。虽然我的儿子们因为缺乏全面的文学教育而遭受苦难，但他们天生就具备的对族群的知识对他们和国家都有好处，因为他们不会觉得自己是外国人。他们很自然地会讲两种语言，说英语和写英语也很容易，因为他们每天都要和大量的英国朋友联系，而且住在一个以英语为主要语言的国家。

# 第101章　祖鲁"叛乱"

即使我以为自己已经在约翰内斯堡定居下来了，但是我的生活并没有因此安定下来。

正当我感到一切都平息下来时，一件意想不到的事情发生了。报纸报道了祖鲁人在纳塔尔叛乱的消息。我对祖鲁人没有怨恨，他们没有伤害过印度人。但是我对"叛乱"本身感到怀疑。但我当时相信大英帝国的存在是为了世界的福祉。一种真正的忠诚使我甚至不愿对帝国心怀不满。因此，"叛乱"的正确与否不太可能影响我的决定。纳塔尔有一支志愿防卫队，它在招募更多的人。我听说这支部队已经被动员起来镇压"叛乱"了。

我认为自己是纳塔尔的公民，与它有着密切的联系。于是我写信给州长，表示如果有必要，我准备组建一支印度救护队。他立即回复接受了个提议。

我没有料到我的提议会如此迅速地被接受。幸运的是，我在写这封信之前已经做好了一切必要的准备。如果我的提议被接受，我决定把约翰内斯堡的家拆了。波拉克的房子要小一些，我妻子要去凤凰村定居。我的决定她完全赞同，我不记得她曾在这种事情上妨碍过我。因此，当我得到州长的答复后，我立即将我们即将搬走的消息通知房东，并把一些东西送去了凤凰村，又把一些留给了波拉克。

随后我去德班找愿意参加救护队的人。没有必要派出一支庞大的队伍。我们一行共24人，除我以外，还有4个古遮拉特人，其余的人都是来自印度南部的前契约工，只有一个是自由的帕坦人。

为了给我一个职务来督促工作，按照现行的公约，医务官任命我为军士长，并由我任命三名中士和一名下士。我们还收到了政府发放的制服。我们的部队服役将近六个星期。当我到达"叛乱"的现场时，我发现那里没有任何可以证明"叛乱"这个名字的东西。那里看不到任何抵抗，骚乱被放大成叛乱的原因是祖鲁的族长曾建议不支付加在他的人民身上的新税，并殴打了一个去收税的中士。不管怎么说，我的心是偏向祖鲁人的。当我到达总部的时候，我很高兴地听到我们的主要工作是照料受伤的祖鲁人。负责医疗的官员欢迎了我们。他说，白人不愿意为受伤的祖鲁人提供护理，他们的伤口在溃烂，而他则束手无策。他称赞我们的到来对那些无辜的人来说是天赐之福，他给我们配备了绷带、消毒剂等，并带我们去了临时搭建的医院。祖鲁人见到我们很高兴。白人士兵那时常常从我们和他们之间的栏杆里窥视，试图劝阻我们前去处理伤口。我们不听他们的话，他们就发怒，向祖鲁人口出恶言。

渐渐地，我与这些士兵走得更近了，他们就不再干涉了。在指挥官中有斯帕克斯上校和威利上校，他们在1896年曾激烈地反对我。他们对我的态度感到惊讶，特别前来感谢我，还把我介绍给麦肯齐将军。不要以为他们是职业军人，其实威利上校是德班的一位著名律师，而斯帕克斯上校是德班一家出名的肉店老板。麦肯齐将军则是一位著名的纳塔尔农场主。这些人都是志愿参军者，因此受过军事训练，有了经验。

我们负责的伤员并不是在战斗中受伤的。他们中有一部分人被当作嫌疑犯关押起来。将军判他们受鞭刑。鞭打已经造成了严重的疼痛，他们无人照料，伤口正在化脓。其他人都是友好的祖鲁人，虽然他们有徽章用来区分他们的身份，但是被士兵误射了。

除了这项工作，我还得给白人士兵配药。这对我来说很容易，因为我在布斯医生的小医院接受过一年的培训。这项工作使我与许多欧洲人有了密切的接触。

我们附属于一个快速移动的纵队。凡是有危险报告的地方，便要立即赶赴。大部分都是骑兵，营地一转移，我们就得把担架扛在肩上，步行跟随。有两三次我们每天得走四十英里路。但无论我们走到哪里，我都要感谢神明的善举，我们必须用担架把那些无意中受伤的祖鲁人抬到营地，并以护士的身份照料他们。

## 第102章 心灵的追寻

祖鲁人的"叛乱"充满了新的经验，给了我很多值得思考的东西。布尔战争并没有让我明白战争的恐怖，没有像"叛乱"那样生动。这不是一场战争，而是对人的追捕，不仅在我看来如此，而且在许多英国人也是这样的看法。每天早上听到士兵的步枪像爆竹一样在无辜的小村子里炸响，我觉得住在他们中间真是一种考验。但我咽下了苦水，尤其是我的救护队只负责照顾受伤的祖鲁人。我看得出来，如果不是我们，祖鲁人是不会被照顾的。因此，这项工作使我的良心得到了安宁。

但是，还有很多事情需要思考。这是这个国家人口稀少的地区。在丘陵和山谷之间，散落着几个被称为"不文明"的祖鲁人的部落。不管有没有伤员，在这些肃穆的寂静中行进，我常常陷入沉思。

我思索着禁欲及其含义，我的信念深深扎根于此。我和同事讨论过。那时我还没有意识到自我实现是多么的不可或缺。但我清楚地看到，一个渴望全心全意为人类服务的人离不开它。我一直在想，我应该有越来越多的机会来做现在的服务，如果我沉溺家庭生活的乐趣和生儿育女的乐趣中，我就会发现自己无法胜任这个任务。

总而言之，我不能既追求肉体的放纵，又追求精神的自由。例如，在目前这种情况下，如果我妻子怀了孩子，我就不会做这样冒险的事了。如果不遵守禁欲生活，就无法调和对家庭的服务与对印度群体的服务。而一旦禁欲，它们将会完全一致。

于是我开始有点耐不住性子，想要完成最后的誓言。誓言的前景带来了喜悦。想象力也开始自由发挥，让我看到了无限的服务前景。

当我正处于紧张的体力和脑力工作之时，镇压"叛乱"的工作即将结束的报告传来了，我们很快就可以回家。一两天后，我们离开了，几天后我们回到了家里。

过了不久，我收到州长的一封信，他特别感谢救护团的服务。

在我到达凤凰村的时候，我急切地和查干拉尔、马加拉尔、韦斯特和其他人讨论了禁欲的问题。他们喜欢这个想法并接受了立誓的必要性，但他们也表示了这项任务的困难。他们中有些人勇敢地去实践，据我所知有些人也成功了。

我也大胆地发誓要终生禁欲。我必须承认，当时我还没有完全意识到我所承担的任务之艰巨。甚至在今天，那些困难也仿佛就在我的面前。誓言的重要性越来越受到我的重视。在我看来，没有禁欲的生活是平淡无味的。动物的天性不懂得自我克制。人之所以是人，是因为他有自我克制的能力，而且只有经过锻炼，他才能克制自己。在我看来，从前在我们的宗教书籍中对禁欲似乎过分赞扬，但现在看来，那些赞扬每天都变得越来越清晰，它们完全正确，并且是建立在经验基础上的。

我知道禁欲具有如此惊人的力量，绝不会是一件容易的事情，也不仅仅是身体的问题。它从肉体的约束开始，但并没有到此结束。它的完美执行甚至要排除不纯洁的思想。真正的禁欲甚至不会幻想满足肉体的欲望，在处于那种状态之前，还有很长的路要走。

对我来说，光是肉体的禁欲也充满了困难。今天我可能会说，我有把握控制自己的肉体，但我还没有完全掌握思想上的禁欲，这是至关重要的。这并不是因为缺乏意志或努力，因为我实在不明白那些不纯洁的思想是怎么冒出来的。我毫不怀疑，有一把钥匙可以锁住那些不纯洁想法，但每个人都必须自己去发现。圣人和预言家已经向我们提供了他们的经验，但他们没有给我们开一张万无一失的万能药方。因为完美无误的自由只来自神明恩典，所以追求神明的人给我们留下了《罗摩衍那》这样的咒语，并以自己的苦修和纯洁向神明献祭。如果没有对神明毫无保留的臣服，完全控制思想是不可能的。这是每一本伟大的宗教书籍的教诲，我在追求完美禁欲的每一刻意识到它确实是真理。

但是，这段奋斗和斗争的历史将在接下来的章节中讲述。在这一章的结尾，我将说明我是如何着手完成这项任务的。在第一次热烈的讨论中，我发现这其实很容易。在我的生活方式中，我所做的第一个改变就是不再和我的妻子同床共枕，或者和她共处一室。

因此，我从1900年开始尝试施行的禁欲，在1906年中期才发下了誓愿。

# 第103章 "非暴力主义"运动的诞生

约翰内斯堡的事态发展得如此之好，以至于我的自我净化成了"非暴力主义"运动的第一部分。我现在明白了，我生命中所有的主要事件，最终以禁欲的誓言而告终，都在暗中为我做准备。被称为"非暴力主义"的原则在这个名字出现之前就已经形成了。的确，当它诞生的时候，我自己也说不出它是什么。在古遮拉特语中，我们也用英语的"消极抵抗"来描述它。在与欧洲人的会上我发现"消极抵抗"这个词太过于狭隘，这应该是一个弱者的武器，它可以表现为仇恨，但最终体现为非暴力，我不得不排除这些定义，来说明印度运动的真正性质。很明显，印度人必须创造一个新词来代表他们的斗争。

但我实在找不到一个新的名字，因此，我通过《印度舆论》向读者们针对这个问题征求意见，并设了名义上的奖项。结果，马加拉尔·甘地创造了"Sadagraha"(Sat意为"真理"，Agraha意为"坚定")一词，并获得了该奖项。但为了更清楚地说明其意义，我把这个词改成了"Satyagraha"，这个词后来在古遮拉特邦流行起来，成为"非暴力主义"运动的代名词。

这场斗争其实是我在南非生活的缩影,特别是我在那片次大陆上体验真理的一段历史。我在耶拉夫达监狱写下了这段历史的主要部分,在我被释放后才完成全本。先发表于《新生活》,后来以书的形式发行。瓦尔吉·格温迪吉·德赛曾把它翻译成英语,并发表在《思潮》上。但是,我现在正在安排将英文翻译以书籍的形式提前出版,以便读者可以熟悉我在南非最重要的试验。我想向那些还没有读过的读者推荐我的《南非"非暴力不合作"运动史》。我将不再重复我在那里讲的内容,但在接下来的几章中,我将只讨论我在南非生活的一些个人事件,这些事件在那段历史中没有涉及。当我完成这些之后,我将立即向读者展现一些我在印度实验的想法。因此,任何希望以严格的时间顺序来考虑这些实验的人,现在就可以去读一下南非的"非暴力运动"的历史了。

## 第104章　更多营养学实验

我急于在思想、言语和行动上禁欲,同样也急于将最大的时间投入"非暴力主义"的斗争中,并通过培养纯洁的思想来适应它。因此,我被引导做出进一步的改变,并在食品问题上对自己施加更大的限制。先前的改变的动机在很大程度上是出于卫生,但是新的实验是从宗教的角度进行的。

禁食和节制饮食如今在我的生活中扮演了一个更重要的角色。人的激情通常与对味觉享受的渴望共存,我也不例外。我在试图控制性欲和食欲的过程中遇到了很多困难,即使是现在,我也不能说我已经完全征服了它们。我认为自己吃得太多了。朋友们所认为的我的克制，在我看来从来没有出现过。如果我没能像现在这样克制自己，早就堕落到比野兽还低的地步，在很久以前可能就一命呜呼了。然而，当我充分认识到自己的缺点时，我就努力去克服它们。由于勤勉努力，这些年来我一直有良好的身体投入工作之中。

由于意识到自己的弱点，我意外地认识了意气相投的伙伴，我开始只吃水果，并在爱卡达西日、占摩斯塔米日等类似的节日都断食。

我从水果的饮食开始，但从节制的角度来看，我并没有在水果和谷物饮食中找到太多的区别。我注意到，对于这些食物，在习惯了以后也可能有同样爱吃的嗜好。因此，我开始更加重视禁食，或者在假日里每天只吃一顿饭。如果有忏悔之类的场合，我也乐意利用它来斋戒。

但我也看到，身体现在被排干了，食物产生了更好的风味，食欲也变得更好了。我突然意识到，禁食可以像克制一样成为对付放纵的有力武器。我和其他人后来的许多类似经历可以作为这一事实的证据。我想改善和锻炼我的身体，但由于我现在的主要目标是克制和征服味觉，我首先选择了一种食物，然后再选择另一种，并同时限制了数量。不过，我的胃口一直不错。当我从一种食物换成另一种食物时，它往往比之前那种更新鲜、更美味。

在做这些实验时，我有几个同伴，其中的主要人物是赫尔曼·卡伦巴赫。我已经在《南非"非暴力不合作"运动史》中提及这位朋友，我不会在这里重复同样的内容。卡伦巴赫先生总是陪着我，无论是在禁食还是在饮食方面。我和他住在他家里，那时"非暴力主义"运动正处于高潮时期。我们讨论在食物上的变化，从新的饮食中获得了比旧的更多的快乐。在那些日子里，这种性质的谈话听起来很令人愉快，而且对我也没有什么不利影响。然而，经验告诉我，沉溺于食物的味道是不对的。一个人吃东西不是为了取悦味蕾，而是为了保持身体的健康。当每个感官都服务于身体，通过身体支持灵魂时，它的特殊味道消失了，然后它就按照自然的意愿发挥作用。

为了与自然和谐相处，任何数量的实验，任何的牺牲都是完全不够的。但不幸的是，目前的趋势恰恰相反。我们不惜牺牲许多其他生命来装饰这个终将腐烂的身体，并试图将它的存在延长一段短暂的时间，结果我们毁了一切——肉体和灵魂。为了治愈一种古老的疾病而带来了一百个新的问题；在试图享受感官的快乐时，我们最终甚至失去了享受的能力。这一切在我们眼前经过，可是大家都视而不见。

在阐述了我的目标和激发目标的一系列想法之后，我现在要对饮食实验做一些详细的描述。

## 第105章　嘉斯杜白的勇气

我的妻子一生中有三次从重病中死里逃生。她的治疗都是用了家庭疗法。在她第一次生病时，"非暴力主义"运动正在进行，或即将开始。她经常出血，一位医生朋友建议做外科手术，她犹豫了一下才同意。由于她极度消瘦，医生不得不在没有麻醉的情况下进行手术。手术成功了，但她不得不忍受许多痛苦，然而，她却勇敢地经历了这一切。医生和他的妻子都很关心她。那时我们在德班，医生允许我去约翰内斯堡，并告诉我不要为病人担心。

然而，过了几天，我收到一封信，大意是说嘉斯杜白病得更重了，身体太弱了，无法在床上坐起来，而且一度失去知觉。医生知道，没有我的同意，他不能给她酒或肉。所以他在约翰内斯堡打电话给我，让我同意给她喝牛肉茶。我回答说，我不能同意，但是，如果她有条件在这件事上表达她的愿望，可以征求她的意见，她可以随心所欲地做她喜欢的事。"可是，"医生说，"在这件事上，我拒绝在这件事上征求病人的意见。你必须自己来。如果你不让我随意开任何我认为必要的饮食，我就不会对你妻子的生命负责。"

当天我乘火车去德班，见到了医生。他悄悄地告诉我这个消息："我打电话给你的时候，已经给甘地夫人喝过牛肉茶了。"

"医生，你这是欺诈。"我说。

"在给病人开药方或食谱的时候没有什么欺诈行为。事实上，我们医生认为欺骗病人或他们的亲属是一种美德，如果这样我们就能拯救我们的病人的话。"医生坚定地说。

我非常痛苦，但还是保持冷静。医生是个好人，也是个好朋友。他和他的妻子让我感激，但我不准备忍受他的医德。

"医生，告诉我，你现在打算做什么。我绝不允许我的妻子吃肉，即使拒绝意味着她的死亡。除非她自己愿意接受。"

"那是你的哲学。我告诉你，只要你让你的妻子接受我的治疗，我就可以给她任何我想要的东西。如果你不喜欢这样，我必须遗憾地请求你把她带走。我不想看到她死在我的屋檐下。"

"你是说我必须马上把她带走吗？"

"我什么时候叫你把她带走？我只想得到完全的自由。如果你这样做了，我和我的妻子会尽我所能为她做一切，你离开时也不会对她有丝毫的顾虑。但是，你若不明白这个简单的事情，我就只好强迫你把你的妻子从我这里带走。"

当时，我的一个儿子和我在一起。他完全同意我的意见，并说他的母亲不应该喝牛肉茶。我接下来跟嘉斯杜白本人谈了话。在这件事上，她实在太软弱了，但我认为这样做是我痛苦的责任。我把医生和我之间发生的事告诉了她。她坚决地回答说:"我不喝牛肉茶。生为一个人在这个世界上是难得的,我宁愿死在你的怀里,也不愿用这种可憎的东西污染我的身体。"

我恳求她,告诉她不必听我的。我给她举了一些印度教朋友和熟人的例子,他们毫不犹豫地把肉或酒当作药物。但她很固执。"不,"她说,"请马上把我带走。"

我很高兴,怀着激动的心情决定把她带走。我把她的决心告诉了医生。他气得大叫:"你真是个冷酷无情的人!在她目前的情况下,你怎么能向她提出这件事。我告诉你,你的夫人生的不是小病。如果她在途中死去,我不会感到惊讶。但是,如果你非要坚持,你可以做你想做的。如果你不给她喝牛肉茶,我就不会冒让她在我家里待一天的风险。"

所以我们决定立刻离开这个地方。当时下着毛毛雨,车站离这里有一段距离。我们要从德班乘火车去凤凰村,下车后再走两英里半的路才能到达我们的住处。我无疑冒了很大的风险,但我相信神明,并且继续我的任务。我提前派了一个送信人到凤凰村,还给韦斯特捎了个口信,让人带着一张吊床,一瓶热牛奶,一瓶热水,和六个抬吊床的人去车站接我们。我雇了一辆人力车,把情况危急的她放在车里赶赴火车站。

嘉斯杜白不需要安慰。相反,她安慰我说:"我什么也不会发生的,别担心。"

她瘦得皮包骨,好几天没有摄入营养了。车站的月台很大,人力车进不去,得走一段距离才能上火车。于是我把她抱在怀里,把她放进了车厢。我们用吊床把她抬到凤凰村,在那里她慢慢地恢复了体力。

我们到达凤凰村的两三天后,一位哲人来到了这里。他听说我们断然拒绝了医生的建议,出于同情,他来恳求我们。我记得我的二儿子和三儿子曼尼拉尔和拉姆达斯,是在哲人来的时候在场的。他指出吃肉的宗教无害,并引用了《摩奴法典》的权威说法。我不喜欢他当着我妻子的面争论这件事,但出于礼貌,我允许他这样做。我知道《摩奴法典》的内容,但我不需要它们来证明我的信念。我也知道,有一个学说把这些经文视为后人篡改,但即使不是,我对素食主义的看法也是独立于宗教文本之外的,而且嘉斯杜白的信仰也是不可动摇的。她并不了解那些典籍,但她只要有祖先的传统宗教信仰就足够了。孩子们发誓要遵守父亲的信条,所以他们对哲人的话也无动于衷。但嘉斯杜白立即结束了对话。"哲人,"她说,"不管你怎么说,我都不想用牛肉茶来治疗。请别再打扰我了。如果你愿意的话,你可以和我丈夫和孩子讨论这件事。但我的心意已决。"

# 第106章 国内"非暴力主义"

我第一次入狱是在1908年。我看到了一些对于犯人的规章制度就像是一个禁欲者,或者说一个想要自我克制的人应该自愿施行的那样。比如,规定最后一顿饭必须在日落之前吃完。印度人和非洲囚犯都不允许喝茶或咖啡。如果他们愿意,他们可以在煮熟的食物中加盐,但是他们没有任何东西来满足他们的味蕾。当我要求监狱的医务人员给我们咖喱粉,并让我们在食物烹煮时加盐时,他说:"你来这里不是为了满足你的味蕾。"从健康的角度来看,咖喱粉是不必要的,在烹饪过程中或烹饪后加盐也没有什么区别。

这些限制后来被修改了,虽然不是毫无困难,但都是有益的自我约束规则。当这些外来强加的禁忌成为自我约束时，就会产生一种绝对有益的效果。所以，出狱后，我立即把这两条规则强加给自己。我尽可能地不再喝茶，在日落之前吃完最后一餐。这两项限制我都可以轻松完成了。

然而，一次偶然的机会迫使我完全放弃了食盐，并坚持了整整十年。我曾读过一些关于素食的书，认为盐对人类来说不是必需的食物，相反，不含盐的饮食对健康有益。我已经推断，无盐饮食对禁欲的身体有益，我读了这篇文章后意识到，身体虚弱的人应该避免吃豆类，但我很喜欢它们。

嘉斯杜白在手术后有了短暂的休息，现在她又开始出血了，而且她的病似乎很顽固。水疗法本身并不能解决问题。她对我的治疗法没有多大信心，尽管她并没有拒绝。她当然没有寻求外界的帮助。当我所有的治疗法都失败了之后，便恳求她不再吃盐和豆类。可是，无论我怎样恳求她，她也不肯答应，无奈我只好引经据典来支持自己。最后，她向我提出挑战，说假如有人这么劝我，我也不会放弃那些食物。她的话刺痛了我，但又让我高兴，因为我有机会向她表达我的爱意。我对她说："你错了。如果我生病了，医生建议我放弃这些或任何其他的东西，我会毫不犹豫地这样做。但是现在虽然没有任何医学建议，我也会放弃盐和豆类一年，不管你是否这么做。"

她被吓了一跳，伤心地叫道："请原谅我，我了解你，不应该惹你的。我保证不吃那些东西了，但看在老天爷的分上，收回你的誓言吧。这对我来说太难过了。"

"你放弃这些东西真是太好了。我毫不怀疑，不吃它们你会变得更好。至于我，我不能收回我的誓言。这肯定对我也有好处。因为一切克制，无论是什么原因促成，对人都是有益的。所以你不必在意。这是对我的考验，也是对你坚定决心的道义支持。"

她便放弃了劝说我,流着眼泪说:"你太固执,听不进去的。"我想把这件事当作"非暴力主义"的一个例子,这也是我一生中最甜蜜的回忆之一。

嘉斯杜白开始迅速地康复了。究竟是因为无盐和不吃豆类的饮食,还是得益于其他食物上的变化,或是因为她严格遵守的其他规则,又或是这件事给予她精神上的愉悦,我不清楚是什么原因。然而,她很快就恢复了,出血完全停止了,我的土方疗法的信用也因此增加了一些。

对我来说,我更愿意接受新的限制。我从来没有渴望过自己放弃的那些东西,那一年很快就过去了,我发现我的欲望比以往任何时候都更加可以压抑。实验激发了自我克制的倾向,我回到印度之后也一直实施。直到1914年我在伦敦时,碰巧吃了这两样东西。关于那次事件,以及我是如何重新开始吃盐和豆子的,我将在后面的一章里讲到。

我还在我的许多同事身上尝试过戒食盐和豆类的实验,在南非取得了很好的效果。在医学上,关于这种饮食的价值可能有两种观点,但从道义上讲,我毫不怀疑,所有的自我节制都对灵魂有益。一个自制的人的饮食必须不同于沉溺享受的人,正如他们的生活方式必须不同一样。禁欲者常常因为采取享乐主义的生活方式而以失败告终。

# 第107章 自我克制

我在上一章中描述了嘉斯杜白的病是如何帮助我改变饮食的。

在后来的阶段，更多的改变是为了支持禁欲。

首先，放弃牛奶。我刚从赖昌德巴伊那儿得知牛奶能激发情欲。关于素食主义的书籍也强调了这一观点，但只要我还没有接受禁欲的誓言，我就无法下定决心放弃牛奶。我早就意识到牛奶并不是人体所必需的，但要放弃它并不容易。为了自我克制而避开牛奶的必要性越来越大的时候，我偶然发现了加尔各答的一些文献，描述了奶牛和水牛被饲养员虐待的情形。这对我产生了很大的影响。我和卡伦巴赫先生讨论过这个问题。

虽然我已经向《南非"非暴力不合作"运动史》的读者介绍了卡伦巴赫先生，并在前一章提到了他，但我认为有必要在这里多说一些关于他的事情。我们完全是偶然相遇的。他是可汗先生的朋友，可汗在他内心深处发现了一种别具一格的气质，于是把他介绍给了我。

我认识他的时候，我惊讶于他对奢侈荣华的热爱。但在我们第一次见面时，他就宗教提出了尖锐的问题。我们偶然也谈到乔达摩佛的克己。我们相识不久就发展成了非常亲密的关系，我们的想法非常相似，他深信他的生活方式在我的影响下有所改变。

那时他还是单身，每月除去房租要花1 200卢比。现在他把自己的开支减少到每月120卢比。在我的家庭拆散和我第一次出狱后，我们都在一起生活，过得相当艰苦。

正是在这个时候，我们讨论了牛奶的问题。卡伦巴赫说，我们经常谈论牛奶的有害影响。为什么我们不放弃呢？喝牛奶当然是不必要的。我欣然接受了这个建议，我们俩都立誓不再喝一杯牛奶。这是1912年发生在托尔斯泰农场的事。

但这种节制并不足以使我满意。此后不久，我决定采用纯粹的水果饮食，而且它由最便宜的水果组成，我们的目标是过最穷苦的生活。

水果饮食还非常方便,几乎不用烹饪。生花生、香蕉、红枣、柠檬和橄榄油构成了我们通常的饮食。

我必须在这里向有志于禁欲的人发出警告。虽然我已经弄清楚饮食和禁欲之间的密切联系,但可以肯定的是,思想是最主要的东西。意识的不洁不能通过禁食来净化。改变饮食对其没有影响。通过强烈的自我反省、臣服于神明以获得最后的恩典,才能根除心灵的欲望。但是心灵和身体之间有一种亲密的联系,肉体的头脑总是渴望美食和奢侈品。为了避免这种趋势,饮食限制和禁食似乎是必要的。肉欲的思想无法控制感官,而会成为他们的奴隶,因此身体总是需要干净的无刺激的食物和周期性的禁食。

那些无视饮食限制和禁食的人犯的错误和那些把一切都押在它们身上的人一样多。我的经验告诉我,对于那些致力于自我克制的人来说,节食和禁食是很有帮助的。事实上,没有他们的帮助,就不能完全地把思想中的情欲根除。

# 第108章 断食

就在我放弃牛奶和谷物,开始以水果为食的时候,也开始把断食作为一种自我克制的手段。卡伦巴赫先生也加入了我的行列。我现在已经习惯了禁食,但是出于纯粹的健康原因。我从一个朋友那里得知,禁食是自我克制的必要条件。

我出生在一个毗湿奴派家庭,母亲习惯于遵守各种艰难的誓言,我在印度时曾进行过爱卡达西断食和其他斋戒,但这样做只是模仿母亲,试图取悦我的父母。

那时我不明白，也不相信禁食的功效。但我看到我提到的那位朋友这样做从中获益，而我又怀着支持禁欲誓言的希望，便以他为榜样，开始做爱卡达西断食。印度教徒通常在断食日可以喝牛奶，吃水果，但那不过是我的日常食谱而已。所以现在我开始完全禁食，只允许自己喝水。

当我开始做这个实验的时候，正赶上印度教的沙万月和伊斯兰的拉姆赞月。甘地家族不仅遵守毗湿奴派的誓言，也遵守沙瓦特的誓言，并会参拜沙瓦特及毗湿奴神庙。这个家庭的一些成员过去会在整个沙万月里都做普拉多沙断食。我决定也这样做。

这些重要的实验是我们在托尔斯泰农场时进行的，我和卡伦巴赫先生住在那里，另外还有几个信仰"非暴力主义"的家庭也住在那里，包括年轻人和孩子。为了这些人我们办了一所学校。其中有四五个穆斯林。我总是帮助和鼓励他们遵守所有的宗教仪式。我会检查他们是不是每天礼拜。也有基督徒和帕西年轻人，我认为我有责任鼓励他们遵守各自的宗教仪式。

因此，在这个月里，我说服了穆斯林年轻人做拉姆赞断食，而我当然决定亲身实践普拉多沙断食，但现在我请印度教、拜火教和基督教的年轻人加入我的行列。我向他们解释说，在任何自我节制的情况下，加入别人总是一件好事。许多农场里的人都夸赞我的建议。印度教和拜火教的年轻人并没有在每一个细节上都复制穆斯林的行为，这是没有必要的。穆斯林年轻人要等到日落才吃早餐，而其他人则不这么做，因此他们能够为穆斯林朋友准备美味佳肴并为他们提供服务。第二天早晨日出前吃完最后一顿饭时，印度人和其他年轻人也没有和穆斯林在一起。当然，除了穆斯林以外，其他人都可以喝水。

这些实验的结果是，所有的人都相信禁食的价值，在他们中间还有了一种宝贵的团结精神。

我们都是生活在托尔斯泰农场的素食主义者，我必须感激地承认，所有人都愿意尊重我的感受。在拉姆赞的月份里，穆斯林的年轻人一定错过了他们的食物，但他们从来没有向我抱怨。他们喜欢并享受素食，印度年轻人经常为他们准备素食美食，这与农场提倡的简朴相一致。

我必须在这一章讲述断食，因为我不可能把这些愉快的回忆安插到别的地方。我间接地描述过我的一个特点，那就是一直喜欢让我的同事们共享我认为为好的事情。他们对断食很陌生，但多亏了普拉多沙和拉姆赞的断食，我很容易让他们把断食作为一种自我克制的手段并对其产生兴趣。

因此，农场自然而然地产生了一种自我克制的气氛。所有住在农场里的人现在都开始加入我们的行列，实行部分或彻底的断食，我相信这是完全有益的。我不能肯定地说，这种自我克制在多大程度上触动了他们的心，帮助他们努力征服肉体又有几分成功。然而，就我而言，我相信我在身体上和道德上都受益匪浅。但我知道，禁食和类似的行为并不一定对所有人都有同样的效果。

断食能够抑制情欲，但只有在为了自我克制而进行的时候才有效。我的一些朋友发现他们的情欲和食欲在断食后反而增强了。也就是说，除非伴随着对自我的不断克制，否则断食是徒劳的。在这方面，《薄伽梵歌》第二章的著名诗句说得非常贴切：

> 人若表面断食，
> 欲望便会消逝，
> 但仍思之不已；
> 当其得窥天颜，
> 方能断除欲念。

因此，断食和类似的约束都是达到自我克制的一种手段，但并不是全部，如果只有肉体的断食而没有精神上的断食，它必然以虚幻和灾难而告终。

## 第109章　成为校长

我希望读者能记住我在这些章节中所描述的，这些是在《南非"非暴力不合作"运动史》中没有或简略提到的事情。如果这样做，便可以轻易地看清最近几章之间的联系。

随着农场的发展，我们发现有必要为孩子们的教育做一些准备。在这些人中，有印度教徒、穆斯林、拜火教、基督教的男孩和一些印度教女孩。聘请专门的老师没有必要，也是不可能的，因为合格的印度教师很少，即使有，也没有人愿意拿着微薄的薪水来到距离约翰内斯堡21英里远的地方。当然，我们也没有太多的钱。我也不认为有必要从农场以外招聘教师。我不相信现有的教育制度，我想通过经验和实验来发现真正的系统。我只知道，在理想环境下，真正的教育只能由父母传授，然后，应该有最低限度的外界帮助。托尔斯泰农场是一个家庭，我占据了父亲的位置，那么我应该承担培训年轻人的责任。

毫无疑问，这一概念并非没有瑕疵。所有的年轻人从小都没有和我在一起，他们在不同的环境和条件下长大，他们不属于同一个宗教。即使我担任了家长的角色，我怎么能在这种情况下完全公正地对待这些年轻人呢？

但我认为心灵文化或性格的行程是第一位的，并相信道德的训练适用于所有人，无论他们的年龄和教养如何不同，我决定像父亲一样和他们一天24小时生活在一起。我认为性格塑造是孩子接受教育的正确基础，如果基础牢固的话，我相信孩子们可以自学或在朋友的帮助下学习其他的东西。

但由于我充分意识到文学培训的必要性，我在卡伦巴赫先生和普拉吉·德赛先生的帮助下开设了一些课程。我也没有放松体育锻炼。这是他们日常生活的一部分。因为农场里没有仆人，所有的工作，从做饭到打扫，都是由自己来做的。有许多果树需要照料，也有很多的园艺工作要做。卡伦巴赫先生喜欢园艺，并在政府的一个模型花园中获得了一些经验。无论老少，只要没有在厨房里工作，都有义务花一些时间在园艺上。孩子们在这项工作中占有最大的份额，包括挖坑、伐木和搬运重物等，这给了他们充分的锻炼。他们喜欢这项工作，所以他们通常不需要任何其他的运动或游戏。当然，他们中的一些人，或者说是所有人，有时也会装病偷懒。有时我纵容他们的恶作剧，但更多的时候我对他们严格要求。我敢说他们不喜欢这种严厉，但我不记得他们曾经抵制过。每当我严格要求的时候，我会通过讲道理的方式告诉他们这样对待工作是不对的。然而，乖巧是短暂的，下一刻他们将再次离开工作去玩耍。尽管如此，我们还是相处得很好，至少他们拥有了强健的体魄。农场里几乎没人生病，但必须说，空气、水和规律的饮食也是造成这种情况的原因。

关于职业培训，我打算教每个年轻人一些有用的手艺。为了这个目的，卡伦巴赫先生专门去了一个苦修派修道院，并在那里学会了制鞋。我从他那里学了这门手艺，并把它传授给了那些愿意学习的人。卡伦巴赫先生还有木工活的经验，还有一个人也会一些，所以我们成立了一个小型木工班。几乎所有的年轻人都学会了烹饪。

这一切对他们来说都是新的。他们做梦也没想到有一天会学到这些东西。一般来说，印度儿童在南非接受的无非是一些常规课程罢了。

在托尔斯泰农场，我们规定孩子们不应该被要求做老师没有做的事情，因此，当他们被要求做任何工作时，总有一个老师与他们合作，并与他们一起工作。因此，不管年轻人学到了什么，他们都很高兴。

文化训练和性格塑造将会在下面的章节中加以论述。

# 第110章 文化教育

在最后一章中我们看到了我们是如何在托尔斯泰农场进行体能训练以及职业训练的。虽然这样做不足以让我满意，但也或多或少地成功了。

然而，文化训练是一个比较困难的问题。我既没有必要的资源，也没有必要的资料，更没有时间去研究这个问题。我做的体力工作每天都让我筋疲力尽，我经常在需要休息的时候去上课。如果不是为了在课堂上表现得很清醒，我真想一头睡去。早上必须忙于农活和家务，所以上课时间安排在午饭之后。不然，没有其他合适的时间来教学了。

我们的文化训练最多分为三个阶段。北印度语、泰米尔语、古遮拉特语和乌尔都语都要教，课程也是用方言来教的。此外还有英语，古遮拉特邦的印度孩子们要学习一些梵语，并教所有的孩子基础历史、地理和算术。

我曾经教过泰米尔语和乌尔都语。我认识的一小部分泰米尔语是在航行和坐牢期间获得的。我还没有读过蒲柏那本优秀的《泰米尔语手册》。我对乌尔都语文字的了解也完全来自一次航行，而对口语的了解仅限于我从与穆斯林朋友的接触中熟悉的波斯语和阿拉伯语词汇。关于梵语，我知道的只是高中所学的内容，甚至我的古遮拉特语也并不比在学校时的水平高。

这就是我教学的资本，在文学设备贫乏的情况下，我的同事们比我做得更好。但是，出于对国家语言的热爱和对学生的信任，我认为自己可以教好孩子们。更重要的是，孩子们的求知若渴以及对我的无限宽容，让我意识到了自己背负的责任。

这些泰米尔男孩都出生在南非，因此他们对泰米尔语知之甚少，更不懂文字。所以我必须教他们文字和语法的基本知识。这很容易，但我的学生们知道，他们随时可以在泰米尔语对话中超越我。而当不懂英语的泰米尔人向我求助时，他们就成了我的翻译。我与他们相处得很愉快，因为我从未试图掩饰我的无知。在各个方面，我向他们展示了真实的自己。因此，尽管我对语言极度无知，但我从未失去他们的爱和尊敬。教穆斯林孩子乌尔都语是比较容易的，他们懂文字。我只是想激发他们对阅读的兴趣，提高他们的书法水平而已。

这些年轻人大部分没有读过书，也没有受过教育。但我发现，在我的工作过程中，除了让他们从懒惰中解脱出来，指导他们学习之外，我没有什么可以教他们的。因为我对此很满意，才可以和不同年龄的男孩一起在同一个教室里学习不同的课程。

我们经常听到"教科书"，但我从来没有想过要这样做。我甚至都不记得自己用了多少现有的书籍。我觉得根本没必要给孩子们装那么多书。我一直觉得真正适合这个学生的教科书是他的老师。我几乎不记得老师从书本上教过我什么，但我至今还清楚地记得他们独立于书本之外教给我的东西。

孩子们通过耳朵吸收的东西比通过眼睛吸收的要少得多。我不记得我和我的孩子们从头到尾读过什么书。但我用我自己的语言把我读过的各种书中吸收的东西都给了他们，我敢说，这些知识现在还在他们的脑海里。对他们来说，记起从书本上学到的东西是很费劲的，但是我通过口头传授给他们的东西，他们可以很轻松地背出来。读书对他们来说是一项任务，但听我讲是一种乐趣。我没有因为未能使我的主题变得有趣而使他们感到厌烦。从我的授课促使他们提出的问题中，我可以看出他们的理解能力。

# 第111章　精神教育

男孩们的精神训练比他们的体力和智力训练要困难得多。我很少依靠宗教书籍来训练精神。当然，我相信每个学生都应该了解他自己宗教的要素，并且对自己宗教的经文有大致的了解，因此我也尽可能地提供这样的知识。但在我看来，这是智力训练的一部分。在我开始对托尔斯泰农场的年轻人进行教育之前，我就意识到精神训练本身就非常重要。发展精神就是建立品格，并使人能够朝着认识神明和实现自我的方向努力。我认为这是年轻人训练的一个重要部分，所有没有精神文化的训练都全无益处，甚至可能是有害的。

我很熟悉那种只有在人生的第四阶段，即遁世期才有可能实现自我的迷信说法。但是，众所周知，如果推迟准备这种宝贵经历，直到生命的最后阶段才获得自我实现，这无异于返回懵懂无知的孩童时期，为这个世界增添负担而已。我完全记得，我在教书的时候也持有这些观点，那时好像是1911—1912年间，虽然那时我可能不会用这样的语言来表达。

那么，精神的训练是怎样进行的呢？我让孩子们熟读和背诵赞美诗，并从有关道德训练的书籍中选择段落读给他们听。但这远远不能让我满意。当我与他们更密切地接触时，我发现精神的训练无法通过书本来传授。正如智育是通过体育锻炼来形成一样，德育也只有通过精神的练习才能实现。心灵的陶冶完全取决于教师的生活和性格。因此，老师应时刻注意自身的言行，不管他是不是置身于学生中间。

一名教师在几英里以外的地方，也可以通过他的生活方式来影响学生的精神。如果我是一个说谎者，教孩子们讲真话对我来说是无用的。一个懦弱的老师永远不能使他的孩子们变得勇敢，一个不懂得自我克制的人也永远不能教会他的学生自我克制的价值。因此，我明白了，我必须以身作则，成为孩子们的永恒榜样。他们就这样成了我的老师，时刻提醒我必须做个正直的人。可以说，我在托尔斯泰农场对自己施加的约束和限制越来越多，而这主要是由于那些孩子。

有一个孩子脾气非常暴躁，而且爱撒谎，爱吵架。有一次，他大发脾气，我也生气极了。我从来没有惩罚过孩子们，但这次我实在怒不可遏。我试图和他讲道理，但他很固执，一直顶嘴。最后我拿起一把放在手边的尺子，在他的手臂上打了一下。我打他时，自己也浑身颤抖。我敢说他注意到了，这对他们来说是一种全新的体验。男孩哭了，请求我的原谅。他哭泣并不是因为体罚对他是痛苦的，如果他真有这样的想法，作为一个健壮的17岁青年，他大可以以牙还牙。但他意识到我被逼到不得不使用暴力的痛苦。这件事发生后，他再也没有违抗过我。但我仍然对这种暴力行为非常后悔。恐怕我那天在他面前所表现的，不是我的精神，而是我的兽性。

我一向反对体罚。我只记得有一次我体罚过自己的一个儿子。

因此，直到今天，我仍然不知道我使用尺子是对还是错。这也许是不恰当的，因为它是由愤怒和惩罚的欲望引起的。但如果那只是我痛苦的表现，我就会认为这是合理的行为。然而，那次事件的动机却是复杂的，不是那样非黑即白。

这件事让我思考，也教会了我更好的纠正学生的方法。我不知道那个方法在那种场合下是否有用。不过，这个挨打的孩子很快就忘记了这件事，后来也没有表现出多大的进步。然而，这件事让我更加明白了老师对学生的责任。

在这之后，孩子们的不端行为屡有发生，但我从未诉诸体罚。因此，在我努力向那些男孩和女孩传授精神训练的过程中，我越来越明白了精神的力量。

# 第112章　害群之马

在托尔斯泰农场，卡伦巴赫先生让我注意到了一个从未遇到过的问题。正如我前文所述，农场里的一些男孩既坏又不服管教。当然，他们中间还有游手好闲的人。我的三个儿子和其他孩子每天都和他们在一起，这让卡伦巴赫先生很烦恼，但他的注意力集中在把我的孩子们和这些不守规矩的年轻人放在一起的行为上。

有一天，他说："我不赞成你把自己的孩子和坏孩子混在一起，他们会受到不好的影响，也会学坏的。"

我不记得当时这个问题是否使我困惑，但我记得我对他说过的话："我怎么能区别对待我的孩子和那些游手好闲的人呢？我对他们都负有同等的责任。这些孩子之所以来，是因为我邀请了他们。

如果我用一些钱把他们打发走,他们会立刻跑到约翰内斯堡,重新回到他们的老路上。说实话,他们来这里,就等于他们自己和他们的监护人赋予了我照顾他们的责任。他们不得不忍受这里的诸多不便,这一点你我都很清楚。但我的责任是明确的,我必须让他们在这里,因此我的孩子们也必须和他们一起生活。当然,你们肯定不想让我从今天开始向我的孩子们灌输,他们比其他孩子优越的想法。把这种优越感灌输到他们的头脑里,会使他们误入歧途。这种与其他男孩的交往对他们来说是一种良好的训练。他们将自动学会区分善与恶。为什么我们不相信,他们可以用自身的良好行为来影响同伴,使他们改邪归正呢?不管怎样,我必须把它们留在这里,如果这意味着某种风险,我们也必须承担。"

卡伦巴赫摇了摇头。

我认为结果不算坏。我不认为我的儿子们在这次实验中有任何损失。相反,我看得出他们有所收获。如果他们有一点点的优越感,这种优越感就会被摧毁,他们学会了和各种各样的孩子相处,他们也接受了测试和训练。

这个实验和类似的其他实验告诉我,如果好的孩子和坏的孩子一起被教导,并互相做伴,好孩子不会受到不良影响,只是这项实验需要在他们的父母和监护人的监督下进行。

娇生惯养、百般呵护的孩子并不总能抵御一切诱惑或污染。然而,当不同教养的男孩和女孩被一起抚养和教育时,父母和老师会受到最严厉的考验。他们必须时刻保持警惕。

# 第113章 禁食赎罪

我越来越清楚地意识到,以正确的方式抚养和教育孩子是多么的困难。如果我是他们真正的老师和监护人,我必须触动他们的心,分享他们的喜怒哀乐,帮助他们解决他们所面临的问题,也必须把他们年轻时迸发的渴望带进正确的渠道。

在一些"非暴力主义"运动的参加者被从监狱释放的时候,托尔斯泰农场差不多已经人去楼空。剩下的大部分人都来自凤凰村,我便让他们回去了。在这里,我必须经历一场激烈的考验。

在那些日子里,我不得不在约翰内斯堡和凤凰村之间往返。有一次,当我在约翰内斯堡的时候,听说了农场里两个人做出不道德举动的消息。"非暴力主义"运动的失败或退步并不会令我震惊,但这个消息对我来说却像晴天霹雳一样。当天我便乘火车去凤凰村。卡伦巴赫先生坚持要陪我。他注意到了我的情绪,不愿让我一个人前去,因为他恰好是那个为我带来这则不幸消息的信使。

在路上,我明确了自己的责任。我觉得监护人或老师至少在某种程度上,对他的被监护人或学生的过失负有责任。因此,我对这件事的责任在我看来很明显。我的妻子已经在这件事上警告过我,但是由于我是一个轻信别人的人,我没有理会她的话。如今,要让有罪的人意识到我的痛苦、认识自己的堕落,我只能采取一定形式的忏悔。于是我强迫自己禁食七天,并发誓在之后的四个半月的时间里每天只吃一顿饭。卡伦巴赫先生试图劝阻我,但没有成功。他终于承认忏悔的正当性,并坚持要加入我的行列。我无法抗拒他那真诚的提议。

我大大地松了一口气,因为这个决定使我减轻了沉重的负担。我对犯错者的愤怒平息了,取而代之的是对他们最纯粹的同情。带着轻松的心情，我到达了凤凰村，做了进一步的调查，了解了更多我需要知道的细节。

我的忏悔使每个人都感到痛苦，但社会风气也得到了净化。每个人都开始意识到道德沉沦是一件多么可怕的事情，而我和孩子们联系在一起的纽带也变得越来越牢固。

这件事后来发生了变故，这迫使我不得不再禁食14天。这次禁食的结果居然远远超过了我的预期。

我讲述这件事的目的，并不是强调教师有责任在学生出现违禁行为时采取禁食方法。然而，我认为，在某些情况下确实需要采取这种严厉的补救措施。但它的前提条件是，这个人要拥有清晰的眼光和适当的精神素养。如果老师和学生之间没有友爱，学生的过失没有触痛老师的心，学生对老师也没有尊重，那么禁食并不是一个合理的做法，甚至可能是有害的。虽然在这种情况下，禁食的做法尚存争议，但毫无疑问，教师应对学生的错误负责。

第一次忏悔对于我们所有人来说并不难。我不得不暂停或停止任何正常的活动。可以回忆一下，整个禁食期间，我只吃水果。第二次禁食的后半部分对我来说却相当困难。当时我还没有完全理解"罗摩"的神奇功效，承受苦痛的能力也没有那么强。此外，我不知道禁食的技巧，尤其是喝大量水的必要性，不管它是多么令人作呕。而且，第一次禁食的轻松使我对第二次禁食有些粗心。在第一次禁食时，我每天都要以库恩的方法洗澡，但在第二次的时候，我在两三天后就不再洗澡了，也只喝了很少的水，因为它淡而无味，令人恶心。后来我感到喉咙发干身体虚弱，最后几天我只能用很低的声音说话。然而，尽管如此，我的工作还是通过听写在继续进行，并坚持写作。我经常听《罗摩衍那》和其他神圣典籍，对于紧急的事情，我还有足够的力量讨论并提出建议。

# 第114章 去见戈可哈尔

我必须跳过许多关于南非的回忆。1914年,"非暴力主义"运动结束时,我接到戈可哈尔的指示,要我取道伦敦回国。所以七月时,嘉斯杜白、卡伦巴赫和我便乘船去了英国。

在"非暴力主义"运动期间,我开始坐三等座出行。因此,这次航行我也乘坐了三等座。但是这条航线的船只三等座和印度沿海船只或火车上的三等座有很大的不同。在印度,火车或轮船的三等座没有足够的座位,更不用说卧铺了,而且非常脏乱。但是,去伦敦的船只上,三等座区域不仅有足够的座位,而且打扫得很干净。轮船公司还为我们特别安排了专用的洗手间。由于我们以水果为食,厨房也接到命令给我们供应水果和坚果。一般来说,三等座的乘客很少吃得到水果或坚果。这些设施使我们在船上度过的十八天非常舒适。

航行中发生的一些事件是很值得记录的。卡伦巴赫先生非常喜欢双筒望远镜,他有一两副昂贵的双筒望远镜。我们每天总会说起这件事。我试图让他明白,这种占有并不符合我们渴望达到的简单理想。有一天,当我们站在船舱的舷窗旁时,我们的讨论达到了高潮。

"与其让它成为我们之间争论的焦点,为什么不干脆扔到海里,让它们消失呢?"我说。

"那就把这可怜的东西扔掉吧。"卡伦巴赫先生说。

"我是认真的。"我说。

"我也是。"他也很快回答。

于是我立刻将望远镜扔进了海里。望远镜大概值7英镑,但他们的价值不在于其价格,而是卡伦巴赫先生对它的迷恋。然而,在舍弃了它们之后，他从未后悔过。

这是我和卡伦巴赫先生之间发生的众多事件之一。

每天我们都要以这种方式学习新的东西，因为我们都在试图走上探索真理的道路。在走向真理的过程中，愤怒、自私、仇恨等自然需要让步，否则真理是不可能实现的。一个被激情左右的人可能有足够的意图，可能言而有信，但他永远不会寻找到真理。成功地探寻到真理意味着要从爱与恨、幸福与痛苦的双重包围中完全解脱出来。

启程去伦敦的时候，我的禁食刚刚结束，我的体力还没有恢复正常。我常在甲板上散步，锻炼身体，以恢复食欲，消化我吃的东西。但即使是这样的锻炼也超出了我的承受范围，导致我的小腿疼痛，以至于在到达伦敦时，我发现自己的情况并没有转好，反而变得更糟了。在那里我认识了吉瓦拉杰·梅赫达医生。我给他讲了我的禁食和随后的疼痛史，他说："如果你不完全休息几天，你的腿就要废了。"

就在那时，我认识到，一个刚刚结束长期禁食的人不应急于恢复体力，而且还应抑制食欲。停止禁食可能比继续禁食更需要谨慎和克制。

在马德拉群岛，我们听说世界大战随时都可能爆发。当我们进入英吉利海峡时，我们收到了大战爆发的消息。我们被迫在那里停留了一段时间。船只通过海底的水雷是一件很困难的事，因为这些水雷被埋在英吉利海峡的各处，我们整整花了两天才到达南安普顿。

战争在8月4日打响，而我们在8月6日抵达了伦敦。

# 第115章　我在战争中的角色

一到英国，我就听说了戈可哈尔因为健康原因去了巴黎，现在被困在那里了。巴黎和伦敦之间的通信已经中断，没有人知道他什么时候回来。我不想没看见他就直接回家，但谁也说不准他什么候才会回来。

那么我该怎么办呢？对于战争，我的职责是什么呢？当时，因"非暴力不抵抗运动"与我一起被捕入狱的朋友索拉布吉·阿达加尼亚正在伦敦学习法律。作为最好的"非暴力主义"运动参加者之一，他被派往英国，以期成为律师之后回国接替我的职务。索拉布吉留学的费用由普兰吉万达斯·梅赫达医生支付。通过他的引荐，我和吉瓦拉杰·梅赫达博士以及其他在英国的印度人一起开会。与他们协商后，我们开了一个英国和爱尔兰印度居民国会，并把我的观点展现给了他们。

我觉得住在英国的印度人应该在战争中有所作为。英国学生自愿参军，印度人也应该一样。很多人反对我的这一论点。有人争辩说，印度人和英国人之间存在着天壤之别。我们是奴隶，他们是主人。一个奴隶怎么能在主人需要的时候与主人合作呢？奴隶的职责难道不是寻求自由，趁主人不备谋求个人的自由吗？这个论点当时没有引起我的注意。我知道印度人和英国人的地位不同，但我不相信我们已经沦为奴隶了。我当时觉得，与其说是英国体制的错，倒不如说是英国官员个人的错，我们可以用爱来改变他们。如果我们想通过对英国的帮助与合作来改善我们的地位，我们就有责任在他们需要的时候向他们提供帮助。虽然这个制度有缺陷，但在我看来，它并不像今天这样令人无法忍受。但是，如果我今天对体制失去了信心，拒绝与英国政府合作，那么那些朋友们能怎么做呢？

持对立意见的朋友们认为，现在是大胆宣布印度人要求，提高印度人地位的时候了。

我认为英国的需要不应该变成我们的机会，而且在战争持续的时候不提出我们的要求更合适和更有远见。因此，我坚持自己的建议，并邀请了那些愿意参军的人作为志愿者。响应的人很多，几乎所有的州县和所有的宗教派别都有人参加。

我给克鲁勋爵写了一封信，向他介绍了情况，并表示我们愿意接受救护工作的培训，如果这是接受我们建议的先决条件的话。

克鲁勋爵在考虑之后接受了这个提议，并感谢我们在那个关键时刻向帝国提供服务。

在著名的坎特雷医生的指导下，志愿者们开始了对伤员的急救初步培训。这是一个短短的六周的课程，但涵盖了整个急救过程。

我们是一个大约80人的班级。六周后，我们接受了检查，除了一个人外，其余的都通过了。政府又提供了军事演习和其他训练。贝克上校负责这项工作。

现在的伦敦是一个值得一看的地方。大家没有惊慌失措，都在尽力帮忙。强壮的成年人开始接受战斗员的训练，但是老幼妇孺要做什么呢？如果他们愿意，有足够的工作给他们。他们可以动手裁制军装，并为伤患制作伤药。

有一间名叫"莱瑟姆"的妇女俱乐部负责为士兵们赶制衣服。萨罗基尼·奈都女士是这个俱乐部的成员，她全身心地投入工作之中。这是我第一次认识她。她把一堆已经裁出雏形的衣服放在我面前，请我把它们全都缝好，再还给她。我欣然接受了她的要求，在朋友的帮助下，我在急救培训期间也尽可能多地做衣服。

# 第116章 精神困境

我和其他印度人在战争中提供服务的消息一传到南非,便有人向我发来两封电报。其中一封来自波拉克先生,他质疑我这种行为不符合"非暴力"的理念。

对于这种反对意见,我早有所准备。我曾在主编的《印度家规》中讨论过这个问题,并经常与南非的朋友们对这一问题进行争辩。我们都认识到战争的不道德。如果我不准备起诉攻击我的人,我就更不应该参与这场战争,特别是当我对战争的起因及其意义一无所知的时候。朋友们当然知道我曾在布尔战争中服役,但他们认为我的观点从此之后发生了变化。

事实上,说服我参加布尔战争的同样论点在这次事件对我也有影响。我很清楚地知道,参与战争永远不可能与"非暴力主义"观点保持一致。但并不是每个人都能清楚地认识到自己的责任。真理的信徒常常要在黑暗中摸索。

"非暴力"是一个综合性的原则。我们是被暴力的烈火困住的无助的凡人。"生生不息"这句话有着深刻的含义。人没有一刻不是在自觉或不自觉地对外使用暴力,在他的生活之中,吃、喝、行动都会造成对于生命的破坏。因此,凡是"非暴力"的信徒,只要他的行动是出于怜悯,只要他尽力不去破坏微小生物的生命,并试图挽救生命,只要他不断努力从杀戮的可怕牢笼中挣脱,那他就算忠于自己的信仰。尽管他的自我克制和同情心不断得到增强,但他永远无法完全摆脱外界的杀戮。

而且,因为"非暴力"其实是所有生命的统一,个人的错误会影响到他人,因此人类便不能完全摆脱暴力。只要他仍然是社会的一员,他就不得不被社会上存在的暴力所影响。一旦两国交战,作为"非暴力主义"支持者的责任就是停止战争。倘若承担不起这种责任,或没有能力和资格抗拒战争,他就可以参与战争,并竭尽全力把自己、国家和世界从战争中解救出来。

我曾希望通过大英帝国提高我和印度人的地位。在英国,我享受着英国舰队的保护,在这种武装力量的掩护下,我直接参与了它潜在的暴力活动。因此,如果我想保持与帝国的联系并生活在帝国的旗帜下,我可以有三种选择:我可以公开反抗战争,按照"非暴力主义"的法则,抵制帝国直到它改变它的军事政策;或者,我可以故意违反法律,以获罪入狱;又或者我可以站在帝国的一边参加战争从而获得抵抗战争暴力的能力。我缺乏这样的能力和身体素质,因为我认为只有在战争中服役才是唯一的出路了。

从非暴力的观点来看,我不区分战斗人员和非战斗人员。那些自愿为土匪服务的人,无论帮忙搬东西,或是在他们打劫时放哨,还是在他们受伤时充当护士,他所犯的罪和土匪们一样。同样,那些在战场上护理伤者的人也不能逃避战争的罪责。

在我收到波拉克的电报之前,我就这样把整个事情向自己解释了一遍,收到电报后不久,我和几个朋友讨论了这些观点,并得出了我有责任为战争效力的责任。即使是今天,我也看不出这一论点有任何缺陷,我也不为我的行为感到遗憾,因为我一直赞同与英国人保持联系。

我知道即使那样,我也不能令我所有的朋友都认同我的立场。这个问题很微妙。它承认不同的意见,因此我已经尽可能清楚地把我的论点提交给那些相信非暴力的人,他们正在努力地在生活的各个方面实践它。真理的奉献者不能不顾及习俗。一旦发现自己错了,他应该不惜一切代价承认错误,并为此赎罪。

# 第117章　小规模"非暴力主义"运动

虽然我出于一种责任感参加了战争,但碰巧的是,在那个关键时刻,我不仅没能直接参加战争,反而被迫做了小规模的"非暴力不合作"主义运动。

我已经说过,一旦我们的名字被批准和征召,帝国就任命了一名军官负责我们的训练。我们都有这样的印象,这位指挥官只在技术问题上是我们的首领,在其他所有事务上,我是我们军团的负责人。由我负责军团的内部纪律问题,也就是说,指挥官必须通过我来与救护队交涉。可是一开始,那个军官就给了我们一个下马威。

索拉布吉·阿达加尼亚是一个精明的人。他对我发出了警告:"当心这个人,他似乎想要控制我们。我们可不会接受他的命令。我们准备把他当作我们的导师。但他派来指导我们的年轻人,也觉得他们是我们的主人。"

那些年轻人是牛津大学的学生,他们来指导我们,于是指挥官任命他们为我们的队长。

我也注意到了指挥官的强硬态度,但我劝索拉布吉不要着急,并试图安抚他。但他不是那种容易被说服的人。

"你太相信别人了,那些人会用卑鄙的话欺骗你,当你最终看穿他们的时候,你会要求我们进行'非暴力主义'运动的。所以,你又要伤心了,我们也会和你一起伤心。"他笑着说。

"你们与我为伍,那么除了伤心,还能指望什么呢?"我说,"'非暴力主义'的信奉者生来就要受人欺骗。让指挥官欺骗我们好了。难道我没有告诉过你们,欺人者必自欺吗?"

索拉布吉大笑起来:"好吧,那么就继续受骗吧。总有一天,你会因'非暴力主义'抵抗而死的,还拖着像我这样的可怜人陪你殉葬。"

这些话让我想起了已故的埃米莉·霍布豪斯小姐写给我的关于"非暴力主义"的信:"如果有一天你们为了真理不得不上绞刑架,我也不会感到奇怪。愿神指引你正确的道路,保护你。"

与索拉布吉的谈话是在指挥官被任命后进行的。没过几天,我们和他的关系就破裂了。那次14天的禁食之后,我的体力一直没有恢复过来。刚开始训练的时候,我经常要步行到离家大约两英里的指定地点。这使我得了胸膜炎,身体很虚弱了。在这种情况下,我还是去参加了周末露营。实在撑不住的时候,我回家休养了,其他人留在了那里。正是在这里,发生了"非暴力主义"运动。

指挥官开始自由地行使他的权力。他让我们清楚地记住,队里所有的事务都要听他的,无论军事上还是非军事上,同时他还要我们尝尝他的厉害。索拉布吉急忙来找我,他一点也不准备忍受这种高压手段。他说:"我们必须通过你来得到所有的命令。我们还在训练营,各种荒谬的命令正在发布。我们和那些被任命来指导我们的年轻人之间产生了很多不愉快。我们必须和指挥官一起解决问题,否则我们就不能再继续下去了。印度学生和其他加入我们救护队的人不会执行任何荒谬的命令。我们为了自尊才投入这项事业之中,怎么可以忍受失去它啊。"

我去见了指挥官,向他汇报队里的意见。他要我把意见以书面的形式呈交给他,同时要求我"告诉那些投诉者,投诉的正确方式是把意见反馈给现在的队长,再由他们通过指导员通知我"。

对此,我回答说:"我没有要求任何权利,从军事意义上说,我不比任何其他人员强,但我相信,作为志愿队的主席,我应该被允许非正式地担任他们的代表。"我还提出了我所收到的申诉和要求,即任命队长并未考虑队员的感受,他们希望指挥官撤回队长,并由救护队内部选举队长,然后请示指挥官的批准。

指挥官并不同意我的观点，他认为救护队选举产生队长违反军事纪律，而撤回已经做出的任命将破坏所有的纪律。

所以我们开了个会，决定进行抵抗。我把"非暴力主义"运动可能带来的严重后果告诉了队员们，但大多数人还是投票赞成这项决议：除非指派的队长任命被撤回，并允许队员内部选出队长，否则大家将放弃军事训练和周末露营。

我给指挥官写了一封信，说他拒绝我的建议令我非常失望。我向他保证，我非常渴望为他服务，但也提请他注意一个先例。我指出，尽管布尔战争期间，我在南非的印度救护队中没有官方的军衔，但当时的葛尔维上校在做出决定之前总会先与我商谈，以便了解救护队的想法。我还附上了我们昨晚通过的决议的副本。

这封信依然没有让指挥官改变主意，他反而认为我们的集会和决议是严重违反纪律的。

于是我给印度国务大臣写了一封信，向他讲明了所有的事实，并附上了一份决议的副本。他回答说，英国与南非的情况不同，并提请我注意，根据规定队长确实是由指挥官任命，但他也向我保证，在今后任命队长时，指挥官会考虑我的建议。

在这之后，我们之间有大量的信件往来，但我不想再对这个痛苦的故事多加描述。只要说我的经历与我们每天在印度的经历是一致的就够了。指挥官用了威胁和哄骗的手段，成功地分化了救护队，一些投票赞成决议的人最终屈服，又回去受训了。

大约在这个时候，一大批受伤的士兵意外到达了奈特利医院，需要我们的救护队前往救治。指挥官能说服的人都去了那里，而其他人拒绝前往。我当时因病卧床，但还是在和队员们交流。在那些日子里，副国务大臣罗伯茨先生多次给我打电话，并力劝我说服其他人为他服务。他建议他们成立一个独立的救护队，到奈特利医院后，他们只对指挥官负责，这样便不会有失去自尊的问题了。政府会安抚他们，同时，医院的大量伤者也能得到照顾。这个建议得到了我和同伴的赞同，于是大家去了奈特利医院。

只有我没有去，躺在床上养病，努力想把这份糟心的工作变好。

# 第118章　戈可哈尔的慈善机构

我已经提到，我在英国患了胸膜炎。戈可哈尔很快就回到了伦敦。我和卡伦巴赫经常去找他。我们的谈话主要是关于战争的，因为卡伦巴赫对德国的地理了如指掌，他去过欧洲很多地方，能在地图上为大家指出与战争有关的各个地点。

我的胸膜炎尚未痊愈之时时，胸膜炎也成了我们日常讨论的话题。我的饮食实验那时也仍在进行。我的饮食包括花生、成熟的和未成熟的香蕉、柠檬、橄榄油、西红柿和葡萄等。我完全不吃牛奶、麦片、豆类和其他东西。

吉瓦拉杰·梅赫达医生为我治疗。他极力劝我恢复吃牛奶和谷类食品，但我却非常固执。这事传到了戈可哈尔的耳朵里，他不太考虑我的水果饮食的想法，要我吃医生为我的健康考虑开出的任何药物和食谱。

对我来说，不屈服于戈可哈尔的压力是一件极其困难的事。当他不肯让步时，我请求他给我二十四小时来考虑这个问题。那天晚上，当我和卡伦巴赫回到家时，我们讨论了这件事。在我进行水果饮食时，他也一直陪我进行这项实验。他喜欢我的实验，但我可以看出，如果我的健康需要我放弃这个实验的话，他赞同我这样做。

因此，我必须听从自己内心的声音。

我整晚都在考虑这件事。放弃实验就意味着放弃我在那个方向上的所有想法，但我没有发现我的想法中有什么缺陷。问题是我应该如何承受来自戈可哈尔的压力，我该如何为了所谓的健康因素而调整我的实验。我最终决定坚持这个实验，因为实验背后的动机主要是宗教的，而并非是可以听从医生建议的各种方面混杂的实验动机。在放弃牛奶方面，宗教因素占主导地位。一提起牛奶，我的眼前就呈现出加尔各答的牧民从他们的奶牛身上挤掉最后一滴奶的景象。我也有一种感觉，就像肉不是人类的食物一样，动物的奶也不是人的食物。于是我早上起来，决心坚持自己的决心。这让我也大大松了一口气。我不敢见到戈可哈尔，但我相信他会尊重我的决定。

晚上，我和卡伦巴赫在国家自由俱乐部去见了戈可哈尔。他问我的第一个问题是："你决定接受医生的建议了吗？"

我温和而坚定地回答："我愿意在所有问题上让步，但有一个问题请你不要逼我。我不吃牛奶、奶制品和肉。如果不吃这些东西就意味着我要死亡，我宁愿一死。"

"这是你的最终决定吗？"戈可哈尔问道。

"恐怕我不能另有决定，"我说，"我知道我的决定会使你痛苦，但我请求你的宽恕。"

戈可哈尔痛苦地说："我不赞成你的决定。我看不出里面有什么宗教原因。但我不会再逼你了。"说完这些话，他转向吉瓦拉杰·梅赫达医生说，"请不要再担心他了。请在他为自己所定的限度之内开药吧。"

医生表示反对，但也无能为力。他建议我喝绿豆汤，加一点阿司匹林。对此我表示同意。我吃了一两天，但它加剧了我的痛苦。于是我又开始吃水果和坚果。当然，医生还是继续为我进行外部治疗，这多少减轻了我的痛苦，但我的种种限制对他来说确实是一个很大的障碍。

与此同时，戈可哈尔动身回去了，因为他受不了伦敦的十月大雾。

# 第119章　治疗胸膜炎

胸膜炎的持续引起了一些焦虑，但我知道，只靠内服药物是不行的，而应该改变饮食并进行外部治疗。

我请来了素食名人艾林森医生，我在1890年与他结识，他擅长通过饮食疗法来治疗疾病。他为我彻底检查了一番。我向他解释我是怎样发誓不喝牛奶的。他鼓励我说："你不需要喝牛奶。事实上，我希望你在这几天不摄入任何脂肪。"然后，他建议我主要吃普通的黑面包，甜菜、萝卜、洋葱和其他的块茎和蔬菜，还有橘子等新鲜的水果。如果我不能咀嚼蔬菜，这些蔬菜就不用煮，只需磨碎。

我试了3天左右，但生蔬菜不太适合我。我的身体状况不佳，无法对这项实验做出正确的判断。而且，吃生蔬菜让我感到紧张。

艾林森医生还建议我全天开窗，在温热的水中洗澡，在受影响的部位做按摩，在户外散步15到30分钟。我喜欢这些建议。

我的房间有几扇落地窗，如果敞开着，雨水就会进来。而扇形窗并不容易打开。于是，我只好打碎玻璃，好让新鲜空气进来，打开部分落地窗，以免下雨。

所有这些措施都在一定程度上改善了我的健康，但并没有让我的病完全康复。

塞西莉亚·罗伯茨夫人偶尔来看我。我们成了朋友。她非常想说服我喝牛奶。但由于我不同意,她便四处寻找牛奶的替代品。有个朋友向她推荐用麦乳精,向她保证其中绝对不含牛奶,只是一种具有牛奶所有性质的化学制剂。我知道塞西莉亚夫人很尊重我的宗教禁忌,所以很信任她。我把粉末溶解在水里,发现它尝起来和牛奶一模一样。读了瓶子上的标签之后,我才发现那其实就是用牛奶制成,但为时已晚。所以我放弃了继续饮用。

我把这个发现告诉了塞西莉亚夫人,让她不要担心。她急急忙忙地来找我,向我表示歉意。她的朋友根本没有读过标签。我恳求她不要着急,并向她表示歉意,说她费了这么大的劲弄到的东西,我却不能食用。我还向她保证,我一点也不为误喝牛奶而感到不安或内疚。

我必须跳过许多关于我与塞西莉亚夫人接触的美好回忆。我可以想到许多朋友,他们在我经受考验和情绪低落之时给了我很大的安慰。有信仰的人可以从他们身上看到神明的仁慈,从而使悲伤变得甜蜜。

艾林森医生下一次来访时,放宽了限制,允许我吃花生酱或橄榄油来增加脂肪,如果我愿意,还可以吃煮熟的蔬菜和米饭。这些变化很受我的欢迎,但它们远不能给我彻底的治疗。我仍然需要非常细心的护理,也不得不大部分时间都躺在床上。

梅赫达医生偶尔会来为我检查,说如果我听从他的劝告,他便会提出一个立竿见影的疗法来为我治疗。

有一天,罗伯茨先生来看我,并强烈要求我回国。"在这种情况下,你不可能去奈特利医院。之后的天气会更冷。我强烈建议你回到印度,因为只有在那里你才能完全治愈。在你恢复之后,如果发现战争仍在继续,你有许多机会再提供帮助。事实上,我认为你现在已经做出了贡献。"

我接受了他的建议，开始为回印度做准备。

# 第120章 回国

卡伦巴赫先生把我带到了英国，打算送我去印度。我们住在一起，当然想乘同一艘船离开。然而，德国人受到了如此严格的监视，我们严重怀疑卡伦巴赫是否能拿到护照。我想尽了办法，罗伯茨先生也很想帮忙，还给印度总督发电报求助。但是，哈丁吉勋爵直截了当地回答说："印度政府没有准备好承担这样的风险，对此我们感到遗憾。"我们大家都知道这个回答的力量。

离开卡伦巴赫先生对我来说是一个巨大的打击，但我看得出他的痛苦更大。如果他能来印度，他将会在今天过着农耕纺织的简单生活。现在他在南非做建筑师，生意兴隆，日子过得和以前一样。

我们想要买三等座的船票，但却没有买到，于是不得不坐了二等座。

我们带着从南非运来的干果，因为大部分新鲜水果船上都有，却没有干果。

吉瓦拉杰·梅赫达医生用石膏固定了我的肋骨，并让我在到达红海之前不要把它取下来。我忍受了两天的不适，但后来觉得它对我来说太沉重了。于是，我费了好大的劲把石膏弄掉，重新获得了洗浴的自由。

我的饮食主要是坚果和水果。我发现自己每天都在好转，当我们进入苏伊士运河时，已经感觉好多了。我虽然还是很虚弱，但感觉完全脱离了危险，我也逐渐增加了运动量。我认为这种改善很大程度上归功于温带的纯净空气。

我不知道这是由于过去的经验，还是由于其他原因，但我发现船上的英国人和印度人的关系很疏远，比我以前旅行时看到的还要疏远。我的确和几个英国人说过话，但谈话大多是正式，几乎没有像在南非的船上那样亲切的交流。我认为，造成这种情况的原因是，在英国人的意识或潜意识里自己属于统治阶级，而在印度人的意识里又认为自己属于被统治阶级。

我渴望回到家，渴望从这种氛围中解脱出来。

一到亚丁，我们便有了回家的欣喜。在德班，我们认识了凯科瓦德·卡瓦斯基·丁肖先生，并与他和他的妻子有过密切的接触，因此对亚丁人颇有了解。

又过了几天，我们到了孟买。十年远离故土，如今回到祖国，心中的喜悦实在难以言表。

戈可哈尔在孟买为我举行了一个欢迎会，尽管他身体虚弱，还是来了孟买。我迫不及待地来到印度，本想与其并肩作战，然而命运却自有安排。

# 第121章　律师职业的回忆

在开始讲述我在印度的生活经历之前，似乎有必要回顾一下我有意漏掉的一些南非经历。

一些律师朋友让我回忆一下我的业务情况。它们的数量是如此之多，如果要我把它们都描述出来，恐怕能写一本书，那就喧宾夺主了。但是，回想起那些与实践真理有关的事情，做一些叙述也并不是不恰当的。

我已经说过，在我的职业生涯中，我从来没有求助于谎言，我的大部分业务都是为了公共事业的利益，为此我除了自己掏腰包外什么也不收。我想说这话的时候，已经把我的法律执业情况说得一清二楚了。但朋友们希望我说得更多一些。他们似乎认为，如果我稍微描述自己是怎样拒绝偏离真相的事，法律行业可能会从中受益。

当我还是学生的时候，我便听说律师的职业是说谎者的职业。但这并没有影响到我，因为我不想通过说谎来赚取金钱。

在南非，我的原则多次受到考验。我知道我的对手常常会唆使他们的证人说谎，而只要我耍点手段，让我的当事人或证人撒谎，我们就能打赢这场官司。但我总是抵制住诱惑。我只记得有一次，在打赢一个官司后，我怀疑我的当事人欺骗了我。在我内心深处，我总是希望自己经手的所有案子，我的当事人都是正义的一方。在确定我的费用时，我不记得自己曾经把官司的输赢列为收费的条件。无论我的客户是赢是输，我都只期望拿到自己应得的酬金。

我一开始就警告每一个新客户，他不应该指望我接手一个过错方的案子，也不应该指望我去唆使证人。这样一来，大家都知道了我的作风，也没有一个过错方上门寻求我的帮助。事实上，我的一些客户会让我帮他们打清白的案子，而把那些有疑点的案子交给别人。

有一个案子对我来说是一次严峻的考验。它是我最好的客户带给我的。这是一宗非常复杂的案件，而且耗时很长。它在几个法庭上进行了部分听证。最终，它的簿记部分被法院委托给一些合格的会计师进行仲裁。裁决对我的当事人非常有利，但是仲裁员无意中犯了一个计算上的错误，尽管这个错误很小，但是非常严重，因为本应该算在借方的一项被算在了贷方。反对者以其他理由反对这项裁决。我是客户的初级律师，当高级律师意识到这个错误时，他认为我们的当事人没有必要承认这一错误。他很清楚地认为，任何律师都不得承认任何违背其当事人利益的事情。我却不这么认为，我认为我们应该承认错误。

高级律师争辩说："在那种情况下，法院完全有可能取消整个裁决，任何理智的律师都不会在这个时候让危及当事人利益的事情发生。无论如何，我是最不愿冒这种风险的。如果这个案子要重新开庭审理，人们永远也不会知道我们的当事人可能要花多少钱，最终的结果是什么！"

谈话进行时，客户也在场。

我说："我觉得我们和客户都应该承担风险。仅仅因为我们不承认错误，法院就一定支持仲裁结果吗？假如承认这件事会使当事人受损，那又有什么坏处呢？"

"但是我们为什么要承认呢？"高级律师说。

"你怎么就能保证法庭没有发现错误，或者我们的对手没有发现错误呢？"我说。

"那么，你愿意为这个案子辩护吗？我不准备根据你的条件去争辩。"高级律师做出了决定。

我谦恭地回答道："如果你不愿争辩，那么我准备这样做，如果我们的客户愿意的话。如果不承认这个错误，我将不再插手这个案子。"

我看着我的客户，他有点尴尬。我从一开始就参与了这个案子，客户完全信任我，也对我很熟悉。他说："好吧，那你就为这个案子辩护并承认错误。如果这是我们的命运，就让我们输吧。不过，我相信神会捍卫正义的。"

我很高兴，我对他没有任何其他的期望了。高级律师再次警告我，同情我的倔强，但还是祝贺了我。

法庭上发生的事我们将在下一章描述。

# 第122章 欺诈行为

我对自己提出建议的正确性毫无疑问，但我非常怀疑我是否能充分公正地处理这个案子。我觉得在最高法院辩论这样一个棘手的案件，将是一个非常冒险的举动。我战战兢兢地出现在了法官面前。

我一提到账目上的错误，一名法官就说："这难道不是一种欺诈行为吗，甘地先生？"

我听到这个指控，心里很恼火。在没有丝毫正当理由的情况下，被人指责进行欺诈行为是不能容忍的。

"在这个棘手的案件中，法官从一开始就对自己怀有偏见，那案件成功的可能性很小。"我自言自语地说。但我冷静地思考了一下，回答道，"我很诧异。法官阁下居然不听我说完，就指控我方存在欺诈行为。"

法官说："这不是指控，只是一个猜测。"

"在我看来，您的猜测相当于指控。我想请阁下听我说完，如果有必要的话，再来对我进行指控。"

"很抱歉打断了你的话，"法官回答说，"请继续解释一下这个差错。"

我有足够的材料来支持我的解释。多亏法官提出了这个问题，我才能从一开始就就把法庭的注意力集中在我的论点上。我感到很受鼓舞,并借此机会详细解释了一下。法庭耐心地听取了我的解释,我使法官们相信这个差错完全是由于疏忽造成的。因此,他们并不打算取消整个裁决,因为这项裁决涉及大量的工作。

对方的律师似乎认为,在这个错误出现之后,不需要再做太多的争论。但法官们继续盘问他,因为他们确信这个错误是一个可以轻易纠正的疏忽。律师努力地想驳回裁决,但是最初怀疑我的那名法官现在已经站在了我这边。

"如果甘地没有承认错误,你会怎么做?"他问。

"我们找不到比我们任命的这个会计师更能干、更诚实的专家。"

"法庭必须假定你对案情了如指掌。如果你不能指出任何专业会计师可能犯的错误以外的任何事情,法院将不愿强迫当事人因这一错误而提起新的诉讼产生新的费用。"法官继续说,"如果这样的错误可以很容易地纠正,我们就不能要求重新开庭。"

于是律师的反对意见被驳回了。法院要么确认裁决,要么纠正错误,要么命令仲裁员纠正错误,我忘了具体是哪一个结果。

我很高兴。我的客户和高级律师也是如此。我坚信,在不损害事实的前提下实施法律并非不可能。

然而,读者应该记住,即使是在这个行业的实践中,诚实也无法治愈损害职业道德的根本缺陷。

## 第123章 与客户成为同事

在纳塔尔执业和在德兰士瓦执业存在一定的区别:纳塔尔的律

师既可以做辩护律师，也可以做委托律师；而在德兰士瓦，就像在孟买一样，辩护律师和委托律师的领域是截然不同的。大律师有权选择自己要做哪一种。在纳塔尔省，我被接纳为一名辩护律师，在德兰士瓦，我申请成为一名委托律师。因为作为一名辩护律师，我不能与印度人直接接触，南非的白人委托律师也不会来向我做简报。

但是在德兰士瓦，委托律师也可以在地方法官面前出庭。有一次，当我在约翰内斯堡的地方法官面前进行诉讼时，我发现我的当事人欺骗了我。我看见他在证人席上完全崩溃了。因此，我没有任何理由要求法庭驳回此案。对方的律师很吃惊，法官很高兴。我责备我的客户给我带来了一个错误的案子。他知道我从不接受不实的案件，当我把这件事告诉他时，他承认了自己的错误，而且我有一种印象，他并没有因为我要求法官对他做出裁决而生气。无论如何，我在这种情况下的行为并没有使我的业务变得更糟，事实上，它使我的工作更容易了。我还发现，我对真理的热爱提高了我在业内人士中的声誉，尽管我的肤色还是被认为低人一等，但有时我甚至能赢得他们的喜爱。

在我的职业生涯中，我的习惯是从不向我的客户或同事隐瞒我的无知。碰到我不懂的事情，我会建议我的委托人去咨询其他的律师，如果他坚持要我做他的律师，我会请他让我向高级律师寻求帮助。这种坦率为我赢得了客户的无限喜爱和信任。只要有必要咨询高级律师，他们总是愿意支付费用。这种感情和信任对我的公共工作很有帮助。

我在前几章中曾指出，我在南非执业的目的是为了给印度群体服务。即使为了这个目的，赢得人心也是必不可少的条件。印度人心胸宽阔，很会赚钱，但是当我建议他们为了自己的权利去遭受监禁的苦难时，他们中的许多人欣然接受了这个建议，这不是因为我的理论有多么正确,而是他们出于对我的信赖和喜爱。

当我写这篇文章时,许多美好的回忆涌上我的心头。成百上千的客户成为公共服务事业的朋友和真诚的同事,与他们的合作让原本充满困难和危险的生活变得更加美好了。

## 第124章　如何保全客户

读者现在对帕西人罗斯敦济的名字应该已经很熟悉了。他就是从我的客户成为同事的一个人。或者更确切地说,他先成为我的同事,然后成了客户。我赢得了他的信任,以至于他在私人家庭事务中也寻求并听从了我的建议。即使他生病了,他也会寻求我的帮助,尽管我们的生活方式有很大的不同,但他还是毫不犹豫地接受了我的土方疗法。

这位朋友有一次陷入了困境。尽管他把大部分事情都告诉我,却还是故意隐瞒了一件事。他从孟买和加尔各答进口货物,但是也时常走私。由于他与海关官员关系很好,没有人愿意怀疑他。在收税时,他们过去常常以信托方式收受他的发票,甚至有些人会纵容他走私。

但是,用古遮拉特诗人阿库的生动比喻来说,像水银一样无孔不入的盗窃行为是不会被抑制的,罗斯敦济的行为也不例外。我的好朋友跑到我面前,泪流满面地说:"兄弟,我骗了你。我的罪行今天被发现了。我走私了,这下肯定要进监狱,我的一切都被毁了。只有你才能把我从这种困境中拯救出来。我没有对你隐瞒什么,但我想我不该用这种生意场上的花招来打扰你,所以我从来没有告诉过你走私的事。但现在,我实在后悔莫及!"

我让他冷静下来,说:"救不救你都在神的一念之间,至于我,你了解我的,我只能通过忏悔来救你。"

这位善良的帕西人感到深深的羞愧。

"是我在你面前的忏悔还不够吗?"他问。

"你亏欠的不是我,而是政府。在我面前的忏悔又怎么能帮助你呢?"我温和地答道。

"我当然会照你的劝告去做,可是你不愿意跟我以前的法律顾问商量一下吗?他也是我的一个朋友。"罗斯敦济说道。

调查后,我们发现罗斯敦济的走私活动进行了很长一段时间,但实际的犯罪行为涉及的数额却很小。我们去找了他的法律顾问,他仔细阅读了这些文件,并说:"这个案子会由陪审团审理,纳塔尔陪审团是绝不会宣判印度人无罪的,但是我不会放弃希望。"

我对这个法律顾问并不十分熟悉。罗斯敦济打断了他的话:"谢谢你,但我希望在这件事上听从甘地的建议。我与他非常亲近。但是请你在必要的时候给他出主意。"

我们把法律顾问的问题搁置了以后,去了罗斯敦济的商店。

在解释我的观点时,我对他说:"我认为这个案子根本不应该上法庭。海关官员可以起诉你或直接放你走,而他又必须听司法部长的。我准备去见见他们,我建议你提出缴付罚金,他们很可能会同意。但如果他们不同意,你必须准备好去坐牢。我认为,羞耻与其说是因为进监狱,不如说是因为犯罪。其实羞耻的行为已经发生了,监禁你应该视为忏悔。真正的忏悔在于下定决心不再走私。"

我不能说罗斯敦济对我的说法很满意。他是个勇敢的人,但他一时之间丧失了勇气。他的名声和地位如今岌岌可危,如果他苦心经营的那座大厦轰然倒塌,他又该如何自处呢?

"好吧,我告诉过你,"他说,"我听你的,你想怎么做就怎么做。"

我耗尽了自己所有劝说的能力来为这事周旋。我见到了海关官员,毫不畏惧地把整个事件告诉了他。我还答应把所有的账目都供他审查,并告诉他罗斯敦济的忏悔之情。

海关官员说:"我喜欢那个老帕西人。也很伤心他做了傻事。你知道我有责任上报司法部长,等他做出决定。所以我建议你在他面前充分发挥你的说服力。"

"如果你不坚持把他告上法庭,我将感激不尽,"我说。

我让他答应了这一点,又和司法部长通了信,也和他见了面。我很高兴地说,他欣赏我的坦率,并深信我没有隐瞒什么。

我现在已记不清是否为了这件事,我的坚持和坦率逼出了一个这样的评价:"我看你永远都不会接受一个否定的答案。"

对罗斯敦济的指控被撤销了。他将支付相当于他承认走私金额的两倍罚金。罗斯敦济把整个案件的情况写下来,把那张纸装裱起来,挂在他的办公室里,作为对他的继承人和其他商人的永久提醒。

罗斯敦济有几个朋友警告我不要被这种短暂的悔悟所蒙蔽。而当我告诉罗斯敦济关于这个警告的时候,他说:"如果我欺骗了你,那我的命运会是怎样呢?"

# 第五部分

## 第125章　初次体验

在我到家之前，从凤凰村出来的人已经先到了。根据我们的原计划，我会先于他们到达，但我在英国做的战争工作打乱了我们所有的计划，当我发现我不得不无限期滞留在英国时，我面对的问题是找到凤凰村的所有人。如果可能的话，我希望他们都能留在印度，过他们在凤凰村所过的生活。我不知道他们可以去哪所印度教的修行院，因此给他们发了电报，让他们去见安德鲁斯先生并照他的建议去做。

所以他们首先被安置在康格里的古鲁库尔，在那里，已故的哲人沙达罕南吉把他们当作自己的孩子一般。此后，他们又被安置在圣提尼克坦修行院，那里的诗人和其他人也向他们倾注了同样的爱。他们在这两个地方所积累的经验对他们和我都有好处。

正如我常对安德鲁斯说的那样，诗人沙达罕南吉和苏什尔·鲁德拉院长组成了三位一体。在南非的时候，他从不厌倦谈论这些，在我对南非的许多美好回忆中，安德鲁斯先生日复一日地谈到这个伟大的三位一体，那是最甜美、最生动的回忆。安德鲁斯先生自然把凤凰村的人和苏什尔·鲁德拉联系在了一起。鲁德拉院长没有修行院，但他有一个完全供由凤凰村民居住的家。在他们到达后的一天内，他的手下便让村民们不必拘束，像在自己家中一样，以至于他们看起来一点也不想念凤凰村。

我到达孟买时，才知道凤凰村的人到了圣提尼克坦。因此，在与戈可哈尔会面之后，我迫不及待地赶去见他们。

孟买的欢迎会给了我一个机会，让我做了一次小型的非暴力不抵抗运动。

在基罕吉尔·佩迪特先生为我举行的聚会上，我不敢用古遮拉特语讲话。我曾在那些被雇佣的劳动者中过着最美好的生活，而在那富丽堂皇的环境中，我觉得自己是一个彻头彻尾的乡巴佬。我披着卡提亚外衣、头巾和袍子，看起来比今天更文明一些，但是佩迪特先生那豪宅的华丽辉煌让我觉得手足无措。然而，我还是在费罗泽夏爵士的庇护下勉强过关了。

还有一次，是已故的古遮拉特人乌特姆拉尔·特里维迪组织的欢迎会。古遮拉特人不肯让我离开。我事先对这个欢迎会有所了解。真纳先生作为古遮拉特人，也参加了。我忘了他是欢迎会的主席还是主持。他用英语做了一个简短而又漂亮的演讲。据我所知，他的其他演讲大多也是用英语。轮到我的时候，我用古遮拉特语表达了谢意，并表达了我对古遮拉特和印度教的喜爱。然后，我谦卑地提议，在古遮拉特的集会是否不应该使用英语。我这样做的时候并不是没有犹豫，因为我担心，对于一个长期在外漂泊没有类似经验的人来说，这是否会被认为是不礼貌的行为。但似乎没有人误解我对于说古遮拉特语的坚持。事实上，我很高兴地注意到，每个人似乎都接受了我的建议。

这次事件使我大胆地认为，我不应该觉得把我的新奇想法摆在我的同胞面前很难。

在孟买稍作停留后，我带着这些初步的经验，应戈可哈尔的召唤去了浦那。

# 第126章　与戈可哈尔在浦那重逢

我一到孟买，戈可哈尔就对我说州长要见我，在我去浦那之前，我最好先去见他。因此，我拜访了州长阁下。在例行的询问之后，他说："我向你请求一件事。我希望你在策划任何针对政府的行动之前都先与我商量。"

我回答说："这个承诺我可以很容易地做出，因为作为一个非暴力主义者，我的原则是理解我所要打交道的政党的观点，并尽可能地与他们达成一致。我在南非严格遵守了这一规则，在这里我也打算这么做。"

威灵顿勋爵谢过我说："只要你愿意，你随时都可以来找我，你会看到我的政府不会故意做错事。"

我回答说："就是这种信念支撑着我。"

之后我去了浦那。我不可能把这宝贵的时光全部记下来。戈可哈尔和印度公仆协会的成员们非常热情地欢迎了我。在我印象中，戈可哈尔把他们全都找来迎接我。我和他们在各种话题上进行了坦率的交谈。

戈可哈尔很想让我加入这个社团，我也一样。但是会员们觉得，由于我的理想和工作方法与他们的有很大的不同，我可能不适合加入这个社团。戈可哈尔却相信，尽管我坚持自己的原则，但我同样有意愿、有能力去适应他们。

"但是，"他说，"社团的成员们还没有认识到你愿意妥协。他们坚持自己的原则，非常独立。我希望他们会接受你，但如果他们不接受你，你不要认为他们不尊重或不爱你。他们不愿冒任何风险，以免他们对你的尊重受到损害。但不管你是否被正式接纳为成员，我都将把你视为其中的一员。"

我把我的想法告诉了戈可哈尔。无论我是否被接纳为成员，我都想要一个修行院，在那里把凤凰村的人安顿下来，而且最好是在古遮拉特邦的某个地方，因为作为古遮拉特邦的一员，我认为我最适合通过为古遮拉特邦服务来为这个国家服务。戈可哈尔非常赞成这个主意，他说："你当然应该这么做。无论你与他们谈话的结果如何，你都要向我来寻求修行院的费用，我也要将这事当作自己的事。"

我内心充满了喜悦。我很高兴不用承担筹集资金的责任，并认识到我不必单打独斗，我发现每当自己遇到困难，总会有人从旁指导指导。这大大减轻了我的负担。

于是，他找来了现在已故的德夫医生，让他在协会的账簿上为我开一个账户，方便我为筹备修行院和公共事务时支取现金。

我现在准备出发去圣提尼克坦。在我离开的前夕，戈可哈尔安排了一群亲密的朋友，并细心地准备了我喜欢的点心、水果和坚果。聚会在离他房间只有几步远的地方举行，然而他却很难走过去参加。但他对我的爱胜过了一切，他坚持要来参加聚会。他来了，但昏倒了，不得不被抬走。这种昏厥对他来说并不是什么新鲜事，所以当他苏醒过来时，他吩咐我们的聚会照常进行下去。

当然，这次聚会不过是在协会招待所对面的空地上进行的一次座谈会，在座谈会上，朋友们边吃着花生、枣子和当季的新鲜水果，边喝茶聊天。

然而，晕厥在我的生活中并不常见。

# 第127章 是威胁吗？

我从浦那去了拉奇科特和波尔班达，在那里我不得不去见我哥哥的遗孀和其他亲戚。

在南非的"非暴力主义"运动期间，我改变了我的服装风格，使它更符合契约劳工的要求。即便到了英国，只要不出门，我也坚持同样的穿衣风格。到达孟买时，我一声卡提亚式的打扮：一件衬衫、一条"拖蒂"、一件外衣和一条白色围巾，全都是印度土布做的。但是，当我从孟买乘三等座出行时，我觉得围巾和外衣太碍事了，便把它们脱掉，戴上一顶花了不到十个安那买的克什米尔帽子。

由于当时流行瘟疫，三等座的乘客要在维兰加姆或是瓦德万接受体检。碰巧我有轻微的发烧，检查人员便让我向拉奇科特的医务人员报告，并记下了我的名字。

也许有人把我要经过瓦德万的消息散步了出去，因为当地一位著名的公共工作人员——裁缝莫迪拉尔来车站找我。他给我讲了维兰加姆海关的问题，以及铁路上的旅客因此而遭受的苦难。由于发烧，我几乎不想说话，就问了他一个问题作为回应："你准备好进监狱了吗？"

我已经把莫迪拉尔当成了那些冲动的年轻人之一，他们在说话之前都不会思考。但莫迪拉尔不是。他慎重地回答："只要你带领我们，我们当然愿意进监狱。作为卡提亚人，我们有排在第一位的权利。当然，我们现在并不是要扣留你，但是你必须保证你回来时会在这里停留。你会很高兴看到我们年轻人的工作和精神，你可以信任我们，只要你召唤我们，我们必然会响应。

莫迪拉尔的话触动了我。他的同伴称赞他说："我们的朋友不过是个裁缝。然而他业务熟练,所以他每天工作一个小时便可以挣到15卢比,然后他便把剩下的时间都花在公共工作上。他领导我们大家,让我们这些受过教育的人都自叹不如。"

后来,我与莫迪拉尔有了密切的接触,我发现大家所言不虚。他每个月都要花几天时间在新开张的修行院里教孩子们裁剪,并亲自动手做一些裁缝的工作。他每天都要和我谈起维兰加姆的情况,以及铁路上旅客的艰辛,说他已经无法忍受这些现状。然而,年轻的他得了急病,不幸去世。瓦德万的公共工作也由于他的离世受到了很大影响。

到达拉奇科特后,第二天早上我向医务人员报告了自己的情况。在那里,大家都认识我。医生感到很羞愧,责怪那位体检员。其实,这是不必要的,体检员只是履行了他的职责。他不认识我,即使他认识我,他也应该秉公处理。医务人员让我不用去医务所了,他坚持派体检员来为我检查。

在这种情况下,出于卫生原因对三等座旅客进行检查是必不可少的。如果哪位大人物选择坐三等座旅行,那么不管他地位如何,他们都该自觉服从穷人所服从的所有条例,而铁路的官员也不应该偏私。我的经验是,铁路上的官员们不把三等座的乘客当作同胞看待,而把他们当作一群绵羊。他们轻蔑地和三等座的乘客说话,不容对方回答或争辩。三等座的乘客必须像仆人一样服从官员的命令,而官员则可以毫无顾忌地对他们辱骂和敲诈,常常百般刁难之后才会把票卖给他们,有时甚至让他们错过火车。这一切都是我亲眼所见。要改变现状只有寄希望于那些受过教育的人和富人自愿放弃特权,坐三等座旅行,拒绝享受穷人得不到的便利,正视这些人为的艰难困苦、不礼貌和不公正,并下定决心消除它们。

无论我在卡提亚华去到哪里,都能听到大家对维兰加姆海关的抱怨。因此,我立即决定利用威灵顿勋爵的提议。我收集并阅读了有关这一主题的所有文献，确信这些抱怨是有根据的，并与孟买政府进行了通信。我拜访了威灵顿勋爵的私人秘书，也见了勋爵大人。勋爵表达了自己的同情，但将责任推到了德里身上。"如果它在我们手里的话，我们早就把警戒线去掉了。你应该和印度政府去探讨这个问题。"秘书说道。

我与印度政府进行了沟通，但对方除了确认收到我的信件之外，没有给我任何答复。直到后来我有机会见到切姆斯福德勋爵时，此事才得到解决。当我把事实摆在他面前时，他惊讶于自己对这件事的一无所知。他耐心地听了我的述说，并当即打电话索要有关维兰加姆的文件。他承诺，如果当局没有任何解释或辩护的话，他将撤除警戒线。果然，见面几天之后，我在报纸上看到维兰加姆海关的警戒线被撤除的消息。

我认为这个事件是印度的"非暴力主义"运动的出现。在我与孟买政府沟通时，那位秘书说起我在卡提亚华演讲时提到的"非暴力不合作"，并表示很不赞成。

"这不是威胁吗？"他问，"你认为一个强大的政府会屈服于威胁吗？"

"这不是威胁，"我回答，"它是在教育人民。我有责任向人民提出一切合理的申诉办法。一个想要独立的国家应该知道自由的所有方式和手段。通常他们把暴力作为最后的补救措施。另一方面，'非暴力主义'运动是一种绝对非暴力的武器。我认为我有责任解释这种做法及其界限。我毫不怀疑，英国政府是一个强大的政府，但我也毫不怀疑，'非暴力主义'运动是一种特效药。"

聪明的秘书怀疑地点了点头，说："我们等着瞧吧。"

# 第128章 圣提尼克坦

我从拉奇科特赶去了圣提尼克坦。老师和学生们热烈欢迎了我。招待会是简单、艺术和爱的完美结合。就在这里,我第一次见到了卡卡阁下卡莱尔卡。

我一开始并不知道为什么卡莱尔卡被称为"卡卡阁下",后来才知道这一点。克沙弗劳·德什潘德是我在英国的一个朋友,他在巴罗达州开办了一所名叫"甘加纳什学院"的学校。在那所学校里,他给老师们都起了一些类似家庭成员的称谓,以营造一种家庭氛围。卡莱尔卡先生是里面的一名教师,被称为卡卡(意为叔叔)。法德克被称为"玛玛"(意为舅舅),哈里哈尔·夏尔马则被称为"安纳"(意为哥哥),其他人也有类似的名字。哲人阿南德南是卡卡的朋友,帕特华丹(阿帕)是玛玛的朋友,后来也加入了这个家庭。渐渐地,他们一个又一个地成了我的同事。德什潘德自己也曾经是这个家庭中的一位"阁下"。当学校被解散时,这个家庭也解体了,但他们从未放弃他们的精神关系或他们的别名。

卡莱尔卡到外面去获得不同机构的经验,而当我去圣提尼克坦市时,他碰巧在那里。他的同事金达曼·萨斯特里也在那里。两人都是梵语的助教老师。

凤凰村的人在圣提尼克坦市被分配了独立的住所,马加拉尔·甘地是他们的领袖,他把确保督促凤凰村人严守宗教规则当成自己的职责。由于他的仁爱、博学和坚韧,他在整个圣提尼克坦都备受爱戴。

安德鲁斯和皮尔森都在那里。孟加拉教师中和我们比较亲密的有雅加达南德先生、尼珀尔先生、杉妥斯先生、基什提莫罕先生、纳真先生、沙拉德先生和卡利先生。

我很快地和老师和学生们混在一起，让他们参与关于自理能力的讨论。我告诉老师，如果他们和孩子都自己烹饪食物，便可以根据学生们的身心特点来管理厨房，并将给学生提供一个自食其力的环境。他们中有一两个人摇头否定，有些人强烈赞成这个建议。学生们很赞成这个提议，哪怕只是因为他们本能地喜欢新奇。于是我们进行了实验。当我邀请诗人来表达他的意见时，他说只要老师同意，他就不介意。他对那些学生说："从这项实验中可以找到实现印度自治的钥匙。"

皮尔逊为使这项实验成功，开始全力投入。他满腔热情地投入其中，组织了一批人切蔬菜，另一批人清洗谷物等。纳真先生和其他人负责打扫厨房及其周围环境的卫生。看到他们手里拿着打扫工具，我很高兴。

但是，要这125个学生和他们的老师从事这种体力劳动实在是期望过高了。他们每天都在讨论，有些人早就开始感到疲劳。但皮尔逊却不知疲倦，大家常常看到他面带微笑地在厨房忙碌，还主动承担起清洗那些较大器皿的任务。当他带领学生们清洗餐具时，一些学生便在旁边为他们弹奏锡塔琴，好让干活的人轻松一些。所有的人都热情洋溢，圣提尼克坦变成了一个忙碌的蜂巢。

像这样的变化一旦开始就会发展下去。凤凰村的人不仅自己做饭，而且做的饭菜极为简单。他们不用任何调味品，米饭、豆类、蔬菜，甚至连面粉都同时放进蒸笼里蒸。一两个老师带领一些学生管理这个厨房。

然而，实验在一段时间后被放弃了。我认为，这个著名的机构在进行的这一短暂的实验并没有任何坏处，老师们也能从中吸取一些经验。

我本打算在圣提尼克坦待一段时间，但命运却另有安排。我刚到那儿一个星期，就从浦那传来一封电报，告知了戈可哈尔的死讯。圣提尼克坦沉浸在悲痛之中。全体成员都向我表示哀悼。我们在修行院举行了一次特别会议,以哀悼国家的损失。这是一个庄严的会议。就在当天,我携妻子以及马加拉尔去了浦那,其余的人都留在了圣提尼克坦。

安德鲁斯送我们到了伯德万。"你认为,"他问我,"'非暴力主义'运动在印度的时机到了吗?如果可以,你觉得会是什么时候?"

"很难说,"我说,"我想这一年什么也不做。因为戈可哈尔建议我周游印度来增长见识、吸取经验。在我完成之前,我不会对公众问题发表意见。即使过完了这一年,我也不会急于发表意见。所以我认为'非暴力主义'运动不会在五年内出现。"

在这一点上,我记得戈可哈尔曾经嘲笑过我对于印度自治的一些想法,并说:"在印度待了一年之后,你的观点就会发生改变。"

# 第129章　三等车乘客的悲哀

在伯德万,我们遇到了三等座乘客经常遭遇的困难。"三等舱的票不是订得这么早!"我们被告知。我去了站长那里,虽然那也是一件困难的事。有人亲切地把我带到他所在的地方,我向他讲述了我们遭遇的困难。他也做了同样的回答。预订窗口一打开,我就去买票,但要得到它们并不容易。大家用蛮力你争我抢,根本不顾旁边的人,我被挤到了最后。等这一拨人走了,我才买到票。

火车来了,进入车厢又是一次考验。火车上的乘客和试图上车的乘客之间发生了辱骂和推搡。我们在站台上跑来跑去,得到的都是同样的回答:"这儿没地方了。"我去找乘警,但他说:"你自己想办法,能挤上去就挤,不然坐下一班火车。"

"可是我有急事,"我恭恭敬敬地回答。但他没有时间听我说话。我非常不安,让马加拉尔尽可能地挤上去,然后我和妻子进了一个二等车的车厢。乘警看见我们进去了,到了阿桑索尔车站,他向我们收取超额票价。我对他说:"你有责任为我们安排位置。我们挤不进去,只好坐在这里。如果你能把我们安排在三等车厢,我们非常乐意去那里。"

"你别跟我争论,"乘警说,"我无法满足你的要求。你必须付多余的车费,否则就下车。"

我急着去浦那。因此,我并不打算和乘警抗争,便付了他要求的额外车费,但我憎恨这种不公正。

早晨,我们到了莫伽沙莱,马加拉尔已经在三等车厢中找到了一个座位,我便去找乘警,请他给我一张证书,证明我已经转移到莫伽沙莱的三等车厢。他拒绝这样做。我向铁路当局申请赔偿,得到的答复是:"不出示证件就退票不是我们的惯例,但我们可以破例一次。不过,不可能将从伯德万到莫伽沙莱的多余票价退还。"

关于我坐三等车出行的经历,如果我把它们都写下来,内容足以填满一本书。但是我只能在这几章中稍微提到它们。由于健康的原因,我后来不得不放弃了乘坐三等车出行,这成了我人生中的一大遗憾。

三等车乘客的悲哀,无疑是铁路当局的高压手段造成的。但是,乘客们粗鲁、肮脏的习惯,以及自私和无知也同样应该受到责备。遗憾的是,他们往往没有意识到自己的行为是恶劣的、肮脏的或自私的,反而觉得他们所做的一切都是自然而然的。他们的无知,正是源于我们这些受过教育的人对他们的冷漠。

我们到达卡利安时,已经疲惫不堪。马加拉尔和我从车站的水管里取了些水，然后洗了个澡。当我正准备为我妻子洗澡的时候，印度公仆协会的考尔先生认出了我们。他也要去浦那。他主动提出要带我太太去二等车的浴室。我不愿接受那个殷勤的提议，因为我知道我的妻子没有权利使用二等浴室，但我最终默许了这种不正当行为。我知道，这并不是对于真理的支持。我的妻子并不急于使用浴室，但丈夫对妻子的偏爱胜过了他对真理的偏爱。《奥义书》说：真理的面容隐藏在摩耶的金色面纱之后。

## 第130章　争取加入印度公仆协会

到了浦那参加完葬礼，我们开始讨论印度公仆协会的未来，以及我是否应该加入它的问题。这个问题对我来说非常棘手。戈可哈尔在时，我不需要申请入会，只要服从他的意愿就可以，而那是一个我喜欢的位置。在印度公众生活的汹涌大海中，我需要一个可靠的舵手。戈可哈尔曾经扮演着这样的角色，我对他也感到很放心。现在他去世了，我便要自己去打拼。我觉得我有责任去加入这个协会。我想，戈可哈尔如果泉下有知，也会对我这样的做法感到高兴。于是，我毫不犹豫地开始了争取。

在这个时候，协会的大多数成员都在浦那。我开始恳求他们，试图消除他们对我的疑虑。但我发现，他们也不能达成统一意见，一部分人赞成我加入协会，另一部分人则强烈反对。我知道他们对我的感情都很深，但他们对协会的忠诚，可能比他们对我的爱更强烈。因此，我们所有的讨论都严格地局限于原则问题，并没有意气用事。反对我的那部分人认为，我和他们在许多重要的事情上的观念存在分歧，我的成员身份很可能会危及这个协会赖以建立的目标。这自然是他们无法忍受的。

经过长时间的讨论，我们各自散去了，最终的决定被推迟到以后再做。

我回到家时非常激动。我以多数票被接纳是对的吗？这与我对戈可哈尔的忠诚是否一致？我清楚地看到，当协会成员在接纳我的问题上存在如此尖锐的分歧时，对我来说最好的办法就是撤回我的入会申请，把那些反对我的人从微妙的处境中解救出来。那样才是我对协会和戈可哈尔的忠诚。我立刻做出了这个决定，于是我立即写信给萨斯特里先生，要求他不要再继续开会探讨我的入会问题了。那些反对我申请的人完全赞同这个决定。这样一来，他们从一个尴尬的处境中解救出来，而我们的友谊也更为深厚了。虽然我撤销了入会申请，却成了协会真正的社员。

现在的经验告诉我，我没有正式成为会员是好事，因为那些反对我的人是有道理的。经验也表明，我们对原则问题的看法有很大的分歧。但认识到这些差异并不意味着我们之间产生隔阂或矛盾。我们一直是兄弟，我也经常到协会所在地去拜访。

的确，我并没有正式成为这个协会的一员，但我始终在精神上支持着这个社团。精神上的关系比物质上的关系要珍贵得多。脱离了精神的关系就是没有灵魂的躯壳。

# 第131章　昆巴国会

接着，我去仰光拜访梅赫达医生，途中在加尔各答做了停留，受到了已故的布本德拉纳斯·巴斯的热情款待。孟加拉人非常热情好客。那时候我是一个严格的水果主义者,所以他们为我寻来了加尔各答所有的水果和坚果。房子里的女士们通宵不眠地为各种坚果去皮,并想尽办法把新鲜水果按照印度人的口味进行调制。他们也为我的同伴们准备了许多美味佳肴,当然,我的儿子拉姆达斯也是其中一员。尽管我很感激这种热情的款待,但我还是无法忍受整个家庭都忙于接待两三个客人。但是,到目前为止,我还没有找到办法逃脱这种令人尴尬的招待。

在去仰光的船上,我买了通铺的票。如果说巴斯先生家那无微不至的关怀让我们感到尴尬,那船上的非人待遇便让我们难以忍受了。可以说,船上乘客最基本的卫生条件都难以得到满足。浴室肮脏得让人难以忍受,厕所里屎尿堵塞了便池,简直没有地方下脚。

任何人都难以忍受这样的条件。我找了大副,但没有用。可是,在这样污秽的环境下,乘客们依旧我行我素。他们在座位上吐痰,用食物、烟蒂和槟榔叶的残渣来玷污周围的环境。喧闹声没完没了,每个人都想尽办法多占点地方,而他们的行李占的地方比他们还多。就这样,我们经受了两天最严峻的考验。

一到仰光,我就写信给轮船公司的代理人,把我们的亲身经历都告诉了他。多亏了这封信和梅赫达医生的帮忙,回程时的旅程才没有那么难以忍受。

在仰光,我的饮食习惯又给主人带来了额外的麻烦。但由于梅赫达医生和我亲如家人,我们吃得才不至于太奢侈。然而,由于我没有限制水果的种类,总是控制不了自己的眼睛和嘴巴,有多少便吃多少。我没有固定的用餐时间,虽然我更喜欢在夜幕降临前吃最后一顿饭,但在这里往往要等到晚上八九点钟才会吃饭。

那一年是1915年,正巧赶上昆巴国会,这一国会每12年在哈德瓦举行一次。我一点也不想参加国会,但我很想去见孟什朗吉。戈可哈尔的协会已经派遣了一个庞大的志愿者团去昆巴服务。赫里达亚纳斯·库兹鲁·潘迪特是领队，已故的德夫医生是医疗官员。我被邀请派凤凰村的人去帮助他们，所以马加拉尔·甘地已经先行前往。从仰光回来后，我便前去与他们会合。

从加尔各答到哈德瓦的旅程尤其艰难。有时车厢里没有灯。过了萨哈兰埔，我们就被塞到装货或牲口的车厢里。这些车厢没有顶，头顶是火辣辣的太阳，脚下是炙热的铁板，我们几乎被烤焦了。在这样的旅行中，哪怕已经口渴到疼痛，正统的印度教徒也不肯喝穆斯林的水，只能等到有"印度教徒"的水再喝。值得一提的是，这些印度教徒在生病期间，医生如果让他们喝酒或是牛肉茶，又或是一名穆斯林或基督教药剂师给他们喝水时，他们便会毫不犹豫地喝下去。

圣提尼克坦市的经历告诉我们，打扫厕所将是我们在印度的特殊技能。哈德瓦帐篷里的志愿者们被安置在宗教招待所里，德夫医生已经挖了一些坑充当厕所。他不得不雇用清洁工来打扫厕所。而凤凰村的人擅长这份工作。我们建议用泥土把排泄物掩盖起来，再加以处理，德夫医生欣然接受了我们的提议。这个提议自然是我提出的，但去执行的确是马加拉尔·甘地。我大部分时间是坐在帐篷里，接受无数人的"朝拜"，并与他们探讨宗教等问题。可以说，我连一分钟属于自己的时间都没有。我在去河边洗澡的路上，甚至都被这些朝圣者们跟随，在我吃饭的时候他们也不离左右。我在哈德瓦才意识到，我在南非做出的一些微不足道的服务给整个印度留下了多么深刻的印象。

但这并不是令人羡慕的处境。我觉得自己好像在魔鬼和深海之间。在没有人认识我的地方，例如乘坐三等车旅行时，我不得不忍受这片土地上数以百万计的人所承受的苦难。周围的人都认识我的时候，我又被这些朝圣者们团团包围，成为他们狂热的受害者。这两种情况中哪一种更可怜，我也说不出来。至少我知道，他们"盲目的爱"经常让我生气，更经常让我心痛。旅途虽然劳累，却一直让我振奋，几乎没有让我愤怒的时候。

在那些日子里，我身体强壮可以到处闲逛，幸运的是认识我的人不多，我在街上行走并不会引起多大的骚动。在闲逛的过程中，我发现了朝圣者们心不在焉、虚伪和懒散的一面，而不是他们虔诚的一面。聚集在那里成群的苦行僧，似乎是为了享受人世间的美好。

我在这里看到一头五条腿的牛！我很吃惊，但知情人很快便告诉了我实情。那只可怜的五腿牛是人性邪恶的牺牲品。我了解到，第五条腿只不过是从一头活生生的牛犊身上割下来，然后接在了母牛的肩膀上！这种残忍的做法，只是为了欺骗那些无知者的钱。除了印度教徒谁也不会被一头五条腿的牛吸引，除了印度教徒谁也不愿意将金钱捐献给如此怪异的牛。

国会的日子到了。对我来说，这是一个值得纪念的日子。我并没有带着朝圣者的情感去哈德瓦。我从来没有想过以朝圣的方式来表达虔诚。据说有170万人参加了这次国会，当然他们未必都是伪君子或观光客。我毫不怀疑，他们中有无数的人去那里是为了获得价值和自我净化。只是这种信仰能在多大程度上提升人们的灵魂，还很难说。

于是我整夜沉浸在沉思中。尽管伪善者众多，但仍然存在一些虔诚的灵魂。在造他的神明面前，他们是无罪的。如果对哈德瓦的访问本身就是一种罪过，我必须公开抗议，并在国会当天离开哈德瓦。如果去哈德瓦和昆巴国会的朝圣之旅不是罪恶的，那么我必须强迫自己、克制自己，为那里盛行的罪恶赎罪，从而净化自己。这对我来说很自然。我的生活原则是严于律己。我想起自己在加尔各答和仰光受到的热情款待，我感到自己确实为主人带来很多不必要的麻烦。因此,我决定限制我的日常饮食,在日落之前吃最后一餐。我深信,如果我不把这些限制强加于自己,就会给我未来造访的主人带来相当大的不便,并让他们为我服务,而不是我为他们服务。所以我发誓,在印度的时候,24小时内绝对不吃超过5样东西,天黑以后将不再进食。我充分考虑了我可能要面对的困难,不想留下任何漏洞。我考虑到生病的情况,吃的药物是否也算在5样东西里呢?最后,我决定任何情况下都不应破例。

我已经在这些誓言下生活了13年。它既考验了我,也保护了我。我认为,正是因为我遵守誓言,才能身强体健延年益寿。

# 第132章　恒河吊桥

来到古鲁库尔,见到身材高大的圣者孟什朗吉真是一件令人欣慰的事。我立刻感受到了古鲁库尔的平静与哈德瓦的喧嚣之间的奇妙对比。

圣者热情地迎接了我,实行禁欲的人们都有着旺盛的精力,而且注意力集中。正是在这里,我第一次见到了阿查里亚·拉马德维吉。看到他的第一眼,我便认定他是一个极富力量的人。我们在一些事情上有不同的看法,然而我们还是很快就建立起了深厚的友谊。

我与阿查里亚·拉马德维吉以及其他教授进行了长时间的讨论,讨论的事项主要围绕将工业培训引入古鲁库尔的必要性展开。告别的时候,我们真是依依不舍。

我听到许多人称赞恒河上的一座吊桥,那座桥离赫里希克什有一段距离。许多朋友都劝我,离开哈德瓦之前一定要去看这座吊桥。我想徒步前往,因此我分两个阶段进行。

在赫里希克什,许多遁世者拜访了我,有一个遁世者与我相谈甚欢。凤凰村的人也在那里,他们的出现令这位哲人产生了很多疑问。

我们讨论了宗教问题,他意识到我对宗教问题有很深的感触。有一次,他看见我光着头赤着上身,从恒河中沐浴归来。我头上没有束发,脖子上也没有佩戴圣线,这让他感到非常痛心。他对我说:"看到你这个信奉印度教的人,居然不束发也不戴圣线,我感到很痛苦。这是印度教的两个外部象征,每个印度教徒都应该佩戴。"

我放弃了这两件东西是有渊源的。当我还是个十岁的顽童时,我羡慕婆罗门教徒们把成串的钥匙串在他们的圣线上,便希望自己也能这样做。在卡提亚华的吠舍家族中,佩戴圣线的做法并不常见。但那时正值一项运动开始,要前三等种姓必须佩戴圣线。于是,甘地家族中的一些成员便戴上了圣线。有一个教我们两三个孩子《罗摩护身颂》的婆罗门也给我们戴上了圣线。虽然我没有一整串的钥匙,但我还是得到了一把,并得意地玩起来。后来,当线断了的时候,我不记得我是不是很怀念它,但我知道我并没有再佩戴一条新的。

在我成长的过程中,印度和南非都曾有人做过几次善意的尝试,想让我重新佩戴圣线,但收效甚微。我争辩说,如果首陀罗种姓者不佩戴它,那么其他的种姓有什么权利这样做呢?我认为没有足够的理由去采纳对我来说是不必要的习惯。我对圣线本身没有异议,但并没有足够的理由去佩戴它。

作为一个毗湿奴派信徒,我的脖子上自然戴着项圈,而且脑后也按照传统要求留着一束头发。可是在我去英国的前夕,我剃掉了那束头发,以免当我光着头的时候会受到嘲笑,使我在英国人的眼中看起来像个野蛮人。事实上，这种怯懦的感觉跟随了我很久，以至于在南非，我让我的堂兄弟查干拉尔·甘地也剃掉了那束头发。我担心他留着这束头发会妨碍他的公共工作，所以，即使冒着让他伤心的风险，我还是让他剃掉了。

我把整件事情一五一十地告诉了哲人，说："我不会戴圣线，因为我认为没有必要。无数的印度教徒不戴它，但仍然没有改变印度教徒的身份，而且，圣线应该是精神再生的象征，佩戴者应该蓄意追求更高、更纯粹的生活。我怀疑，在印度教和印度的现状下，只有在印度教净化了自己的'贱民'等级制度、消除了所有的优越感和自卑感、消除了大量的其他罪恶和谎言之后，印度教徒才有佩戴圣线的权利。因此，我打从心底里反对戴圣线的行为。不过，我认为你关于束发的建议是值得考虑的。我曾经拥有过它，但却因为一种错误的羞耻感而把它丢弃。所以我觉得我应该重新开始蓄发。我要和我的同志们讨论一下这件事。"

哲人不理解我对于圣线的立场。我所说明的不愿佩戴它的原因，在他看来似乎应该是需要佩戴的原因才对。直到今天，我的想法仍然和在赫里希克什一样。只要有不同的宗教，每个宗教都可能需要一些外在的、与众不同的符号。但是，当象征被变成一种崇拜，一种证明自己的宗教比他人的宗教优越的工具时，它只适合被抛弃。在我看来，圣线并不是提升印度教的一种手段。因此，我对它漠不关心。

至于束发，懦弱是我放弃它的原因，经过与朋友的商谈，我决定重新蓄发。

但是回到恒河吊桥，我被赫里希克什和恒河吊桥的自然风光迷住了，并向我们的祖先鞠躬致敬，感谢他们对大自然美景的感知，以及他们赋予美丽的自然表现以宗教意义的远见。

但是人们使用这些美景的方式让我非常不安。就像在哈德瓦一样，在赫里希克什，人们把恒河的道路和美丽的河岸弄脏了。他们甚至毫不犹豫地亵渎了恒河的圣水。看到人们在铁路和河堤上随意方便时，我感到非常痛苦，因为他们本可以轻松地远离公众场所去做这些事。

在我看来，这座桥只不过是恒河上的一座普普通通的铁吊桥而已。有人告诉我，这里原来有一座很好的绳索桥，但是被一个慈善家马尔瓦蒂拆掉了。他后来花大价钱建了这座铁桥，然后把钥匙交给了政府！我不知道对于绳索桥的事该说些什么，因为我从来没有见过它，但是铁桥出现在这样的环境中实在是大煞风景。况且，这座桥是朝圣者的必经之路，把这座桥的钥匙交给政府也太过分了，再忠于政府的人也不能接受。

过桥后到达的宗教招待所环境非常恶劣，只不过是一些破旧的镀锌铁皮棚而已。我被告知，这些是有志之人准备的。当时几乎没有人住在那里，而主楼里住着的人给我留下的印象很不好。

但是，哈德瓦的经历自有其价值。它们在很大程度上帮我决定了要在哪里生活以及我该做什么。

## 第133章  建立修行院

去昆巴国会的朝圣之旅是我第二次去往哈德瓦。

"非暴力主义"修行院成立于1915年5月25日，沙德罕纳德吉想让我在哈德瓦安顿下来。我的一些加尔各答朋友推荐我去维迪雅那塔哈姆，其他人则强烈建议我选择拉奇科特。但当我碰巧经过艾哈迈达巴德时，许多朋友都劝我在那里安顿下来，他们自愿承担修行院以及我租房的费用。

我喜欢艾哈迈达巴德。作为古遮拉特人，我认为我应该通过古遮拉特语为国家提供最大的服务。而且，由于艾哈迈达巴德是古老的手工织造中心，它很可能是复兴手工纺纱手工业最有利的领域。作为古遮拉特邦的首府，大家还认为，在这里比其他地方更容易吸引资金。

在与艾哈迈达巴德的朋友们讨论时，很自然地就谈到了"不可接触者"的问题。我明确地告诉他们，如果各方面条件均满足招生条件，我会优先把"贱民"学生带到修行院。

"你要去哪里找到满足你条件的'贱民'呢？"一个毗湿奴派的朋友自信地说。

我最终决定在艾哈迈达巴德找一家修行院。

艾哈迈达巴德的律师吉万拉尔·德赛先生在住宿方面给我提供了最重要的帮助。他提出把科奇拉布的平房租给我们，我们接受了。

我们首先要给修行院起一个合适的名字。我与朋友商量了一下，大家纷纷提出想法，比如"服务之家""俭朴之家"等。我更偏向于"服务之家"这个名字，但又觉得没有强调服务的方式。"俭朴之家"似乎是一个自命不凡的头衔，因为尽管我们热爱俭朴，但我们并非俭朴之人。我们的信条是忠于真理，我们的事业就是追求和坚持真理。我想让印度了解我在南非尝试过的方法，并想在印度测试它的应用可以达到的程度。所以我和我的同伴们选择了"非暴力主义修行院"这个名字来传达我们的目标和服务方式。

修行院必须有一套完备的规则用于遵守。因此我提出起草一份章程，并请朋友们就此发表意见。在收到的许多意见中，古尔达斯·班纳吉爵士提出的意见给我留下的印象最为深刻。他同意这些规则，但建议应该把谦逊作为一种规则来遵守，因为他认为年轻一代可悲地缺乏谦逊精神。尽管我也注意到了这一问题，但我担心当它变成誓言的时候，谦逊将会丧失原有的味道。谦逊的真正含义是谦卑，谦卑就是自救，而这本身不能成为一条训诫，要通过别的训诫来实现。如果一个追求自救的人或一个服务者缺乏谦卑或无私的精神，便不可能实现自救或提供优良服务的可能。没有谦逊的服务不过是自私和自大而已。

当时我们这一群人中大约有13个泰米尔人。有5个泰米尔青年是从南非和我一起前来的，其余的来自不同的地方。我们总共有25个男女。

修行院就是这样开始的。所有的人都在一个普通的厨房里吃饭，并努力像一家人一样生活。

# 第134章　砧板之上

修行院刚成立几个月，我们就受到了意外的考验。我收到了阿姆利特尔·塔迦尔的一封信，信中写道："一个谦逊、诚实的贱民家庭想加入你的修行院。你会接受吗？"

我很不安。我从来没有想到，一个贱民的家庭这么快就会申请加入修行院，而且还是通过塔迦尔介绍。我和同伴们分享了这封信的内容，他们表示欢迎那个家庭的到来。

我回信给阿姆利特尔·塔迦尔，表示我们愿意接受这个家庭，前提是所有成员都必须遵守修行院的规则。

这个家庭成员由达达拜，他的妻子丹妮本和他们的女儿拉克希米组成，当时拉克希米还只是一个蹒跚学步的孩子。达达拜曾经是孟买的一名教师,他们都愿意遵守修行院的规则。

但是,他们的到来在帮助修行院的朋友中引起了骚动。第一个困难是关于水井的使用,这口井平房的主人也在使用。负责吊水桶的人反对说,我们桶里的水滴会污染他。于是,他开始辱骂我们,还侮辱达达拜。我告诉大家要忍受侮辱,不惜任何代价继续取水。当他看到我们并不还口时,他感到羞愧,便不再打扰我们了。

然而,所有的资金援助都停止了。这位朋友曾问过这样一个问题:一个不可触摸的"贱民"是否能够遵守修道院的规则?

随着资金援助的停止,关于社会即将抵制我们的谣言四起。我们为这一切做好了准备。我告诉我的同伴们,如果我们被抵制并被拒绝使用设施,我们也不会离开艾哈迈达巴德。我们宁愿待在贱民区,靠体力劳动生活。

事情发展到如此地步,以至于马加拉尔·甘地有一天向我发出了这样的通知:"我们已经没有资金了,下个月就什么都没有了。"

我平静地回答说:"那我们就去贱民区。"

这已经不是我第一次面对这样的考验了。在这山穷水尽的时刻,神都会在最后关头赐下帮助。在马加拉尔警告我们资金陷入困境后的一天早晨,一个孩子过来说有人在外面的车里等着见我。我向他走去。

"我想给修行院一些帮助。"

我说:"我承认,我目前已经山穷水尽了。"

"我明天这个时候来,"他说,"你会在这里吧?"

"是的,"我说。他便离开了。

第二天到了约定的时间,那辆车准时来到了我们的住处附近,并鸣笛示意。孩子们跑来通知我。那位客人没有进来。我出去看他,他把13 000卢比的钞票放在我手里,便开车走了。

我从未想过会有这样的帮助，这是一种多么新奇的捐助方式啊！这位先生以前从未来过修行院。在我印象中只见过他一次。没有拜访，没有询问，只是提供帮助然后离开！这对我来说是一次独特的经历。这笔钱使得我们免于搬到贱民区生活，至少可以安全度过一年的时间了。

和外面一样，修行院里也起了骚动。虽然在南非，贱民朋友常来我家和我一起生活和吃饭，但我的妻子和其他妇女似乎并不喜欢贱民来到修行院。我的眼睛和耳朵很容易看出他们对丹妮本的态度异常，说不上厌恶，但是非常冷漠。经济上的困难并没有使我感到焦虑，但内部的骚动使我无法忍受。丹妮本是个普通的女人。达达拜是一个受过良好教育也很有学问的人。我喜欢他的耐心。虽然有时他会容易动怒，但总的来说，他的克制给我留下了深刻的印象。我恳求他忍受轻微的侮辱，他不仅同意了，而且说服他的妻子也这么做。

认可这个家庭对修行院来说是宝贵的一课。我们一开始就向世人宣告，修行院不会接受"贱民"的制度。那些想要帮助修行院的人心里便会提防起来，修行院在这方面的工作也将大大简化。事实上，捐助和支付修行院日益增长的费用的人大多数都是正统的印度教徒。这可能是一个明显的迹象，表明"贱民"制度的基础已经动摇。确实有很多其他的证据可以证明这一点，事实上，那些善良的印度教徒们毫不犹豫地帮助我们，使我们与"贱民"得以在修行院共进晚餐，就是一个不小的证据。

很抱歉我必须跳过许多与这个主题有关的事情：我们如何解决主要问题引发的其他问题，我们怎样克服一些意想不到的困难，以及其他与真理实验相关的事项。接下来的章节也会遇到同样的问题。我不得不略去一些重要的细节，因为书中的大多数人物都还健在，而且如果没有得到许可，在讲述牵涉到他们的事件时使用他们的名字是不恰当的，而要得到他们的同意，或者随时请他们自己修改有关章节也是不现实的。此外，这样的程序超出了这本自传的范围。因此，我担心这个故事的其余部分，在我看来对于追求真理的人来说是很有价值的部分，将被不可避免地被遗漏。然而，我的愿望和希望是讲述"非暴力主义"运动，这也是神明的意志。

## 第135章 废除契约移民

我们暂且不说一开始就要经受内外风雨夹击的修行院，简短地谈一件引起我注意的事情。

契约劳工是指那些签订5年以内工作契约，从印度出国工作的人。根据1914年的史穆兹–甘地协议规定，去纳塔尔的契约移民需要缴纳的3英镑税已经废除了，但是从印度移出的普通移民仍然需要解决。1916年3月，马丹·莫罕·马拉维亚吉·潘迪特在帝国议会提出废除契约制度的议案。在接受这一动议时，哈丹吉勋爵宣布，他已经"从英国国王政府那里得到了在适当时候废除这一制度的承诺"。然而，我感到印度不能满足于如此含糊的保证，而应该鼓动立即废除该制度。印度完全是由于疏忽而容忍了这一制度，我相信，人们能够成功地鼓动采取这一补救措施的时机已经到来。我会见了一些领导人，在媒体上撰文，也看到公众舆论坚定地支持立即废除。这是否表明开始"非暴力主义"运动的良好时机已经到来？我毫不怀疑确实如此，但我不知道该怎么做。

与此同时，总督也毫不掩饰"最终废除"的含义，正如他所说，"在合理的时间内废除，以便实行其他安排"。

因此，在1917年2月，马拉维亚吉潘迪特请求允许提出一项立即废除这一制度的法案，被切姆斯福德勋爵拒绝。全印度开始骚动，我是时候周游全国了。

在我开始这样做之前，我认为要先行告知总督，所以我申请了会面，并立即见到了总督。如今的约翰·马菲爵士当时是他的私人秘书。我和他有密切的接触。我和切姆斯福德勋爵进行了一次令人满意的谈话，虽然他没有明确地表示愿意帮忙。

我从孟买开始了旅行。基罕吉尔·佩迪特先生承诺召开帝国公民协会会议。该协会的执行委员会首先开会，制定了会议上要提出的决议。现在是斯坦利·里德爵士的里德博士，以及后来同样获得爵士头衔的拉鲁·撒马尔达斯先生，纳塔拉杨先生和佩迪特先生出席了委员会会议。讨论集中在要求政府废除这一制度的时期。有三个提议，即"尽快废除""7月31日废除"和"立即废除"。我认为应该提出一个明确的日期，如果政府在期限内不答应我们的要求，我们可以决定该怎么应对。拉鲁先生主张立即废除。他说，"立即"指的是比7月31日更早的时间。我解释说，人们不会理解"立即"这个词。如果我们想让他们做什么，他们必须有一个更明确的词。每个人都以自己的方式诠释"立即"，政府以一种方式，人们以另一种方式。"7月31日"是毫无疑问的，如果在那一天他们什么都不做，我们就可以更进一步了。里德博士看到了这个论点的力量，赞同我的观点。拉鲁也同意了。于是，我们一致同意将7月31日作为废除该制度的最迟日期，在公开会议上通过了这项决议，印度各地的会议也相应地通过了这个决议。

詹吉·佩迪特夫人把所有的精力都投入为总督组织女代表请愿的工作中。在由孟买的女士们组成的代表团中，我记得塔塔夫人和现在已故的狄尔莎德夫人的名字。她们的代表团产生了巨大的影响。总督也给出了一个令人鼓舞的答复。

我去了卡拉奇、加尔各答和其他地方。到处都在开相关的会议，人们对此也有无限的热情。当骚动开始时，我没有料到会发生这样的事。

在那些日子里，我常常独自旅行，因此有过不少奇妙的经历。总有犯罪调查局的人在跟踪我。我本身没有什么可隐瞒的，他们不来骚扰我，我也不给他们添麻烦。幸运的是，我当时还没有被冠以"圣雄"的头衔，尽管这个称呼在人们熟识我的地方很常见。

有一次，特工们在几个车站骚扰我，要求我出示车票，并记下了号码。当然，我欣然回答他们提出的所有问题。同车乘客以为我是一名苦行僧或托钵僧，当他们看到我在每个车站都被骚扰的时候，他们被激怒了，开始责骂那些特工。"你为什么无缘无故地骚扰可怜的苦行僧？"他们抗议道。"别把你的票给这些无赖看。"他们对我说。

我温和地对他们说："把我的票给他们看也不麻烦，他们只是在尽自己的职责。"乘客们不满意，他们越来越同情我，并强烈反对这种虐待无辜者的行为。

特工们其实并不麻烦，真正的困难是乘坐三等车旅行。我最痛苦的经历是从拉合尔到德里。我从卡拉奇经过拉合尔前往加尔各答，在那里我必须换车。车厢里坐满了人，上车只能依靠体力和运气，乘客常常在门被锁上时偷偷地穿过窗户。我必须在约定的见面日期到达加尔各答，如果我错过了这班火车，我就不能及时到达。没有人愿意接受我，我几乎放弃了进去的希望。当搬运工发现我的困境时，他对我说："给我十二个安那，我给你找一个座位。""好的，"我说，"如果你给我找个座位的话，就给你十二个安那。"那个年轻人从一个车厢走到另一个车厢，恳求乘客，但没有人理会他。火车即将开动时，一些乘客说："这里没有空位，但如果你愿意，你可以把他推进去，但他得站着。""行吗？"年轻的搬运工问。我欣然同意,他把我整个人从窗口推了进去。我就这样上车了,搬运工挣了他的十二个安那。

那晚是一个考验。其他乘客坐着,而我站了两个小时,手里抓着上铺的链子。与此同时,一些乘客不断地为我操心:"你为什么不坐下呢?"他们问。我试着告诉他们没有地方可坐,但他们不能容忍我站着,尽管他们都直挺挺地躺在上铺上。他们为我操心,我也不断温和地回答他们,最后他们终于平息下来。

他们中的一些人问了我的名字,为我腾出了空间。我的耐心也因此得到回报。我累得要死,头也晕了。神明总是会在我最需要帮助的时候派人来帮助我。

就这样,我到达了德里,从那里又到了加尔各答。卡辛巴沙王公,加尔各答国会的主席,是我的东道主。就像在卡拉奇一样,在这里我也感受到了无限的热情。几个英国人参加了这次会议。

在7月31日之前,政府便宣布停止从印度的契约移民。

1894年,我起草了第一份反对这一制度的请愿书,当时我曾希望,这种被亨特爵士称为"半奴隶制"的制度有朝一日会终结。

许多人曾经在1894年开始的骚乱中帮忙,但我不得不说,潜在的"非暴力主义"运动加速了这一制度末日的到来。

如果想了解更多关于那次斗争和参与者的细节,我建议读者去看看《南非"非暴力不合作"运动史》。

# 第136章 靛青的污迹

查姆帕兰是亚卡那国王的土地。如今那里遍地分布着芒果树,但是1917年之前那里是靛青种植园。查姆帕兰的佃农受到法律的约束，要在土地上为他的地主种靛青。这个系统被称为三卡沙系统，因为二十卡沙的土地中的三卡沙必须用于种植靛青。

我必须承认，那时我甚至不知道查姆帕兰，更不用说它的地理位置了。我对靛青种植园几乎一无所知。我曾见过一包包的靛青，但我做梦也没想到它是由查姆帕兰由成千上万的农民非常艰难地种植和制造出来的。

拉杰库马尔·舒克拉是在这一制度下生活的农民之一，他满怀激情地要为成千上万像他一样受苦的农民摆脱种植靛蓝的苦难。

我在勒克瑙参加1918年的国大党会议时，这个人找上了我。"律师先生会把我们的不幸告诉你的。""律师先生"指的是布拉基肖·普拉萨德，他在查姆帕兰成了我尊敬的同事，也是现在比哈尔邦公共工作的灵魂人物。拉杰库马尔·舒克拉把他带到我的帐篷里。他穿着黑色的羊驼毛开衫上衣和裤子，给我留下的印象并不深。我还以为他是一个利用纯朴农民的坏律师呢。我从他那里听了一些关于查姆帕兰的消息，就像往常一样回答说："如果不亲眼看到这种情况，我就不能发表意见。你可以在国大党国会上提出这项决议，但请不要来烦扰我。"拉杰库马尔·舒克拉自然需要国会的帮助，布拉基肖·普拉萨德果然在国会上提出了决议，并表达了对查姆帕兰人民的同情，国会上的人们一致通过了这项决议。

拉杰库马尔·舒克拉很高兴，但还远不能满足。他要我亲自去拜访查姆帕兰，亲眼看看那里的农民们的悲惨遭遇。我告诉他，我会把查姆帕兰安排进自己的行程中。"一天就够了，"他说，"你会亲眼看到的。"

从勒克瑙到坎普尔，拉杰库马尔·舒克拉也跟着我。"查姆帕兰离这儿很近，请你去住一天吧，"他坚持说。"这一次真去不了，请原谅我，但我保证一定会去的。"我再次对他承诺。

我回到了修行院。拉杰库马尔居然也在那里。他说:"现在就确定时间吧。""好吧,"我说,"哪天我去加尔各答,你在那里见我,我从那儿和你一起走。"尽管我答应了他,但我不知道要去那里做什么、看什么。

在我到达位于加尔各答的布本德家之前,拉杰库马尔·舒克拉早已在那里等我了。就这样,这个无知、淳朴但坚决的农民抓住了我的心。

1917年初,我们离开加尔各答去往查姆帕兰,我们看起来就像乡下人。我甚至不知道要坐哪趟火车。他带我上车,我们一起旅行,早上到达了巴特那。

这是我第一次来巴特那。在这里,我没有朋友,也没有熟人,我想不起来自己可以住在谁家。我本以为这个老实本分的农民在巴特那有一定的影响力,可是对他有了一些了解后,我对他不抱任何幻想了。他什么都不懂,他口口声声提到的律师朋友,其实并不是他想的那样。可怜的拉杰库马尔对他们来说并不算朋友,甚至在他们眼中多少有些卑微。在这样的农家客户和他们的律师之间,有一个和恒河一样宽的代沟。

拉杰库马尔·舒克拉带我去了拉金德拉在巴特那的住处。拉金德拉去了普利或者别的什么地方,我现在已经记不清了。他的家中有一两个对我们不理不睬的仆人。我带了食物,并请我的同伴从集市上给我买了枣子。

比哈尔邦有严格的不可接触者制度。当仆人们在井边打水的时候,我不能使用井,以免我桶里的水会污染他们,因为仆人们不知道我属于什么种姓。拉杰库马尔带我去了室内厕所,仆人马上把我领到室外厕所。这一切都不让我感到惊讶或恼火,因为我已经习惯了这样的事情。仆人们正在履行职责,他们认为拉金德拉希望他们这样做。

这些有趣的经历增加了我对拉杰库马尔·舒克拉的尊敬，也让我更好地了解了他。我现在看到了拉杰库马尔·舒克拉不能指导我，我必须自己掌握方向。

# 第137章 温和的比哈尔邦

当马乍鲁尔·哈克毛拉①在伦敦学习的时候，我认识了他，然后又在1915年的孟买国大党国会上再次遇到了他，那一年他担任穆斯林联盟主席。我们重叙旧情，他邀请我去巴特那的时候住在他家。我想起了这一邀请，便给他寄了一张便条，说明我此行的目的。他立即坐车来找我，催促我接受他的款待。我向他表示感谢，请他告诉我如何坐最早的火车去往目的地。对我这样初来此地的人来说，只看火车班次是毫无用处的。他和拉杰库马尔·舒克拉聊了聊，他建议我先去穆扎伐普。那天晚上有一趟火车开往我要去的地方，他把我送去了车站。

当时克里帕拉尼校长在穆扎伐普。我去海得拉巴的时候，我就听说了他。科特朗博士向我诉说了他的巨大牺牲、他的简朴生活，还告诉了我克里帕拉尼教授为修行院提供资金的事。克里帕拉尼曾经是穆扎伐普公立学院的一名教授，我去的时候，他刚刚辞去这个职位。我发了一封电报通知他我来了，他带着一群学生在车站迎接我，虽然火车到达那里时已是午夜。他没有自己的房间，和马尔卡尼教授住在一起，马尔卡尼教授几乎成了我的招待者。在那个时

---

① 原文为"Maulana"，是巴基斯坦、印度等国对波斯语及阿拉伯语学者的尊称。

代，公立学院教授收留像我这样的人是一件不寻常的事。

克里帕拉尼教授向我讲述了比哈尔邦的绝望处境，特别是提尔胡特区的情况，让我了解到我的任务有多困难。他已经与比哈尔人建立了非常密切的联系，并且已经和他们谈到了把我带到比哈尔邦的任务。

早晨，一小群律师来拜访我。我仍然记得在他们之中的拉姆纳维米·普拉萨德，因为他的诚挚特别吸引我。

他说，如果你待在这里(意思是马尔卡尼教授的宿舍)，你不可能完成此行的任务。你必须和我们住在一起。迦亚是这里有名的律师。我是代表他来邀请你的。我承认我们都害怕政府，但我们将竭尽所能地帮助你。拉杰库马尔·舒克拉告诉你的大部分事情都是真的。遗憾的是，我们的领导人今天没有来。然而，我已与他们两人——布拉基肖·普拉萨德和拉金德拉·普拉萨德联系过了。我预计他们很快就会到达，他们一定能给你提供你想要的所有信息，并给你很大的帮助。所以，请搬到迦亚那里去吧。

这是一个我无法拒绝的请求，尽管我因为害怕让迦亚不便而犹豫。但是他让我放心，所以我就和他住在了一起。他和他的家人对我倾注了很大的热情。

布拉基肖从达本汉加回来了，拉金德拉也从普里返回了。布拉基肖与我在勒克瑙遇到的时候已经判若两人。这一次，他的谦逊、简单、善良和非凡的信仰给我留下了深刻的印象，我认为这是比哈尔人的特点。比哈尔邦的律师对他十分尊敬，这让我感到万分惊喜。

很快，我就觉得自己和这群朋友结成了终生的友谊。布拉基肖让我了解了这个案件的情况。他过去习惯处理贫穷佃户的案件。我去那里的时候，有两个案子悬而未决。当他打赢这样的官司时，他会安慰自己说，他不向这些纯朴的农民收费。律师通常认为，如果他们不收费,他们将没有足够的资金来维持他们的家庭,也无法对穷人提供有效的帮助。相对于孟加拉和比哈尔邦律师的收费标准,他们收取的费用少得可怜。

我会听到他们说:我们给了他一万卢比左右来征求意见。任何情况下的金额都不少于四位数。

朋友们听了我善意的责备,没有误解我。

"我研究了这些案件,"我说,"我得出结论,我们应该停止诉诸法律。把这样的案件诉诸法庭没有什么好处。既然农民在这里被如此打压,又对这里充满恐惧,法院也帮不了他们。他们真正的解脱是摆脱恐惧。我们不能坐以待毙,除非我们把'三卡沙'赶出比哈尔邦。我原以为我能在两天内离开这里,但现在我意识到这项工作可能需要两年的时间。如果有必要的话,我愿意付出时间。我现在正在考虑我的立场,但我需要你的帮助。"

我发现布拉基肖异常冷静。"我们将尽我们所能提供帮助,"他平静地说,"但请告诉我们你需要什么样的帮助。"

我们就这样坐谈到了半夜。

"你们的法律知识帮不上忙,"我对他们说,"我需要文书方面的帮助和翻译方面的帮助。可能会面临牢狱之灾,但是,能否冒这样的风险,全凭你们自己决定。当然,把你们变成文书,无限期地搁置自己的职业也不是一件小事。我发现自己很难理解当地的方言,我也不能读懂用胡塞语或乌尔都语写的文件,需要你们帮我翻译。我负担不起这项工作的费用。这一切都应该是出于爱,出于服务的精神。"

布拉基肖立刻明白了这一点,他现在轮流盘问我和他的同伴。他试图弄清我所说的一切的含意:他们的服务需要多长时间,需要多少人,是否可以轮流服务等。然后,他又问律师们能够做出多大的牺牲。

最后他们给了我这个保证："你要什么，我们就做什么。我们中的一些人会在你需要的时间和你在一起。做好入狱准备的想法对我们来说是新奇的，不过我们愿意一试。"

## 第138章　面对"非暴力主义"

我的目的是调查查姆帕兰农民的情况，了解他们对靛青种植园主的不满。为了这个目的，我必须去见成千上万的农民。但我认为，在开始调查之前，有必要了解农场主一方的情况，并去见该司的专员。我寻求并得到了双方的会见时间。

种植园主协会的秘书坦率地告诉我，我是一个局外人，无权干涉种植园主和他们的佃户，但如果我有任何意见，都可以以书面形式提出。我很有礼貌地告诉他，我并不认为自己是一个局外人，如果他们希望我这样做，我就有权询问他们的情况。

我向同事们传达情况，并告诉他们，政府会阻止我进行进一步的活动，我被捕入狱的日子可能要早于预期。如果要逮捕我，我希望是在莫提哈里，或是贝提亚。因此，我最好尽早去那些地方。

查姆帕兰是提尔赫特的一个地区，而莫提哈里则是其行政中心。拉杰库马尔·舒克拉住在贝提亚附近，那里的租户是该地区最穷困的。拉杰库马尔·舒克拉希望我能看到他们，我也同样渴望这样做。

所以我和我的同事当天便开始工作。格拉克·普拉萨德在他的家中招待了我们，他家几乎成了旅馆，塞满了客人。就在同一天，我们听说距离莫提哈里大约五英里的地方，有个佃户受到了虐待。

我决定，第二天早上在达兰哈·普拉萨德的陪同下去看他，我们便骑大象动身前往。顺便说一句，大象在查姆帕兰就和古遮拉特邦的牛车一样常见。我们刚走了一半，警察的一个信使就追上了我们，并向我们转达了警察局长的问候。我明白了他的意思，让达兰哈先去目的地，然后我坐上了使者租来的马车。他通知我离开查姆帕兰，然后开车把我送到了住处。他要求我写条子证明收到离境的通知，我便在条子上写道：在我的调查结束之前，我不打算按照通知离开查姆帕兰。于是，我接到法院的传票，要我第二天接受审判，理由是我不遵守离开查姆帕兰的命令。

我彻夜未眠，写信给布拉基肖·普拉萨德，并给他下达了必要的指示。

通知和传唤的消息像野火一样迅速地蔓延开来。据说，那天在莫提哈里，发生了前所未有的大场面。格拉克的房子和法院都挤满了人。幸运的是，我在晚上已经完成了所有的工作，所以能够应付那群人。我的同伴给我提供了极大的帮助。他们忙着管理人群，因为不管我走到哪里，这些人都跟着我。

官吏、州长、警司和我之间产生了一种友好的感情。我本可以合法地拒绝收到通知。相反，我接受了它们，而且非常尊重那些官员。他们这才明白，我并不想冒犯他们，只想对他们的命令提出民事抗辩。这样，他们就放心了，他们不再骚扰我，反而很高兴地帮我和同事们维持秩序。同时，这也充分说明他们的权威动摇了。此刻，人们已经失去了对惩罚的恐惧，并服从于一个新朋友所行使的武器——爱的力量。

要知道，在查姆帕兰，没有人认识我。农民们都很无知。位于恒河以北，靠近尼泊尔的喜马拉雅山脚下的查姆帕兰，与印度其他地区隔绝。在这些地区，国大党也并没有多少影响力。几乎没人听过国大党的名字，即便有人听过，也不敢加入，甚至连名字都不敢提。现在国大党和它的成员已经进入这片土地，虽然不是以国大党的名义，但却有着更真实的意义。

在与我的同事协商后，我决定不以国大党的名义采取任何行动。我们需要的是工作，而不是虚名，是实质而不是形式，而且国大党的名字不被政府和他们的控制者——种植园主看好。对他们来说，国大党是律师争论的代名词，是通过法律漏洞逃避法律的代名词，是炸弹和无政府主义犯罪的代名词，也是外交和虚伪的代名词。我们为了打消他们的想法，决定不提国大党的名字。我们认为，让他们理解并遵循国大党的精神便足够了。

因此，无论是公开的还是秘密的，国大党都没有派出特使代表前往那里为我们的到来做准备。拉杰库马尔·舒克拉无法号召成千上万的农民。他们中间还没有进行任何政治工作，他们还不知道查姆帕兰外面的世界，可是他们却像朋友那样招待了我。毫不夸张地说，在这次与农民的会面中，我面对的是神明、"非暴力主义"和真理。

当我审视自己"圣雄"的头衔时，我发现除了对人民的爱，自己一无所有。而这也恰恰表达了我对"非暴力主义"不可动摇的信念。

在查姆帕兰的那一天是我一生中最难忘的一天，对农民和我来说也都是值得纪念的一天。

根据法律，我将接受审判，但其实却是政府在接受审判。专员为我设下的圈套，最后竟成功地捕获了政府。

# 第139章　撤销控诉

审判开始了，公诉人、裁判官和其他官员都焦虑不安地出席了。他们不知如何是好，政府领袖正在向地方法官施压，要求他推迟这个案子。但我反对，并要求法官不要推迟审理，因为我要供认自己违抗离境的命令是有罪的。我宣读了一份简短的声明：

"经法院许可，我想做一个简短的陈述，说明我为什么严重地违反了刑法第144条。依我拙见，这是当地政府和我的意见产生了分歧。我来到这里是出于人道主义和为国家服务的动机。我这样做是为了响应一个迫切的邀请，来帮助农民们不要再受到种植园主的不公平对待。如果不研究这个问题，我就无法提供任何帮助。因此，如果可能的话，我想要在行政部门和种植园主的协助下来研究它。我没有别的动机，也不相信我的到来会以任何方式扰乱公众的安宁，造成生命的损失。我声称自己在这些事情上有相当丰富的经验。然而，地方政府却有不同的想法。我完全理解他们的困难，而且我也承认，他们只能处理他们收到的信息。作为一个遵纪守法的公民，我的第一反应本应是服从命令。但我不能这样做，否则就损害了邀请我来这里的人的利益。我觉得只有自己待在他们中间，才能为他们服务。因此，我不能自愿退出。而对于这种责任上的冲突，我只能违背政府的命令。我完全意识到，在印度的公共生活中，像我这样的人必须非常小心地树立榜样。我坚定地相信，在我们生活的复杂法律之下，一个自尊自爱的人能够兼顾安全与名誉的做法，就是违抗命令而甘心受罚。这也正是我决心要做的事情。

"我做这个声明，并不是为了替自己开脱，只是想澄清一点，我不按照通知行事并非不尊重当局的权威，而是在服从更高的法律——倾听良心的声音。"

现在没有必要推迟听证会了，但由于裁判官和政府的公诉人都感到意外，判决被推迟了。与此同时，我已经向总督、帕特纳的朋友们，以及马丹·莫罕·马拉维亚吉潘迪特等人发电报介绍了详细情况。

我去法院听候判决之前，法官致信告诉我，副州长已经下令撤销对我的起诉，而税务长也写信告诉我，说我可以自由进行该调查，政府官员会尽量协助我。我们都没有为这个迅速而愉快的解决方式做好准备。

我拜访了税务长海科克先生。他似乎是个好人，急于伸张正义。他告诉我，只要我想看什么文件都可以向他要，只要我愿意，我随时都可以去见他。

因此，这个国家有了第一个直接的非暴力反抗对象。这件事在当地和新闻界引起了广泛讨论，无意之中，也使我的调查工作得到了宣传。

我的调查是必要的，政府应该保持中立。但这项调查不需要新闻记者的支持，也不需要媒体的文章进行宣传。的确，在查姆帕兰的情况是如此微妙和困难，以致过度的批评或色彩鲜明的报道可能会破坏我正进行的事业。因此我写信给报纸的编辑，要求他们不要兴师动众地派记者去，因为我会提供给他们需要发表的东西，并一有发现便随时通知他们。

我知道政府对待我的态度使查姆帕兰的农场主们很不高兴，我也知道官员们尽管什么都没说，心里也不痛快。因此，错误的或误导性的报告很可能使他们更加恼火，他们的愤怒不会发泄到我身上，肯定会发泄到那些吓坏了的农民身上，而这将严重地阻碍我对案件真相的调查。

尽管有这些预防措施，农场主们还是向我们发起了攻击。他们在报纸上大肆散布不利于我们的各种言论。但是我极度谨慎、实事求是、一丝不苟的工作，使他们无从下手。

农场主们对布拉基肖的中伤毫不留情，但他们越是诋毁他，他在人民心目中的地位就越高。

在这种微妙的情况下，我认为邀请其他州的领导人是不恰当的。马拉维亚吉潘迪特曾向我保证，只要我需要他，说一声就可以，但我没有打扰他。因此，我避免了让这场斗争带上政治色彩。我偶尔给领导和主要报纸发报告，仅供他们参考，并不打算发表。我已经看到，对于一个非政治性因素引起的问题，即使它的解决办法是政治性的，我们应尽可能地将其限制在非政治的层面，如此方有利于问题的解决。查姆帕兰的斗争证明了这样一个事实，即在任何领域为人民提供无私的服务，最终都会对这个国家的政治有益。

# 第140章　工作方法

要完整地叙述在查姆帕兰的调查，就得叙述这段时期的历史，而在这些章节中是不可能的。查姆帕兰的调查是对真理和"非暴力主义"的大胆尝试，从这个角度出发，我每周只记述我认为值得记述的东西。要了解更多细节，读者可以看看拉金德拉·普拉萨德以印地语出版的《查姆帕兰非暴力主义运动史》，我听说英文版也即将出版了。

让我们回到这一章的主题。该调查不能在格拉克的房子里进行，除非要求可怜的格拉克把房子让给我们。莫提哈里的人们还没有摆脱他们的恐惧，甚至连房子都不敢租给我们。然而，布拉基肖巧妙地弄到了一座有很大开放空间的房子，我们便搬到了那里。

要进行这项工作，没有钱是不大可能的。那时，向公众募集资金还没成为一种惯例。布拉基肖和他的朋友们主要是律师，他们要么自己捐钱，要么从朋友那里得到捐赠。当他们自己能够负担得起的时候，又怎么能要求别人捐钱呢？这似乎就是争论的焦点。我已下定决心不接受任何来自查姆帕兰农民的东西，以免被误解。我同样下定决心，不向整个国家请求资金来进行这项调查。因为那样做可能会给它赋予政治色彩。孟买的朋友们向我提供了一万五千卢比，但我婉言谢绝了。在布拉基肖的帮助下，我决定尽可能多地从居住在查姆帕兰郊外的富裕的比哈尔邦人那里得到帮助，如果需要更多的话，我再去找我的朋友——仰光的梅赫达医生。梅赫达医生欣然同意把我们需要的东西寄来。因此，我们在这一点上没有任何后顾之忧。我们不太可能需要大笔资金，因为我们决定最大限度地节省开支，以适应这一地区的贫困。在我的印象之中，我们花了不到三千卢比，不但没有用完捐赠款项，还剩下几百卢比。

我的同伴们早年奇特的生活方式一直是被取笑的内容。每个律师都有一个仆人和一个厨师，因此他们有一个独立的厨房，而他们的晚餐常常要拖到深夜。虽然他们自己付了费用，但这些行为使我担心。由于我们已经成为好朋友，彼此之间不可能产生误会，他们也在很大程度上受到了我的嘲笑。最后，大家一致同意，不应雇用仆人，所有的厨房都应合并，并应遵守规定的时间用餐。因为不是所有的人都是素食主义者，而且两个厨房又很贵，所以决定只要一个普通的素食厨房。大家还认为有必要保持简单的饮食习惯。

这些安排大大减少了费用，节省了我们大量的时间和精力，而这两项都是大家急需的。成群的农民来找我们谈话，后面跟着一群同伴，他们把院子和花园挤得水泄不通。我的同伴们为了把我从他们的"朝圣"中救出来，做出了很大努力，然而这些努力并没有收到良好效果。最后，我不得不在特定的时间里为他们"展览"，以满足他们"朝圣"的需要。至少有五到七名志愿者要帮忙记录农民的陈述,即使这样,有些人还是无法发表自己的陈述,不得不在晚上遗憾离开。他们的陈述都不是必须的,而且很多都是重复的,但是人们只有倾诉完才能满足,我也很理解他们在这件事上的感受。

那些记录这些陈述的人必须遵守某些规则。每个农民都要经过仔细的盘问,不合格者会被拒绝。这需要很多额外的时间,但是大多数的陈述都是无可辩驳的。

当这些陈述被记录下来时,犯罪调查局的一名官员总是在场。我们本可以阻止他,但我们从一开始就决定,不仅不介意犯罪调查局官员的存在,而且要礼貌地对待他们,并向他们提供一切可能的信息。这并没有给我们带来任何伤害。相反,在犯罪调查局官员在场的情况下记录他们的陈述,使农民更加无所畏惧。一方面,对犯罪调查局的过分恐惧被驱除出农民的头脑,另一方面,他们的存在自然地抑制了夸大成分。调查人民抓捕坏人是犯罪调查局的工作,所以农民们必须小心。

因为我不想激怒农场主们,而是想用温和的态度赢得他们的好感,所以我特意写信给他们,并当面与他们交涉。我也去了种植者协会,把农民们的不满摆在他们面前,让他们了解农民的观点。有些农场主憎恨我,有些人漠不关心,有些人对我彬彬有礼。

# 第141章　同伴

布拉基肖和拉金德拉是无与伦比的一对组合。没有他们的帮助,我根本不可能走到这一步。他们的门徒,或者他们的同伴,沙姆、阿努格哈、达兰尼、拉姆纳维米和其他律师总是和我们在一起。温迪雅和加纳德哈里也时不时来帮助我们。他们都是比哈尔人，他们的主要工作是记下农民们的陈述。

克里帕拉尼教授不得不与我们共同承担一切。虽然他是一个信德人，但他比一个天生的比哈尔人更像比哈尔人。很少有人能够入乡随俗，而克里帕拉尼便做到了这一点。他不会让任何人觉得他是异乡人。目前，他是我的主要守护人，专门为我抵挡"朝圣"的人群。他阻挡人们的办法很多，有时用他的幽默与人们周旋，有时用温和的威胁来帮助自己的工作。夜幕降临时，他又开始做教师，向众人讲述他的历史研究和观察，并鼓励胆怯的来客变得勇敢起来。

马乍鲁尔·哈克毛拉已经把他的名字登记在了我可以信赖的助手名单上，他每个月都要来一两次。他当年的生活奢侈豪华，完全不同于如今的简单朴素。他与我们交往的方式，让我们觉得他是我们中的一员，尽管他的时尚习惯给陌生人留下了与众不同的印象。

随着我对比哈尔邦有了更多的了解，我开始相信，如果没有适当的乡村教育，就不可能从事具有永久性质的工作。农民们的无知是可悲的。他们要么让自己的孩子四处闲逛，要么让他们在靛青种植园里从早到晚地辛苦劳作，每天不过赚两三个铜板。那时，一个男工的工资不超过10铜板，女工不超过6铜板，童工不超过3铜板。一天挣得到4个安那的人被认为是最幸运的。

与同伴商量后，我决定在六个村庄开办小学。办学的一个条件是，他们应该为教师提供食宿，而我们则负责其他费用。村里的人手头几乎没有现金，但他们完全有能力提供食物。事实上，他们已经表示愿意供应粮食和其他原料。

从哪里找老师是个大问题。很难找到愿意为了很少的钱或不要报酬而工作的当地教师。我的想法是永远不能把孩子托付给平庸的老师，我认为，老师的道德素质比文学素质要重要得多。

因此，我发出了招募志愿者教师的消息，并迅速收到了答复。甘伽哈劳·德什潘德派了巴巴·索曼先生和彭达立克过来，阿万提卡白·戈可哈尔夫人从孟买前来，而阿南蒂白·维山帕杨夫人也从浦那前来。我派人去修行院找来了基合他拉、苏伦德拉纳什和我的儿子德文达斯。大约在这个时候，马哈德夫·德赛和纳拉哈里·帕里克也都带着妻子前来。嘉斯杜白也被召来参与这项工作。这是一个相当强大的队伍。阿万提卡白夫人与阿南蒂白夫人受过良好的教育，但杜尔迦·德赛夫人和曼妮朋·帕里克只会一些古遮拉特语，嘉斯杜白连古遮拉特语都不会说。这些女士怎么能用印地语教学呢？

我向他们解释说，他们不是要教孩子们语法和基本课程，而更应该教孩子们清洁和礼貌。我进一步解释说，即使在字母方面，古遮拉特语、印地语和马拉地语之间也没有他们想象的那么大差别，而且无论如何，在小学课堂上，教字母和数字的基本知识并不是一件难事。结果是，这些女士的课程是最成功的。这段经历激发了他们对工作的信心和兴趣。阿万提卡白主管的学校成了模范学校。她全身心地投入工作中。她发挥自己的强项来工作。在某种程度上，通过这些女性，我们还可以接触到村里的妇女。

但我不想止步于提供初级教育。村庄乱成一团，巷子里满是污物，水井里满是烂泥，庭院里凌乱不堪，令人难以忍受。老年人迫切需要清洁教育。他们都患有各种皮肤病。于是我们尽可能地从事卫生工作，并渗透到生活的各个方面。

这项工作需要医生。我请求印度公仆协会帮我们把现在已故的德夫医生派过来。我们是很好的朋友，他很乐意地为我们服务了六个月。男女教师都在他手下工作。

所有的志愿者都得到过明确的指示，不要过问农民对种植园主的控诉或其他政治问题。农民有什么抱怨都来找我。没有人不听这些劝告。朋友们都非常忠实地执行了这些指示，我不记得有谁违反。

## 第142章　深入农村

我们尽可能地让每一所学校都由一男一女管理。这些志愿者必须做好医疗和卫生工作，妇女工作则交由女性志愿者来做。

医疗工作是一件非常简单的事情。蓖麻油、奎宁和硫磺药膏是发给志愿者的所有药物。如患者出现舌苔过厚，或有便秘症状，则给予蓖麻油；如有发热症状，则在开服蓖麻油后给予奎宁；如有烫伤，则在彻底清洗患处后给予硫磺药膏。病人不允许带任何药物回家。遇到复杂的病症，便寻求德夫医生的帮助，他会在每周固定的日子里拜访每个区域。

相当多的人利用这种简单的医术脱离了病痛的折磨。这里流行的疾病很少，通过简单的方法便可治愈，并不需要专家的帮助。我们这样的安排，满足了当地农民的迫切需求。

卫生则是一件困难的事情。人们不准备自己做任何事，甚至连地里干活的人也不愿意自己去打扫。但达维博士不是一个容易丧失信心的人。他决定和志愿者一起清理一个村庄作为示范。他们清扫道路和庭院，清理水井，填平附近的水沟，亲热地劝说村民们，从他们中间招募志愿者。在一些村子里，他们让人们觉得惭愧，从而愿意承担这些工作；而在另一些村子里，人们热情高涨，甚至为我的车修好了通行的道路。这些甜蜜的经历并不是没有与人们的冷漠交织在一起。我记得一些村民坦率地表达了他们对这项工作的厌恶。

在这里叙述我以前在许多会议上描述过的经历也许并不会不合适。比希哈瓦是我们学校所在的一个小村庄。我碰巧参观了它附近的一个小村庄,发现一些妇女穿得很脏。所以让妻子问她们为什么不洗衣服。她问了她们之后,一个女人把她带进自己的小屋说:"你看,这里没有装衣服的箱子或橱柜。我穿的纱丽是我唯一的一件衣服。我要怎么洗?请你告诉马哈特玛吉,如果他再给我买一件纱丽,我肯定每天洗澡,穿干净的衣服。"

这个小屋并不是个例,在许多印度村庄都能找到类似的小屋。在印度无数的村舍里,人们没有任何家具,也没有换洗的衣服,只有一块破布用来遮羞。

我还想讲一段经历。在查姆帕兰,竹子和草是非常充裕的。比提哈瓦建的学校就是用这些材料建造的。一天晚上,可能是附近几个农场主的手下放火烧了它。大家认为再建一间茅草屋是不明智的。这个学校是由索曼先生和嘉斯杜白负责管理的,索曼先生决定建造一座比较好的砖房。多亏了他富有感染力,许多人前来帮忙,一座砖房很快就建成了。现在,再也不用担心这座建筑会被烧毁了。

因此,志愿者们在学校、卫生工作和医疗工作等方面,得到了村民们的信任和尊重,并对他们产生了良好的影响。

但是,我必须遗憾地承认,我希望把这一建设性的工作永久地进行下去的希望没有实现。志愿者的服务都是短期的,我无法从外界获得更多的帮助,也无法从比哈尔邦找到永久从事这项工作的人。因此,我在查姆帕兰的工作一完成,便不得不奔赴其他地方从事新工作。然而,在查姆帕兰工作的几个月取得了显著的成效,如今我们仍能看到当年产生的影响在以各种形式延续。

## 第143章 一个好州长

一方面，我在前面所描述的社会服务工作正在执行，另一方面，记录农民们不满的工作正在迅速发展。成千上万这样的声明被采纳了，它们也产生了效果。越来越多的农民来发表他们的声明，这增加了农场主们的愤怒，他们想尽办法反对我的调查。

一天，我收到比哈尔邦政府的一封信，信的大意是："你们的调查时长已经够了，难道你不应该结束这一切，离开比哈尔邦吗？"这封信的措辞很礼貌，但意思很明显。

我在回信中写道，调查工作势必会延长，除非此案牵涉的农民们的问题得到解决，所以在此之前我不考虑离开比哈尔邦。我还说明，只要政府认可农民的疾苦，并愿意帮助他们，或是认为农民们的诉述已经可以初步立案，并立即成立官方调查团来开展工作，我的调查可以即刻终止。

副州长爱德华·盖特爵士请我去见他，表示愿意成立调查委员会，并邀请我成为委员会成员。我确认了其他成员的名单，和我的同事协商后同意为该委员会服务，条件是我在调查过程中可以自由地与我的同事交谈。政府应该认识到，哪怕作为委员会的一员，我同时也是农民的辩护律师。如果案件调查的结果未能让我满意，我有权自由地指导和建议农民们采取何种行动。

爱德华·盖特爵士接受了这一条件，并宣布了调查委员会的成立。现在已故的弗兰克·斯莱爵士被任命为委员会主席。

委员会做出了支持农民的决定，建议种植园主将榨取农民的非法收入退还他们，并建议废除三卡沙系统。

爱德华·盖特爵士在促使委员会作出一致报告以及根据委员会的建议使《土地法》获得通过方面发挥了很大作用。如果他态度不够坚定,如果他没有在这个问题上绞尽脑汁发挥智慧,报告就不会获得一致通过,《土地法》也不会通过。种植园主行使着超乎寻常的权力。尽管有报告,他们依然强烈反对该法案,但埃德温·盖特爵士直到最后一刻仍坚定地执行了委员会的各项建议。

已经存在了一个世纪的三卡沙系统就这样被废除了,种植园主的统治也随之结束了。一直受压迫者现在也有了自己的信念,认为靛青的污点永远也洗不掉的迷信已经破除了。

我希望继续从事几年的建设工作,成立更多的学校,更有效地深入乡村。地基已经打好了,但是神明一如既往地不喜欢让我的计划得以实现。命运做出了其他决定,驱使我去别处工作。

# 第144章 接触劳工

当我还没结束委员会的工作时,便收到了一封信。这封信是莫罕拉尔·潘达亚和杉卡拉尔·帕里克所写,他们在信中告诉我凯达地区的农作物歉收,想让我指导那些无法支付赋税的农民运动。我没有意愿,没有能力,也没有勇气在没有经过现场调查的情况下提出建议。

与此同时,阿纳苏雅白夫人也给我写了一封信,信中谈到了艾哈迈达巴德的劳工问题。工人们长期领着微薄的薪水,他们一直在努力争取加薪,可是一直没有取得成效,如果可能的话,我想要引导他们。但我没有信心从那么远的地方来指挥这件相对较小的事情。所以我乘坐最早的班车去了艾哈迈达巴德。我希望自己能够迅速完成这两件事,然后回到查姆帕兰,监督在那里开展的建设性工作。

但是事情并没有像我希望的那样迅速发展，我也无法回到查姆帕兰，结果学校一个接一个地关闭了。我和我的同事们建了许多空中楼阁，但它们都消失了。

除了农村卫生和教育，我还想在查姆帕兰开展的工作之一是对奶牛的保护工作。在我旅行的过程中，我曾看到，保护奶牛和宣传印地语已经成为马尔瓦底人最为关心的问题。在贝提亚的时候，一个马尔瓦底的朋友曾让我住在他的宗教招待所中。那个地方其他马尔瓦底人的奶场引起了我的兴趣。当时我对奶牛保护工作的想法已经形成，直到今天，我对这项工作的看法还是一样。在我看来，对牛的保护包括养牛、改良牲畜品种、对牛的人性化处理、模范奶场的形成等。马尔瓦底的朋友们曾承诺要全力配合这项工作，但由于我无法在查姆帕兰安顿下来，所以这项计划无法实施。

贝提亚的奶场仍然存在，但它并没有成为一个模范奶场，查姆帕兰的奶牛仍然被强迫去做超出它能力范围的工作，而所谓的印度教徒仍然残酷地虐待这些可怜的动物，并玷污自己的宗教。

对我来说，这种工作一直无法实现是一种持续至今的遗憾，每当我去查姆帕兰，听到马尔瓦底和比哈尔的朋友们温和的责备时，我都为那些自己不得不突然放弃的计划长叹一声。

教育工作在很多地方都在进行。但是，对奶牛的保护工作并没有牢固地扎根，因此也没有朝着预期的方向发展。

当凯达农民的问题还在讨论的时候，我已经开始处理在艾哈迈达巴德的磨坊工人的问题了。

我处在一个非常微妙的境地。磨坊工人的案子很难办。阿纳苏雅白夫人不得不与自己的兄弟，同时也是磨坊主代表的阿巴拉尔·萨拉斗争。我和他们的关系都很好，这使我和他们的斗争变得更加困难。我与他们进行了磋商，并请他们将争议提交仲裁。

因此，我不得不建议工人们罢工。在此之前，我与他们以及他们的领导人进行了非常密切的接触，并向他们解释了成功罢工的条件：

1. 永远不要诉诸暴力；

2. 永远不要怪责阻碍罢工的工人；

3. 永远不要依赖施舍；

4. 无论罢工持续多久，我们都要保持坚定的立场；

5. 在罢工期间，要靠其他诚实的劳动来谋生。

罢工的领导者们理解并接受了这些条件，工人们在一次全体会议上保证，除非他们的条件被接受，或者磨坊主同意将纠纷提交仲裁，否则他们不会重新开工。

正是在这次罢工中，我才与瓦拉比·帕特尔和山卡拉尔·班克有了深入交流与了解，我与阿纳苏雅白夫人以前就很熟悉了。

我们每天都在萨巴马蒂河畔的树荫下开会，成千上万的劳工参加了会议。我在发言中提醒他们，他们有维护和平与自尊的责任。他们每天在城市的街道上举行和平游行，举着写有"信守承诺"的横幅。

罢工持续了二十一天。在罢工继续期间，我不时地去找磨坊主商谈，劝告他们公正地对待工人。但是他们会说："我们也有我们的誓言，我们与雇工的关系是父母和孩子……我们怎能容忍第三方的干涉？哪有什么仲裁的余地？"

# 第145章　修行院一瞥

在我开始描述劳资纠纷的进展之前，有必要讲一下修行院的情况。我在查姆帕兰的时候，修行院从来没有离开过我的脑海，偶尔我也会去那里看一看。

当时的修行院在艾哈迈达巴德附近的一个小村庄科奇拉布。这个村子里爆发了瘟疫，我看到修行院的孩子们的生命安全遭受了严重的威胁。无论我们多么小心翼翼地遵守修行院墙内的清洁规则，也不可能不受周围环境污染的影响。那时，我们既不能让科奇拉布的人遵守这些规则，也不能为村里服务。

我们的理想情况是让修行院与城镇和乡村都保持一定距离，但又在两者的可控距离内。而且我们下定决心，总有一天要在自己的土地上定居下来。

我觉得，瘟疫已经足以让我离开科奇拉布了。艾哈迈达巴德的商人蓬加·希拉赫德曾与修行院有过密切的接触，并曾在许多事务上以一种纯洁无私的精神为我们服务。他在艾哈迈达巴德有丰富的经验，自愿帮助我们购买合适的土地。我和他一起在科奇拉布的北面和南面寻找，然后建议他在北面三四英里的地方找一块地。他偶然发现了现在的地点。对我来说，它靠近萨瓦马蒂中央监狱是一个特别的吸引人之处。当牢狱生活被认为是非暴力主义者的正常生活时，我喜欢这个地点。我也知道，为监狱挑选的地点通常都是干净的。

大约八天左右，我们就完成了土地的交易。这片土地上没有建筑，也没有树。但是，靠近河边四面空旷是它巨大的优势。

我们决定先住在帐篷里，搭一个铁皮棚子做厨房，再建造永久性的房子。

修行院的规模一直在缓慢地增长。我们现在已经有四十多人了，男女老幼在一个普通的厨房里吃饭。关于搬家的整个构想是我的，而执行工作像往常一样留给了马加拉尔。

在我们完成建造工作之前，我们的困难是巨大的。雨季即将来临,而我们必须从四英里外的城市获得粮食。这片曾经是一片废墟的土地上到处都是蛇,小孩子在这样的环境下生活是很危险的。一般的规矩是不能杀死蛇,虽然我承认我们中没有一个人摆脱过对这些爬行动物的恐惧,哪怕是现在也没有。在凤凰村、托尔斯泰农场和萨巴马蒂农场,大多数人都遵守不杀死有毒爬行动物的规则。在这些地方,我们不得不在荒地上定居。然而,我们并没有因为被蛇咬伤而失去生命。在这种情况下,我看到了仁慈之神的手。不要对此吹毛求疵,说神明永远不会偏袒任何人,说他没有时间去干涉人们的琐事。我没有其他语言来表达这件事的事实,来描述我的这种一贯经历。人类的语言不能完美地描述神明的方式,我知道他们是难以形容和难以理解的。但是,如果凡人胆敢把它们描述出来,那么除了他自己笨嘴拙舌的话语之外,没有更好的媒介了。如果认为在不杀生的前提下,25年内完全免于伤害不是偶然的意外而是神明的庇佑是一种迷信,我愿意相信这个迷信。

在艾哈迈达巴德的工人罢工期间,修行院正在修建纺织学校。因为修行院的主要活动就是织布,纺纱对我们来说还不可能。

# 第146章 禁食

在最初的两个星期里,磨坊工人们表现出了极大的勇气和自制,每天都在举行集会。在这种情况下,我常常提醒他们要记住自己的誓言,他们也会向我喊出他们宁死也不违背诺言的保证。

但最终他们开始显露出衰弱的迹象。就像身体衰弱者会表现得易怒一样,他们对于阻碍罢工的工人的态度也变得越来越恶劣,我开始担心他们会爆发争吵。参加日常会议的人数开始逐渐减少,沮丧和绝望的情绪在那些参加会议的人之间开始蔓延。最后,我听说了一个消息,罢工者已经开始动摇了。我深感不安,开始疯狂地思考在这种情况下我应该做些什么。我在南非的时候也曾经历过一次大罢工,但这里的情况却和那次大不相同。磨坊工人接受了我的建议,他们每天都在我面前重复自己的誓言,现在却可能做出背信弃义的举动,一想到这点,我就难以接受。谁知道这种难受是出于心底的骄傲,还是出于我对劳动人民的爱,抑或是对真理的执着追求呢?

一天早晨,在一次磨坊工人的会议上,我突然从黑暗的摸索中看到一丝光亮,于是张口向众人宣布:"除非罢工者联合起来继续罢工,直到达成协议,或者直到他们完全离开工厂,否则我不吃任何食物。"

工人们很受震撼,泪珠顺着阿纳苏雅白的脸颊流了下来。工人们爆发了:"不是你,应该是我们禁食才对。如果你要禁食,那就太可怕了。请原谅我们的过失,我们现在将继续忠实于我们的誓言。"

"你们没必要禁食,"我回答,"只要你们信守诺言就足够了。正如你们所知道的,我们没有资金,也不想依靠捐赠为生。因此,你们应该设法靠某种劳动来维持生活,这样,无论罢工持续多久,你都不必担心。至于我的禁食,只有在罢工的事情被解决后才能结束。"

与此同时,瓦拉比正试图为罢工者在市政厅找到一些工作,但在那里并没有多少成功的希望。马加拉尔·甘地建议,修行院正在建造纺织学校,正需要沙子填充地基,可以雇用一些人来干活。工人们非常认可这个建议。阿纳苏雅白头上顶着一筐沙土走在前面,后面有源源不断的工人从河床的山谷里出来,头上也都顶着一筐一筐的沙土。这是一种值得一看的景象。工人们充满斗志，可如何给他们发工资，倒成了一桩难事。

我的禁食并非没有严重的缺陷。正如我在前一章已经提到的。我和磨坊主的关系非常亲密和友好，我的禁食会影响他们的决定。作为一个非暴力主义者，我知道我不应该用禁食影响他们，而应该让他们受到罢工的影响。我的禁食不是因为我作为他们的代表，觉得我必须付出一份努力。对磨坊主，我只能恳求，对他们严加惩罚就等同于强迫。然而，尽管我知道我的禁食一定会对他们施加压力，事实上也确实如此，但我觉得我不得不这样做。承担这件事的责任在我看来是明确的。

我试着让磨坊主放心。"你们完全没有必要退出自己的位置。"我对他们说。但他们冷冷地接受了我的话，甚至还对我抛出了尖锐的挖苦，因为他们确实有权这样做。

磨坊主对这次罢工的态度如此强硬，因为他们背后有一个强有力的领军人物，这个人便是阿巴拉尔。他意志坚定、待人诚恳，实在令人钦佩。然而，我的禁食令我与阿巴拉尔代表的磨坊主形成了对立关系，这让我感到非常痛苦。而他的妻子萨拉迪维像亲人一样关心我，为我的禁食而难过，这更加重了我的负罪感。

从第一天开始，阿纳苏雅白和其他一些朋友、工人就与我一起禁食。但在经历了一些困难之后，我说服他们不要再继续下去了。

禁食的最终结果是创造了一种善意的气氛，磨坊主的心被感动了，他们开始寻找解决问题的办法，而阿纳苏雅白的家成了他们讨论的场所。阿纳杉卡·德鲁瓦先生出面干预，最终被任命为仲裁员。在我禁食三天之后，罢工就被取消了。磨坊主在工人中分发糖果来纪念这一事件，在21天的罢工之后，他们达成了和解。

在庆祝和解的会议上，磨坊主和地方专员都出席了。专员在这一场合给雇主的建议是："你应该永远按照甘地的建议行事。"不久之后，我与这位先生发生了纠纷。然而，环境改变了，他的态度也改变了，他竟开始警告凯达的人民不要听从我的劝告！

在这一章的结尾，我不能不提到一件既可笑又可悲的事情。这与糖果的销售有关。磨坊主订了一大批糖果，但是如何把这些货分给成千上万的工人是一个问题。大家决定把它摊开来，放在一棵树下是最合适不过的事了。因为在别的地方把它们集合起来是极其不方便的。

我想当然地认为，那些遵守了整整21天纪律的人，在分发糖果的时候，可以毫不费力地保持整齐的队列，而不会不耐烦地争抢糖果。但事实证明，所有可以尝试的分配方法都失败了。分发工作进行了几分钟后，他们的队伍一次又一次陷入混乱。磨坊主的首领们尽了最大的努力来恢复秩序，但徒劳无功。混乱、拥挤和争抢最终变得非常激烈，以至于相当多的糖果被踩坏了，最终不得不放弃在露天分发糖果的企图。我们费了好大劲才把剩下的糖果拿走，送到阿巴拉尔在莫扎浦尔的平房里去。第二天，在那间平房的院子里，糖果被顺利地分发了出去。

这件事的滑稽之处是显而易见的，但可悲的一面也是值得一提的。随后的调查揭示了这样一个事实：艾哈迈达巴德的乞丐群体知道了要在树下分发糖果的事，成群结队地去了那里，因此造成了争抢和混乱。

我们国家所遭受的极度贫困和饥饿使越来越多的人被迫加入乞丐的行列，他们为了面包而进行的绝望斗争使他们放弃了所有的体面和自尊。我们的慈善家们不为他们提供工作，让他们自食其力，而是给他们施舍。

# 第147章 凯达"非暴力主义"运动

然而,我没有喘息的时间。艾哈迈达巴德磨坊工人的罢工还没结束,我就不得不投入凯达"非暴力主义"的斗争中。

由于农作物普遍歉收,凯达地区出现了接近饥荒的状况,凯达的农民希望政府免收当年的赋税。

在我向农民提出明确建议之前,阿姆利特尔·塔迦尔先生就这一情况已经做了调查和报告,并亲自与地方专员讨论了这个问题。莫罕拉尔·潘达亚先生和杉卡拉尔·帕里克先生也参与了斗争,并通过维萨尔·帕特尔先生和现在已故的古库尔达斯·卡汉达斯·帕拉克爵士在孟买立法会议上进行煽动。不止一个代表团为了这一问题在等候面见州长。

我当时任古遮拉特国会的主席。国会多次向政府递交了请愿书和电报,甚至默默地忍受了专员的侮辱和威胁。官员们在这次事件中的表现是如此荒谬和不体面,以至于如今想来简直令人难以置信。

农民的要求是明摆着的,而且是温和的,因此有充分的理由接受它。根据《土地税收条例》,如果农作物的产量在四安那以下,那么农民可以要求全年暂停缴纳赋税。据官方数据显示,该作物的产量超过此数,而农民们却持相反意见。政府不愿倾听农民们的说法,并把农民们要求仲裁的做法视为"大逆不道"。最后,所有的请愿和祈求都失败了。在与同事商量之后,我建议他们开展"非暴力主义"运动。

在这场斗争中,除了凯达的志愿者,和我站在同一战线的主要同志是瓦拉比·帕特尔,山卡拉尔·班克、阿纳苏雅白夫人、印杜拉尔·亚基尼克和马哈德夫·德赛等人。瓦拉比为了参加斗争,不得不中止了他蒸蒸日上的律师业务，以后由于诸多的现实问题，他再也无法恢复执业了。

我们把总部设在纳迪亚德孤儿院，因为实在找不到其他可以容纳我们所有人的地方。

非暴力主义抵抗者签署了以下保证：

"由于村里的庄稼收成不足四安那，所以我们请求政府暂停今年的赋税，但政府并没有响应我们的祈求。因此，所有的署名人，在此郑重声明，我们不会自行向政府支付今年的全部或部分赋税。我们同意政府采取它认为合适的任何法律措施，并乐意承担我们不缴纳赋税的后果。我们宁愿被没收土地，也不愿自愿缴税，使我们的案件被认为是虚假的，或使我们的自尊受到损害。然而，如果政府同意在全区暂停征收第二批评税，我们之中这些有能力支付的人，将会支付全部或部分的应缴税款。能够支付者却依然希望暂停征税支付是由于，如果他们支付，贫穷的农民可能在恐慌中出售他们的动产或举债来支付税金，从而给自己带来痛苦。在这种情况下，我们认为，为了穷人的利益，即使是那些有能力支付税费的人也有责任不缴纳税款。"

我不能在这场斗争上花太多的章节。因此不得不抛开许多美好的回忆。那些想要更全面、更深入地研究这场斗争的人，可以读一读杉卡拉尔·帕里克所写的完整而真实的《凯达非暴力主义运动史》。

# 第148章 "洋葱贼"

查姆帕兰位于印度一个偏远的角落，媒体一直被排除在罢工运动之外，它也没有吸引外界的游客。但在凯达运动中，情况就不一样了，新闻每天进行跟踪报道。

古遮拉特人对这场斗争非常感兴趣，这对他们来说是一次新奇的实验。为了争取斗争的胜利，他们准备慷慨解囊。可是，他们并不知道，"非暴力主义"运动不能仅仅靠金钱来进行。相反，钱是它最不需要的东西。尽管我提出了这一点，孟买的商人们还是给我们寄来了一大笔钱，这笔钱直到斗争结束时还没花完。

与此同时，参加"非暴力主义"运动的志愿者们必须学习简单的新课程。我不能说他们完全吸收了它，但这令他们的生活方式发生了很大的改变。

对农民来说，这场斗争也是一件新鲜事。因此，我们不得不从一个村庄走到另一个村庄，解释"非暴力主义"的原则。

最主要的是要消除农民的恐惧，让他们意识到官员不是主人而是人民的仆人，因为他们是从纳税人那里得到工资。但是，让他们既有大无畏的精神，又进行文明的抵抗，几乎是不可能的。一旦他们摆脱了对官员们的恐惧，怎么能阻止他们反击来自官员的侮辱呢？但是，如果他们采取不文明的做法，就会破坏非暴力抵抗运动，就像牛奶中掉进砒霜一样。后来我才意识到，他们并没有像我预期的那样完全领会文明的意义。经验告诉我，文明是"非暴力主义"中最困难的部分。文明在这里并不仅仅意味着外在的温和，或对敌人保持善良，而是应该在"非暴力主义"运动中的每一个行动里表现出来。

在最初的阶段，尽管人民表现出了很大的勇气，但政府似乎并不打算采取强有力的行动。但是，由于人民的坚定没有动摇的迹象，政府开始采取强制措施。扣押官卖掉了人们的牛，并没收了他们能弄到的任何财物。到处都在开罚单，甚至有些地方连地里的庄稼也被抵押了。这使农民们感到不安，他们中的一些人连忙付清了税金，一些人主动上缴财物来抵税金。可是，也有些人准备战斗到底。

当这些事情发生的时候，一个杉卡拉尔·帕里克先生的佃农支付了他所租赁土地的税金，这引起了轰动。杉卡拉尔·帕里克先生立即为他的佃农所犯的错误进行了补偿，将那块土地用于慈善目的。他因此保住了自己的荣誉，也为别人树立了好榜样。

为了让那些害怕的人心安，我建议莫罕拉尔·潘达亚先生带领大家，把不该抵押的那块田地里的洋葱收走。尽管我认为这不符合自己宣扬的文明抵抗原则，但我认为抵押农作物即使合法，也不合理，跟劫掠行为没有区别。因此，哪怕土地已经被征收，人们也有权利收割洋葱。尽管他们会因此遭到罚款或被捕入狱，但这可以让他们从中吸取经验，学会承担"非暴力主义"运动的后果。这个计划说到了莫罕拉尔·潘达亚先生的心坎上，他不愿这次"非暴力主义"运动没有一个人因为坚持原则而遭受监禁就悄悄结束，于是他自告奋勇要去收割洋葱，七八个朋友也加入了他的行列。

政府不可能让他们这样做，莫罕拉尔·潘达亚和他的同伴被捕入狱了，这增加了人们的反抗热情。当对监狱的恐惧消失后，镇压反而使人们感到振奋。开庭的那天，一大群人包围了法院。潘达亚和他的同伴被判有罪，并被判处短期监禁。我认为这个判决是错误的，因为收割洋葱的行为并不符合刑法中"盗窃"的定义。但没有提出上诉，因为我们的策略是要避开法庭。

那天，我们的游行队伍把"罪犯"护送进了监狱，而莫罕拉尔·潘达亚从人民那里赢得了"洋葱贼"的称号，他至今仍非常喜欢这个称呼。

凯达的"非暴力主义"运动结局我将留到下一章再做讲述。

# 第149章 凯达"非暴力主义"运动的结束

凯达的"非暴力主义"运动的结束很出人意料。很明显，人们都筋疲力尽了，而我也不愿让不屈服的人被彻底打垮。我在寻找一种优雅的可以让"非暴力主义"运动者接受的方式来结束这场斗争。没想到，一个出乎意料的办法出现了。纳迪亚德的税务官给我带来了这样一个消息：如果家境富裕的农民支付了赋税，家境贫困的农民可以暂缓。我要求一份书面的承诺书，他们也给了我。但是，因为一个地区的税务官只对他的片区负责，我就去问那位税务长，因为只有他一个人可以对这整个地区做出承诺。我问他那位税务官的保证是否对整个地区有效。他回答说，已经发出了关于整个区域暂停征缴农业赋税的命令。我对此并不知情，但如果这是事实，人民的誓愿就已经实现了。可以说，政府颁发的命令与人们的誓愿一样，所以我们对这一命令表示满意。

然而，结局远没有让我感到快乐，因为它缺乏"非暴力主义"运动结束时应有的胜利感。这位税务长采取了措施，却没有拿出解决问题的诚意。穷人得以缓交税金，但几乎没有人从中受益。人民有权决定谁是穷人，但他们不能行使这些权利。对于人们没有力量行使权利，我很难过。因此，尽管结局被认为是"非暴力主义"的胜利，但我无法对它产生热情，因为它缺乏一个完整胜利的要素。

只有当"非暴力主义"运动让自身比开始时更强大、更有活力的情况下，斗争才算取得了圆满成功。

然而，这场运动并不是没有带来一些间接影响，我们今天可以看到，我们正在从中获益。"非暴力主义"运动标志着古遮拉特邦农民觉醒的开始，也是他们真正接触政治教育的开端。

贝桑特博士发起的地方自治运动确实打动了农民，但正是凯达的运动迫使受过教育的公务员了解了农民的实际生活。他们学会了认同农民,找到了合适的工作领域,更具有牺牲精神。在这场战役中,瓦拉比发现自己取得了不小的成就。我们可以在去年的洪灾救援行动和今年的巴多里"非暴力主义"运动中略窥一斑。古遮拉特邦的公共生活由于有了新的生命力而愈发蓬勃发展起来。农民们开始意识到自己的力量。一条真理深深地印在公众的脑海中,即人民的救赎取决于他们自己,取决于他们承受痛苦和牺牲的能力。"非暴力主义"运动通过凯达运动在古遮拉特邦的土地上扎根。

尽管凯达"非暴力主义"运动的结束没有让我满意,但凯达的农民们却很高兴,因为他们知道,他们找到了一种正确无误的方法来解决他们的问题。这一知识的获得已经足以使他们欢呼喝彩了。

然而,凯达的农民们并没有完全理解"非暴力主义"的内在含义,他们为此付出了代价,我们将在接下来的章节中看到这一点。

# 第150章 团结的激情

凯达运动是在欧洲的战争仍在继续时发动的,现在的情况已经十分危急,总督邀请了许多领导人参加在德里举行的作战会议。我也被要求参加这次会议。在上文中,我已经提到了我与切姆斯福德勋爵以及总督之间的密切关系。

作为对邀请的回应,我去了德里。然而,我反对参加这次会议,主要原因是像阿里兄弟这样的领导人被排除在会议之外。他们当时还在监狱里,我见过他们。每个人都高度赞扬他们的服务精神和勇气。那时我还没有和哈基姆有过亲密接触,但鲁德拉校长和迪纳班德胡·安德鲁斯对他赞誉有加。我曾在加尔各答的穆斯林联盟见过舒亚·库雷希先生和科瓦加先生。我也接触过安萨里博士和阿布杜尔·拉赫曼。此外，我正在寻求与一些善良而具有爱国精神的穆斯林结为朋友，并渴望通过与他们接触来了解穆斯林的思想。因此，无论他们带我到哪里，我都愿意跟随，只为了能和他们亲密沟通。

在南非，我很早就意识到，印度教徒和穆斯林之间并没有真正的友谊。我从来没有错过任何一个机会去消除团结道路上的障碍。我天生不会阿谀奉承和委曲求全，然而我清楚地知道，在印度教和穆斯林团结的问题上，我的"非暴力主义"将受到最严峻的考验，而这也将把"非暴力主义"的实验带到最广泛的领域。我依然秉持着这样的信念，生命中的每一刻，我都可以感受到神明的警示。

当我从南非回来时，对这个问题怀抱着强烈的信念。我珍视与阿里兄弟的接触。但在建立更紧密的联系之前，他们却被关押了。只要狱卒允许，穆罕默德赛·阿里·毛拉便会给我写信，我过去常常受到他从贝托尔和钦德瓦达发来的长信。我申请了去监狱探视两兄弟，但没有获得许可。

在阿里兄弟被囚禁之后，我应穆斯林朋友的邀请参加在加尔各答举行的穆斯林联盟会议。应主办方的要求，我在会上发表了讲话，指出穆斯林有责任营救阿里兄弟。后来，我被这些朋友带到阿里格尔的穆斯林学院进行参观。在那里，我邀请年轻人为祖国服务。

接下来，我与政府通信，请求释放两兄弟。为此，我研究了阿里兄弟关于基拉法特问题的看法和活动，并和穆斯林的朋友讨论过。我认为，如果我要成为穆斯林的真正朋友，我必须竭力营救阿里兄弟，并促使基拉法特问题得到公正解决。我不想评论这个问题的绝对是非，只要他们的要求没有任何不道德的地方。大家在宗教信仰的问题上各有不同，每个人的信仰都是至高无上的。如果大家都有相同的宗教信仰，那世界上就只剩下一个宗教了。随着时间过去，我发现关于基拉法特的要求没有背弃任何道德原则，英国首相也已承认这是穆斯林的正当需求。因此，我觉得自己一定要竭尽全力，确保首相的承诺得到履行。首相的承诺就摆在那里，没有必要再去审查穆斯林的要求是否符合道德准则了。

朋友和评论家批评了我对基拉法特问题的态度。尽管受到批评，我仍觉得没有理由去修正它，也没有理由后悔与穆斯林的合作。如果再次发生类似的情况，我也应该采取同样的态度。

因此，当我去德里时，我打算向总督提出释放阿里兄弟的要求。基拉法特问题当时并没有进一步发展。

但当我到达德里时，另一个阻碍我参加会议的困难出现了。迪纳班德胡·安德鲁斯怀疑我参加战争会议是不道德的。他告诉我，英国媒体上正在争论英国和意大利签订秘密条约的问题。如果英国与另一个欧洲大国签订了秘密条约，我怎么能参加这次会议呢？我对这些条约一无所知，但安德鲁斯的这番话已经说服了我。因此，我给切姆斯福德勋爵写了一封信，解释我为什么不参加这次会议的原因。他邀请我和他讨论这个问题。我与他和他的私人秘书马菲先生进行了长时间的讨论，最终我同意参加会议。总督的论点是这样的："你肯定不相信总督知道英国内阁所做的一切。我不敢声称，也没有人敢声称，英国政府是绝对可靠的。但是，如果你同意大英帝国总的来说是一个好政府，如果你相信印度整体上受益于英国。你难道不承认每个印度公民都有义务救英国于危难吗？我也读过英国报纸上关于秘密条约的报道。我可以向你保证，除了报纸上所说的，我什么都不知道。你知道这些报纸经常会出现一些谣言，你难道要因为一份报纸上的报道，在这样一个紧要关头拒绝帮助帝国吗？你可以提出任何道德问题来质问我们，但是要放在战争结束后,而不是今天。"

这一番话并没有什么新鲜观点。它之所以吸引我,是因为它提出的方式和时间,于是,我同意参加会议。关于穆斯林的要求,我要给总督写封信说明。

## 第151章 招募新兵

于是,我参加了会议。总督非常希望我支持有关招募士兵的决议。我请求允许我用印度的印度斯坦语发言,总督同意了我的要求,但建议我也用英语发言。我其实无话可说,只说了一句话:"我怀着充分的责任感,请求支持这项决议。"

许多人祝贺我用印度斯坦语讲话的事。他们说,这是有史以来第一次有人在这样的会议上用印度斯坦语发言。我是第一个在教区会议上用印度斯坦语发言的人,这样的祝贺和发现伤害了我的民族自豪感。我觉得无地自容。这个国家的语言在与这个国家有关的工作会议中被禁止,而像我这样偶然参加者用印度斯坦语发表的演讲,却成了一件值得庆贺的事,这是多么大的悲剧啊!许多这样的事件提醒我们,祖国的地位已经变得非常低下了。

我在会议上说的那句话对我来说意义重大。我无法忘记这次会议以及我所支持的决议。在德里的时候,我必须完成一项任务:我得给总督写封信。这对我来说并不容易。我认为,为了政府和人民的利益,我有责任向总督阐述自己参加会议的动机,并向他转告人民对政府的期望。

在信中,我对洛卡马尼亚·提拉克和阿里兄弟等领导人被排除在会议之外表示遗憾,并指出当前形势下人民在政治上的最低要求以及穆斯林的相关要求。我请求发表这封信,总督很高兴地同意了。

这封信要被寄到西姆拉,因为总督在会议结束后马上要去那里。这封信对我来说相当重要,邮寄意味着耽误时间。我想节省时间,但我又不想随便派遣一个信使去送。我想找个纯朴的人把它亲自送到总督家里去。迪纳班德胡·安德鲁斯和鲁德拉校长向我推荐了剑桥教会的爱尔兰牧师。牧师同意帮我送信,但前提是他要先看一看,以确保那封信没有任何问题。我没有异议,因为这封信不是私人信件。他读了我的信,感到很喜欢,并表示愿意为我送信。我想给他买张二等座车票,但他谢绝了,说他习惯坐二等半车旅行。他还真的这样做了,虽然这是一次夜间旅行。他的纯朴和直爽的举止令我非常欣赏。这封信就这样由一个正直的人替我带给了总督,也正如我所期望的那样。我的思想负担减轻了,工作也顺畅了。

我的另一项任务是招募新兵。除了在凯达,我还能从哪里开始?除了我的同事之外,我还能邀请哪些人成为第一批新兵呢?所以我一到纳迪亚德,就和瓦拉比以及其他朋友开了个会。他们中的一些人不容易接受这个建议,那些接受这个建议的人又对它的可行性感到怀疑。我想要吸引的阶级本来就对政府没有好感,他们始终记恨着政府官员。

但他们还是赞成开始工作。我一开始执行任务,就大开眼界。我的乐观精神受到了强烈的打击。以前在抗争活动中,人们愿意免费提供他们的马车,而当需要一名志愿者的时候,会出现两名志愿者,现在即使是雇佣方式也很难找到一辆车,更不用说志愿者了。可是,我们不能灰心。我们决定不再乘坐马车,而是徒步前进。按照这个速度,我们每天不得不跋涉20英里。如果马车都租不到,指望人们来提供食物更加异想天开了。索要食物是不合适的,所以每个志愿者都必须自己携带食物。因为是夏天，所以不需要被褥或床单。

我们无论到哪里都要召开会议。人们确实参加了，但很少有人愿意入伍。"你是'非暴力主义'的忠实信徒，你怎么能要求我们拿起武器呢？""政府为印度做了什么好事，值得我们合作？"他们经常对我们提出类似的问题。

然而，我们的坚持不懈开始起效了。我们登记了相当多的名字，希望第一批人一离开后，还会源源不断地有人来报名。我已经开始与专员协商在什么地方安置新兵了。

每个部门的委员都照着德里的样子举行会议。其中一次是在古遮拉特邦举行的。我和我的同事被邀请参加。我们去了，但我觉得那里比德里更不适合我。在这种卑躬屈膝的气氛中，我感到局促不安。不过，我还是讲了不少话，只是没有一句是让官员们高兴的话，反而有几句难听的话。

我经常发传单，要求人们应征入伍。我用过的一个论点令专员很反感："在英国统治印度的诸多罪行中，历史将把剥夺整个国家武器的行为视为最邪恶的行为。如果我们想废除《武器法案》，如果我们想学习使用武器，这是一个绝好的机会。如果中产阶级在战争期间自愿帮助政府，政府会打消对我们的不信任，禁止持有武器的禁令也将被取消。"专员提到了这一点，并表示，尽管我们之间存在分歧，但他对我出席会议表示感谢，而我也客气地阐述了自己的观点。

以下是上文提到的给总督的信：

> 正如你所知道的，经过仔细考虑，我觉得必须告知阁下，由于我在4月26日致信中所述的原因，我不能参加会议。但是与您面谈之后，我说服自己参加了。不是出于其

他原因，而是出于我对您的尊重。至于我拒绝参加的理由，其中最重要的一条是会议没有邀请几个最具影响力的公众领导人，比如洛卡马尼亚·提拉克、贝桑特夫人和阿里兄弟。我还是觉得没有邀请他们参会是一个严重的错误。我想恭敬地提出建议，如果这些领导人可以被邀请协助政府，在省会议上发表他们的意见，错误可以被弥补。我也想冒昧地指出，任何政府都不能忽视这样的领导人，因为他们代表广大人民，尽管他们可能持有的观点与政府完全不同。当然，我高兴地看到各方代表可以在会议上自由地发表言论。就我而言，我有意避免在任职的委员会或在会议上提出自己的意见。我认为，只要对提交给会议的各项决议表示支持，我就能最好地为会议服务，我确实毫无保留地做到了这一点。我希望政府能够接受我的提议，尽快将口头承诺化为行动。我的具体提议随信附上。

我认识到，在这危险的时刻，我们必须像我们决定的那样，毫不吝惜、毫不犹豫地支持帝国，这样才能在不久的将来成为帝国的自治领地。带着尽快获得自治领地的美好期望，我们的确这么多做了。即使承担责任的表现会自动被赋予相应的权利，人们有权相信在您的讲话中提到的改革将体现在国大党联盟计划的一般原则中。我确信，正是这个信念让许多成员愿意向政府提供满腔热情的合作。

如果我能让同胞们回头，我要让他们撤回所有的国民国会党决议，不要在战争期间再提"自治"或"责任政府"。在帝国的关键时刻，我要让印度把所有健全的男儿都奉献给帝国。我知道，通过这一行动，印度将成为帝国中最受欢迎的合作伙伴，种族歧视将成为过去。但实际上，所有受过教育的印度人都决定采取这个不怎么有效的方法，如今已不能再说受过教育的印度人不会对民众产生任何影响。自从我从南非回到印度以来，我一直同农民们保持着最密切的联系，我想向你保证，自治的愿望已经广泛地渗透到他们之中。我出席了一届国大党会议，会议规定在一段时间内，应向英属印度提供一个完全的责任政府。我承认这是一项大胆的举措，但我确信，没有什么能比在尽可能短的时间内实现一个明确的自治计划更能使印度人民满意了。我知道在印度有很多人觉得，为实现这个目标做任何牺牲都是值得的，他们也清醒地意识到，要达到他们希望达到的最终状态，他们必须同样准备为帝国做出牺牲。因此，我们可以默默地、全心全意地致力于把帝国从危险中拯救出来，从而加快我们实现目标的进程。不承认这一基本事实，将会导致民族的衰亡。我们必须认识到，如果我们为拯救帝国而服务，我们就在这一行动中确保了地方自治。

我很清楚，我们可以把一切可用之人都交给帝国来进行保卫战，但我们在财政援助方面能做的有限。我与农民们的亲密交往使我知道，印度向帝国国库的捐款已经超出了它的承受范围。我知道，这也是我国大多数人的意见。

对我和许多人来说，这次会议让我们决定为了共同的事业而奉献生命。然而，我们所处的地位是特殊的。我们今天并不算帝国的伙伴。我们的奉献是基于对美好未来的希望。如果我没有明确而清楚地告诉你们这个希望是什么，就是对你们和我的国家不忠诚。我没有向你讨价还价的意思，但你应该知道，失望便意味着幻灭。

有一件事我不会忽略。你们呼吁我们消除国内的分歧。如果这指的是对官员的暴政和不当行为的容忍，我无法接受。我将竭力抵制有组织的暴政。我们要向官员们发出这样的呼吁：不要虐待任何一个人，学会协商和尊重每一个人。在凯达，曾经诅咒政府的人们现在认为，最有力量的不是政府，而是愿意为真理而受难的决心。因此，他们的苦楚正在消解，并意识到了政府必须是人民的政府，因为它容忍对于不公正的行为做出有秩序和恭敬的反抗。因此，查姆帕兰和凯达的运动是我对战争的直接、明确和特殊的贡献。让我停止朝向那个方向的活动，就是让我终止我的生命。如果我能推广使用精神力量，或是说用爱的力量来代替暴力，我将向您呈现一个能挑战全世界所有丑恶的印度。因此，无论何时，我都会约束自己，以我的生命来表达这永恒的痛苦法则，并将它呈现给那些关心的人，让他们接受。如果我参加任何其他的活动，动机也一定是表明该法则的无比优越性。

最后，我想请陛下的大臣们对穆斯林问题给予明确的保证。我相信你知道每个穆斯林都对他们很感兴趣。作为一个印度教徒，我不能对他们的事业无动于衷。他们的悲哀也是我们的悲哀。要确保帝国的安全，政府要以最谨慎的态度考虑这些土邦的权利，尊重穆斯林对于礼拜场所的宗教感情，以及公正和及时地处理印度对自治的要求。我写这篇文章，是因为我热爱英国，希望唤起每个印度人对英国的忠诚。

## 第152章 死亡之门

在征兵活动中，我差点毁了自己的身体。在那些日子里，我的食物主要是花生、黄油和柠檬。我知道吃太多黄油会损害健康，但我还是这样去做了。这使我得了轻微的痢疾。我没有太过在意这件事，那天晚上照常去了修行院。那时候我几乎不吃药。我想，如果自己少吃一顿饭就会好起来。事实上，当我第二天没吃早餐的时候，感觉自己完全没有问题。然而，我知道，要想完全康复，我必须延长我的禁食时间，如果一定要吃东西的话，就只能喝果汁。

那天是一个节日，虽然我已经告诉了嘉斯杜白我不吃午餐，但是她诱惑了我，我也屈服了。因为我发誓不喝牛奶或奶制品，她特意为我准备了加了油的甜麦片粥，加的是植物油，不是酥油。她还给我留了一大碗豆子汤。我很喜欢吃这些东西，便欣然接受了它们，既讨好了妻子又满足了口腹之欲。但是，魔鬼在等待机会。我吃得太多了，足以把死神招来。饭后不到一个小时，我的痢疾就卷土重来了。

那天晚上我必须要回纳迪亚德。虽然距离只有两公里，但是我费了很大的劲才走到萨巴马蒂车站。在艾哈迈达巴德，和我一起工作的瓦拉布先生看出了我身体不舒服，但我没有告诉他，我的疼痛有多难以忍受。

我们大约十点钟到达纳迪亚德。我们设在印度孤儿院的总部离车站只有半英里，但这对我来说就像十英里一样。我都不知道自己是怎么挣扎着回到了总部，但疼痛却在不断加剧。我没有使用离我很远的普通厕所，而是要求在隔壁房间里放一个便盆。我羞于提出这个要求，但没有办法。福尔昌德先生立即找到了一个便盆。所有的朋友都围在我身边，关心我的病情，但他们无法减轻我的痛苦。我的固执更使他们毫无帮助的办法。我拒绝了所有的医疗帮助。我不吃药，宁愿因自己的愚蠢而受到惩罚。于是，他们只能绝望地看着。短短的二十四小时内之内，我应该腹泻了三四十次。我开始禁食，连果汁都不喝，完全没有了胃口。我一直以为自己是铜墙铁壁，但我发现自己的身体现在变成了一摊烂泥，失去了一切抵抗力。康努加医生过来请求我吃药，我拒绝了。他提出要给我打一针，我也拒绝了。那时我对注射的无知是很可笑的，我认为注射的药物一定包含某种血清，后来才发现医生建议注射的是一种植物性物质。可是这种发现太晚了，已经不能使用了。我的腹泻还在继续，让我精疲力竭。精疲力竭引起了高烧。朋友们变得更紧张了，叫来了更多的医生。但是面对一个不听话的病人，他们又能做什么呢？

阿巴拉尔和他善良的妻子来到纳迪亚德，和我的同事商量之后，小心翼翼地把我带去了他在艾哈迈达巴德的莫扎浦尔平房里。在我生病期间，他们对我提供了无私的爱和服务。可是，我的低烧一直在持续，身体也一天比一天衰弱。我觉得这场病一定会持续很久，而且可能是致命的。当我在被阿巴拉尔家中被所有的爱护和关注包围时，我开始变得焦躁不安，催促他把我带到修行院。他不得不听从我的要求。

当我躺在修行院的床上受苦时，瓦拉比带来德国已被彻底击败的消息，而专员也写来了不再需要招募新兵的信件。我不用再为招募新兵而烦恼，这让我松了一口气。

我后来一直在用水疗法，这让我舒服了很多，但要让身体复原如初是一项艰巨的工作。太多医疗顾问的建议使我应接不暇，但我却无法说服自己接受任何东西。有两三个人建议用肉汤来代替牛奶，并引用了阿育吠陀的权威人士的意见。还有人强烈推荐我吃鸡蛋。但对他们所有人，我的答案只有一个字——不。

对我来说，饮食的问题并不是由印度教圣典的权威来决定的，而是与我的人生历程交织在一起，而我的人生历程所遵循的原则不再依赖于外在的权威。我不想以牺牲他们为代价来生活。当我对我的妻子、孩子和朋友毫不留情地执行这一原则时，我怎么能放弃尊重自己的原则呢？

这是我生命中第一次长期卧病在床，这给了我一个独特的机会来审视我的原则并检验它们。一天晚上，我陷入绝望，感到自己已到了死亡的边缘。我给阿纳苏雅白送了信，她立刻赶到了修行院。瓦拉比请来了康努加博士，他摸了摸我的脉搏，说："你的脉搏很好，我看绝对没有危险。这是由于极度虚弱而导致的神经衰弱。"但我一点也不放心，彻夜未眠。

天亮了，死神没有来，但我无法摆脱它即将来临的感觉，于是我开始把所有醒着的时间都用来听修行院里的人给我念《薄伽梵歌》。我无法阅读，几乎不想说话，最轻松的谈话都会使大脑紧张。我对生活的所有兴趣都停止了，因为我从来都不喜欢为生存而活着。在这样无助的状态中，我只能接受朋友和同事的服务，看着自己的身体慢慢地衰亡，真是一种极大的痛苦。

当我躺在那里等待死亡的时候，有一天塔瓦尔卡医生带着一个"怪人"来了。他来自马哈拉施特拉邦，没什么名气，但我一见到他，就发现他和我一样是个怪人。他是来给我治疗的。他在格兰特医学院学习，几乎完成了学业，但没有拿学位。后来我才知道他是梵教会的成员。他的名字叫克尔卡，是一个独立而固执的人。他擅长冰敷疗法，并想要用这种疗法来为我治疗。我们给他取了个"冰医生"的名字。他很有信心，认为自己发现了一种有资质的医生没有发现的东西。遗憾的是，我对他的方法没多少信心。在某种程度上，我相信他的疗法，但我担心他在得出某些结论时过于草率。

但无论他的发现有什么价值，我都允许他在我的身体上做实验,因为我不介意外部治疗。这种治疗方法是在全身冷敷冰块。虽然我不赞同他的治疗对我造成了很大的影响这种说法,但我确实感到它为我的身体注入了新的希望和新的能量。我开始有了食欲,并且可以慢慢地走五到十分钟。到了这个阶段,他建议对我的饮食进行改革。他说:"我向你保证,如果你吃生鸡蛋,你会更有活力,恢复体力更快。鸡蛋和牛奶一样无害。它们当然不能归入肉类,你知道所有的卵都没有受精吗?市面上出售的都是不能孵小鸡的鸡蛋。"然而,我连不准备孵小鸡的鸡蛋都不准备吃。不过,我身体的好转足以让我对公共活动产生兴趣了。

## 第153章 劳莱特法案与我的困境

我的朋友和医生都向我建议,要我去马特朗,说这样我就能很快康复。我去了那里,但是马特朗的水质非常硬,这使得我在那里的生活非常困难。由于痢疾,我的肛门变得非常脆弱,由于裂伤,我在排便时会感到剧痛,所以一想到要吃东西我就害怕。住了不到一周,我便不得不逃离马特朗。山卡拉尔·班克现在成了我健康的守护者,他敦促我去咨询达拉尔博士。于是,我找来了达拉尔医生,他能迅速做出决定的能力吸引了我。

他说:"除非你喝牛奶,不然我不能让你的身体复原。此外,如果你还愿意注射铁和砷,我保证会彻底修复你的身体。"

"你可以给我打针,"我回答,"但是牛奶是另一个不同的问题了,我发过誓不这么做。"

"你的誓言到底是什么性质的?"医生问道。

我告诉了他，我的誓言背后所有的渊源和理由，以及自从我知道了奶牛被榨干了最后一滴奶的悲惨遭遇，我就产生了对牛奶的强烈厌恶。此外，我一直认为牛奶不是人类的自然饮食。因此，我完全放弃了它。嘉斯杜白站在我的床边，一直在听我的谈话。

"但是你肯定不会介意山羊奶。"她插嘴说。

医生也趁机加上了一句："如果你喝山羊奶，对我来说就足够了。"

我低下了头。我强烈渴望去参加"非暴力主义"运动，这使我产生了强烈的生存欲望，所以我只坚持我的誓言字面上的意思，而牺牲了它的精神。因为我立誓的时候，心里只有奶牛和水牛的奶，其实它应该自然地包括了所有动物的奶。只要我认为动物奶不是人类的自然饮食，我就不应该喝。我知道这一切，却还是喝了山羊奶。事实证明，生存的意志比对真理的忠诚更强大，而真理的忠实信徒却因为渴望参加"非暴力主义"运动，而损害了他神圣的理想。直到现在，每当想到这段记忆，我的胸口还会发酸，而悔恨也会涌上心头。我一直在思考如何放弃羊奶，但我还不能从诱惑中解脱出来，诱惑中最微妙的一种渴望就是对于服务的渴望，而它仍然支撑着我不断喝下羊奶。

作为我"非暴力主义"研究的一部分，我在饮食方面的经验是很宝贵的。他们是我的娱乐方式，给我快乐。但我今天食用的羊奶，与其说是来自饮食方面的问题，不如说是来自事实方面的问题，因为我这种举动无异于违背了誓言。在我看来，相对于"非暴力主义"，我更追求真理。我的经验告诉我，如果我放弃对真理的追求，我将永远无法解开"非暴力主义"之谜。若要追求真理，就必须同时遵守誓言的字面意思和精神内涵。在目前的情况下，我只遵循它的外在形式，杀死了誓言的精神内涵，这就是我痛苦的来源。但是，尽管我知道得很清楚，却还是看不清前方的路。换句话说,也许我没有勇气走正道。说到底,本质上两者一样,因为怀疑总是由缺乏信仰或信仰薄弱造成。因此,我日夜祈祷:"神啊,请您赐予我信仰吧。"

在我开始吃羊奶后不久,达拉尔医生给我做了一个成功的裂口缝合手术。当我复原的时候,我对生命的渴望又复活了,尤其是因为神已经为我准备好了工作。

我几乎刚刚开始康复,就偶然在报纸上读到劳莱特委员会刚刚发表的报告,其中的建议令我非常诧异。山卡拉尔·班克和乌玛·索巴尼找到我,建议我应该立即对此事采取一些行动。大约一个月后,我去了艾哈迈达巴德。我也对几乎每天都来看我的瓦拉比提起了内心的忧虑。"一定要做些什么。"我对他说。"但是在这种情况下我们能做什么呢?"他问道。我回答道:"我们可以联名签署反对书,如果他们不顾反对通过了议案,我们就立即进行非暴力不抵抗运动。"如果我不是卧病在床,我应该会单枪匹马去与他们斗争,并期望其他人也能效仿。在目前这种无可奈何的情况下,我觉得自己完全不能胜任这项任务。

这次谈话的结果使我决定召集与我有联系的人举行一次小型会议。在我看来,劳莱特委员会的建议完全无法根据其报告中公布的证据成立,而且我认为,任何有自尊心的人都不会接受这些建议。

会议最后在修行院举行,被邀请来参会的不足二十人。在我印象中,除瓦拉比外,还有萨罗基尼·奈都夫人、霍尼曼先生,现在已故的乌玛·索巴尼先生、山卡拉尔·班克先生以及阿纳苏雅白夫人。"非暴力主义"的誓约就是在这次会议上起草的,我记得所有在场的人都签署了誓约。当时我并没有主编任何刊物,但我偶尔会通过日报发表自己的观点。这一次我也遵循了这个惯例。山卡拉尔·班克先生认真地开始了工作,这是我第一次了解到他出色的组织能力和持久的工作能力。

在我看来，要运用"非暴力主义"运动这种新武器开展斗争，依靠现有机构是不行的，因此我建议成立了一个名为"非暴力主义国会"的独立机构。它的主要成员都来自孟买，因此，它的总部也设在孟买。意向立约人开始大量签署"非暴力主义承诺"，并发布公告，各地开始举行民众会议，这都是凯达运动中熟悉的特征。

我成为非暴力主义国会主席。我很快就发现，我和组成这个国会的知识分子之间存在很大分歧。我坚持在国会使用古遮拉特语发言，以及我的其他一些看起来很奇特的工作方法，都给他们带来了不小的担忧和尴尬。不过，我得说，他们大多数人都慷慨地容忍了我的怪癖。

但从一开始，我就清楚地看到，非暴力主义国会不太可能坚持很久。我可以看出，我对真理的强调已经开始受到一些成员的厌恶。尽管如此，在它的早期阶段，我们的新活动仍在全速进行，运动也迅速地发展起来。

# 第154章　联合罢工

因此，一方面，反对劳莱特委员会的报告声势愈加壮大，另一方面，政府越来越坚定地执行其建议，并发布了《劳莱特法案》。我一生中只参加过一次印度立法院的审议，就是在就这项法案进行辩论的时候。沙斯特里吉发表了一篇充满激情的演讲，在演讲中他向政府发出了严肃的警告。总督似乎在全神贯注地听着，他的眼睛盯着沙斯特里吉，而沙斯特里吉滔滔不绝地说着话。那一刻，我觉得总督似乎无法不被它深深打动，它是如此真实，如此充满感情。

一个人真的睡着了,你才能叫醒他;如果他只是假装睡觉,你所做的任何努力都不会对他产生影响。这正是政府的立场。它只急于将这个法案以法律形式通过。它其实已经做出了决定。因此,沙斯特里吉的郑重警告完全被政府无视。

在这种情况下,我的话也没有分量。我诚恳地请求总督不要立法,我给他写私人信件和公函,清楚地告诉他,如果政府一意孤行,我们只能求助于"非暴力主义"运动。然而,这一切都是徒劳的。

该法案尚未作为法律在宪报上刊登。我的身体非常虚弱,但当我收到马德拉斯的邀请时,还是决定冒着长途旅行的风险去一趟。当时我无法在会议上高声说话,一站起来我的整个身体都会颤抖。不能站在原地发言的情况如今仍然存在,我努力尝试站着发言,无论站多久。

我在南方感觉很习惯。多亏了我在南非的工作,这让我觉得自己对泰米尔人和德鲁古人有某种特殊的权利,而南方善良的人民也从来没有辜负过我的信任。请柬是由现在已故的卡斯杜里·朗格·艾杨伽签发的,但后来,在我去马德拉斯的路上才发现,邀请我的人是拉贾戈帕拉查里。这是我们二人第一次见面,或者说第一次真正认识彼此。

拉贾戈帕拉查里直到最近才离开塞勒姆,来到马德拉斯成为执业律师。他的前来是应卡斯杜里·朗格·艾杨伽等朋友的不断邀请,也是为了在公众生活中发挥更积极的作用。在马德拉斯的时候,我们就住在一起。这是我和他待了几天后才发现的。因为我们住的平房是属于卡斯杜里·朗格·艾杨伽的。我以为我们是他的客人。然而,马哈德夫·德赛纠正了我。他很快就和拉贾戈帕拉查里熟识了。拉贾戈帕拉查里由于天性害羞,一直躲在幕后。但是马哈德夫让我开始关注起他来。有一天,他对我说:"你应该培养这个人。"

我听从他的话，这样做了。我们每天一起讨论斗争计划，但除了召开公开会议之外，我想不出任何其他方案。如果劳莱特法案最终被通过成为法律的话，我会感到束手无策，不知道该如何对其进行非暴力的反抗。只有政府给了机会，人们才能不服从。如果没有这个机会，我们能否文明地违反其制定的法律呢？如果是这样的话，那么底线在哪里？这些问题和许多其他类似的问题构成了我们讨论的主题。

卡斯杜里·朗格·艾杨伽召集了一个小型的领导人会议来研究这个问题。维亚拉伽瓦查理先生就是其中一个引人注目的参与者。他建议我写一本关于"非暴力主义"的科学综合手册，其中甚至要包含一些很小的细节。我觉得这个任务超出了我的能力范围，也向他坦白了我的想法。当这些设想还在继续时，便收到劳莱特法案作为法律被公布的消息。那天晚上我在思考这个问题的时候睡着了。快到凌晨的时候我醒了，比平时醒得早了一些，不过仍然处在半梦半醒的状态。突然，我有了一个想法——就像在做梦一样。一大早，我就把整个故事讲给了拉贾戈帕拉查里听。

"昨晚我在梦中想到一个主意，我们应该号召全国举行联合休业罢工。'非暴力主义'运动是一个自我净化的过程，而我们是在做神圣的战斗。在我看来，它应该以自我净化行为开始。因此，让所有的印度人民在那一天暂停他们的生意，以禁食和祈祷的方式来度过这一天。穆斯林人的断食不超过一天，所以禁食的时间应该设为24小时。很难说是否所有的州县都会响应我们的呼吁，但我对孟买、马德拉斯、比哈尔和信德相当有信心。我认为，即使只有这些地方响应，我们也应该有充分的理由感到满意了。"

拉贾戈帕拉查里立刻接受了我的建议。其他的朋友听到这个主意也很赞成。我起草了一份简短的倡议书。联合罢工的日期最初定在1919年3月30日，但后来改为4月6日。因此，人们只得到了一个简短的通知。由于这项工作必须立即开始，所以不可能再多做安排了。

但谁会预料道这件事的结果呢？整个印度，从这一头到那一头，无论是城镇还是村庄，都在这一天举行了一次彻底的联合罢工。这是一个非常惊人的壮举。

## 第155章　难忘的一周（上）

在印度南部短暂的旅行之后，我到达了孟买。大概在4月4日，我收到了来自山卡拉尔·班克的电报，邀请我出席4月6日的庆典活动。

但与此同时，德里已经在3月30日举行了联合罢工。已故的哲人沙达罕南吉和哈基姆·阿加马尔·汗在那里非常有权威。那份把联合罢工推迟到4月6日的电报传到那里已经太晚了。德里从未有过那样盛大的罢工活动。印度教徒和穆斯林似乎像一家人一样团结在一起。哲人沙达罕南吉受邀去朱玛清真寺发表演讲，他也应邀前往了。这一切都超出了当局的承受能力。警察检查了向火车站行进的罢工游行队伍，还开了枪，造成了一些人员伤亡，镇压在德里率先开始了。沙达罕南吉紧急召唤我去德里。我回了电报，说自己将在4月6日孟买的庆典活动结束后立即动身前往德里。

发生在德里的故事在拉合尔和阿姆利则也陆续上演。萨提亚帕尔博士和基切鲁博士从阿姆利则向我发出了紧急邀请。当时我完全不认识他们，但我告诉他们，我打算在德里之后前往阿姆利则。

4月6日早晨,孟买成千上万的市民聚集在乔帕提海滩上沐浴,又一起前往塔库德瓦。游行队伍中有许多妇女和儿童,众多的穆斯林同胞也赶来参加。我们中的一些人被穆斯林朋友从塔库德瓦带到附近的一个清真寺,奈都夫人和我被说服去发表演讲。韦达拉斯·杰拉加尼提议,印度教徒应该和穆斯林当场结盟,许下团结的承诺。但我表示反对,因为我认为草率宣誓不妥,而且目前的形势已经达到了预期效果。我曾经说过,一旦做出了承诺,就不能再被打破。因此,必须让群众清楚地认识到两教结盟的承诺所涉及的问题,并充分认识到所有有关各方对印度教和穆斯林团结的承诺所应承担的责任。最后,我建议那些愿意许下承诺的人第二天早上再次集会。

毫无疑问,孟买的联合罢工是完全成功的。开始非暴力反抗的条件已经基本成熟。在这个问题上,已经针对三件事做了讨论。我们决定,非暴力反抗只能在法律允许的情况下进行。盐税非常不受欢迎,为了废除它已经有过一场声势浩大的运动。因此,我建议人们不顾关于盐税的法律,在自己家中用海水制盐。我的另一个建议是销售禁书。我的两本书,也就是《印度自治》以及用古遮拉特语改编的罗斯金《给未来者言》已经被禁止了,而公开印刷和出售它们似乎成了抗争的最简单方式。于是我们印刷了足够多的书,并安排在禁食完成的那晚国会结束时出售。

4月6日晚上,一群志愿者带上了禁书去人群中出售。我和萨罗基尼·德维夫人都坐车出去了。所有的书很快就卖完了。出售所得的款项用于进一步促进"非暴力主义"运动。这两本书的定价都是4安那,但在我印象中没有人按照标价付钱,很多人都是把口袋里的钱倒出来买书。5卢比和10卢比的钞票源源不绝地被塞到我们的手中,我记得有个购买者给了50卢比!我们向人们解释,他们可能会因购买被禁售的书而被逮捕和监禁。但是,他们那时已经摆脱了对监狱的恐惧。

后来我们听说，政府很方便地找了个说法，说我们卖的并不是禁书，重印的是被禁止的书籍的新版本，而出售这些书并不构成犯罪。这消息让大家都很失望。

第二天上午，又举行了另一次会议，讨论印度教与穆斯林联盟的问题。韦达拉斯·杰拉加尼第一次意识到，并非所有的金子都闪闪发光。只有少数人来参加会议，我清楚地记得当时在场的只有几位姐妹，出席的男人很少。我已经起草了誓言并带到了会场，并给在场的人详细地解释了它的意思，然后才把誓言交给他们。出席的人数太少既不令我痛心，也没有令我意外，因为我已经注意到了大家对工作内容的态度差异：喜欢激动人心的工作，不喜欢做静态的建设性努力。这种差异一直延续到今天。

这一主题我会在下文中单独详述。回到上文的故事，4月7日晚上，我动身前往德里和阿姆利则。4月8日到达马图拉时，我第一次听到关于我可能被捕的传闻。在马图拉之后的下一站，阿查里亚·吉德瓦尼来接我，告诉了我将面临逮捕的确切消息，并说如果我需要的话，他将为我提供服务。我对他的好意表示感谢，并向他保证，如果有必要的话，我一定会找他。

火车到达帕尔瓦尔火车站之前，我收到了一份书面命令，大意是禁止我跨越旁遮普的边界，因为我在那里的存在很可能会干扰和平。警察让我下火车。我拒绝了："我想去旁遮普省，是为了响应一个并不会煽动动乱的紧迫邀请，也是为了缓和局势。因此，我很抱歉，我不能遵守这个命令。"

火车终于到达了帕尔瓦尔。马哈德夫和我在一起。我请他前往德里，向哲人沙达罕南吉转达现在的情况，并请人们保持镇定。我还要他替我解释，为什么我决定违抗禁止入境的命令并甘愿收费，而且，他还要强调，不论我受到任何处罚，只要民众保持冷静，那么胜利一定是属于我们。

在帕尔瓦尔火车站，我被带出火车并被警方拘留。从德里来的火车很快就来了，他们要我上了一个三等座车厢，警察也一同随行。一到马图拉，我就被带到警察局，但是没有一个警察能告诉我，他们打算怎么处置我，或者下一步我要被带到哪里。第二天凌晨4点，我被叫醒，上了一列开往孟买的货车。中午的时候，我又被迫在索瓦马多普尔下车。从拉合尔乘邮车来的督察鲍林先生现在接管了我。我和他一起坐在一等座车厢，我从一个普通的囚犯变成了一个"绅士"囚犯。这位军官开始长篇大论地赞美迈克尔·奥德维尔爵士。他说，迈克尔爵士对我个人没有任何反对意见，只是他觉得如果我进入旁遮普，可能会干扰当地的和平。最后，他要求我自愿回到孟买，并同意不再穿过旁遮普的边境。我回答说，我不可能遵守这个命令，而且我也不准备自愿回去。于是，那军官没有什么别的办法，就告诉我，他必须对我执行法律。"可是你想拿我怎么办？"我问他。他回答说他自己也不知道，但正在等待进一步的命令。"现在，"他说，"我要带你去孟买。"

我们到达了苏拉特。在这里，我被指派给了另一名警官。"你现在自由了。"我们到达孟买时，那军官对我说。"不过，比较好的做法是，"他补充说："你在海岸线站下车，我可以让火车在那儿停下。科拉巴站会有很多人。"我告诉他，我很乐意照他的安排去做。他很高兴地为此感谢了我。于是，我在海岸线站下了车。一个朋友的马车刚好经过，捎了我一程，把我带去了列瓦商卡·哈维利家。那个朋友告诉我，我被捕的消息激怒了人们，大家都怒不可遏。他还说，在皮德胡尼附近，每分钟都有暴动，当地官员和警方已经抵达那里。

我才到目的地，乌玛·索巴尼和阿纳苏雅白就来了，要我立刻到皮德胡尼去。"人们已经无法忍耐了，非常激动，"他们说，

"我们无法安抚他们,只有你才能做到。"

我上了车。到了皮德胡尼附近,我看到一大群人聚集在一起。人们一见到我便欣喜若狂。他们很快就形成了一个游行队伍,"祖国母亲万岁"和"真主至大"的喊声响彻云霄。在皮德胡尼,我们看到了一个骑警团。砖块像雨一般从天而降。我恳求大家冷静下来,但似乎我们无法逃脱这场砖雨。游行队伍从阿布杜尔·拉赫曼大街出发,正准备向克劳福德市场走去时,突然发现有一群骑警正迎面走来,阻止了他们继续前进。人群你拥我挤地几乎冲破了警戒线。在这样声势浩大的阵势下,完全无法听到我的声音。就在这时,骑警的负责人下令驱散人群,骑警立刻向人群冲去,他们一边走一边挥舞长矛。有一瞬间,我觉得自己会受伤,但我的担心是毫无根据的,当长矛骑兵飞快地从我身边经过时,长矛刚好擦过汽车。人们的队伍很快就分散了,他们陷入了彻底的混乱,很快就变成了溃败。一些人被踩在脚下,一些人被严重挤伤。汹涌的人群中,马儿几乎没有地方可以通过,人也几乎无路可走。于是,长矛兵们盲目地在人群中开路。我简直不敢想象他们冲着人们挥舞长矛的情形。骑警和百姓混成一团,呈现出一副可怕的景象。

人群被分散了,游行无法再继续,我们又可以开车前行了。我吩咐车开到警察局长办公室前,然后下车向他投诉警察的行为。

## 第156章 难忘的一周(下)

于是我去了格里菲斯先生的办公室。在通往办公室的楼梯上,我看到士兵们从头到脚全副武装,仿佛在进行军事行动。阳台上骚动不断。当我获准进入办公室时，我看到鲍林先生和格里菲斯先生坐在一起。

我向格里菲斯先生描述了自己的所见所闻。他简短地回答说："我不希望游行队伍进入克劳福德市场，因为那里一定会发生骚乱。当我看到人们不听劝导时，我忍不住命令骑警在人群中冲锋陷阵。"

"可是，"我说，"你知道后果是什么吗？这些马肯定会踩踏到人。我认为没有必要派骑兵部队前去。"

格里菲思说："你不能确定。我们警察比你更清楚你的学说对人民的影响。如果我们不采取严厉措施，局势就会失控。我告诉你，人们肯定会不受你的控制。他们很快就会不服从法律的约束，他们无法理解保持和平的责任。我对你的意图毫不怀疑，但人们不会理解这些。他们只会追随自己的本能。"

"就是这一点我不同意，"我回答，"人民的天性不是暴力，而是和平。"

我们就这样争论了很久。最终，格里菲思先生说："但是如果你确信你的学说已经被人们遗忘了，你会怎么做？"

"如果真是那样的话，我会停止非暴力反抗。"

"你是什么意思？你告诉鲍林先生，你一被释放就会去旁遮普。"

"是的，我想乘下一班火车去，但是今天是不可能了。"

"如果你再耐心点，就会看到我跟你说的事。你知道艾哈迈达巴德发生了什么吗？在阿姆利则发生了什么？人们几乎疯了。我还没有掌握所有的事情。有些地方的电报线被切断了。我告诉你，这些骚乱的责任都在你身上。"

"我向你保证，无论我在什么地方发现这种情况，我都会欣然接受它。但是，如果我发现艾哈迈达巴德有骚乱，我将感到非常痛苦和惊讶。我不能为阿姆利则辩护，因为我从未去过那里，那里没有人认识我。但即使是关于旁遮普，我也确信，如果旁遮普政府不阻止我进入旁遮普，我就能确保那里维持和平。他们阻止我，给了人民不必要的挑衅。"

我们没有达成统一意见，一直争论不休。我告诉他，我打算在乔帕提的会议上讲话，要求人们保持和平，并向他告别。会议在乔帕提的沙滩上举行。我详细地谈到了非暴力的义务和非暴力抵抗的底线，并说："非暴力抵抗本质上是真理的武器。一个非暴力主义者承诺不使用暴力。除非人们在思想、语言和行为上遵守这一点，否则我无法开展大规模的非暴力抵抗运动。"

阿纳苏雅白也收到了艾哈迈达巴德骚乱的消息。有人散布谣言说她也被捕了。磨坊工人对这则消息非常愤怒，发生了罢工和暴力行为，有一个警官被打死了。

我赶去了艾哈迈达巴德。我得知有人试图在纳迪亚德火车站附近毁坏铁轨，一名政府官员在维兰加姆被杀害，艾哈迈达巴德处于戒严状态。当地的民众惊恐万分，他们做出了过激的暴力行为，现在政府要连本带利地向他们讨回来。

一个警察在车站等着护送我去见警察局长普拉特先生。我发现他带着怒意。我和颜悦色地对他说话，并对这些骚乱表示遗憾。我对他说，我认为戒严令是不必要的，并告诉他我愿意为了恢复和平而尽力进行合作。我请求允许在萨巴马蒂修行院的场地举行公开会议。这个建议对他很有吸引力，我记得会议是在4月13日，一个星期天举行的，戒严令在当天或第二天就被撤销了。会议中，我试图让人们知道自己的行为是错误的，并宣布我将禁食三天进行忏悔，也呼吁人们禁食一天，并建议那些犯有暴力行为的人承认他们的罪行。

我清楚地看到了我的职责。我发现那些工人，那些我在他们中间待了很长时间的工人，我在他们中间服务过的工人，以及我所期望能变得更好的工人，都参加了暴动，我感到自己是他们罪责的共同承担者。正如我建议人们承认他们的罪行一样，我建议政府宽恕这些罪行。但是双方都不接受我的建议。

已故的拉曼爵士和艾哈迈达巴德的其他市民向我提出了希望暂停非暴力抵抗的建议。其实这一呼吁是不必要的，因为我已经下定决心，只要人们还没有从和平中吸取教训，就要中止非暴力抵抗。那些朋友们高兴地走了。

然而，也有一些人对这个决定不满意。他们认为，如果我期望各地都能实现和平，并把它视为开展非暴力抵抗运动的先决条件，那么大规模的非暴力抵抗运动将是不可能的。很抱歉，但是我不同意他们的意见。如果我所共事过的那些人，以及那些我希望为非暴力和自我折磨做好准备的人，都无法成为非暴力主义者，那么非暴力抵抗运动肯定是不可能的。我坚定地认为，那些想要领导人民的人，应该能够使人民处在他所期望的非暴力限度之内。直至今天，我依然持同样的观点。

## 第157章　"喜马拉雅山般的大错"

在艾哈迈达巴德的会议之后，我马上去了纳迪亚德。在这里，我第一次使用了"喜马拉雅山般的大错"这个短语，这个短语后来广为流传。在艾哈迈达巴德，我就已经对自己的错误有了模糊的认识。但当我到达纳迪亚德，看到事情的实际状况，听到有很多人在凯达被捕后，我才突然明白，我犯了一个严重的错误。我不应该在凯达和其他地方过早发动非暴力抵抗运动,我直到现在也这样觉得。我在一个公开会议上发表了讲话。我的供认使我遭受了不少的嘲笑。但我从来没有后悔做过那样的忏悔。因为我一直认为,只有当一个人用凸透镜看到自己的错误,而用凹透镜看到别人的错误时,他才能相对公平地看待二者。我更加相信,对一个想成为非暴力主义者的人来说,一丝不苟地遵守这一规则是必要的。

现在在让我们看看"喜马拉雅山般的大错"是什么。在一个人能够适应"非暴力主义"的实践之前,他必须愿意和尊重地遵守国家法律。在很大程度上,我们遵从这些法律是出于对其违反行为的惩罚,而这一点在法律上尤其适用,因为它不涉及道德原则。例如,一个诚实的、受人尊敬的人不会突然偷窃,不管是否有法律禁止偷东西。可同样一个人,如果违背了天黑后骑自行车必须开灯的规定,却感觉不到自己犯了错。就算有人善意地提醒他这一点,他也不见得能接受。只有在相关处罚条例的威慑下,他才会遵守此类强制性规则。然而,这种顺从并不是"非暴力主义"所要求的自愿和自发的服从。非暴力主义者遵守社会的法律和他自己的自由意志,因为他认为这样做是他的神圣职责。只有当一个人这样一丝不苟地遵守了社会法则,他才能判断哪些特定的规则是好的、公正的,哪些是错的、不公正的。只有这样,他才有权利对某些法律的民事不服从行为做出裁决。我的错误在于我没有遵守这个必要的前提限制。在他们尚未具备资格的时候,我就号召人民开始了非暴力反抗,而这个错误在我看来是喜马拉雅山般的大错。我一进入赫达区,所有关于非暴力抵抗斗争的回忆就都涌回到了我的脑海里,我不知道自己为什么没有意识到这些,因为它是如此地显而易见。我意识到,在一个民族能够做出非暴力反抗之前,他们应该充分理解它的深层含义。既然如此,在重新开始大规模非暴力反抗运动之前,如果有必要的话,那就要培养一群久经考验、心地纯洁的志愿者，他们必须完全理解非暴力抵抗运动的严格条件。他们可以向人民解释这些，并通过永不放松的警觉使他们走上正确的道路。

带着这些想法，我来到了孟买，在那里通过非暴力主义国会培养了一批非暴力抵抗运动志愿者，并在他们的帮助下，我开始教育人们关于"非暴力主义"的含义和内在意义的工作。这主要是通过发放关于这一主题的具有教育意义的手册来实现的。

但是，当这项工作正在进行时，我可以看到，要使人们对"非暴力主义"的和平一面感兴趣是一项艰巨的任务。同时，也没有招募到大量志愿者。实际上，报名参加了的这些人，也没有接受过正规的系统训练。随着时间的流逝，新增人数的数量开始逐渐减少，而不是增加。我意识到，对于非暴力抵抗的训练进展不会像我最初预期的那样快。

# 第158章 《新生活》和《印度青年》

因此，尽管非暴力运动正在稳步推进，但政府也在不顾一切地进行镇压，而且这一点在旁遮普邦赤裸裸地显示了出来。领导者被逮捕，戒严法也就是"禁止法"被宣布，还成立了特别法庭。这些法庭不是司法法庭，而是执行独裁者任意意志的工具。判决毫无根据，公然违反司法公正。在阿姆利则，无辜的男女被迫像虫子一样在地上爬行。在我看来，这些暴行令得札连瓦拉园惨案都黯然失色，虽然札连瓦拉园发生的屠杀引起了印度人民和世界人民的注意。

无论后果如何，我都必须立即前往旁遮普。我写了信，也给总督发了电报,请求允许我去那里,但都没有回音。如果我没有得到许可,就无法越过旁遮普邦的边界,而只能以非暴力反抗作为慰藉。因此,我面临着一个困难的抉择。就目前的情况来看,违反禁令进入旁遮普在我看来很难归类为非暴力反抗,因为我没有看到周围有我想要的和平气氛,而在旁遮普大肆的镇压行为进一步加剧和深化了怨恨。因此对我来说,在这样的时候,即使有可能做出非暴力抵抗,也会像是在煽风点火。因此,尽管朋友建议,我还是决定不去旁遮普。这对我来说是一颗难以下咽的苦果。旁遮普每天都有关于等级不公和压迫的事情在发生,但我所能做的就是无助地坐在一旁咬牙切齿。

就在那时,《孟买纪事报》在霍尼曼手中成了一股强大的力量,但他突然被当局驱逐出境了。在我看来,政府的这一行为是一种令人作呕的举动。我知道霍尼曼先生从来没有想过要破坏法律。他甚至不喜欢我在未经非暴力主义国会委员会允许的情况下违反旁遮普政府的禁令,并且完全赞同中止非暴力抵抗的决定。由于孟买和艾哈迈达巴德之间的距离,我在宣布中止非暴力抵抗之后才收到了他的信。因此,他突然被驱逐出境让我既痛苦又惊讶。

由于这些事态的发展,《孟买纪事报》的董事们要求我承担领导这份刊物的责任。布雷维先生已经在那里工作了,所以我没有太多事要做,但是像往常一样,按照我的性格这项责任将变成一种额外的负担。但政府却令我得以脱身,因为政府命令《孟买纪事报》暂停出版。

管理《孟买纪事报》的朋友们,即乌玛·索巴尼和山卡拉尔·班克,同时也管理着《印度青年》。他们建议,鉴于《孟买纪事报》受到压制,我现在应该担任《印度青年》的编辑,而为了填补《孟买纪事报》留下的空白,应该把《印度青年》从周刊改为两周刊。我也觉得应该这样。我急于向公众阐明"非暴力主义"的内在含义，也希望通过这一努力，我至少能够公正地对待旁遮普局势。因为，在我所写的一切背后，都有潜在的"非暴力主义"，而政府也知道这一点。因此，我欣然接受了这些朋友的建议。

但是，如何能通过英语来让普通民众接受"非暴力主义"的培训呢？我的主要工作领域是古遮拉特邦。当时，印杜拉尔·亚基尼克先生与索巴尼和班克有联系，他管理的古遮拉特语月刊《新生活》得到了这些朋友的资金支持。他们这个月刊也供我使用，而印杜拉尔也愿意继续在《新生活》工作下去，我们便将这个月刊改为了周刊。

后来，《孟买纪事报》被解除了禁令，《印度青年》因此恢复了周刊的形式。从两个不同的地方出版这两份周刊，对我来说是非常不方便的，而且费用也更高。《新生活》已经在艾哈迈达巴德出版了，《印度青年》也在我的建议下搬去了那里。

做出这个改变还有其他原因。我已经从《印度舆论》中了解到，这样的期刊需要有自己的出版社。此外，按照当时印度的出版法相关规定，如果我想不受约束地表达自己的观点，现有的出版社自然是为商业运作的，它们会犹豫是否可以出版。因此，建立我们自己的新闻机构的必要性变得更加迫切，因为只有在艾哈迈达巴德才能方便地做到这一点，《印度青年》也必须被带去那里。

通过这些刊物，我现在开始尽自己所能向公众传播"非暴力主义"。这两种期刊销量都很好，一度都达到四万本左右，但是当《新生活》发行量不断上升的时候，《印度青年》却增长缓慢。在我被监禁之后，这两种期刊的发行量都跌到了低谷，今天还不到八千份。

从一开始，我就坚决反对在这些期刊上刊登广告。我不认为它们因此失去了什么。相反，我认为这在很大程度上有助于它们保持独立。

顺便提一句，这些期刊也在某种程度上帮助我保持了内心的平静，因为虽然不可能立即诉诸非暴力抵抗，但它们使我能够自由地表达自己的观点，并向人民表达自己的心声。因此，我觉得这两本杂志在这个经受考验的时刻为人民提供了很好的服务，并为揭露戒严的暴政奉献了它们的微薄之力。

## 第159章　在旁遮普

迈克尔·奥德维尔爵士要求我对旁遮普发生的一切事情负责，而愤怒的旁遮普青年要求我对戒严负责。他们断言，如果我不停止非暴力抵抗，就不会有札连瓦拉园大屠杀。他们中的一些人甚至威胁，如果我去旁遮普邦就要暗杀我。

但我觉得我的立场是如此正确，毫无疑问，任何聪明人都不会误解它。我迫不及待地想去旁遮普。我以前从来没有去过那里，这使我更加渴望亲眼看看。邀请我去旁遮普邦的萨提亚帕尔博士、克其利博士和朗姆哈吉·杜特·乔德哈利·潘迪特博士，此刻都已被关进了监狱。但我确信，政府不敢把他们和其他因犯关在监狱里太久。每当我在孟买的时候，都有大量的旁遮普人来找我。在这种场合，我曾向他们说过一句鼓励的话，这些话很好地安慰了他们。我那时的自信很具有感染力。

但我去旁遮普邦的计划不得不一再推迟。每当我请求去那里的时候，总督就会说："还不是时候。"

与此同时，亨特委员会宣布对旁遮普政府在戒严令下的行为进行调查。西·弗·安德鲁斯先生现在已经到了旁遮普。他在信中做了令人痛心的描述，戒严法的暴行实际上比媒体报道的还要严重。他急切地催我和他一同前往。与此同时，马拉维亚吉给我发了电报，要求我立即前往旁遮普。我又给总督发了电报，问我现在是否可以去旁遮普。他给我回了电报，回答说我可以在某个日期后去那里。我现在想不起来具体是哪天了，在我印象中似乎是10月17日。

在我到达拉合尔时，我亲眼看见的情景永远不会从我的记忆中抹去。整个火车站里都是熙熙攘攘的人群，所有的民众都殷切地等候着我，仿佛是迎接一个许久不见的亲戚，他们高兴得发狂。我被安置在现在已故的朗姆哈吉·杜特的平房里，接待我的重任落在了萨拉·德维夫人的肩上。这确实是一种负担，因为即使在那时，我所住的地方也是这样有许多人前来拜访。

我发现，由于旁遮普的主要领导人被关进了监狱，他们的位置被马勒维耶吉·吉潘迪特、穆蒂拉尔吉·潘迪特和现在已故的哲人沙达罕南吉占据。马勒维耶吉和沙达罕南吉我以前就熟识，但这是我第一次与穆蒂拉尔吉接触。这些领导人和那些逃过牢狱之灾的地方领导人，立刻让我有了一种宾至如归的舒适感，我在他们中间丝毫没有感到自己对他们来说是一个陌生人。

我们一致决定不为亨特委员会提供证据，这已成了历史问题。当时公布了做出这一决定的原因，这里也无须重述。我只想说，过了这么长时间，再回顾这些事件，我仍然认为我们抵制委员会的决定是绝对正确和适当的。

出于对亨特委员会抵制的合理结果，委员会决定任命一个非官方的调查委员会来代表国大党进行几乎平行的调查。莫提拉尔·尼赫鲁潘迪特，现在已故的德什班度·西勒·达斯、阿巴斯·铁布吉先生、姆·勒·伽亚卡先生和我都被马勒维耶吉指定为这个委员会的委员。为了调查，我们都被分派到不同的地方。

我负责组织委员会工作，由于对最多地方进行调查的责任落在了我的肩上，我得到了一个难得的近距离观察旁遮普和旁遮普人民的机会。

在我的调查过程中，我也认识了旁遮普的妇女。就好像我们彼此相识已久。我所到之处，她们都蜂拥而来，把成堆的纱线送到我的面前。我在调查中所做的工作使我认识到，旁遮普可以成为织布工作的一个重点工作区域。

当我继续深入调查政府对人民犯下的暴行时，我看到了政府的暴政和官员们的专制。我几乎没有做好心理准备，那些事让我感到深深的痛苦。使我感到惊奇的是，那个当时在战争期间为英国政府提供了最多士兵的省份，竟然默默承受了这些残暴的暴行。

起草向委员会报告的任务也被交给了我。如果有人想了解发生在旁遮普人民身上的暴行，我建议大家仔细阅读这份报告。我在这里想说的是，它在任何地方都没有做有意识的夸大，它所做的每一项陈述都是有根据的。此外，公布的证据只是委员会掌握的证据的一小部分。关于报告的有效性没有做出声明。这份报告的准备仅仅只是为了说出真相，除了真相之外没有别的内容。它将使读者看到英国政府为了维持其长期的统治地位，做出了多少灭绝人性、残暴无比的事情。就我所知，那份报告中所做的一切记载都是正确无误的。

# 第160章　基拉法特反对护牛？

我们现在必须离开，暂时把旁遮普发生的黑暗事件放下不理。印度国大党对旁遮普暴行的调查才刚刚开始，我就收到了一封邀请函，邀请我出席将在德里举行的印度教徒和穆斯林的联合会议，会议即将讨论基拉法特问题。它的签署者包括现在已故的哈基姆·阿加马尔·汗先生和阿萨夫·阿里先生。据说，哲人沙达罕吉将出席会议，如果我没记错的话，他将担任会议副主席。据我所知，会议将于当年11月举行。这次会议将主要讨论基拉法特的背叛造成的局势变化，以及印度教徒和穆斯林是否应该参加和平庆典的问题。请柬上还说，除了上述问题之外，也将讨论保护奶牛的问题，所以这是解决护牛问题的绝佳机会。但是，我不喜欢将这两个问题与护牛的问题相提并论，所以我在答复邀请的信中说，我会尽力参加会议，但我建议不要将两个问题以讨价还价的方式混为一谈，而应该根据各自的具体情况来分别对待。

带着这些想法，我去参加了会议。这次会议参加人数很多，尽管它并没有呈现后来成千上万人参加聚会的场面。我与出席会议的哲人沙达罕吉讨论了上面提到的问题。他欣赏我的论点，让我在会议上提出。我也和现在已故的哈基姆讨论过这个问题。因此，开会的时候，我自信地提出主张，如果基拉法特问题有它公正和合法的依据，如果政府真的做出了严重的不公正行为，那么印度教徒一定会站在穆斯林一边，要求纠正基拉法特的错误。但是如果印度教徒在这种情况下提出护牛的问题，或者利用这个机会与穆斯林达成协议，那就太不合适了。就像穆斯林也不应该以阻止屠牛作为筹码，来换取印度教徒支持基拉法特问题一样。但是，如果穆斯林出于自愿，出于照顾印度教徒的宗教情绪，以及出于同一土地上生活的兄弟情谊而产生的责任感，决定停止对牛的屠宰，那将是另一回事，而且显示了他们族群的优秀。采取这种独立的态度是他们的责任，并将提高他们行为的尊严。但是，如果穆斯林人认为停止屠牛是他们作为友邻的责任，那他们应该这样做，而不管印度教徒是否在基拉法特问题上帮助他们。"既然如此，"我争辩道，"这两个问题应该相互独立地加以讨论，而会议的审议应该只限于基拉法特问题。"我的论点得到了在场者的赞同，因此，这次会议没有讨论护牛的问题。

但是，尽管我提出了这样的警言，阿卜杜勒·巴里毛拉还是说："不管印度人是否帮助我们，穆斯林人应该像印度人的同胞一样，出于对后者情绪的考虑，放弃对牛的屠宰。"有一段时间，他们似乎真的放弃了屠牛。

有人建议，旁遮普邦的问题与基拉法特问题有关，应该放到一起讨论。我反对这个提议。我说：旁遮普邦的问题是当地的问题，因此并不能与我们参与或不参与和平庆典的决定相提并论。如果我们把当地的问题和基拉法特问题混淆在一起，那就太过于轻率了。我的论点很容易地说服了大家。

哈斯拉特·莫哈尼毛拉出席了这次会议。我以前就认识他，但在这里我才看清他是一个怎样的战士。我们几乎从一开始就持各不相同的观点，而且在很多问题上一直没有达成共识。

在这次会议上通过的众多决议中，有一项呼吁印度教徒和穆斯林遵守使用国货的誓言，而宣誓的结果自然是抵制外国商品。土布在当时还没有找到合适的定位。这不是哈斯拉特先生会接受的事情。他认为，如果基拉法特问题得不到合理的解决，那就要报复英国。因此，他提议，在必要时专门抵制英国货。我觉得这个提议违反原则，而且难以实施，并向大家解释了那些现在已经为人熟知的原因。我也在会上提出了我对非暴力的看法。我的论点给听众留下了深刻的印象。在我发言前，哈斯拉特·莫哈尼的演讲赢得了热烈的欢呼，以至于我担心自己的演讲会无人响应。我大胆发言，只是因为我觉得在会议上不发表意见是一种玩忽职守的行为。但是，令我欣慰的是，在场的人对我的演讲给予了最密切的关注，并受到了主席台上人员的充分支持。不断有人站起来发言支持我的观点。

这些领导人知道，抵制英国商品不仅不会达到目的，而且一旦被采纳，还会成为笑柄。在那个集会上，几乎每个人身上都有英国制造的物品。因此，许多听众意识到，通过一项即使投票赞成者也无法实施的决议，可能只会造成损害。

"仅仅抵制外国布料不能使我们满意，因为谁知道，在我们能够生产足量的土布布料来满足我们的需要之前，在我们能够有效地抵制外国布料之前，还要花上多久呢？我们想要对英国产生立竿见影的效果。你抵制外国的布料我们不介意，但我们需要更加能迅速起效的东西。"哈斯拉特·莫哈尼说道。听他说话的时候，我也觉得除了抵制外国布料之外，采取一些别的办法也是必要的。对我来说，立即抵制外国布料在当时显然是不可能的。我当时不知道，如果我们愿意，我们可以生产足够的印度土布，以满足我们所有的服装需求。另一方面，我知道，如果我们单靠纺织厂来抵制外国布料，肯定是行不通的。当毛拉结束他的演讲时，我还处于进退两难的境地。

我因不懂太多印地语和乌尔都语而受到限制。这是我第一次在包含很多来自北方的穆斯林听众面前演讲。我曾在加尔各答的穆斯林联盟会议上说过乌尔都语，但那只是几分钟而已，而且演讲的目的只是为了吸引观众。可这次情况与上次不同，这里的听众即使没有敌意，也是带着疑问前来，我必须向他们解释我的观点，使他们明白我的观点。我已经抛弃了所有的羞怯。我去那里不是为了用完美无瑕的德里穆斯林乌尔都语发表演讲，而是在听众前用我仅会的蹩脚的印地语发表我的观点。在这方面，我成功了。这次会议为我提供了一个直接的证据，证明印地语和乌尔都语可以成为印度的通用语言。如果我说的是英语，我就不会给观众留下那么深刻的印象，毛拉也不会觉得有必要提出他的挑战。哪怕他提了，我也不可能充分地反驳。

我无法用一个合适的印地语或乌尔都语来表达这个新想法，这让我有些为难。最后我用了"不合作"一词来描述它，这一表达方式是我在这次会议上第一次使用。在毛拉发表演讲的时候，我觉得，如果诉诸武力是不可能的，或者是不可取的，那么要对一个与他合作不止一件事的政府进行有效抵制，似乎是徒劳的。因此，在我看来，对政府真正的反抗是停止与它合作。于是我想到了"不合作"这个词。我当时并没有清楚地确定它的所有含义。因此，我没有细谈，而只是简短地说："穆斯林已经通过了一项非常重要的决议。如果和平条款对他们不利——希望神明保佑这种事不会发生——他们将停止与政府的所有合作。因此，拒绝合作是人民不可剥夺的权利。我们不必保留政府的头衔和荣誉，也不必继续为政府服务。如果政府在像基拉法特这样的伟大事业上背弃我们，我们只能不合作。因此，在遭受背弃的时候，我们有权不与政府合作。"

但过了几个月，"不合作"这个词才成为了流行词汇。目前，它在会议的会议记录中被遗漏了。事实上，当我一个月后在阿姆利则召开的国大党国会上支持合作决议时，我还是希望这种背弃永远不会发生。

## 第161章　阿姆利则国大党国会

旁遮普政府无法将成百上千的旁遮普人长期关押。这些旁遮普人在戒严法的统治下被关进监狱，因为法庭的证据非常有限，而这些法庭只是名义上的法庭，人们对这种公然的不公正行为发出了强烈的抗议，政府不得不将这些监禁者释放。大多数囚犯都在国大党国会开幕前被释放了，国大党会议进行期间，拉拉·哈吉山拉尔和其他领导人也被释放了，而阿里兄弟也直接从监狱来到了会场。人民无不欢欣鼓舞。莫提拉尔·尼赫鲁是国大党国会主席，他牺牲了自己的辉煌业绩，将旁遮普邦作为自己的总部，并做出了巨大贡献。已故的哲人沙达罕南吉是接待委员会的主席。

到目前为止，我在国大党国会年度会议上的发言仅限于对使用印地语进行建设性的倡导，并在讲话中介绍海外印度人的情况，今年也不例外。但是，就像以前的许多次一样，工作责任突然从天而降。

英国国王刚刚发布了关于新改革的通告。无论对我还是对其他人来说，通告内容都不是完全令人满意的。但我当时觉得，改革虽然有缺陷，但仍可以接受。我从国王的公告和它的语言中感受到辛纳勋爵的助力，它给我带来了一线希望。然而，现在已故的洛卡马尼亚和德沙班德胡·奇塔兰简·达斯却连连摇头。马拉维亚吉·潘迪特则保持中立。

马拉维亚吉·潘迪特让我住在他家里。在印度教大学的奠基仪式上，我已经瞥见了他简朴的生活。这次，我和他置身同一个房间里，能够非常仔细地观察他的日常生活。我对自己看到的一切充满惊喜。他的房间像给穷人提供了一个免费的客栈，里面是如此的拥挤，很难从一头走到另一头。无论拜访者何时来找他，他都会耐心地接待。这个房间的角落里摆放着为我准备的床铺。

但是我不该在这一章中对马拉维亚吉的生活方式进行描述，我必须回到主题上来。于是，我得以每天与马拉维亚吉进行讨论。他像哥哥一样，亲切地向我解释不同党派的不同观点。我看到，我参加关于改革的决议的审议是不可避免的。在起草关于旁遮普事件的国大党国会报告时，我承担了我的责任，因此我认为，在这件事情上仍有待完成的一切工作也需要注意。这件事必须与政府打交道，同样的，还有关于基拉法特的问题。我当时还相信，蒙塔古先生不会背叛或听任印度的事业遭到背叛。阿里兄弟和其他囚犯的释放对我来说也是一个好兆头。在这种情况下，我认为不是拒绝而是接受改革的决议是正确的。但另一方面，德沙班德胡·奇塔兰简·达斯坚定地认为，应该拒绝改革方案，因为它完全不合理、不满足人们的要求。洛卡马尼亚或多或少是中立的，但他决定支持德沙班胡可能赞成的任何决议。

对我来说，与那些经验丰富、备受尊敬的领导人产生不同的想法让我无法忍受。但另一方面，良知的声音却是清晰的。我试图离开国大党国会，并向马拉维亚吉·潘迪特和穆蒂拉尔吉提出建议，如果我不参加接下来的会议，将更符合大家的利益。这将使我不必向这些受人尊敬的领导人展示我的不同想法。

但是这两位长辈对我的建议完全不同意，我的建议不知怎么的传到了拉拉·哈吉山拉尔的耳朵里。"这样绝对不行。这会大大伤害旁遮普人的感情。"哈吉山拉尔先生说道。我和洛卡马尼亚、德沙班德胡以及真纳先生讨论了这个问题，但是找不到出路。最后我把我的痛苦告诉了马拉维亚吉。我对他说："我看不到妥协的希望，如果我要提出我的决议，就会产生分歧，并需要投票。如何表决也是个问题。迄今为止，在国大党国会上，都是举手表决的方式，无法区分代表和其他参会者，而且这样大规模的国会上我们也无法统计票数。所以就算我想要投票，也没有意义。"拉拉·哈吉山拉尔闻讯赶来，并承诺做出必要的安排。他说："在投票当天，我们不允许旁听者入场。至于计票，好吧，我来处理这件事。但是你不能缺席国大党国会。"

我投降了。我写好了我的决议，心情忐忑地准备在会上提出。马拉维亚吉·潘迪特和真纳先生打算支持我的决议。我可以看出来,尽管我们的意见分歧没有引起任何的敌对情绪,我们的发言也只包含了冷静的推理,但分歧本身让大家难受,这让他们很痛苦。

演讲还没有结束,主席团已经在努力解决分歧,领导人之间也为此自由交换意见。马拉维亚吉千方百计想要消除鸿沟。就在这时,捷兰达斯向我递交了他的修正案,并以他自己的方式请求将代表们从分歧的困境中解救出来。他的修正案对我很有吸引力。马拉维亚吉的眼睛已经在每一个角落里寻找希望了。我告诉他,在我看来,捷兰达斯的修正案很可能会被双方接受。接着洛卡马尼亚也看了这个修正案,他说:"如果西·勒·达斯同意,我没有异议。"德沙班德胡终于松动了,他看了看贝平·昌德拉·帕尔先生,想向他寻求认可。马拉维亚吉充满了希望,他把修订案的纸条抢了过来,在德沙班德胡还没有宣布明确的"是"之前,他大声喊道:"代表兄弟们,告诉你们一个好消息,妥协的一致意见已经达成了。"掌声响彻了整个会场,听众们先前阴郁的面孔也因喜悦而容光焕发。

修正案的具体内容在此不做赘述了,我只是想描述一下这个决议是怎样通过的。这也是我在这些章节中讲述的实验内容之一。

这一妥协进一步增加了我的责任。

# 第162章 国大党国会入会仪式

参加在阿姆利则的国大党国会,是我第一次真正地参与国大党的政治。我参加前几次国大党国会,只不过是为了表示效忠而已。在这些场合,我从来没有觉得除了私人工作以外,还有什么别的工作需要我去做,我也没有过多的想法。

我在阿姆利则的经历表明,对有些事我可能具备一些天赋,而且这些天赋对国大党国会有益。我已经看到,洛卡马尼亚、德沙班德胡和穆蒂拉尔吉·潘迪特等其他领导人对我在旁遮普的调查中所做的工作感到满意。他们过去常常邀请我参加他们的非正式聚会,我发现,他们就是在那里为委员会讨论决议。在这些集会上,只有那些受到领导人特别信任并需要他们提供服务的人才会受到邀请,但有时也会有不速之客去参加这些会议。

在接下来的一年里,有两件事我很感兴趣,因为我比较擅长。其中之一就是札连瓦拉园大屠杀的纪念馆。国大党国会以极大的热情通过了一项决议。为此,必须募集大约五十万卢比的资金,我被任命为受托人之一。马拉维亚吉·潘迪特因公共事业而享有"乞丐之王"的名声,但我知道在这方面我并不比他落后多少。当我在南非的时候,我发现了自己在这个方面的能力。我没有马拉维亚吉无与伦比的魔力,能从印度权贵那里募集到巨额捐款。但我知道,向王公贵族们寻求对札连瓦拉园大屠杀纪念馆的捐赠是可以手到擒来的。正如我所预料的,募捐的主要责任落在了我的肩上。慷慨的孟买市民捐献了大量的善款,而修建纪念馆的基金目前还有可观的余款存放在银行里。但是现在国家面临的问题是,要建立什么样的纪念馆,能够纪念印度教徒、穆斯林和锡克教徒的血液流淌在一起,并产生神圣感。这三个族群并没有被友好和爱维系在一起,而是公开争执不断,因此国家迟迟无法决定如何使用纪念馆基金。

我的另一项可供国大党使用的才能便是起草文件。国大党国会领导人发现我有一种总结表达的能力,这是我通过长期的实践获得的。当时的国大党的党章是戈可哈尔的遗产。他制定了一些规则,作为运行国大党国会机构的基础。我从戈可哈尔的口中了解了这些规则的形成过程。但现在每个人都觉得,这些规则已不再适用于国大党国会日益增多的事务。这个问题年复一年地被提出。当时的国大党国会没有在闭会期间处理日常事务或突发事件的机构。虽然党章规定要求设三个秘书，但事实上，其中只有一个是正常工作的秘书，甚至连这个人也不是全职。他单枪匹马，如何管理国大党国会办公室，如何筹划未来，如何在当年落实国会做出的决议？因此，在那一年里，每个人都认为这个问题将更加重要。国会这个机构过于臃肿，不便于讨论公共事务。全国代表大会的代表人数没有限制，各州的代表人数也没有限制。每个人都认为必须对现有的混乱状况做一些改进。我负责制定国大党党章，但是有一个前提条件：我看到洛卡马尼亚和德沙班德胡都对公众有很大影响，要求他们作为人民的代表与我一起参加党章修订委员会。考虑到他们肯定将没有时间亲自参与党章修订工作，我建议他们各自委派一位代表与我一同在党章委员会工作。委员会不再接受增加任何其他人。二人委派了科尔卡先生和埃·比·森先生。党章委员会一次面谈会议都没有开，但我们通过书信互相协商，最后提出了一份意见一致的报告。我是带着某种程度的自豪感看待这部党章的。我认为，如果我们能完全制定出这个党章，仅仅是制定出这个党章就会把我们带向自治。由于承担了这个责任，我才得以真正进入国大党国会的政治圈。

## 第163章　土布诞生

在1908年，我在《印度自治》中描述手织机和纺车，并把它们比作"印度日益加重的贫困生活的灵丹妙药"时，我还没有见过这两样机器。在那本书中，我认为任何能帮助印度人民摆脱极度贫困的东西，都可以带领人们实现自治。甚至在1915年，当我从南非回到印度的时候，我也还没有见过纺车。非暴力主义修行院在萨巴马蒂建立时，我们在那里引进了一些手工织布机。但我们刚开始做这件事，就遇到了困难。我们这些人要么是自由职业，要么是商人，没有一个人是工匠。我们需要一位织布专家来教我们织布，然后才能使用织布机。后来，我们从帕拉恩普尔找到一个手艺人，但他没有把全部的手艺教给我们。马加拉尔·甘地不会轻易被击败，他凭借自己在对机器方面的天赋，不久就完全掌握了这门手艺，还教出来一个又一个徒弟。

我们目前的目标是生产出足够的土布，来满足我们做衣服的需要。因此，我们立刻放弃了使用机织布，修行院的所有成员决定只穿印度纱做的手工布。这种做法给我们带来了丰富的经验，使我们能够通过直接接触了解织工的生活条件、生产能力、采购棉纱的困难、受人欺诈的苦痛，以及日益增长的债务。我们不能立即生产出满足我们需要的所有布料，所以缺口的部分需要向织工购买。但是，无论是从布商，还是从织工那里，都不容易买到印度纺纱的现成布。织工织的所有细布都使用外国纺纱，因为印度纺织厂没有高级细纱。即使在今天，印度纺织厂生产高级细纱的能力也非常有限，而最高级细纱根本无法完成。经过极大的努力，我们终于找到了一些愿意为我们织印度纺纱的织工，条件是修行院要收购他们织出的所有布匹。于是，我们就用印度纺纱织成的布来做衣服，并在我们的朋友中宣传，使我们成为印度纺纱厂的自愿代理人。这反过来又使我们接触到工厂，使我们了解了他们的管理和他们的障碍。我们看到，纺织厂希望自己纺线、自己织布；它也迫切地需要自己学会纺纱。事情很清楚，除非我们自己学会纺纱，否则就无法摆脱对纺纱厂的依赖。我们认为继续充当印度纺纱厂的代理商，也不能给国家提供任何好处。

我们再次开始面对无数的困难。我们既弄不到纺车，也找不到纺织工来教我们怎么使用纺车。我们在修行院里有一些编织用的轮子和绕线桶，但是我们并不知道这些东西可以用作纺车。卡利达斯·哈维利有一次找到了一个女人，他说，她会向我们展示如何纺纱。我们派了一个修行院的成员去见她，这个成员以学习能力强而闻名。可是，他不得要领，没有为我们揭开这门艺术的神秘面纱。

时间一天天地过去，我越来越不耐烦。我邀请了每一个我觉得有可能掌握手工纺纱信息的人来造访修行院，并提出一些关于手工纺纱的问题。但是，这门艺术仅限于女性，而且几乎要失传了。如果有一个纺纱工还活在某个不为人知的角落里，那么只有她的女性同胞们可能知道她的下落。

1917年，我被我的古遮拉特朋友带去主持布拉赫教育会议。就是在那里，我认识了非凡的甘比恩·曼达尔夫人。她是一个寡妇，但她的进取心是无穷的。她所受的教育虽然不多，但在勇气和常识方面超越了受过教育的女性。她已经摆脱了"贱民"的束缚，毫不畏惧地进入并服务于被压制的阶级。她能够自食其力，对生活的要求也不高。她的体质很好，到处走动都没有人护送。她擅长骑马，觉得在马背上很自在。在戈赫拉国会上，我更加深入地了解了她。我向她抱怨了纺车的苦恼，她答应会全力帮我寻找纺车，这使我稍微轻松了一些。

# 第164章　手工纺织的发展

甘比恩几乎寻遍了古遮拉特，终于在巴罗达的维加普找到了纺车。那里有相当多的人家里都有纺车，但很久以前就把它们当作无用的木料寄放在阁楼上了。他们向甘比恩表示，如果有人定期向他们提供原料棉条，并购买他们纺出的纱线，他们愿意恢复纺纱。甘比恩把这个好消息告诉了我。提供棉条是一项艰巨的任务。当我向已故的乌玛·索巴尼提起这件事时，他立即答应从他的工坊里提供足量的棉条来解决了这个难题。我把从乌玛·索巴尼那里收到的棉条寄给了甘比恩，很快纱线就生产出来。它的速度之快，产量之多，让我们有些措手不及。

乌玛·索巴尼先生的慷慨是伟大的，但我们不能永远利用他。我为不断地从他那里收到棉条感到很不自在。此外，在我看来，使用棉条根本就是错误的。如果可以用机制棉条，为什么不用机织布呢？肯定没有工坊向古人供应过棉条吧？那他们是怎么做的？带着这些想法，我建议甘比恩找一个可以提供棉条的梳刷工。她自信地承担了这项任务，雇了一个梳刷工来梳理棉条。在我的印象中，他要求的薪水不低于每月35卢比，我答应了。她训练几个年轻人用梳理过的棉花做棉条。我向孟买恳求采购棉花，亚施范普拉萨·德赛立即答应了。因此，甘比恩的事业获得了意想不到的成功。她又找了织工来纺织维加普提供的纱线，很快维加普的土布就打响了名号。

当这些发展在维加普发生时，纺车在修行院也迅速站稳了脚跟。马加拉尔·甘地凭着他杰出的机械才能，在纺车上做了许多改进，开始在修行院制造纺车和它们的附件。在修行院生产的第一块土布每码17安那，我毫不犹豫地向那些朋友们推荐这粗糙的土布，虽然价格昂贵，还是有许多人愿意购买。

我在孟买时一直卧病，但是我的身体还过得去，可以在那里搜索纺车。最后我偶然发现了两个纺纱工。他们卖一希尔[1]的纱线只要一卢比，也就是28拖拉或近3/4磅。我当时对土布的行情一无所知，还认为对于手纺纱来说，价格不算太高。我把自己在维加普支付的费用加以比较之后，才发现被骗了。纺纱工人拒绝减少他们的费用，所以我不得不放弃他们的服务。但是他们也发挥了很大的效果，他们教了阿万提卡白夫人、山卡拉尔·班克的寡母雷米拜·坎达和瓦苏玛蒂白夫人纺纱。纺车开始在我的房间里欢快地嗡嗡作响，我可以毫不夸张地说，它的嗡嗡声在使我恢复健康方面起了不小的作用。我愿意承认，它的影响更多是心理上的，而不是生理上的。这也说明人的心理对人的身体，会带来多大影响。我自己也试着纺纱，但并没有做太多。

在孟买，同样的问题又出现了，那就是如何获取手工制作的棉条。那时，有一个梳刷工每天都要弹着棉花经过列瓦商卡先生家。我让人把他找来，才知道他处理棉花是为了弹床垫，但他同意为我们梳刷棉花，只是要价很高，我照付了。我把这样制作的棉纱卖给了毗湿奴派的朋友，作为神圣的爱卡达西断食日供奉于神明前的供品。什弗吉先生在孟买开了一个纺纱班。所有这些实验都涉及相当大的开支，但爱国者和热爱土布事业的人甘愿为此花费金钱。在我看来，这些花费的钱并没有浪费。它给我们带来了丰富的经验，并向我们揭示了纺车带来的可能性。

现在，我急于把自己身上的衣服都换成自己纺织的土布。我所穿的"拖蒂"仍是印度细布。在修行院和维加普所生产的粗布只有30英寸宽。我通知甘比恩，如果她不能在一个月内给我提供45英寸的粗布"拖蒂"，我就只好用短一截的粗布"拖蒂"了。这个最后

---

[1] 在印度，1希尔（seer）=0.933 10千克，因地区不同而略有不同。1拖拉（tola）=0.041 4盎司。

通牒令她震惊。但事实证明，她是可以胜任的。一个月期限还没有到，她便给我寄来了45英寸宽的粗布"拖蒂"，将我从当时的困境中解脱出来。

大概同一个时间，拉克弥达斯先生把织工拉姆吉夫妇从拉缇带到了修行院，在修行院纺织出了印度土布"拖蒂"。这对夫妇在土布的传播中功不可没。他们在古遮拉特邦和其他地方开创了手工纺纱的企业。看到甘比恩在她的织布机旁织布是一幅令人激动的景象，当这个不识字但却镇定自若的姐妹在她的织布机前劳作时，她变得如此投入，以至于很难分散她的注意力，也更难把她的眼睛从她心爱的织布机上引开。

## 第165章　一次有益的对话

土布运动，也叫国货运动，从一开始就引发了纺织厂主的诸多批评。已故的乌玛·索巴尼本人是一位能干的纺织厂主，他不仅向我传授他自己的知识和经验，而且还帮我及时了解其他纺织厂主的意见。一个纺织厂主的意见让他印象深刻，他便劝我去见他。我同意了。索巴尼先生安排了这次见面。那位纺织厂主先聊了起来。

"你知道以前有过关于国货的骚动吗？"

"是的，我知道。"我回答。

"你也知道，在分治的日子里，我们纺织厂主充分利用了自治运动。当它达到顶峰时，我们提高了布的价格，做了更糟糕的事情。"

"我听说过这件事，它令我伤心。"

"我能理解你的悲伤，但我看不出有什么理由伤心。我们不是在做慈善事业，我们做生意是为了利润，必须让股东满意。商品的价格取决于对它的需求。谁能检验供需规律？孟加拉人应该知道，他们的骚动必然会刺激对印度国产布的需求，因此国产布的价格势必上涨。"

我打断了他的话："孟加拉人和我一样，都太容易相信别人。他们满心以为纺织厂主不会如此自私和不爱国，也不至于在国家危难的时候借机敛财，甚至把洋布冒充成印度土布卖出去。"

"我知道你不愿怀疑别人，"他回答道，"这就是为什么我要麻烦你来找我的原因，这样我就可以警告你不要重蹈这些天真的孟加拉人的覆辙。"

纺织厂主一边说着，一边向站在旁边的店员招手示意，要他拿出厂里生产的样品。他指着它说："看看这种布料，这是我们工厂生产的最新品种。它符合广泛的需求，而且很便宜，因为我们是用废料制造的。我们把它一直销到遥远的北方，直到喜马拉雅山谷。我们在全国各地都有代理机构，即使是在你的声音或代理人永远无法到达的地方。因此，你可以看到，我们并不需要更多的代理商。此外，你应该知道，印度生产的布料远远满足不了国内的需求。因此，国货的问题很大程度上取决于产量。一旦我们能充分增加产量，并在必要的程度上提高质量，对于外国布的进口将自动停止。因此，我对你的忠告，不是要你在目前的方针上继续之前的运动，而是要把你的注意力转到新建纺织厂上。我们需要的不是增加对我们产品需求的宣传，而是扩大生产。"

"那么，如果我已经开始做这件事了，你一定会祝福我吧？"我问。

"怎么会呢？"他有点莫名其妙，"如果你确实在想办法多建纺织厂，我当然会向你表示祝贺。"

我解释说:"准确地说,不是建厂,而是从事纺车的复兴工作。"

"那是什么?"他问道,感觉更加迷茫了。我告诉了他关于纺车的一切,以及我是怎样历尽千辛万苦找到它的故事,并补充说:"我完全同意你的看法,我成为纺织厂的代理人是没有用的,那对国家弊大于利。我们的工厂在未来很长一段时间内都不会缺少顾客。我的工作应该是,组织手纺布的生产,并为这样生产出来的布找到销路。因此,我把注意力集中在印度土布的制作上。提倡这种抵制洋货的形式,是因为通过它可以为半饥饿、半失业的印度妇女提供工作。我的想法是让这些妇女纺纱,并给印度人民披上印度土布。我不知道这一运动将取得多大的成功,目前它还只是刚刚起步,但我对它充满信心。无论如何,它不会有什么害处。与之相反的是,它可以增加国家的布料生产,尽管也许增加的幅度很小,却代表着切实的收获。这样,你就会觉察到这一运动不会出现你所说的那些坏处。"

他回答说:"如果你组织这个运动是为了提高土布的产量,我没有什么反对意见。在这个动力机械时代,人工纺车能否取得进展是另一个问题。但我只祝愿你一切顺利。"

## 第166章 大势所趋

我不能在这里用更多的章节来描述土布运动的进一步发展。如果把我的各种活动引起公众关注之后的情况都进行介绍,会远远超过这些章节的内容,而且我也不想这样,因为这样做会成为一篇关于这个主题的论文。我写这些章节的目的仅仅是想要描述，某些事物是如何在我实验真理的过程中自然而然地呈现出来的。

现在，让我们重新开始讲述这场不合作运动的故事吧。当阿里兄弟倡导的强大的基拉法特运动正在如火如荼地开展之中，我与已故的阿卜杜勒·巴里毛拉以及其他乌理玛①们就这一问题进行了长期的讨论，尤其是关于穆斯林遵守非暴力规则的程度。最后，他们一致认为，伊斯兰教并没有禁止其信徒将非暴力作为一项政策遵循，而且，一旦他们承诺遵守这项政策，便要忠实地执行。不合作的决议在基拉法特会议上经过长时间的审议，最后通过了。我清楚地记得有一次在阿拉哈巴德，有个委员会整夜坐在那里讨论这个问题。一开始，已故的哈基姆先生对"非暴力主义"的可行性提出了质疑。但是，在他的疑虑被打消之后，他便全身心地投入其中，他的帮助对这场运动来说是无价的。

接下来，我在不久之后举行的古遮拉特邦政治会议上，提出了不合作的议案。反对派提出的初步论点是在国大党还没有做出决策之前直接作为提议在省级会议讨论是不恰当的。针对这一点，我提出这种限制只能适用于退后性的运动，但是，就前进性的运动而言，作为下级组织如果有必要的经验和信心的话，不仅完全有能力，而且有责任这样做。我认为，为了提高上级组织的声誉，只要有人甘冒风险，不需要任何许可。大家在会上对这个议案展开了激烈的讨论，尽管如此，会议的整体气氛仍然不失平和与理性。在投票中，以绝大多数人的同意使决议获得通过。决议的成功通过，很大程度上要归功于瓦拉比先生和阿巴斯·铁布吉先生个人的帮助。铁布吉先生是国会的主席，他倾向于支持不合作的议案。

印度国大党全国委员会决定于1920年9月在加尔各答举行一次

---

① 乌理玛，原文为Ulema，意为穆斯林学者、宗教权威或法学家。

特别会议，以审议这个问题。拉拉·拉吉帕特·拉伊当选为会议主席。从孟买到加尔各答之间有往返的专车供国会及基拉法特的特邀嘉宾乘坐，于是加尔各答聚集了大批代表和旁听者。

应肖卡特·阿里毛拉的请求，我在火车上起草了一份不合作决议草案。到目前为止，我或多或少地避免在我的草稿中使用"不合作"这个词。我总是在演讲中用到这个词，但是我对这一主题的词汇仍在形成过程之中。我无法将梵语中的"非暴力"明确表述出来。因此，我要求阿布杜拉赛·卡拉姆·阿扎德帮我找一些对等的词汇，他提出了"ba-aman"这个词，而对于"不合作"，他提出了tark-i-mavalat一词。

因此，当我还在忙着为"不合作"寻找合适的印地语、古遮拉特语和乌尔都语词汇时，我被要求为这个处于多事之秋的国大党国会制定"不合作"决议。在最初的草案中，我把"非暴力"一词漏掉了。我把草案交给在同一车厢里旅行的肖卡特·阿里毛拉时没有注意到任何遗漏，但是晚上我发现了这个错误。上午，我给马哈德夫送了一封信，希望在把草案送去印刷之前把遗漏的内容添加上去。但是在我的印象中，草案在没有添加内容之前就已经打印出来了。提案委员会当晚要开会讨论，因此我不得不在草案的印刷本上面做必要的修改。从中我意识到，如果我没有准备好自己的草案，就会遇到很大的困难。

我的困境还不止于此。我完全不知道谁会支持这项决议，谁会反对它，也不知道拉拉吉会采取什么态度。我只看到一群久经考验的前辈们在加尔各答聚集，贝桑特博士、马拉维亚吉·潘迪特、维亚拉伽瓦查理先生、莫提拉尔吉·潘迪特以及德沙班德胡都在其中。

在我提出的决议中，提出"不合作"的学说是为了纠正旁遮普邦和基拉法特的错误。然而，维亚拉伽瓦查理先生觉得不应如此，他说："如果要宣布不合作，为什么要提到特别的错误呢？没有自治权正是我国所承受的最大错误。'不合作'的矛头应该指向这一点。"莫提拉尔吉·潘迪特也希望把对于自治的需求加入决议之中。我欣然接受了这一建议，并在我的决议中加入了对自治的需求。我的决议经过了详尽、严肃的讨论之后，总算通过了。

莫提拉尔吉是第一个加入这个运动的人。我还记得和他就决议问题进行的愉快讨论。他建议对我采用的措词做一些修改，还答应为这次运动去争取德沙班德胡。但他对人民执行这项计划的能力表示怀疑，后来在那格浦尔国会上，他和拉拉吉才全心全意地接受这一点。

在这次特别会议上，我深切地感受到了洛卡马尼亚的离世是多么大的损失。直到今天，我仍坚信，如果洛卡马尼亚还活着，他一定会在那个场合给我帮助和祝福。但是，即使他反对这场运动，我也会把他的反对视为一种荣幸，一种对自己的教育。我们总是有意见上的分歧，但这些分歧从来不会引起怨恨。他总是让我相信我们之间的关系是最亲密的。就在我写下这几行字的时候，他的死亡情景在我的脑海中清晰地浮现出来。大约在午夜时分，当时和我一起工作的帕特华丹打电话向我传达了他去世的消息。我当时和许多同伴在一起，脱口而出一句感叹："我最坚固的堡垒消失了。"当时的不合作运动正如火如荼地进行着，我热切地期待着他的鼓舞和启发。他对不合作运动究竟会持什么态度，永远不会有人知道了。但有一点是肯定的，那就是他的死给加尔各答的每一个人都带来了沉重的悲痛。在这个国家历史上的危急时刻，失去他的真知灼见是一种不可弥补的损失。

# 第167章　那格浦尔

国大党国会加尔各答特别会议通过的各项决议将在那格浦尔举行的年度会议上得到确认。在这里，就像在加尔各答一样，有大量的旁听者和代表。国大党国会的代表人数那时还没有受到限制。结果，据我所知，那一次的参会人数大约是14 000人。拉拉吉强烈要求对有关抵制学校的条款略做修改，我接受了。德沙班德胡也提出了一些修改意见，之后国会一致通过了不合作的决议。

关于修改国大党党章的决议也将在这次国大党国会上讨论。小组委员会的草案在加尔各答特别会议上就已经提出，因此这个议案得到了彻底的传播与讨论。在那格浦尔会议上，做了最终的决定，当时的国会主席是西·维亚拉伽瓦查理。提案委员会只对草案做了一个重要的修改就通过了。在我的草案中，代表的人数为1 500人，而提案委员会将其改为了6 000。在我看来，这种增长是仓促判断的结果，而这些年的经验也证实了我的观点。有人认为大量的代表在某种程度上有助于更好地开展国大党的工作，或者认为它保障了民主的原则，在我看来完全是一种错觉。关心人民利益、心胸开阔、诚实的1 500名代表，肯定要比6 000名不负责任的人更能维护民主。为了维护民主，人民必须具有强烈的独立意识、自尊感和统一性，必须坚持只选善良、真实的人作为代表。但是，提案委员会很坚持这一数字，甚至希望多于6 000人。因此，6 000人的结果已经属于妥协性质。

国大党的目标问题是一个热烈讨论的话题。在我提出的党章中，国大党的目标是：如有可能，在大英帝国内部实现印度自治；如无可能，则脱离大英帝国而独立。国大党中的一部分人想把这个目标限制在大英帝国范围内。这一观点是由马拉维亚吉·潘迪特和真纳先生提出的,但是他们没能得到很多选票。我在党章草案中重申,实现的手段应是和平、合法的。这一条件也遭到了反对,有人认为不必在党章中限制采取的手段。经过一番思想碰撞和交流讨论后,大会维持原议。我的意见是,如果这部党章是人民诚实、理智和热心地制定出来的,它就会成为大众教育的有力工具,而制定它的过程也会引领我们走向自治。但是对这个主题的讨论在这里并不合时宜。

关于印度教和伊斯兰教之间的团结、"不可接触者"制度的取消和印度土布问题的决议也在国大党国会通过。此后,国大党国会的印度教教徒成员将担负起从印度教中消除关于"贱民"的诅咒,国大党也通过对于土布的政策而与印度的底层民众建立了生活上的联系。为了基拉法特的利益而实行"不合作"的做法,成为促进印度教徒和穆斯林的团结所作的一项伟大的实际尝试。

# 第168章 告别

现在是结束这些章节的时候了。

从这一刻起,我的生活变得如此公开,几乎没有什么是人们所不知道的。此外,自1921年以来,我一直与国大党领袖们密切合作,如果要避免谈及我与他们的关系,我几乎无法描述自那以后我生活中的任何一件事。尽管沙达罕南吉、德沙班德胡、哈基姆和拉拉吉已经永远地离开了我们,但幸运的是,还有很多资深的国大党领导人仍在我们之中生活和工作。国大党的历史自上文中所描述的巨大变化以来,仍在形成之中。在过去的七年里,我的主要实验都是通过国大党国会进行的。因此,如果我进一步描述我的实验,会不可避免地提到我与国大党领导人之间的关系。哪怕只是出于礼节上的考虑,我现在也无论如何不会这样做。最后,通过我目前的实验得出的结论还不能被认为是决定性的。因此,在我看来,我显然有责任在这里结束这段叙述。事实上,我的笔已经本能地拒绝继续写下去了。

在即将与读者告别的时候,我的心中五味杂陈。我非常重视我的实验,虽然我不知道自己是否公正地对待它们。我只能说,我不遗余力地给予了忠实的叙述,用自己的想法描述了真理,并将我在寻求真理路上的经历努力传达出来。这带给了我无法言喻的精神平静,因为我一直希望它可以为意志薄弱的人带去真理和"非暴力主义"。

我的一贯经验使我相信,除了真理,没有别的神明。如果这些章节的每一页都没有向读者宣称,实现真理的唯一途径是非暴力,那么我会认为自己写下这些章节的所有努力都是徒劳的。而且,尽管我在这方面的努力可能收效甚微,但请读者们意识到,问题是由于工具,而不是伟大的原则。毕竟,不管我对于非暴力的追求多么真诚,它们仍然是不完美、不充分的。因此,我对真理的短暂一瞥,很难传达出其万丈光芒。真理之耀眼,比我们每天亲眼所见的太阳要强烈一百万倍,而我所捕捉到的只不过是一缕淡淡的光辉。但是,我可以肯定地说,得以窥见真理的光辉的,只有那些完全实现了非暴力的人。

要面对面地看到通用和普遍的真理精神,一个人必须要能够像爱自己一样去爱最卑微的生物。而一个追求这一点的人,便无法对生活中的任何领域视而不见。正因为如此,我才本着对真理的虔诚进入了政治领域。我可以毫不犹豫地说,那些说宗教与政治毫无关系的人并不知道宗教的含义。

不做自我净化，就不可能与生活中的一切生灵找到认同感；不做自我净化，对非暴力法则的遵守只能是一个空洞的梦。一个心地不纯洁的人是永远无法寻找到神明的。因此，自我净化必须意味着净化生活的各个方面。净化是可以互相感染的，净化自己必然导致周围的人也实现净化。

但是，自我净化的道路上有太多艰难险阻。要达到完美的纯洁，就必须在思想、言语和行动上消除情欲，并超越爱与恨、迎与拒的逆流。尽管我一直在不断地追求，但我知道自己还没有达到三重纯洁的境界。这就是为什么来自世界的赞誉不但没有打动我，却经常刺痛我的原因。对我来说，征服微妙的情欲比用武力征服世界要困难得多。自从我回到印度，我就发现了潜藏在自己内心深处的隐秘情欲。意识到这一点让我羞愧难当，但并没有气馁。那些经历和实验支持了我，令我感受到了非凡的快乐，但我知道自己的面前还有一条艰难的道路要走，我必须重新出发。人如果不能自愿地将自己放在末位，便不会得到解脱，而"非暴力主义"便是谦卑的最大化。

在向读者告别之时，请读者朋友们与我一同向真理之神祈祷，愿神明能在思想、言语和行动上赐予我们"非暴力"的恩典。